임상 중심의
상담심리학

김 홍 규 지음

COUNSELING PSYCHOLOGY

양 성 원

머/리/말

이 책은 건강한 한국인, 성숙한 선진 문화국가로의 발전을 위해 전문적 상담활동이 그 어느 때 보다도 절실히 요청된다는 점에 착안하여 집필하였다. 이를 위해 현대인이 갖추어야 할 자질은 무엇이며, 상담자의 역할은 어떠해야 하는지에 대해 주목하였다.

첫째, 우리 모두는 성숙·건강한 부모로서의 자질 함양과 건전한 가정환경의 조성을 위한 책임감을 통감해야 한다.

왜냐하면 부모는 자녀의 교육자로서, 건강과 안전을 돌보는 임상의(臨床醫)로서, 마음과 정신 및 영성을 돌보는 성직자로서의 특성과 자질을 갖추어야 하기 때문이다. 따라서 자녀들의 성장과 발달단계 및 상황에 따라 의사 입장과 성직자의 자세가 요구된다. 그리고 모든 경우에 상담 전문가의 입장에서 생각하고 자녀들의 수준에 따라, 때론 의사 입장에서 또는 성직자의 마음으로, 교육자의 자세로 그때그때 운신의 폭을 조절할 줄 알아야 하고 언행에 품격을 지녀야 한다(김흥규, 인천일보, 2015. 1. 28; 김흥규, 2017). 그런데 현실은 어떤가?

“너 그 정도 아프다고 학원에 못 간다면 언제 공부할래?” “이래서 빠지고 저래서 빠지면 좋은 대학에 어떻게 가니?” “쯧쯧 이걸 그냥 콱! 애비만 닮아 가지고, 닮을 걸 닮아야지, 요리조리 핑계만 늘어놓고.”

“방학 끝나면 6학년 되는데, 좋은 대학 가야 좋은 직장에 가지. 이 멍청아!”

“누가 공부도 못하고 개떡같은 대학, 시원찮은 곳 나온 것들에게 어떤 놈이 높은 연봉 주겠니? 이 답답아, 생각 좀 해라. 빨리 학원 가, 전화 끊어!”(버럭 소리 지른다)

이는 저자가 어느 식당(2011. 1)에서 들은 옆방 모자간의 통화내용이다. 통화의 흐름으로 볼 때 아들이 ‘몸이 아파서 학원을 하루 쉬겠다’며 엄마의 이해를 구하는 전화인 듯했다. ‘몸이 아파 학원 안 가겠다’는 아들의 한 마디에 버럭 화를 내며 고함지르는 30대 후반(식사 후 차에서 기다리며 당사자를 확인)의 엄마 언행에서 우리 사회의 병리가 그대로 표출되었다. 즉, ① 신경질적 폭언 ② 잘못된 교육관(공부=좋은 대학 입학) ③ 사교육 중독 ④ 아빠(남편) 비난 ⑤ 시원찮은 ‘개떡같은 대학’이란 인지왜곡과 편견, 자의적 추론(Aaron Beck, 1979) ⑥월

급을 적게 주는 직장은 개떡같은 대학 나온 것들이 다니는 시원찮은 직장이라는 낙인 효과, 과잉 일반화, 비합리적 사고와 신념(Albert Ellis, 김흥규, 원애경, 2012) ⑦ 회사의 CEO를 '놈'으로 하대(下待) ⑧ 부모-자녀관계의 병리 ⑨ 대화예절 부재 ⑩ 자녀에 대한 인격적 모욕 ⑪ 자녀의 자존감에 대한 심각한 상처 등이다.

이런 말을 듣고 자란 자녀들이 과연 건강한 인재로 키워질 것인지? 왜냐하면, 부모는 자녀들에게 마음의 눈, 신체의 눈, 정신의 눈을 뜨게 하고 사고(思考)의 방향 · 내용 · 방법을 일깨워 사고력의 깊이와 지평을 넓혀 발전적으로 성장 · 발달 · 성숙시키는 게 주요 책무이기 때문이다. 이를 위해 자식들에게 "부지런해라" "꿈을 지녀라" "멀리 보라" "넓게 보라" "함께 가라"고 독려하면서 인간으로서의 기본 자질(정서지능, 사회지능, 도덕지능)을 함양시켜야 한다.

그 후 학생 신분을 갖게 되면 부모와 교사는 "나만의 개성과 차별성에 주목하라" '왜'라는 "호기심을 키워라", '만약에'라는 "상상력을 키워라", '미래에는'이라는 "예견력 · 선견력 · 장기적 안목 · 역사적 안목을 키워라", '어떻게'라는 분석력 · 정보 수집력 · 해석력 · 대응력을 키워줘야 하고, "경쟁사회에서 몸값을 올려라" "자기관리, 시간관리에 철저해라" "인맥과 팀워크를 중시해라" 등의 가르침을 주는 것이 정도(正道)다(김흥규, 2016).

문득 인간발달 4단계인 의지력 발달(7세까지), 감정의 발달(14세까지), 정신 및 사고력 발달(21세까지)을 시켜 21세가 되면 사회적 책임감과 독립적 인간으로 발달하도록 해야 한다는 슈나이더 박사의 이론이 떠올랐다. 그리고 부모의 양육태도에 따라 이타적 사고와 태도 즉 '이타적 인격'(Oliner 부부, 1988)이 형성되고, '성품 좋은 아이로 키우는 데 부모의 한마디 말'(이영숙, 2009)이 왜 중요한지를 재음미하게 되었다.

둘째, 우리 사회가 품위있는 사회요 문명화된 건전한 사회인가에 대한 냉철한 안목과 식견이 필요하다.

에리히 프롬은 소외문제에 신경을 쓰고 사랑과 인간성을 존중하는 것이 '건전한 사회'(Erich Fromm, 1990)라고 했으며, 마갈릿은 모욕과 무례가 없는 사회가 문명화된 사회이며 품위있는 사회(Avishai Margalit, 2008)라고 주장했다. 그는 모욕은 자존감을 훼손하고, 무례(無禮)는 타인의 자부심을 손상시키고 사회적 명예를 훼손시키기 때문이라는 설명이다. 매우 공감과 설득력 있는 주장이다. 저질 국회의원들의 청문회, 국정감사, 대정부질문에서의 더러운 입놀림 장면이 연상된다.

그런가 하면 올더스 헉슬리(Aldous Huxley)는 '의사와 변호사 그리고 종교지도자(목사)가

대우받고 큰소리치며 잘사는 사회'를 병든 사회라고 단정했다. 즉, 질환자가 많고 법정 송사 문제가 많으니 돈벌이가 잘될 것이고, 종교지도자의 후대문제는 사이비 종교의 창궐로 연결되므로 병든 사회라는 그의 지적은 타당성이 있다. 그러나 본 저자는 직업에 대한 평가를 통해 우회적(迂廻的)으로 그 사회가 '건강 · 성숙한 사회'냐, '병든 불건강 사회'냐를 변별할 수 있는 진단적 단서(diagnostic cue)를 얻게 된다는 전제하에 그간 5번의 연구(1996, 2001, 2005, 2009, 2016)를 수행하였다. 그 결과 44개 직업 중 5개 영역(국가사회적 공헌도, 청렴도, 존경도, 준법성, 신뢰성) 모두에서 불명예의 최하위를 차지한 직종이 국회의원이었다(김흥규, 동아일보, 2016. 5. 16; 실버타임즈, 2016. 7. 1). 이런 국회의원들이 200여종의 특혜를 누리며 큰소리치는 사회가 병든 사회라고 생각한다.

김지하 시인의 오적(五賊), 송호근 교수의 삼적론(송호근, 2003)을 통해 병든 사회를 이해하고 있지만, 양익준 감독의 영화 '똥파리'에서도 시사받는 점이 크다. 즉 몸 길이 19mm정도(1.9cm)의 '똥 파리(dung fly)'가 상징하는 5가지 특성을 주목하는 것은 본 저자의 과민한 시각인지 모른다. 그러나 분명히 상징성이 있다.

① 붉은 빛을 띤 갈색인 적갈색(赤褐色)의 겹눈 ② 이마는 적등색(赤橙色)이고 가슴 등판은 크림 노랑색 ③ 양쪽 정중선 부위는 연한 갈색 ④ 털의 모양과 성격, 즉 다리와 배는 노란 털로 덮혀 있고, 다리의 종아리 마디에는 검은색 털이 몇 쌍 나있다 ⑤ 냄새나는 곳만 찾아다니는 똥파리의 속성 등 다섯 가지이다. 물론 이 영화의 키워드(key word)는 건달, 깡패, 폭력, 가족, 아버지이지만, 이념화 · 정치화 · 사회 분쟁화라는 환경에 날아드는 정상배, 선동꾼과 정치인, 북한, 종교, 언론 등이 오버랩(overlap)되는 것은 내가 비정상적일까.

셋째, 현대인이나 상담자들은 필수적으로 사회변화를 읽는 안목을 갖추어야 한다.

'킬러 애플리케이션(killer application)'이 등장하면서 '현대는 킬러앱(killer app)의 시대'이므로 개인이든 기업이든 '디지털 전략'이 성공의 열쇠라고 강조한지도 18년이 지났다(래리 다운즈, 춘카 무이, 1999). 이 책은 반도체의 집적도(集積度)가 18개월마다 두 배로 증가하지만 가격은 오르지 않기 때문에 '더 빨리, 더 싸게, 더 작게' 디지털 데이터를 처리할 수 있으며(무어의 법칙), 사용자가 늘어나면 네트워크의 가치는 제곱으로 커지고(메칼프의 법칙), 정보화 전략과 디지털 기기, 아웃소싱으로 조직을 축소해 업무처리 비용을 줄일 수 있으므로(기업축소의 법칙) 디지털 킬러앱이 번창할 것이라고 주장했다.

뿐만 아니라 현대인은 스마트폰 때문에 모바일시대에 살고 있다. 대중화된 모바일 기기들,

편리한 모바일 플렛폼, 대중화된 모바일 기술, 저렴한 무선 데이터 비용 등의 요인들에 의해 모바일 혁명이 일어나면서 개개인의 라이프스타일과 의식 및 가치관이 빠르게 변화되었고 개인, 산업, 경제, 정치, 문화 등 사회 전 분야에 놀라운 변화, 즉 '모바일 혁명'(공병호, 2010)을 만끽하고 있다.

그리고 최근에는 제4차 산업혁명이란 말이 시대적 키워드가 되고 있고, 디지털 기기와 인간, 그리고 물리적 환경의 융합으로 펼쳐질 새로운 시대, 인공지능(로봇), 자율주행자동차, 신경기술과 뇌과학의 발달 등이 세계 전반에 미칠 대 변혁에 대한 예측과 도전과제에 대해 다양한 논의가 진행되고 있다(클라우스 슈밥, 2016). 그리고 4차 산업 혁명의 시대에 산업 및 직업세계의 변화, 특히 전문직의 변화에 대한 예측도 활발하다(리처드 서스킨드, 대니얼 서스킨드, 2016).

이같은 사회 변화에 맞추어 공병호는 미래인재의 핵심능력으로 ① 문제해결 능력 ② 창의적 발상 능력 ③ 기회포착 능력 ④ 학습 능력 ⑤ 동기부여 능력 ⑥ 자기 혁신 능력 ⑦ 위기관리 능력 ⑧ 대인관계 능력 ⑨ 세일즈 능력 ⑩ 외국어 구사 능력 등을 제시하였다(공병호, 2008).

또한 세계지식포럼(2008)에서도 글로벌 인재의 4대 키워드로 ① 통섭(Interdisciplinary) ② 통합(Integration) ③ 국제화(Internationalization) ④ 혁신(Innovation)을 제안했고, 동 포럼은 4년 후 ① 창의력 ② 정보력, 정보판단력 ③ 균형감각이 중요하다는 것을 강조했다(세계지식포럼, 2012).

그런데 우리의 현실사회를 보면 도스토예프스키의 '카라마조프가의 사람들'이 연상되고, 역대 대통령들을 보면 세익스피어의 4대 비극과 토마스 만의 소설 '부덴브로크가의 사람들'이 연상된다.

표도르, 미챠, 이반, 스메르자코프 등 카라마조프가의 사람들은 모두 음탕 · 악랄 · 무능 · 위선적 성격자들로서 벌레같은 사람들이며, 그 소설에서의 검사의 수사 태도와 배심원들의 유죄 평결은 그 당시 사회 부조리의 상징이다. 세익스피어의 4대 비극인 '햄릿' '오셀로' '리어왕' '맥베스' 등은 본인의 성격문제, 가족문제, 주변사람들의 문제가 복잡하게 연계 상승작용을 해서 비극으로 악화되었다는 점에서 주목되고, 부덴브로크가는 1대들이 열심히 노력해서 부를 창출하지만 2대는 정치로, 3대는 예술로 낭만성을 추구하다가 '가문의 몰락'으로 연결되었듯이 역대 대통령들도 공명심과 가능치도 않은 허망한 낭만적 정치(통일문제)에 집착해 풍요했던 곳간을 텅 비웠기 때문이다.

'7시간 문제'보다는 '3포세대' '5포세대' '7포세대'라면서 젊은이들이 고뇌하고 분노할 때 그 8년간 대통령과 행정부, 특히 국회의장과 국회의원들은 무엇하고 있었는가? 당신들이야말로 가슴에 금뺏지 대신 주홍글씨 'N(negligence: 태만)'을 달고 다니는 게 어떨지.

넷째, 창피스런 역사는 왜 반복되는가? 정치인과 국회가 문제다.

정치인 · 국회의원 · 국민들은 다음의 글들을 참선(參禪)하는 자세로 재음미했으면 좋겠다.

① "한국에서 민주주의를 기대하는 것은 쓰레기통에서 장미가 피기를 바라는 것과 같다"(Carl T. Rowan, 이브닝 스타. 1966).

② "정직한 정부 밑에 재산권을 보호받는 제도하에서는 훌륭한 국민(참된 시민)으로 발전할 것이다"(L. B. Bishop). 110여 년 전에 구한말 한국사회를 본 영국인 여성의 견해다.

③ "한국인은 절제있는 통치자와 관대하고 정직한 정부 밑에서는 훌륭한 국민이 될 것을 확신한다"(W. F. Sands). 고종황제의 고문이었던 윌리엄 샌즈는 그의 회고록에서 밝혔다.

④ "유능한 장교만 있으면 훌륭한 국민이 될 수 있음을 확신한다"(C. Dallet, 1874). 프랑스인 달레는 '한국천주교사'에서 한국인의 장점을 밝히면서 지적한 소감이다.

⑤ "재벌, 국회의원, 고급공무원, 장성, 장차관을 5종류의 도적"(김지하, 사상계, 1970. 5월호)이라고 규탄한 시(詩) 오적(五賊)은 당시 시대적 상황에서는 목숨 내놓고서 국가와 민족을 위한 애국적 일갈(一喝)로서 문학사적, 정치사적, 민족문화적, 사회심리학적 면에서 자랑스런 작품이다.

⑥ "순수하게 민주화 운동을 하는 사람들과는 달리 권력을 잡으려는 마음으로 동참, 대권 쟁취를 위해 동상이몽(同床異夢) 또는 오월동주(吳越同舟)의 상태(이영희, 1997)에서 끊임없는 권력 투쟁과 파벌싸움, 당권 갈등과 낯 뜨거운 정쟁(政爭) 등을 연출한 결과 우리 정치문화에 '당리 당략주의, 대결주의, 맹주주의(보스), 지역주의, 금권주의'(이영희, 1995) 등의 병폐가 파종(播種)되었고, '비민주적 붕당의 정치, 계보 · 연줄의 정치, 독선적 리더십, 지역감정 이용의 정치문화'가 배양되었다(이영희, 1997).

⑦ "IMF사태는 정치권과 관료-금융기관-재벌의 삼각(三脚) 동맹이 빚어낸 대 참사"라며 삼적론(三敵論) 주장(송호근, 2003).

⑧ "한국의 훌륭한 자산은 바로 '사람', 사람은 뛰어난 데 … 키우지는 못하고, '행동의 속도'는 빠른데 생각의 속도는 느리고 … 창의력 못 키우는 교육이 망쳐"(IMD피터 로렌지

원장).

⑨ “국가적 위기이다. 민심이 흔들리고 사회도 불안하며 경제는 계속 곤두박질치고 있다. 정부와 정치권이 모두 제자리를 잃고 허둥대고 있고, 온 나라가 마치 폭풍 속에 조각배처럼 흔들리고 있다. 대통령은 더 이상 실기(失機)하지 말고”(집권 4년차 위기를 맞은 김영삼 정권, 1997. 2. 5. 중앙일보 사설).

⑩ “잇단 권력형 비리의혹과 심각한 경제위기, DJ정권 파산직전의 상태 … DJ정권 산산조각나는가? 지지세력도 등을 돌렸다. 이제 희망은 없다”(한겨레21, 2000. 12. 7. 18~ 30). “100대 국정과제 전문가 69명의 평가결과 보고서, 7점 척도로 전체 평점 3.6점의 치욕적 평가를 받았다. 낙제생 DJ!”(한겨레21, 2001.6.14. 32~ 48).

이제 우리 모두는 은인자중(隱忍自重)할 때이다. 절제(節制)된 심성에서 이성(理性)도 민주도 꽃이 피고, 질서와 윤리, 선진화된 민주주의와 복지사회도 이루어진다. 우리 모두가 자기 위치에서 반교양, 반문화, 반질서, 몰상식, 반윤리적 요인을 철저히 바로잡아야 할 때이다. 그러기 위해서는 인간의 기초를 확립시키는 가정, 욕구와 충동을 다스리고 자제시키는 학교, 분수와 본분을 가르치고 일깨워주는 언론, 준법 · 겸양(謙讓) · 지성의 모델이 되어주는 국회로 탈바꿈되어야 한다.

출판을 맡아 준 강철원 사장님께 감사드리며, 양성원의 무궁한 발전을 기원한다.

2017년 1월 15일

일산에서 저자

목/차

part 1
상담이론

Chapter 01__한국인, 우리는 누구인가 / 17

Chapter 02__상담이론과 그 특징은 무엇인가 / 115

part 2
상담의 실제

Chapter 04__인격장애자, 이런 사람들이다 / 207

Chapter 05__괴상하고 편벽된 특성을 보이는 인격장애자의 상담·지도 / 213

Chapter 06__극적·감정적·변덕스러운 특성을 보이는 인격장애자의 상담·지도 / 233

PART 1

상담이론

Chapter

01 한국인, 우리는 누구인가

제1절 한국인의 국민성과 사회적 성격

역사의 흐름에 대해 '역사는 영원히 반복한다'는 말과 '역사는 어디까지나 1회전일 뿐이다'라는 시각이 있다.

전자의 경우, 헤겔은 "세계사적으로 이름을 남긴 어떤 민족에 있어서도 동일한 역사과정은 되풀이하여 전개된다"(역사철학)고 하여 역사의 되풀이를 주장했고, 기원전 5세기에 투키디데스가 쓴 《펠로폰네소스전사(戰史)》에도 나오며, 제1차 세계대전 중 토인비는 "당시의 세계적 상황이 2,400년 전 희랍의 역사가 투키디데스가 펠로폰네스 전쟁을 통해서 본 국제 정세와 비슷하다"고 하여 역사의 되풀이를 언급했다. 또한 김용운(1995)도 "역사는 되풀이 된다. 민족의 역사에서 같은 현상이 되풀이 되는 것은 변치 않는 원형과 비슷한 시대적 상황 사이에서 같은 반응이 일어나기 때문이다. 자신의 원형과 미래에 대한 통찰이 없을 때에는 항상 바보스러운 좌절을 되풀이하게 되는 것"(김용운, 1995: 10~15)이라고 했다. 그는 "역사는 결코 '신의 섭리' 또는 '역사의 의지' 따위의 형이상학적 이유 때문에 순환하지 않는다. 크게는 인류와 민족, 작게는 부족에 이르기까지 긴 세월을 초월한 저마다의 성격(원형)이 존재하며, 이는 모든 역사 속에 면면히 흐르고 있다. 때문에 민족은 비슷한 역사적 상황에 늘 비슷한 반응을 보이며 순환한다"(김용운, 1993: 82)고 했다.

공성진(1993)은 원형이란 말 대신에 '붙박이 요소'라는 용어를 쓰고 있다. 즉, 사회에는 흘러 다니는 요소만 있는 것이 아니라 사회를 구성하는 지배적 요소가 있는데, 이 요소들 가운데에 '붙박이 요소'가 있다. 그리고 그 붙박이 요소들이 바로 사회관리의 중추기능을 맡고 있다. 국가, 국토, 국민이 붙박이이며, 정치와 정부, 주권과 국민이 붙박이 요소들이므로 정치·경제 통합이 어려울 수밖에 없다(공성진, 1993: 210)고 했다.

이 붙박이 요소를 이규태는 '집요한 심정적 말뚝의식'(이규태, 1994: 16~17)이라고 하였다. 또한 중국의 경극(京劇)에는 등장 배우의 노랫말에 "두 번 일어난 일은 세 번 일어난다"는 가사도 있다(김흥규, 2005: 322).

따라서 사회병리와 사회 문제, 그리고 개인 문제를 논의하자면 우리 민족의 국민성, 역사적·사회적 분위기, 사회적 성격이 어떠한가, 즉 국민과 민족의 원형에서부터 접근하지 않으면 안 된다. 그래서 어떤 특정인에 대해 자세히 알려면 '3대(代)를 거슬러 올라가야 한다'느니, '개인의 성장사와 부모를 보면 알 수 있다'는 말을 하는 것이다.

민족의 이 '세 살 버릇'을 민족성이라고 부르든(김용운, 상게서) 국민의 사회적 성격이라고 부르든 간에 민족의 원형에 내재하는 가치관에 따라 인간은 행동한다. 때문에 상담활동도 같은 맥락에서 접근해야 효율적이 될 것이다.

1. 한국인의 국민성

한국인의 국민성을 지적한 내·외국인의 글은 많다.

1) 한국인의 신앙 강도(强度)는 매우 높지만, 맹목적인 신앙태도를 가지고 있다

1866년 한국에서 순교한 베르네(Berneux)는 조선인의 성격(신앙)에 대해 "조선민중의 성격은 매우 단순하여 사리를 깊이 따지길 싫어한다. 성교(聖敎)의 진리를 가르치면 곧 감동하여 믿음에 들고 어떤 희생이라도 무릅쓴다. 하지만 진리를 풀이하면 잘 못 알아듣는다. 특히, 부녀자들과 천민층 남자들이 그러하다." 즉, 신앙 강도가 높고 민감하다는 것으로 이해된다(이규태, 1994: 293). 1868년 수감된 지식층 신도 한성임은 재판과정에서 "미련한 조선 여인들은 겨우 한 구절의 성구만을 외우고는 바로 세례를 받는다. 그리하여 천당에 갈 줄 믿고 기꺼이 죽임을 당한다. 마치 불속에 뛰어드는 부나비들과 같다"며 여성들의 맹목적 신앙태도를 언급했다. 그러나 이규태는 이를 '한국적 마조히즘'으로 이해하였다(이규태, 상게서).

2) 근면하고 모범적인 생활태도, 강한 생활력과 높은 교육열을 갖고 있다

영국의 지리학자이며 여행가인 이사벨라 비숍(Bishop)을 1894~1897년까지 네 차례나 우리나라를 드나들면서 한국인들을 관찰한 다음, "한국인은 근면하다. 한국인의 모범적인 생활태도에 감명을 받았다"고 했다.

러시아 문호 곤자로프(Goncharov)는 1854년 '푸차진' 제독을 수행하여 러시아인으로서는 처음 한국에 왔다. 그는 《한국 견문록》에서 '한국인이 근면하고 생활력이 강한 것을 알았으며, 한국 국민의 높은 교육열과 근면성'을 지적하였다.

3) 정직한 정부, 절제 있는 통치자, 유능한 리더, 부정부패가 없는 공직사회가 중요한 과제임을 지적하였다

이사벨라 비숍은 구한말 한국사회의 모습을 보고 "한국인은 정직한 정부와 재산권을 보호하는 제도하에서 훌륭한 국민이 될 수 있다"고 했고, 고종황제의 고문으로 6년간 우리나라에 거주했던 윌리엄 샌즈(Sands)는 그의 회고록에서 "한국인은 절제 있는 통치자와 관대 · 정직한 정부 밑에서는 훌륭한 국민이 될 것을 확신한다"고 하였으며, 프랑스인 샤르르 달레(Dallet)는 "유능한 장교만 있으면 훌륭한 군인이 될 수 있음을 확신한다"고 했다.

특히, 고종황제의 고문이었던 헐버트는 "관직을 이용해 옳지 못한 방법으로 금품을 착취한다. 자신의 지위를 높이는 데 지나치게 신경을 쓰고, 중요한 지위나 권위를 갖게 되면 그 호기는 머리 끝까지 치솟는다"(Hulbert, 1969: 29~44)고 하여 당시의 공직자 의식을 비판했다. 즉, 국민의 자질과 민족성은 훌륭한데, 정직하지 못한 정부, 절제하지 못하는 통치자와 관료집단이 문제라는 점을 시사한다. 그래서 지도자의 자질과 유능성 여부, 깨끗하고 정직한 정부, 부정부패 없는 공직사회가 중요한 관건임을 강조한 것으로 이해된다.

4) 한국인의 투철한 인류애 정신과 상부상조의 태도, 높은 인내심과 강인한 성격을 높이 평가했다

샤르르 달레는 《한국천주교회사》(1874)에서 한국인의 장점으로 다음과 같이 소개했다. "인류애 정신의 법칙을 선천적으로 존중하고 이를 상부상조를 통해 매일 실천한다. 손님과 친구 대접을 신성한 의무인양 최선을 다한다. 육체적 고통을 잘 견디는 인내심과 역경과 피로에 굴복하지 않는 강인한 성격을 갖춘 자들이다. 따라서 결코 비겁하거나 나약하지 않다"고 했다.

5) 심리 · 사회적 성숙면, 성적 건강성 면에서의 문제와 공덕심의 미숙 등을 단점으로 지적하였다

달레는 "한국인은 돈벌이에 악착같지만 돈이 생기면 낭비한다. 대단히 완고하고 까다롭고 성을 잘 내며, 복수심이 강하다. 때문에 울화가 치밀면 쉽게 목매달아 죽거나 물에 빠져 죽는다. 폭식 · 과음하고 자기가 아는 것은 전부 남에게 말하지 않고는 못 배기는 성격을 가지고 있다. 특히, 모임에서는 너무 큰 소리로 말하는 습관이 있다"고 우리의 문제를 정확히 지적해 준다.

6) 인연과 체면 중시, 공격적 · 충동적 · 감정적인 우리의 의식성향과 토착심리를 지적하였다

고종황제의 고문으로 한국의 독립운동에 크게 기여했고, 한국을 사랑했던 헐버트는 "한국인들은 ① 의로운 일이라면 돈을 쾌척하는 성질이 있다, ② 인정 때문에 지나치게 부담이 되는 남의 요구를 거절하지 못해 파산하는 사람이 많다, ③ 사회적 인연이나 체면 때문에 손님을 박대하거나 거절하지 못해 무리를 한다, ④ 대인관계에서는 다분히 공격적이다, ⑤ 만약 곤경에 처하거나, 위급한 상황에 직면하게 되면 망설임 없이 거짓말을 한다, ⑥ 계획하고 있는 일을 호전시키기 위해서라면 진실을 어느 정도 왜곡시켜 말을 하기도 한다(Hulbert, 1969: 29~44)고 했다.

7) 너무 남을 잘 믿고, 예의 범절에 밝은 낙관적인 민족을 지적한다

20세기 초 고종황제 때 의료 선교사인 호레이스 알렌은 "조선인의 성품이 남을 너무 잘 믿으며, 지나치게 낙관적이고, 예의 범절에 밝으며 호기심이 많다"(Allen, 1908, 신봉룡 역, 1999)고 했고, '런던 데일리 메일' 기자인 프레드릭 메킨지(Mckenzie)는 1900년대 초반 두 차례 특파원으로 한국에 와서 러 · 일전쟁과 3 · 1전쟁을 취재한 뒤 두 권의 책을 출간한 바 있다.

그는 "피 압박 민족인 한국보다 더 열등한 민족인 일본이 4000년 역사를 가진 한국 민족을 동화시키는 것은 절대 불가능하다"면서 "일본인은 자신의 능력을 과대 평가하는 반면 한국인은 과소평가한다. 강인한 정신력을 갖춘 한민족의 잠재력이 무섭다"라고 평가했다.

8) 지도층의 무능과 자질 부족, 국민들의 단결심 부족, 공익정신과 질서의식 부족을 지적한다

갑신정변을 주도한 박영효는 개혁의 실패 요인으로 '지도층의 무능과 자질 부족이 가장 큰 원인이었고, 국민들의 단결심 부족, 신의의 결여' 등을 지적했다.

최남선도 많은 장점이 있지만, '조직력과 결속력의 부족, 공익정신의 결여, 질서의식 부족, 집중력 미약, 사후 처리 및 일의 마무리 미흡, 외래문화에 대한 소화 · 수용력 미약, 명쾌한 금전거래와 사리 판단의 부족, 외면과 형식을 중시, 허례허식에 빠져 실속을 챙기지 못하는 점'을 단점으로 지적했다(김흥규, 2015: 14).

9) 준법정신 부족, 파벌의식, 애국심과 공공의식 부족을 지적한다

서재필은 "규칙과 법률을 지킬 줄 모르고 서로 싸우며 시기하고, 강한 자는 약한 자를 압제하고 힘 있는 자는 힘 없는 자를 업신여긴다"(독립신문 사설, 2896. 4. 23)라고 했으며, 언론인이며 애국계몽가인 장지연은 '파벌의식, 시기 · 질투, 의존심, 나태하고 게으름, 국가와 공적인 일을 우선시하는 생각과 태도 부족(자강월보, 제5호, 1-7)'을 지적했다.

안창호(1925)는 국민의 기질적 단점(병폐)으로 '무책임, 이기적, 파당성, 합리정신 결여, 무위도식(無爲徒食), 젊은 세대의 패기와 목표의식 결여, 의타심, 독선적 사고' 등을 지적했고, 춘원 이광수(1922)는 "외국인은 신용하면서도 조선인끼리 신용이 없고, 신망(信望)받는 인물이 없으며, 금전 · 인물 · 실력 없는 자들이 허장성세(虛張聲勢)하며, 표리 부동(表裏不同)하다"며 《민족 개조론》을 주장 · 집필하였고, 백낙준은 '지나치게 형식을 중시, 강한 파벌의식과 의타심, 약한 조직력과 단결심, 근본적 대책보다는 임기응변식 대응(姑息的 對處)'(백낙준, 1982: 43~49)을 지적하였다.

10) 상부상조와 양보, 근면과 성실, 인정과 신의 등이 한국인의 장점이다

우리 국민의 장점으로 '상부상조, 양보와 겸손, 근면과 성실, 용기와 소신, 인정, 신의, 은근과 끈기'를 지적(이병도 외, 1981: 70-141)하는 한편, 이광수는 '원래 예의를 알고, 규율에 복종하여 질서를 잘 지키며, 청렴결백하여 물질적 보수는 하지도 않고 금전도 탐하지 않는다'고 하였다.

백낙준은 한국인의 장점으로 "이타적이고 창의성이 있다. 끈기와 참을성, 온유하고 낙천적"이라 했고, 오천석은 "양보, 겸양, 온유한 성품, 소박한 마음, 친절성인데, 서구화의 물결은 민족성의 변화(미덕의 실종)를 가져왔다"며 아쉬움을 표했다(김홍규, 1994: 26~27). 이규호는 "개인적으로 똑똑하고 영리하다, 개인윤리의식은 발달되어 있고, 창의력이 있다"(김홍규, 1994: 26)고 지적하였다. 미국 시사주간지 〈TIME〉은 '발행인의 편지'에서 "한국인은 재치 있고(witty), 근면 성실하다(hardworking)"고 평했다.

이광훈(1989)은 ① 국가적 독립성과 국난 극복의 민족적 저력(몽고족과 원나라 관계, 1,000여회의 외침), ② 줏대 잃지 않으면서 적대관계에 서지 않는 화이부동(和而不同)의 적응력, ③ 강인한 주체성, ④ 위기에 강한 민족 등을 장점으로 지적하였다.

박래영(1989)은 "높은 교육열과 강한 근로욕, 환경에 따른 강인한 적응력, 몸에 밴 근면성을 지적한 후 여타 학자들의 견해를 인용하여 세련된 문화적 감수성, 높은 수준의 성취동기, 강력한 민족주의 국민의식, 고유한 문화전통의 체계, 불교 · 유교 · 기독교 등 외래문화를 성공적으로 수용하여 높은 수준의 문화적 창조능력을 발휘하여 발전시켰다고 했다. 구종서(1989)는 강대국들의 역학관계 속에 있으면서도 종속(從屬)으로 존재 안한 외교관계를 유지한 것이 강점이라고 했고, 박종식(1989)은 오너 중심의 한국 경영자의 탁월한 기업가 정신, 즉 지구 끝까지 뛰는 불굴의 개척자 정신, 무한한 도전정신, 강한 성취 욕구, 강력한 추진력, 무모할 정도의 투자, 지칠 줄 모르는 시장 개척을 한국의 강점으로 지적하였다.

11) 1980년대 들어서도 한국인의 의식에서 버려야 할 단점은 여전히 많다

최일섭 등은 한국인의 의식에서 버려야 할 것으로는 '냉소의식, 무사안일 의식, 부패의식, 독선의식, 보복의식, 비방의식, 모방의식, 소외의식, 사치의식, 학벌의식, 사대의식, 무질서 의식, 특권의식, 열등의식, 불신의식, 권위의식, 배타의식, 출세의식(감투 · 보직지향의식), 파벌의식, 청탁의식, 한탕의식, 퇴폐의식 등 22개 요인을 지적함(최일섭 외, 1982: 18~61)으로써 우리 민족에게 그 같은 단점이 있음을 시사해 준다. 김영만은 외제병(김영만, 1983: 48~53)을, 이부영은 사회병리의 각종 증후로서 "국민의 성급성, '내가 먼저'의 심리, 정실주의, 일류병 속의 삼류문화, 쇼 기질과 극화심리, 권위실추, 불신풍조" 등을 지적하였다(이부영, 1989: 30-35).

12) 1980년대의 중병(重病)인 한국병, 이미 불치의 만성병으로 정착했다

공정원 등은 우리 사회의 '1980년대의 중병'이란 진단에서 '윤리부재, 정치부재, 정책부재, 행정부재, 치안부재'를 예거(例擧)하였고, 세계일보는 기획특집으로 '한국적 부패구조의 특수성을 분석한다'에서 다음과 같이 지적했다.

① 5공 비리로 대표되는 권력형 대형비리

② 생계형 관료부정(공무원 부정)

③ 재벌의 비행(재벌들의 탐욕)

④ 국민의 부패 불감증(병든 국민의식) 등이다(공정원 외, 1989: 146~183)라고 했다.

특히, '내편 아니면 적'인 흑백논리와 극단적 사고가 고려 말 때도 창궐했고(최영이 주도한 친원파와 이성계가 수장인 친명파의 파벌싸움), 조선조의 당쟁은 일종의 흑백논리 싸움, 정권쟁탈 패거리 싸움이다. 이런 분위기에서는 다양한 학풍과 이론도 자랄 수 없다. 위험한 흑백 논리가 우리나라의 단점이라고 했다.

송복은 '왜 우리나라 정치가 기대만큼 발전하지 못하는가'에 대해 논의되어 온 것을 ① 너무 성급(기질)하고 민주주의 하기에 뒤떨어진 자질(학력 수준), ② 정치인의 자질과 행동문제(희롱, 인신 모독, 한풀이의 청문회), ③ 정치문화와 권위주의 문화(어떤 문화 속에 살고 어떤 가치관을 쫓느냐), ④ 기대 폭발로 불평불만 만연(여당은 시위 정치, 야당은 항의 정치)으로 반대도 극한적이요 파괴적이고 투쟁적인 반대, 극한 대립만이 인정되는 사회, ⑤ 경제 후진이 정치 후진의 원인(생활이 가난하면 정치도 가난)으로 정리하였다. 결국 조급한 사회적 성격, 과도한 기대감, 기다리고 인내하는 자세가 부족한 기질, 욕구불만에 의한 불평 불만의 만연, 극한적 · 투쟁적인 정치문화와 병든 가치관을 지적하였다.

그러나 높은 교육열은 과열 과외와 입시 위주의 교육풍토를 낳았고, 고등교육 지향성과 학벌위주의 평가분위기는 학력사회 · 학벌사회를 고착시켰다. 그래서 말로만 창의성과 다양성을 고창(高唱)할 뿐 학력과 스펙에 매달리는 천편일률적인 줄 세우기 교육, '바보들의 행진'은 오늘도 계속되고 있다. 생산직 인력이 심한 부족 속에서 대학 졸업자의 과잉현상, 그것을 초래한 정치권과 교육부 관계자들이 한심스럽다. 교육인구가 대폭 감소하는데도 제대로 추정을 못한 채 전문대학, 4년제 대학을 신설하고, 학장 직함을 총장으로 바꿔주며 호들갑을 떨더니, 그 자리를 자기들 관료 출신들이 차지해 총장 업무를 수행하는 나라이다.

2. 한국인의 사회적 성격과 의식

현대사에서 한국인의 사회적 성격과 의식에 강력한 메시지를 준 것이 많지만 그중에서도 김지하 시인의 시(詩) 〈오적(五賊)〉은 문학사적, 정치사적, 사회심리학적 면에서 자랑스런 작품이라고 생각된다. 그 용기와 정의감은 국민의 머리와 마음을 시원하게 세척시켰고, 국민에게 활기와 생기를 불어넣어 주었다. 재벌 · 국회의원 · 고급공무원 · 장성 · 장차관을 5종류의 도적이라고 한 것(사상계, 1970년 5월호)은 그 시대 상황에서는 목숨 내놓고서 감행한 국가와 민족을 위한 애국적 일갈(一喝)이었다.

이들 지도층들이 반성하고 자중해서 높은 사회적 신분에 상응하는 도덕적 의무로서의 노블레스 오블리주(noblesse oblige)와 부유층의 사회적 책임인 리세스 오블리주(richesse oblige)를 실천했더라면 한국인의 사회적 성격이나 의식은 훨씬 빨리 선진국형이 되었을 것이다. 그러나 다음의 지적 사항들은 실망스러운 우리 사회의 자화상이다.

1) 고질적인 한국병, 심각한 사회갈등 문제

임종철(1990)은 고질화된 한국병인 우리 사회의 갈등 문제에 대해 다음과 같이 지적했다.

① 일제의 수탈자 밑에서 자본주의적 기업경영을 배우게 된 기업인들은 그런 수탈자를 자본가의 원형으로 착각 · 모방함으로써 오늘날의 빈부 갈등 문제를 야기시켰다.

② 경제발전과 노동자의 의식수준 향상에도 불구하고 시대착오적인 대응자세(탄압)에서 비롯된 노사 문제는 더욱 과격한 노사 갈등 문제를 가져왔다.

③ 우리 사회에 공존하고 있는 젊은 세대와 기성세대들은 그들이 성장 · 발달 · 성숙해 오

면서 실감한 '체험의 격차, 역사의 격차, 시각의 격차, 가치관의 격차'로 인해 심각한 세대 갈등 문제를 야기시켰다.

④ 8 · 15 직후의 열강 간의 갈등과 1970년대 이후의 정권 당국 간의 갈등, 그리고 1990년대에는 남북의 사회 내부 계층 간의 갈등으로 인해 오늘날의 남북 갈등 문제가 대두됐다.

⑤ '부도덕한 정치가 강요한 비극'으로서의 지역 갈등 등을 한국병으로 보았다(임종철, 1990).

2) 자존심 강하고 남에게 지기 싫어하는 민족

이어령(1993)은 다음과 같이 언급하였다.

① 한국인은 언어든 종교든 우리 문화의 틀 속에서 받아들이되 휩쓸리지 않고 재차 받아치거나 물고 늘어지는 문화이다.

② 한국인들은 오래전부터 기(氣), 즉 자존심과 기개가 강했다. 그래서 욕망이 강한 민족이요, 이성이 강한 민족이고 티모스가 강한 민족이란 뜻으로 '문화민족'이란 말을 애용한다.

③ 저명 인사의 강연을 들은 후 일본인들은 버릇처럼 '그렇구나!', '그럴듯하다'는 의미로 '나루호도(なるほど)'라고 하는데, 한국인들은 '별거 아니야', '별 볼 일 없다'고 한다. 즉, 자존심이 강하고 남에게 지기 싫어하는 오기(傲氣)가 있다는 것이다.

④ 아이를 기를 때도 '기 죽이지 말라'며 기를 죽이지 않으려고 과열 과외도, 외국연수도 경쟁적이다(이어령, 1993: 15~31)라고 했다.

3) 한국인의 원형은 강한 종교성, 사상성, 교육열이다

김용운(1993)은 '민족 조상의 공통적 체험이 민족의 의식을 결정하고 이것을 조상으로부터 이어받은 유전적 무의식, 민족 특유의 정신적 기반'을 민족의 원형으로 규정하면서 다음과 같이 언급하였다.

① 예로부터 물질보다는 예절, 정신성을 강조하였다(동방예의지국, 청빈사상, 청백리 예찬).

② 외국 사상을 심도 있게 한국화하여 보편성을 지닌 사상체계로 세우는 전통이 우세하다.

③ 한국인의 원형은 강한 종교성, 사상성, 교육열인데, 긍정적으로 발휘된다면 좋지만 망국

적 교육열 등 역기능이 문제이다.

④ 우리 사회는 신바람을 내는 심성과 집단적 자학(自虐)을 하는 심성이 종이의 앞・뒷면과도 같이 일체화되어 있다.

⑤ 신바람 기질, 강한 생애적(生愛的) 기질과 균질성, 주어진 상황에 잘 적응하는 기질, 평등적・자율적・마을적 의식, 강한 순발력이 있다.

⑥ 한국은 풍토적 조건 때문에 대하(大河) 중심의 문화권이 형성되었다. 대동강 중심의 고구려, 한강과 금강 중심의 백제, 낙동강 중심의 신라・가야 등이 그것이다(김용운, 1995: 20). 그리고 이들끼리 서로 갈등하고 가해와 피해를 주고받으며 지역감정을 키운 민족이다.

⑦ 꽹과리・막걸리・싹쓸이의 삼위일체가 한국인의 원형이다. 천수답(天水畓)의 벼농사는 풍년과 흉년이 모두 하늘의 탓이다. 그래서 비가 오지 않으면 기우제(祈雨祭)를 지낸다며 임금은 '자신의 부덕함'을 자복(自服)했고 백성들은 '임금 탓', '하늘 탓'을 했다. 그러다가 비라도 내리면 막걸리를 마시고 꽹과리 치면서 온 동네의 밀린 논에 '싹쓸이' 식으로 모심기를 후딱 해치운다. 꽹과리를 치기 시작하면 남의 얘기는 듣지 않는다는 것을 의미하며, 온 동네가 당면한 일을 위해 동참해야 하기 때문에 마을의 일이라면 그 반대를 허용하지 않았다. 그래서 한국인의 원형 속에는 '하늘의 탓'이요 '임금의 부덕 탓'이지 항상 '나의 잘못은 없다'는 의식이 강하며, '싹쓸이'의 행태가 강하다(김용운, 1993: 41; 1995: 93)

⑧ 한국인은 응석이 많고, 억울의식과 한(恨)의 문화가 심하다. 조선왕조 후에도 호란(胡亂)과 외란(倭亂) 등 수없이 외환을 겪었고, 악질적인 36년의 식민지배하에서 신음해야 했으며, 해방 후에도 숱한 환난을 겪었다. 항상 한국인은 피해자였다. 피해를 입힌 쪽을 향해 울분을 토했을망정 이 같은 화를 초래한 지도자・국민・자신에 대한 반성은 별로 한 적이 없다. 나쁜 것은 항상 화를 입힌 자들이고, 나야말로 억울하다는 것이다. 그 결과 '억울의식', '남의 탓', '한 맺힌 가슴'이 되어 '화병'이 되었고, 사건만 터져도 '대통령 책임론', 구조조정 또는 감원을 당하면 '나의 책임은 무엇인가'하는 의식은 없고 모두 '회사 탓'이 되고 만다(김용운, 1995: 69).

⑨ 한국인은 인정이 많으나 잔인하고, 점잖은 듯하면서도 극성스럽고, 겸손을 내세우지만 교만하며, 대범하지만 참을성이 없는 등 극단적이고 다이내믹한 심성을 가지고 있다.

이것은 홍수와 가뭄에 양면성을 나타내는 한강의 성격과 무관하지 않다(김용운, 1995: 103)고 했다. 즉, 가뭄과 집중호우, 그때마다 되풀이되는 원망과 홍수 피해, 그로 인한 짧은 순간의 희극과 긴 시간 비극의 되풀이로 '풍토가 낳은 민족의 심성'으로 인식하는 그의 안목이 설득력 있다.

4) 선(線)이 굵은 민족, 잠재력이 큰 민족인데, 잘못된 관행과 타성적 사고방식이 문제

진용옥은 '일본은 세기(細技)에 능하고 육지전과 백병전을 잘 하지만, 한국인은 선이 굵고, 접근전(육지전)을 피하는 대신 해전과 같은 큰 전투에 유리한 기질'을 가지고 있기 때문에 그 같은 전략을 택했다(진용옥, 1993: 98~105).

이면우(1993)는 "우리는 우리가 평소에 알고 있는 것보다 훨씬 더 큰 잠재력을 가지고 있다. 그러나 미국의 선진이론이야말로 가장 올바른 것이라는 일종의 신화인 '지적 사대주의', 미국의 경제이론과 일본 관리기법을 도입해서 해석하느라 정신이 없었고, 남의 이론과 남의 철학만 배운 '어정쩡한 전문가'의 양산, 잘못된 관행과 타성적 사고방식의 지배"(이면우, 1993)를 받고 있다는 것을 지적하면서 '보이는 것을 포기하고 보이지 않는 것을 추구해야 한다'며 이를 위해 선진국과 서구 중심의 사고방식을 버리고 우리의 잠재력을 최대화해야 한다. '변할 것과 변하지 않는 것'을 명확히 구분하고, '빠른 것만 보지 말며 느린 것을 자세히 보면서' 우리의 잠재력인 신바람과 자부심, 자긍심을 발휘하게 하고, '윗물말기' 운동의 전개가 절실하다고 했다(이면우, 1993: 169~201).

5) 한국인의 정(情), 인간미 그 어느 민족도 따라할 수 없다

이규태(1994)는 한국인의 정서적 구조로서 다음과 같이 제시하였다.

① 바다 멀리 헤쳐나가려는 외향성보다 안주(安住)하려는 내향성이 강하다.

② 정신적 대결장소, 자존심의 대치 장소로 마을 간의 지형적 경계인 '고개'를 선호했는데, 이는 산악국가이기 때문이다.

③ 한국사람의 친밀도는 인간층 간의 농도에 따라 경계가 확연(三色帶 유지)하다. 서양인들은 인정권(人情圈)에 속하는 부모형제, 의리권(義理圈)에 속하는 동창생, 지면권(知面圈)에 속하는 슈퍼마켓 아저씨 사이에 주고받는 정에 큰 차이가 없다. 물론 인정권이

보다 친밀하긴 하지만 지면권도 역시 친밀하다.

④ 우리 선조들은 새나 개, 고양이도 귀하게 생각했지만 보다 더 나무를 사랑하고 의인화(擬人化)해서 정(情)을 주며 대했다. 자녀를 낳으면 이듬해 음력 삼월 삼짇날 선산에 아들 나무로 송백(松柏)을, 밭도랑에 딸 나무로 오동나무를 심었다. '아들의 나무'는 늙어 죽을 때 관목(棺木)으로, '딸의 나무'는 시집갈 때 장롱(欌籠)을 짜 주었다.

⑤ 한국 사람의 정(情), 인간미는 특별하다. 서양 사람들의 경계가 신체적 · 정신적 · 물리적으로 차단하는 '담'이라면, 한국 사람의 경계는 바람도 통하고 개도 왕래하며 사람도 오가는 소통 가능한 '울(wool)'이다. 그래서 다른 나라, 어느 민족의 창조 신화에도 없는 우리의 창조 신화는 참 아름답다.

조물주가 사람을 만들 때, 뼈와 살을 만들어 놓고 마음을 만들 차례에 그 마음을 열 칸으로 만들었다. 그 열로 칸지운 마음을 골육(骨肉)속에 넣어주면서 말했다. "이 열칸의 마음 가운데 세 칸만 네가 갖고 나머지 일곱 칸은 남을 위해서 비워둬라."

이것이야 말로 휴머니즘의 극치가 아닌가.

⑥ 남을 지나치게 의식하는 한국인의 성향은 실제보다 형식, 내용보다 외형, 실리보다 체면을 존중하는 의식을 파생시켰다. 그 결과 모든 인간관계를 서구처럼 이성적이고 계약적 관계로 맺지 않고 응석과 아양으로 접근한다.

⑦ 우리 한국인에게 있어 속에 있는 본심과 세상을 대하는 겉의 얼굴과는 반드시 일치하지 않는다. 무슨 일이건 가급적 예의나 명분 · 의리 같은 겉의 얼굴을 내세우고, 본심은 억눌러 만사를 참으려 하는 것이 유별나게 강한 것이 한국인의 심성이다.

⑧ 어느 민족에게나 있는 이상향도 한국인은 가난하고 소박하게 생각하고 있다.

유럽 사람들은 달 속에 '수정궁'이 있다고 했고, 아메리칸 인디언들은 화려한 집을 보면 '달 속에 있는 집' 같다고 말하며, 중국인들도 대궐로 이루어진 월궁(月宮)을 상기했는데, 우린 겨우 '초가 삼간'을 떠 올린다. 이에 대해 이규태는 불행이나 불운을 자학적으로 처리해 온 오랜 정신적 전통이 달이나 이상향을 초라하고 가난하게 만든 것으로 해석한다.

⑨ 한국인들은 곧잘 체념하고 어떤 환상적 대상에 의지해서 위안을 찾으며 자학적으로 처리하는 것이 전통적으로 체질화되어 있다. 내가 가난한 것은 조상 탓이요, 내가 출세 못한 것은 무덤 탓이며 일이 잘 풀리지 않는 것은 이름과 사주팔자 때문이다. 내가 대

학시험과 취업시험에 실패하고 연속 재수를 하는 것은 '내가 모르는 문제'만 출제됐기 때문이요 운이 없기 때문이다. 능력은 있는데 세상이나 조상, 팔자 탓으로 불우하다고 자학하는 것이다. 이 같은 한국적 마조히즘(masochism)이 심화하고 불교의 가르침과 복합해서 한국적 숙명론을 형성했다(이규태, 1994: 296).

⑩ 조상들은 자신을 낮추어 약체화(弱體化)하는 것을 겸양(謙讓)의 미덕이요 생존전략으로 활용했다. 자신의 호(號)나 이름을 지을 때 마이너스 뜻의 글자인 '눌(訥)', '회(晦)', '우(愚)', '우(迂)', '둔(鈍)' 등 어리석고 우둔하다는 의미의 뜻 글자를 썼다. 호칭에 있어서도 자기, 아내, 자식, 형제, 자기 의견은 낮추는 반면에 남의 아내와 자식, 형제, 남의 의견에 대해서는 높이는 말을 사용한다.

우리나라의 각종 비리의 근원과 유형 그리고 대책에 대한 논의를 통해 우리의 사회적 성격과 의식을 시사받을 수 있다. 이와 관련해서 종합적 · 학문적으로 논의한 것은 '한국사회과학도서관 창립 10주년 기념 학술심포지엄(1994. 2. 18)'이라고 생각한다.

6) 정치 · 경제 · 사회 · 언론 · 종교 · 교육 등으로부터 각종 스트레스를 많이 받아 외상 후 스트레스 장애에 시달리는 민족

저질정치문화와 관련하여 부정과 부패, 위법과 불법, 비합리와 비윤리, 심지어 도덕적 해이 문제까지 우리 사회는 중병에 걸려 있다.

'비리의 근원과 대책에 대한 경제철학적 성찰'이란 논문을 통해 임종철(1994)은 비리는 '위법, 불법뿐만 아니라 비합리, 비윤리, 심지어 '비효율과 도덕적 해이까지도 포함시켜 광범위한 시각에서 조명해야 한다'고 하며 포괄적인 입장을 취하였다.

그는 이어서 "1960년대 이후 강력하게 대두된 배금주의(拜金主義)와 황금만능사상에 의하여 '성공은 모든 비리를 정당화하는 면죄부(免罪符)'란 인식이 팽배해 있다. 독부(獨富)는 청빈(淸貧)만을 배척할 뿐만 아니라 청부(淸富)까지도 그 규모가 작다는 이유로 멸시하고 있다. 이러한 도덕적 타락을 가져오는 데 정치와 교육은 종범(從犯)이 아닌 공동정범(共同正犯)으로 착실히 기능해 왔고 사회의 목탁(木鐸)인 언론도 다른 부문의 비리를 폭로하는 데는 요란하면서도 자신에 대한 성찰자(省察者)기능은 폐지한 지 오래이고 일체의 비판을 수용하지 않는 성역(聖域)으로 자신을 격리시켜가고 있다. 많은 법적 규제(法的規制), 행정규율(行政規律)이

거미줄같이 복잡해지고 있지만 오히려 행정비리, 정치비리의 온상이 되고 있는 와중(渦中)에서 마음의 편안함과 정신적 안정을 찾으려는 사람을 영양원(營養源)으로 하여 종교비리가 극성을 부리고 있다"(임종철, 1994: 1-4)고 함으로써 우리나라의 각종 비리에 정치비리, 교육비리, 언론비리, 행정비리, 종교비리 등을 지적하고 있다.

최병선(1994: 1-19)은 정치행정비리로서 '관료의 회계부정 및 인허가 관련 비리, 납세자의 탈세를 묵인하는 조세, 공무원의 비리, 뇌물수수, 허위감정비리, 문서위조, 허위적합판정, 건설공사 관련 비리, 자동차등록업무 관련 비리, 용도지역 변경비리, 상납된 뇌물의 기관운영비 문제, 정치자금비리(수수 및 조달문제), 대형사업의 입찰 관련한 정치부패, 지방자치행정비리(건설행정, 환경행정, 위생 및 교통 관련 업무 비리)를 지적하면서 제6공화국에서의 정치행정부패는 과거의 그것에 비하여 개인적 부패(individual corruption)보다는 제도화된 부패(institutionalized corruption) 또는 체제적 부패(systemic corruption) 혹은 위기적 부패(crisis corruption)의 특성을 강하게 보여 주었다고 하였다.

정치비리를 '권력의 오용, 특히, 법규의 침해를 통해 공직이나 의원직을 개인적 혹은 정당 정치적 목적에 오용(남용)하는 것'으로 정의한 박병석(1994: 1-21)은 '당내 정치과정을 중심으로 한 정치비리'를 '청와대 정치자금 조성과 사용(통치비용) 비리, 기업비자금 조성을 통한 정치자금 조달비리, 고위공직자 시절의 직무상 정보를 이용한 부동산 투기 비리, 관련 공무원들에 대한 압력행사로 개발정보를 사전 입수하여 토지 매입하거나 직위를 이용한 특혜 인수비리, 국회상임위 활동을 통한 비리(국정감사 자료요구와 뒷거래, 법안 심의 때 관련 단체의 로비, 입법과정에서의 이익집단의 로비, 본회의 대정부 질문과 관련한 이득 챙기기), 당대표 선출비리, 공직선거 후보자 공천비리 등을 지적하였다.

강철규(1994, 1-12)는 '경제비리의 제 유형'이란 논문에서 경제비리라는 용어는 공언된 학술용어가 아니지만 '기업 혹은 개인이 축재, 생계보조, 비용충당 등의 목적으로 가격왜곡, 수량조작, 거래조작, 부당 이득 추구 등의 행위를 하는 것'이라 정의하였다. 그는 경제비리는 완전경쟁과 적정가격 및 적정수량이 결정되는 환경 속에서는 발생할 이유가 없다면서 '시장가격의 왜곡과 수량 조작 등에서부터 발생하기 시작한다'고 했다. 경제비리의 유형을 '경제비리의 정의에 따른 유형과 발생 원인별 유형'으로 대별한 그는 전자(前者)의 유형에 비리로 인한 가격조작, 공직자의 지위를 이용한 비리(불법거액대출, 인사 관련 뇌물 수수, 건축물 증개축 관련, 토지용도 변경 관련, 영업허가 내지 단속 관련, 영업상의 약점을 이용한 금품갈취, 주민등록서류위조에 의한 재산 갈취, 각종 인허가 관련 급행료 요구 등), 탈세비리, 수량조작비리(재고3자산과 매출채권과 다계승에 따른 자금 유용), 거래비리(지나친 접대비 사용), 특허 · 면허권의 독점 비리 등을 포함시켰고 후자(後者)의 유형에는 '지대추구형(rent-seeking activity), 정경유착형(政經癒着型), 정부규제형(government regulation), 투기형(speculation), 도덕적 해이형(moral hazard), 복합적 혼합형(mixed)'을 지적하였다.

박상용(1994: 1-2)은 '한국기업의 비리와 제도적 개혁'이란 논문에서 '한국적 기업의 비리는 먹이사슬과 뇌물고리로 연결된 여러 조직의 대다수 비리행위자에 의해 일어나고, 개인적 양심보다는 구조적 압력에 의하여 기업과 정치인, 기업과 행정관료, 기업과 기업 간에 발생한다는 것이 특정인 동시에 보다 심각한 문제라고 하였다. 그는 기업비리의 유형을 구분하는 기준에는 '합법성의 유무에 따라 하든지, 기업비리의 상대방에 따라 권력형 비리, 행정형 비리로 구분할 수도 있지만, 기업이 비생산적 지대추구활동(地代追求活動)의 과정에서 일어나는 지대관련(地代關聯: rent-related) 비리와 기업의 직 · 간접적인 이해당사자와의 명시적 · 암묵적 계약관계에서 일어나는 대리 관련(代理關聯: agency-related) 비리로 구분'하게 되는데, 이 마지막 분류가 '한국적 기업비리의 원인 규명과 제도적 개혁방안을 도출하는 데 적절하다'고 판단된다면서 '지대 관련 비리'(각종 인 · 허가 관련 규제 당사자인 정치관료, 행정관료, 금융관련자에 대한 로비와 뇌물 제공), '대리 관련 비리'(주식배당비리, 무의결권 우선주 비리, 금융특혜비리, 상호지급보증과 투자 왜곡비리)를 한국적 기업의 비리로 분류하였다.

유재춘(1994: 1-6)은 '언론의 직업윤리와 언론비리'라는 논문에서 언론비리의 대표적인 사례가 '촌지수수'라고 전제한 다음, 언론비리의 유형으로 '정부 · 정당 · 정치인 등 정치권력과 언론이 유착 관계를 맺는 권언(權言)유착형, 기업과 언론이 유착하는 산언(産言)유착형, 언론의 힘을 남용하여 각종 이권에 개입하는 이권(利權)개입형, 광고강매 및 구독강요, 간행물강매, 기자증판매 등의 기업형, 상대방의 약점을 미끼로 금품을 받는 공갈형 등 다섯 가지를 지적하였다.

교육비리에 대해 김신일(1994: 1-6)은 '교육비리의 실태와 구조적 배경'이란 논문에서 '육성회 찬조금과 사학재단의 부동산 보유문제, 교직원채용과 관련한 기부금 문제, 족벌체제운영과 재단의 전횡문제 등의 학교경영 관련 비리, 특례 및 기부금의 입시부정, 입시 · 성적 위주의 학교교육은 학생들의 부정행위와 내신성적 관련 문제, 교과서 및 참고서의 채택료 문제 등의 교육운영비리, 학교설립과 증과 증설, 학생증원과 관련한 로비활동과 탈법문제, 교육자치제의 실시와 관련한 부정 등 교육행정비리'로 요약하였다.

한준상(1994: 1-12)은 '교육계의 비리와 병리현상'이란 논문에서 교육계 비리란 '공익적인 교육행위를 통해 사적인 이득을 최대한 취하려는 모든 활동으로서, 교육의 목적에 부합하지 않는 교육행위, 비합법적인 교육행위, 그리고 사회의 도덕적 가치에 부합하지 않는 교육행위' 등이 이에 해당된다고 하였다. 즉, 경제적, 사회적, 행정적인 사적 이득을 위해 비교육적이고 비합법적, 탈도덕적인 방식을 활용하면서도 공익적이요 교육적인 행위인양 호도·기만하여 교육계를 부패·타락시키는 모든 교육계의 병리현상을 교육계의 비리로 간주하고 있다.

그리고 그간 언론보도와 학생과 교육학자 등이 교육계 비리라고 지적한 대표적인 항목을 정리해서 '교육재정비리, 인사와 승진에 관련된 비리, 교육정책 및 교육과정 관련 비리, 교권비리, 대학비리, 각종 학원비리' 등 6개 부문을 제시하였다.

조홍윤(1994: 14)은 '한국종교의 비리와 제도적 개혁'이란 논문에서 '도덕적 공동체인 종교는 본디 인간과 사회에게 바르고 참다운 길을 제시하는 것'이라고 전제하면서 종교조직의 비도덕적 및 반사회적 제반 양상 및 경향을 종교비리라고 규정하였다. 그리고 종교비리 유형으로 10가지를 제시하였다.

① 체제와의 결탁: 종교가 정치 내지 권력체제와 결탁하려는 경향을 말한다.

② 종교의 정치화 경향: 종교지도자들이 하나의 정치적 세력으로서 정치, 사회의 제반 문제에 적극 참여하는 것을 말한다.

③ 기복·치병·점복을 통한 사기·치부·명성: 한국 종교의 기복적 성향은 '복을 받기를 기원하고 현세에서의 이기적인 물질·권력·건강·명예 등을 한국종교가 지나치게 추구하는 경향'을 의미하며, 종교지도자들이 신도들의 그런 경향에 부응하여 복을 빌어주고 있는 것이 현실이다. 그리고 점복 내지 예언도 한국 종교 전반에 보편적인 비리현상이다.

④ 심한 분파(分派): 한국 종교의 심한 분파현상은 낯 뜨거울 지경이며, 대개 교권상쟁, 이해관계 다툼, 기성종교에 대한 불만 등이 분파의 원인이다.

⑤ 귀족층 형성: 개신교의 일부 대형 교회 목회자는 막대한 보수에 고급승용차를 쓰면서 귀족으로 행세하고 가톨릭에서는 물질적으로 풍요한 본당의 사제들이 부르주아적 생활양식을 이끌어 간다는 비판이 제기되고 있다.

⑥ 종교 간의 마찰과 갈등: 한국 종교의 가장 중대한 문제요 민감한 문제이다.

⑦ 상품화 · 물량화 · 대형화: 종교기관을 사고판다든지, 교세를 양적 단위로 평가 · 과시하고, 대형화 추구를 위한 헌금의 강요, 헌금의 양에 따라 신앙심이나 교단 내의 대우가 좌우되는 등의 기업화 · 세속화 양상을 말한다.

⑧ 파벌 조성: 우리 사회에 지연 · 학연 · 혈연 등에 의한 파벌이 만연되어 사회 · 문화적 문제가 되고 있는데, 이 현상이 한국 종교계에도 조성되어 있다.

⑨ 집단이기주의: 종교간의 갈등 및 마찰 · 분파 · 파벌 조성 등과 관련된 집단이기주의는 한국종교의 한 비리현상이다.

⑩ 투기: 종교 단체의 묘지조성, 기도원, 휴양소 등의 명목으로 요지의 부동산을 구입하는 것은 일종의 이익을 남기기 위한 부동산 투기이며 이익단체로서의 세속화 경향을 나타낸 것이다.

그는 이 같은 10개항의 한국종교의 비리는 '체제지향성, 기복성, 비지성적 종교의식, 세속화' 등을 특정으로 한다고 하였다.

한국 종교의 지나친 성역화(聖域化) 문제에 초점을 둔 윤이흠(1994: 1-13)은 '종교의 성역화와 사회적 공론(公論)'이란 논문에서 다음과 같은 내용을 주장했다.

첫째, 오늘날 한국 종교의 모습은 광신과 집단 이기심으로 무장된 비이성적이고 병든 모습으로 보인다.

둘째, 한국의 종교지도자들이 갑근세를 내지 않는데도 정부는 이를 징수할 의사도 없고 하려고도 하지 않아서 결과적으로 성역화를 조장한 결과가 되었고 '통치권 부재 영역'을 만들었다.

셋째, 종교의 성역화는 결과적으로 종교가 스스로 세속화하는 불행을 자초하는 것이다.

넷째, 갑근세를 내지 않아도 되는 성직자가 세계에서 유일하게, 한국에 공공연히 존재한다는 것은 웃지 못할 사회적 비극이다.

다섯째, 전체 국민의 60%가 넘는 종교인들이 자신들이 속한 종교집단의 지도자는 세금을 내지 않는 것이 당연하다고 믿고 있는 상태가 한국사회 민주화의 저해 요인이다.

여섯째, 건강한 이성적 태도로는 받아들일 수 없는 광신현상이 종교의 이름으로 끊임없이 일어난다.

일곱째, 한국의 종교단체들이 점점 더 기복(祈福)과 신비(神秘) 경험을 강조하는 반지성적(反知性的) 종교현상을 보인다.

여덟째, 개인적인 신비경험을 강조하는 반지성적 종교현상이 강조된다. 즉, '방언을 하는 은사와 방언을 통역하는 은사'는 신의 은총을 입어 거듭나는 축복을 받았다고 강조하지만, 이 같은 신(神)과의 직접 경험을 강조하게 되면 기독교의 신학전통은 아무런 의미가 없게 되고 종교의 지성전통을 무시하는 태도가 된다고 하는 것이 그의 주장이다.

아홉째, 종교의 반사회적, 반지성적 태도로서의 '비인간적 폭력 행위, 사회규범을 위협하는 비도덕적 행위, 종교이름으로 행해지는 의료행위 등이 문제가 된다.

열째, 통치권 부재현상과 종교정책의 혼선도 현실적인 문제가 된다.

7) 한국사회의 병리현상, 그 진단과 해법도 다양하다

'한국사회의 병리현상, 그 진단과 처방'이란 주제하에 개최된 학술세미나에서 '국민들의 의식과 가치관'을 '이기적 개인주의, 자기정체감의 부재, 현실적 실리주의, 이상과 꿈의 상실'로 진단한 김인회(1995: 247-257)는 오늘날 우리에게 부족한 점을 다음과 같이 지적했다.

첫째, 이기적 개인주의 때문에 이웃(사회)에 대한 이해나 책임의식이 결여되었다.

둘째, 자기정체감의 결여로 명예나 자존심이 행위 선택의 기준이 되지 못하고 도덕적 책임감이 부족하다.

셋째, 현실적 경쟁과 이해관계에 집착하기 때문에 현실을 뛰어넘는 먼 장래와 넓은 세상을 보는 안목이 모자라고 남들과 어울려 살아가는 능력도 부족하다.

넷째, 이상(꿈)을 키워주지 못해서 고귀한 가치를 위해 노력하고 희생할 줄 모른다.

'가정교육과 학교교육의 건강성 회복'에 대해 송병순(1995: 259-268)은 가정교육의 문제점으로 "핵가족화에 따른 과잉보호와 지나친 기대, 결손가정의 증가와 자녀교육의 방치, 세대갈등과 성도덕의 문란, 한탕주의와 물질만능 풍조에 따른 가치관 혼란과 인간관계의 변질" 등을 지적했고, 학교교육의 문제점으로는 "입시위주교육에 의한 교육 황폐화, 학력주의에 기생하는 교육 부조리, 사교육비의 과대 지출, 고학력 실업과 교육에 대한 기대 좌절" 등을 지적하였다.

이영희(1995: 273-281)는 우리나라 정치문화의 병폐로서 "권력주의, 당리당략주의, 대결주의, 맹주주의(정치 보스 중심), 지역주의, 금권주의" 등을 지적하였다.

김만규(1998: 5-30)는 한국정치의 과제로서 "아직도 1970년대의 정치인, 정치풍토에서 벗어나지 못하고 있는 한국의 정치구조를 쇄신"해야 한다면서 "민주적 선거제도로의 개혁, 안정된 정당체제의 정착, 합리적 법체제의 정비"가 시급하다고 하였다.

지만원(1998: 35-47)은 "공직사회는 질서의 무법자, 개인적 이해관계로 인해 필요 없는 규제와 절차가 강요되는 구조적 문제, 행정의 비과학적, 비효율성 문제, 불필요한 규제로 인한 천문학적 예산낭비문제, 공무원의 수준 이하의 전문성 능력과 시스템 부재 문제" 등을 지적하고 있다.

송호근(2003)은 세계에서 유례 없는 압축성장에 의해 지난 30년 동안 한국인에게 익숙해진 가치관이요 사고양식으로 '평등주의, 의사(疑似)사회주의, 낙관주의, 권위주의, 이기적 자조주의, 가족주의, 독단주의(토론의 부재), 연고주의/지역주의, 엘리트주의, 국가중심주의' 등 열 가지가 알게 모르게 한국인의 사회심리로 길러져 왔다(송호근, 2003: 139~145)고 하였다. 특히, IMF 사태를 정치권과 관료-금융기관-재벌의 삼각동맹이 빚어낸 대참사로 정의하고 이들을 '삼적론(三敵論)으로 규정하였고, 국가 운영자(정치권과 관료), 경제운영자(재벌과 금융기관), 공공기관과 공공영역에 대한 극단적 불신과 사회적 신뢰의 철회는 가치관 조사에서 최고의 불신 대상이 정당, 그 다음 불신 대상이 정부 · 사법부 · 대기업, 그리고 그 다음 순서가 언론기관과 군(軍), 노동조합으로 나타났다. 이러한 대상에 대한 불신은 결국 엘리트 집단에 대한 신뢰 철회를 가져왔고, 국가기관 및 공공기구에 대한 불신은 가족과 연고주의 및 교육열 열풍의 가치관으로 나타났다는 것이다(송호근, 2003: 167~211). 뿐만 아니라 산업화 세력, 민주화 세력, 포스트 민주화 세력 간에 세계화 대응전략 · 북한 문제 · 경제 정책 등에서 가치관 및 이념갈등이 심각하다(송호근, 2005: 238~263)고 했다.

8) 한국인의 병든 사고(思考)와 미숙한 의식성향과 태도는 어찌할 건가

제프리 존스는 청와대 직원들 대상의 강의에서 ① 한국인은 배고픈 것은 참아도 배 아픈 것은 참지 못하는 정서부터 바꾸지 않으면 부자나라가 될 수 없다, ② 겉으로는 돈이나 권력을 천박스러워 하면서도 속으로는 배금사상에 물들어 있다, ③ 반 기업 정서를 버리고 생산에 기여한 만큼 대가를 받는다는 생각을 가져야 선진국 국민이 될 수 있다(상춘포럼), ④ 빠른 변화에 익숙하고 즐긴다. 다른 나라에서는 자동차, 핸드폰 등을 5~10년 이상 쓰는데, 한국에서는 1~2년 지나면 골동품이 된다, ⑤ 뛰어난 능력을 갖추고도 좁은 울타리 속에 가두고 만족한다, ⑥ 서열 중심의 사회분위기 남아 있고, 단체생활을 할 줄 모른다, ⑦ 일과 돈, 배우고 싶은 것과 새로운 것 등에 대한 욕심이 너무 많다, ⑧ 직장생활을 하면서 조금만 경험이 쌓여도 독립을 꿈꾼다. 그래서 한국엔 사장이 많다, ⑨ 명함은 외국인에겐 이름과 연락처를 적은 메모지에 불과하지만, 한국인들은 인격 · 직업 · 직위 · 인간성 · 서열의식 등 많은 정보가

담겨 있다(Jeffrey D. Jones, 2000)고 했다.

또한 미국 시사주간지 〈타임(TIME)〉은 '죽도록 파업'이란 기사(2003. 8. 8)에서 한국 노동자들의 경직성을 크게 보도했다. "지난해(2002) 한국 제조업의 임금 상승률은 생산성 상승률을 거의 4% 앞섰으며, 올해(2003)는 그 격차가 10%까지 벌어질 것이다. 한국은 임금상승률이 생산성을 앞지르는 극소수의 공업국가에 속한다"라고 했다.

한편, 독일의 다국적 기업인 '한국 네슬레'가 2003년 직장 폐쇄 신고를 했다. 이 회사의 한국인 이삼휘 사장은 "선진기업에서는 법과 원칙이 생명인데, 우리 회사에는 두 가지 모두 지켜지지 않는다. 임금 협상 테이블에는 물가 상승률, 생산성 향상률, 인근 사업장의 평균 임금 등 객관적 자료가 논의되어야 하나 무시된다는 것이 그 이유이다"라고 했다. 우리의 산업현장과 노조문화의 현실, 비합리적 강경노조가 문제임을 알 수 있다.

스콧 버거슨은 그의 저서에서 "한국에서는 출고한 지 5년된 차를 보기 힘들며 전통한옥에 사는 사람이 거의 없다. 예의 범절은 중시하면서 길거리에서 서로 밀치고 발을 밟고 지나가면서도 사과 한마디 하지 않는 사람이 많다. 세계에서 노인 공경을 가장 잘 하면서도 실상은 딴판이다. 길거리 패션이나 레스토랑, 매체, 출판계를 보아도 그 중심에 노인은 없고 청년층에만 초점이 맞추어져 있다. 얼굴이 작고, 코를 높이고, 팔 다리를 길게 하며, 엉덩이는 늘어져서는 안 되는 등 서구형 체구를 이상으로 삼고 있다"(J. Scott Burgeson, 2007)고 지적하였다.

홀스트 카이저 지멘스(Siemens) 최고전략책임자는 한국에서의 근무 경험을 통해 한국인의 특성에 대해 "한국은 역동성 · 융통성 · 인간미를 느낄 수 있는 나라이다. 특히, 한국인의 역동성은 모든 것을 빨리 돌아가게 하는 힘이 되고 있다. 또 빠른 인간관계 구축이야말로 한국인의 또 다른 장점이다. 한국에서의 사업은 인간관계가 큰 역할을 하는 것 같다. 한국에서 논리 대신 실력행사가 난무하는 노사관계, 외국자본을 수탈자로 보는 분위기, 고용 관련 사업 조정에 있어 경영의사결정에 노조의 동의를 구하는 관행 등은 신뢰의 결여에서 비롯된 것이다. 그 분명한 해답은 기업의 투명성과 공정성, 합리성이 먼저 자리 잡고 그 다음에 단호한 법적 대응이 뒤따를 때 비로소 극복의 실마리도 풀어질 것이다"라고 보았다.

이들의 진단과 처방에서 시사받는 점이 많다.

이상의 고찰을 통해 우리의 국민성, 민족의 기질, 사회적 성격과 가치관, 한국사회의 병리현상 등에 대해 어느 정도 이해의 안목이 생겼다.

역동성, 빠른 속도감과 순발력, 탁월한 변화에의 적응능력, 역경 극복의 도전정신, 개척정신, 신바람의 활기찬 기질, 예의와 인간미, 다양한 호기심과 욕구, 뛰어난 독창성, 강한 교육열과 가족 중시 등 좋은 장점이 많다. 반면에 조급증, 과시와 허풍의 성향(자만증후), 왜곡된 평준화·평균의식, 체면 중시, 지구력 부족의 냄비 근성(변덕증), 지나친 격정(激情) 성향, 요행심리와 경박한 사고방식, 대충대충의 적당주의, '잘 되겠지'의 낙관주의, 극단 지향의 성향 등은 고쳐야 할 것이다.

2010년대에 들어 고위공직자, 정치인에 대한 윤리성은 그 어느 때보다도 강조되고 있다. 이명박 정부에서는 고위 공직자가 되기 위한 검증시스템으로서 '고위공직 예비후보자 사전 질문서, 200개 문항'을 제시한 바 있다(김홍규·이만표, 2013: 369~377). 가족관계, 병역의무 이행, 전과 및 징계, 재산 형성, 납세 등 각종 금전납부의무, 학력 및 경력, 연구윤리, 직무윤리 관련, 개인 사생활 관련 등 9개 영역이다.

위 내용을 보면 현실적으로 우리나라 사회의 문제를 이해하게 되며, 고위공직자들을 포함한 지도층들이 어떤 점에서 문제가 되고, 어떤 자질과 덕목이 요구되는지 그리고 사회적 병폐 현상과 사회문제가 무엇인지 가늠하게 된다.

제2절 성인세대의 성장·생활환경과 의식성향

1. 성인세대의 성장환경·생활환경

청소년 학생세대들을 이해하고 연구하기 위해서는 그네들에게 결정적인 영향을 미쳤을 부모세대를 이해하는 것이 전제되어야 한다. 따라서 학생들의 부모가 어떤 환경에서 성장했으며, 어떤 생활환경 속에서 발달·성숙했는지에 대한 고찰은 중요하며, 성인(부모)들의 의식구조·가치관에 대한 이해를 하는 것이 필수적이라고 생각한다.

청소년 학생들의 부모세대인 40~50대 세대의 성장환경과 생활환경에 대해 관련 문헌을 참고(김홍규, 1985, 1987, 1988, 1990, 1994b, 2006, ; 임철순·송인섭·윤진, 1990; 김광웅·김혜리·김태준·김명언, 2003; 황상민, 2004; 오효림, 2007, 이철희·노규형, 2010; 정혜연, 2011; 배수강, 2011; 송화선, 2011)하되 김홍규의 자료(2006, 2012; 김홍규·이만표, 2013: 415~461)에 의거하여 정리한 바는 다음과 같다.

첫째, 강력한 산아(産兒) 제한정책 속에서 태어나 가족계획과 산아제한을 동일시하는 분위기에서 성장・발달한 세대이다.

한국인들의 의식 속에는 자녀문제에 대해 "자기 먹을 복은 타고 태어난다."거나 '3・3・35'(세 명의 자녀를 3살 터울로 35세에 단산하자) 또는 "알맞게 낳아 훌륭하게 키우자."라는 가치관이나 문화를 가지고 있었다. 그러나 1960년대 초부터 인구문제에 대한 심각성이 대두되었다. 그 결과 우리나라의 가족계획 슬로건(slogan)은,

① 1963년부터는 '덮어놓고 낳는다면 거지꼴을 못 면한다'로 시작하였다.
② 1971년 이후는 '딸, 아들 구별 말고 둘만 낳아 잘 기르자'였다.
③ 1983년부터는 '둘도 많다', '하나씩만 낳아도 삼천리는 초만 원'이란 표어를 내 걸고 산아 제한을 강력히 추진했다.
④ 1995년 이후는 '며느리도 수입하시렵니까?', '나도 생일을 갖고 싶어요!'라는 표어를 앞세워 가족계획을 강력히 추진하였다.

위의 가족계획 슬로건 ①, ②, ③(1963~1994년까지)은 정부의 가족계획의 의미가 산아 제한과 동일시한 것으로서 '가족계획의 관심의 초점은 자녀의 수'임을 알 수 있다. 그러나 슬로건 ④ (1995년 이후~)은 남아(男兒)선호(選好) 사상에 의한 가족계획의 초점이 '남・녀 성비(性比)의 불균형'에 맞추어져 있음을 알 수 있다. 그에 따라 낙태 문제, 청소년 성 문제, 성(性)과 생식 권리의 사회적 불균형, 미숙아 출산 등 새로운 이슈(issue)들이 등장한 분위기 속에서 발달・성숙한 세대가 지금의 청소년 학생들의 부모이다. 때문에 '자녀 수 많은 것은 좋지 않은 것이며, 아이를 많이 낳는 여성은 국가정책에 반(反)하는 행위'로 생각해서 스스로 수치스럽고 반문화적(원시적)인 행위로 간주하는 분위기였다. 따라서 자녀 수와 성별의식에 있어 합리적이지 못한 생각과 왜곡된 편견을 가졌을 가능성을 배제할 수 없다. 그 결과 오늘날 저출산율로 국가적 위기에 직면하게 된 배경도 그들이 성장 및 생활환경에서 키워진 왜곡된 가족계획의 후유증으로 이해할 수 있다. 즉, 국가가 강력하게 추진한 정책의 결과로 적게 낳아야 한다는 의식이 뇌리(腦裏)에 너무 강하게 각인(刻印)되어 있다고 생각한다.

둘째, 청소년 학생들의 부모는 비극적인 역경의 시대를 살았던 조상과 선배들로부터 직・간접의 영향을 받고 자란 세대이다.

역사적으로 볼 때, 우리나라는 이웃을 잘못 만났으며, 그들로부터 끊임없는 피해를 당하면

서 온화하고 부드러운(soft and mild) 본래의 민족성이 변질되었고, 그것이 다시 후손들의 심성을 변질·산성화시켰다고 본다. 그 대표적인 것은 다음과 같다.

첫 번째는 소위 한일합방(1910)이다. 나라 잃은 한(恨)이 일본 제국주의자들에 대한 강한 증오심을 발아(發芽)시켰다.

두 번째는 우리 민족에게 상처와 한을 심어준 것은 광복 해방(1945)과 더불어 비롯된 비운의 남·북 분단 사태이다. 같은 민족이면서도 해방의 기쁨을 나누는 것은 잠깐, 남·북간에 극도의 대립감과 경계심 속에 살아오다 보니 한국인 모두에게 이별의 불안(separation anxiety)과 양가감정(anbivalence)이라는 콤플렉스를 키워 주었다. '아차'하는 순간에 이산가족이 되었고, 동족이요 가족이지만 저들은 상대할 수 없는 공산주의자요 우리는 자유 민주주의이다 보니 그리워해서도 안 되고, 만나는 것은 더욱 안 되는 일이므로 남·북 간에 적대감, 민족 간에 불신감을 키워 주었다.

세 번째의 사건은 북한의 남침(1950. 6. 25)으로 인한 또 한 번의 치명적 사건으로 자유대한의 국민들에게 회복할 수 없는 원한과 증오의 상처와 함께 공산주의자들에 대한 새로운 가치관과 태도를 각인시켰다.

즉, 새벽의 남침과 처절한 피난살이 등 6·25의 상처는 모든 국민으로 하여금 어떻게 하면 '살아남을까'라는 절박한 의식 속에 소위 '살아남기 콤플렉스(survival complex)'를 갖게 했고, 가족의 손실 및 해체로 인한 또 한 번의 '이별불안 콤플렉스'에다 우선 살아남고 보자는 '살아남기 콤플렉스'가 연계되어 '빨리 빨리 서두르는 민족'으로 탈바꿈시키는 결과가 되었다. 이런 역사적 사건과 체험이 한국인의 좋은 성품과 민족성을 변질시켰고, 그 영향을 자라나는 세대들이 많이 받았을 것으로 판단된다.

셋째, 고교생 및 대학생들에게 '건강한 국가관과 철저한 안보의식을 확립'한다는 취지로 교련교육과 문무대 병영 집체훈련을 실시하였는데, 그 교련교육을 고등학교와 대학생 시절에 배운 세대가 지금의 40~50대 초반의 부모 세대이다.

1968년 1월 21일 북한 124군 특수부대 무장 게릴라 31명의 청와대 기습사건이 발생한다. 이들 게릴라들은 서울에 닿기까지만 4일간, 집단으로 군사 분계선 이남 우리 군경작전지역 안에서 행동하였다. 1월 31일 종료된 작전 결과는 1명(김신조)은 생포, 30명은 사살, 2명은 도주·월북한 것으로 정리되었다. 당시 유일하게 생포된 김신조는 다리에 모래주머니를 차고 뛰는 훈련법을 공개했는데, 우리 특수부대의 훈련에 곧바로 적용되었다. 1·21 사태 후 정부

대책으로 나온 것이 '국가안보 우선주의'의 선언이고, 그에 따라 비정규전에 대비한다는 취지로 '향토예비군을 창설(1968. 4. 1)'하였으며, 철저한 국가관과 안보의식을 함양한다는 취지에서 고등학생에게 교련수업을 필수과목으로 지정(1969)하였고, 대학생들의 교련과목 이수와 문무대 병영집체 훈련(1주간)을 의무적으로 이수(1970)하게 하였으며, 1975년 7월까지 학생회를 해체하고 학도호국단을 결성하도록 조치하였고, 9월 2일 중앙학도호국단이 발단식을 가짐으로써 각급학교의 학도호국단 체제가 출범한다(대학교육협의회, 1984년 11월 1일 학도호국단을 폐지하고 학생회 부활 건의; 1985년 학도호국단 폐지). 그에 따라 남자고등학생은 교련수업이 있는 날 교련복을 입고 제식훈련에서 총검술까지, 여고생들은 교련복을 입고 제식훈련과 구급법을 배웠다.

고교의 교련교육과 대학 1학년 때의 1주간 문무대 병영집체훈련, 그리고 대학 2학년 때의 전방입소제도는 우리 안보의 특수상황을 이해한다면서도 훈련받는 학생들의 입장에서는 힘이 들고 짜증나는 것이었다. 그러나 당시 모든 학생들은 1학년 때의 문무대 집체병영훈련과 2학년 때의 전방입소훈련을 열심히 모범적으로 완수하여 지휘관들의 칭찬을 받았으며, 학생들 입장에서는 훈련을 통해 휴전체제하의 분단조국의 현실을 재인식하고 안보의식을 더욱 굳건히 다짐하는 계기가 되었다는 데 공감하였다. 이러한 자랑스러운 세대가 청소년 학생들의 부모 세대이다.

넷째, 제3공화국 이래 제6공화국까지, 특히, 소위 군부통치하에서의 정치문화와 민주화 투쟁 등에 의해 직접 · 간접으로 공격성 · 폭력성이 키워진 세대가 오늘의 40~50대 초반의 부모 세대라 할 수 있다.

이들 세대의 청소년기 때 우리나라의 사회 및 정치 분위기는

① 대결 · 투사의식의 팽배: 힘이 있고 목소리 큰 것이 제일이며, 힘이 곧 정의이고 최고라는 '대결 · 투사의식'과 '물리적 힘의 만능사상'을 키워준 사회분위기였다.

② 민주주의와 방종을 동일시: 정권투쟁에만 올인하는 적지 않은 정치인과 운동권 학생들은 '민주화 투쟁'이란 명분하에 자기주장과 권리만 우선하고 의무와 책임은 철저히 무시하는 생활태도가 확산되었다.

③ 구강(口腔)근육만 발달하고 겉만 그럴듯한 함량 미달의 정치꾼 득세: 정권욕과 대권욕에 사로잡혔던 지금의 정치 지도자들은 국가와 민족을 생각하기보다는 '당리당략을 위해', '인기를 위해', '여론을 위해' 정략적 처신을 하면서 오랫동안 여론의 주목을 받게

된 데서 비롯된 외식성향(外飾性向) 풍조가 증가하였다.

④ 민주화 투쟁과정에서 권위 말살: 민주화 과정(투쟁)을 진행하는 동안 세계에서 가장 공부를 안한 대학생들이 대학문화를 주도하게 되었고, 그 사회에서 존중되어야 할 권위들을 다 말살시킨 장본인들이 좌충우돌하는 모습을 연민(憐憫)의 시선으로 직접 목격하며 성숙・발달한 세대가 지금의 40~50대 초반의 세대이다.

⑤ 학원의 평온이 생명인 대학가가 정글사회로 실추: 소위 반정부, 반체제, 반독재 민주화 운동이란 명분으로 '학원소요'와 '대학사태'란 말이 거의 매일 매스컴에 오르내렸으며, '투쟁, 처단, 자폭, 용공' 등의 극한 용어가 난무하고, 투석전과 최루탄이, 각목과 화염병, 쇠 파이프 등이 등장하여 감정적인 공방전을 벌려 대학사회를 정글사회로 전락시킨 그런 환경에서 성숙한 세대가 오늘의 40~50대 초반의 세대이다.

다섯째, 학생들의 지나친 정치현실 참여로 인해 대학이 '사회불안의 진원지'요 대학생들이 '급진 정치세력의 첨병'으로 지탄을 받을 때 청년기를 보낸 세대가 지금의 40~50대 초반의 세대이다.

인간의 일생에 비하면 대학생 시절인 4년은 매우 짧은 순간에 불과하다. 그러나 인생의 긴 여정에서 볼 때 두 가지 측면에서 가장 아름답고 값진 시절이라고 할 수 있다.

하나는, 뚜렷한 목표와 비전, 그리고 그에 대한 집념과 몰두, 철저한 자기절제와 시간관리를 통해 성공인으로서의 기초적 자질함양이 가능하다는 점에서 그러하고, 다른 하나는, 다양한 분야의 인사와 문헌에 접할 수 있고 뚜렷한 개성과 상이한 가치관, 다양한 특성을 가진 사람들과의 폭넓은 인간관계와 활동을 통해 지식인・교양인으로서의 '조화된 자아'를 함양・성취시킬 수 있는 시절이라는 점에서 그러하다(김흥규, 1995). 따라서 대학생이 된다는 것은 개인의 인생에서 대단히 중요한 의미를 갖는 신분상의 변화이지만 대부분의 학생들이 대학의 이념과 정신, 대학생으로서의 본분과 자세를 뚜렷이 지각하고 있는 것은 아니다(김흥규・한순미, 2011: 123).

일부 학생들이 학업보다는 학생활동에, 강의실보다는 시위현장에 참여하는 것에 의미를 부여함으로써 대부분의 학생들은 그들과 일정거리를 유지하였다. 왜냐하면, 공부보다는 학생운동에 올인하였으므로 그들을 대학생으로 인정할 수가 없었기 때문이다. 그리고 4・19 이후 학생들의 현실 참여는 대체로 그네들의 사회정의(社會正義)에 대한 감각을 토대로 하는 급진적인 방향과 개혁(改革) 운동으로 표현되었으나, 학생운동이 흔히 갖기 쉬운 저돌성(猪突性)

과 과격성(過激性)은 사회질서를 혼란시키는 양면성을 가지게 되었다. 뿐만 아니라 4 · 19 의거(義擧)와 같이 범국민적(汎國民的) 지지를 얻는 경우는 예외(例外)가 되겠지만, 많은 경우에 있어서 정치적인 대(大) · 소(小) 논쟁점에 학생이 개입하게 됨으로써 정치세력을 학원 내에 끌어들이는 결과(김종철, 1979: 423)를 초래함은 물론, 학원의 평온(平穩)과 질서가 파괴되고 혼란이 가중되어 급기야는 대학의 삼대(三大)기능인 교육 · 연구 · 봉사의 효과적 수행에 적지 않은 차질을 빚기 때문이었다. 특히, 북한의 대남 파괴공작이 이들 운동권 학생들을 간과(看過)할 리가 없으며, 정권욕과 사욕(邪慾)에 물든 저질 정치인들이 그들을 정치 세력화하려 했다는 것을 알면서도 갈등 속에 청년기를 보낸 세대가 지금의 40~50대 초반 세대의 부모들이다.

여섯째, 농경사회(農耕社會) 시대의 마지막 세대인 부모에 의해 산업화 시대 또는 정보화 시대의 선두주자(先頭走者) 세대로 키워진 장본인들이 오늘의 40~50대 초반세대들이다.

부모세대는 농경사회적인 요소인 '단순성, 변화 거부성, 폐쇄성, 동질성'적 생활양식(한완상, 1977)과 그네들의 사회적 성격인 정의적(情誼的) 인간관계, 가족주의(familism), 군건한 집단의식 · 집합주의(collectivism), 인정주의(personalism), 권위주의(authoritarianism), 토지에의 외경심(畏敬心)과 애착심, 전통지향적 보수주의(conservatism)(Redfield, 1947: 295~304; Ogburn & Nimkoff, 1958: 291; Lapiere, 1965: 341; 고영복, 1965: 241~243; 김영모, 1972: 88; Baron & Donn Byrne, 1981: 514~515, 535; Penrod, 1983: 382~383; 김홍규, 1994a: 264)적 특성을 가진 세대이다. 따라서 이 같은 부모세대의 의식과 문화, 그리고 사회적 성격에 의해 영향을 받으며 성장 · 발달 · 성숙했기 때문에 그러한 특성을 상당부분 가지고 있다고 본다.

일곱째, 산업사회적 · 도시사회적 · 대중사회적 특성을 지닌 세대가 40~50대 초반의 부모세대들이다.

산업화 · 도시화 · 대중사회화로의 진행이 이루어지기 시작한 1970년대와 산업사회 · 도시사회 · 대중사회의 구조적 성격을 갖추게 된 1970년대 후반에 풍요한 물질문명의 혜택을 받으며 성장했거나, 또는 교육을 받으며 발달 · 성숙했기 때문에 기본적으로 그들 사회의 문제점과 인간 속성을 갖게 되었을 것은 당연한 결과이다.

즉, 산업사회의 문제점인 ① 인간 소외, ② 인간성 경시 풍조, ③ 가치관 혼란, ④ 사회 불균형, ⑤ 현대인의 고립 경향, ⑥ 환경오염 등에 의한 불안정성, ⑦ 인간관계의 지나친 계약 조건화, ⑧ 무개성적 타인 지향성 등과, 도시사회의 문제점인 ① 극단적 이기주의, ② 타산성, ③ 무책임감, ④ 감정적 과격성, ⑤ 성급성(신속성), ⑥ 불안정성 등, 그리고 대중사회의 문제점인 ① 소외(심리적 고립감, 무의미감, 무규범, 정치적 무관심, 무능·무력감, 자기유리), ② 획일성, ③ 쾌락·유희성, ④ 선동·대중성, ⑤ 상업성, ⑥ 소비 지향적, ⑦ 퇴폐·감각적, ⑧ 문화적 저속성 등의 영향을 크게 받았을 것으로 이해된다(김흥규, 1998: 361~362).

이 같은 요인들이 상호 연계·상승작용을 해서 산업사회적 인간속성, 대중사회적 인간 속성, 도시사회적 인간속성을 가지고 있다고 생각한다.

따라서 산업사회의 인간속성인 '이익추구, 소비성향, 물량주의, 인간성 경시, 쾌락주의적 속성'과 대중사회적 인간특성인 '쾌락성, 유희성, 문화적 저속성, 영리추구의 상업성, 대중선동성, 소비지향적, 퇴폐·감각적인 인간속성'에다 도시사회적 특성인 '스테레오타입, 궤변성, 무책임성, 물질주의, 대중행동성, 환절성, 익명성, 불안정성, 신속성, 극단적 개인주의 타산성, 감정적 과격성' 등이 혼합되어 그들의 언행에서 나타나게 된다고 본다(김흥규, 1998: 513~514).

그 결과 이들 세대의 사회적 성격에서 공통적으로 발견되는 것은 '비지원성(非地元性), 스테레오타입적(stereotypy), 궤변성(sophistication), 무책임성(paper membership), 환절성(環節性), 물질주의, 합의적 태도, 대중적 행동'(Ericksen, 1954: 289~311)을 나타내고, '분절화(segmentalization), 스테레오 타입, 자동화, 표준화, 세계주의(cosmopolitanism)'적 특성(Riemer, 1952: 187~229)을 보이며, '익명성(匿名性), 사회적 거리감, 심의적(心意的) 이동성, 불안정성, 신속성'(Lee, 1955: 453~466)과 '극단적 개인주의, 타산성, 경쟁성, 외견(外見)중시성, 비밀주의, 관용성(cosmopolitan ism), 향락성, 강한 시각(時刻) 의식성, 인위성(人爲性), 적응성'(Quinn, J. A.; 김흥규, 1994a: 266~267에서 재인용) 등이 부모세대보다 강하다고 할 수 있다.

또한 지스트와 할버트(Gist & Halbert)는 도시인의 사회적 성격으로 ① 사회운동, ② 유행적 행동, ③ 대관중(大觀衆)과 영웅 숭배, ④ 코스모폴리타니즘, ⑤ 관용성, ⑥ 세속주의(secularism), ⑦ 자유주의(liberalism), ⑧ 투표행동, ⑨ 직업적 체험, ⑩ 타인지향성 등이 강하기 때문에 이 같은 요인들이 도시적 퍼스낼리티와 관련하여 도시인의 ① 편의적(偏倚的) 행동, ② 장신이상과 불안, ③ 성적 병리, ④ 범죄, ⑤ 비행, ⑥ 자살 등의 문제와 연계된다는 것을 언급하였다(Gist & Halbert, 1956).

이 같은 도시사회인의 사회적 성격에 대해 일본학자들도 비슷한 지적을 한다.

구라자와 스스무(倉澤進)는 도시인의 사회적 성격으로 '① 기계주의(機械主義)·합리성·객관성·신속성·표준주의, ② 스테레오타입·외견(外見)존중·가면성(假面性)·몰인격성

(沒人格性), ③ 공리성(功利性)・냉혹성(冷酷性)・타산성(打算性)・물질주의, ④ 개인주의, ⑤ 비지원성(非地元性)・코스모폴리타니즘(コスモポリタニズム)・관용성, ⑥ 사회적 고립・대중적 행동, ⑦ 신경성(神經性)・충동성・불안정성・분리적(分離的) 퍼스낼리티, ⑨ 높은 지능(倉澤進, 1959, 1965, 1967) 등을 지적했으며, 오쿠다마치히로(奧田道大)는 ① 공리성(功利性), ② 개인주의 경향, ③ 개방성・관용성, ④ 허식성(虛飾性), ⑤ 합리성・적극성, ⑥ 비지원성(非地元性), ⑦ 의리・인정(奧田道大, 1973: 201) 수준이 상대적으로 높다고 하였다. 따라서 40~50대의 부모세대들이 이 같은 사회적 성격 특성을 가지고 있다고 이해한다.

여덟째, 40~50대 세대들은 지나칠 정도로 관대한 편인 가정환경과 수평적 인간관계와 평등주의적 가치관을 강조하는 사회환경 속에서 교육을 받은 민주세대라 할 수 있다.

우선 성장 분위기, 가치관, 역사적・사회적 환경의 차이 등 세 가지 차원에서 부모세대와 그 자녀 세대인 40~50대 초반의 세대 간에는 차이를 보인다.

그 하나가 성장 분위기인데, 40~50대 초반 세대의 부모들은 대가족제도하에서 도덕적으로 엄한 교육, 즉 사회화의 훈련을 받은 세대들이다. 그들은 개인의 어떤 재능이나 능력보다는 도덕적 자질인 덕성(德性), 예절, 의리, 인정, 서열(序列) 등의 한국적 인간관계 문화에 충실한 훈련을 받은 까닭에 행동에서의 반(反)교양, 반질서, 반문화, 반윤리적인 성향은 철저히 배격하도록 키워진 세대들이다.

그런데 정작 자신들의 자녀인 지금의 40~50대 세대들을 키울 때는 '사랑스런 존재'라는 것 때문에 제멋대로의 무질서를 방관(傍觀)했고, '철부지라는 인식' 때문에 일탈행위(逸脫行爲)마저 미화(美化)・용인(容忍)했으며, '귀엽다는 것' 때문에 방종(放縱)을 허용하고 오히려 부채질(?)하는 환경에서 성장하게 했다는 느낌을 갖게 한다. 즉, 어려서부터 '때와 장소'에 어울리는 언행을 하고, 타인을 의식・배려해야 한다는 기초적인 규범감각을 일깨워 주는 데 무관심했고, 공중(公衆) 속에서 지켜야 할 기본질서를 엄격히 가르치는 일에 대부분 고개를 돌렸던 그런 분위기에서 자라난 세대가 지금의 40~50대 초반의 세대들이다.

다음은 가치관의 차이 면이다. 40~50대 세대들의 부모들은 전통적으로 인간관계 중에서도 상・하의 수직적 관계인 군-신(君-臣), 부-자(父-子), 장-유(長-幼), 부-부(夫-婦) 사이의 행동규범을 특히, 강조하는 권위주의적 가치관과 동양의 감성적(感性的) 의식구조와 윤리, 지연(localism)에 의한 유대의식을 강조하는 연고주의(緣故主義)적 가치관, 혈연과 가족을 우선시하는 가정 지향적 가치관, 정의적(情誼的)・감정적 인간관계를 중시하는 인정주의적(人情主

義的) 가치관이 농후하다고 본다. 이에 반해 그 자녀들인 40~50대 초반의 세대들은 수평적 인간관계를 강조하는 평등주의적 가치관, 서양의 합리적 의식구조와 윤리, 그로 인한 능률과 성취, 책임과 업적 등을 중시하고 기능적으로 맺어지는 사람들 간의 바람직한 인간관계를 중요시하는 합리적 가치관, 혈연과 지연을 벗어나 사회에 대한 공동체 의식을 강조하는 공동체적 가치관에 보다 더 익숙해져 있다고 본다.

끝으로 성장배경으로서의 역사적 · 사회적 환경의 차이도 괴리(乖離)가 크다. 40~50대 초반의 세대들, 그들의 부모들의 성장 및 생활환경은 한국전쟁, 4 · 19 학생 혁명, 5 · 16 군사 혁명, 다양한 시대별 정권 투쟁을 직 · 간접으로 겪은 세대인 동시에 세계 최빈국에서 '개발도상국 경제발전의 모범생'을 거쳐 '한강변의 기적'을 이룬 나라의 각 분야 주역들이라고 할 수 있다. 돌이켜 보면 자유당 말기의 부정 · 부패, 그로 인한 청년 대학생들의 분노와 1960년 4 · 19 의거(義擧)와 장면(張勉) 정권의 등장은 정치 · 경제 · 사회에서의 민주화로 한국사회를 발전시키는 결정적 계기로 생각되었다. 그러나 장면 정권은 세 가지 면에서 치명적인 약점을 가지고 출범한 정권이다.

그 하나가, 의거(혁명) 주체가 아니라 남의 힘(학생과 시민혁명)을 빌어서 집권했기 때문에 장면 정권은 통치행위에서 의거세력과 국민의 눈치를 너무 의식했다는 점, 다른 하나는, 장면 박사와 그를 둘러싼 일제하의 관료 출신의 참모진들은 정권을 담당할 만한 정치적 · 역사적 배경(독재 투쟁 경력 등) 면에서 하자(瑕疵)가 있었다는 점, 끝으로, 장면 총리 자신의 성격과 당시 민주당 정치인의 비협조로 인해 리더십의 부재 현상이 가중된 점 등이다.

아들의 성격을 잘 아는 장면 박사의 부친은 '우유부단(優柔不斷)하고 소극적인 점, 그렇다고 쇼맨십이나 권모술수도 없고……' 그래서 "너는 정치에 발을 들여 놓기는 했다만, 이 다음에라도 정치의 일선에 서거나 책임질 일을 맡지 마라. 너를 위해서도 그게 좋고, 나라를 위해서도 그것이 최선의 일이니라"고 충고하였다. 어찌되었건 집권 후 다음과 같은 이유로 장면 정권(1960. 8. 19~1961. 5. 18)은 위기에 대한 대처나 관리능력에서 무능하고 과단성과 비전이 없는 정권으로 인지되었다.

① 민주당 구파(舊派)의 이탈을 막지 못한 것은 물론, 자파(自派)도 완전히 장악하지 못해 원내 안전세력 확보에 급급한 점이다.

② 민주당은 훈련과 규율을 통한 정신적 응집력을 가지고 있지 못했기 때문에 지도체제는 극도로 문란했으며, 분파작용이 심하게 나타나도 이를 통제하고 내부적으로 단결을 공

고히 할 만한 지도력이 없었다는 점이다.

③ 장면 정권은 통치행위에서 학생과 시민세력의 눈치를 너무 살펴야 했고, 그들의 외압적 분위기에 압도되어 소신껏 일을 추진할 수 없었을 뿐만 아니라 필요할 때 강경한 조치를 결행하지 못했다.

④ 야기되는 혼란과 문제들을 역사적 안목에서 접근하고 대처해야 하는데, 그럴만한 경륜과 식견이 부족하다보니, '혼란을 일시적 현상으로 인식'하고 '좀 더 시간적 여유를 달라'고 국민에게 호소했지만 설득력을 잃고 외면당했으며, 오히려 언론으로부터 강한 비판과 질타만 당한 점이다.

⑤ 이 같은 정부의 유약(柔弱)함을 간파한 일부 학생들의 분수에 넘치는 사회참여와 한계를 벗어난 사회변혁 의지는 국가 사회의 근간과 안정을 위협하는 경지에까지 악화된 점이다.

⑥ 설상가상으로 저질 정치인들의 정권욕이 맞물려 사회불안이 극도로 고조된 점이다.

이러한 이유로 인한 결과는 당시 내각 사무처에서 실시한 여론조사 결과가 잘 웅변해 준다. 즉, 8개 대학의 3,000여 명을 대상으로 조사한 결과, 3.7%만이 '장면 정권을 지지'했을 뿐 51.5%의 학생들은 '사태를 기다려보겠다'는 태도를 보였다. 결국, '4・19혁명의 미완성과 민주당 정권 단명의 비극은 혁명세력과 혁명과업을 수행해야 할 세력이 일치하지 못한 데 있다'(차기벽)는 지적에 공감하게 된다. 어찌되었건 지금의 40~50대 초반의 세대와 그네들을 낳아 키운 부모 세대(50대 후반~)는 4・19 학생 의거와 5・16군사 혁명을 놓고 '혁명이냐 군사쿠데타'이냐에 대한 시각 차이가 있다.

결론부터 말하면, 학생세력이 시민의 지원을 받았건, 일부 군부세력이 무력(武力)을 동원해서 합헌정부(合憲政府)--아무리 부정・부패・무능해서 대부분의 국민들이 실망하고 있었다 해도--의 기능을 마비시켰다는 점에서는 그들의 행위에 대한 정당성에는 똑같은 문제가 있다는 것은 의심의 여지가 없다. 다만, 두 세력 모두가 애국심과 높은 애국의지가 추진력이 되었다는 데 의미부여를 해야 한다고 본다.

민족주의를 연구해 온 차기벽 교수는 '4・19와 5・16은 보수세력에 대한 반항이며, 민족주의의 재(再)등장'이라고 정의하면서 4・19와 5・16의 연속적 성격을 명확히 했다. 장준하(張俊河)가 주도한 잡지 〈사상계(思想界)〉도 5・16 군사혁명에 대한 지지(?)를 분명히 했다. 5・16 혁명 직후에 발행된 사상계 권두언에 '자유당과 본질적으로 다를 것이 없는 민주당은 파쟁과 이권운동에 몰두해 귀중한 시간을 낭비하고, 그 결과로 사치 · 퇴폐 · 패배주의의 풍조가 이 강산을 풍미하고 이를 틈타서 북한의 공산도당들은 내부 혼란의 조성을 백방으로 획책하여 왔다. 4 · 19혁명이 민주주의 혁명이었다면, 5 · 16혁명은 부패와 무능, 무질서와 공산주의의 책동을 타파하고 국가의 진로를 바로잡으려는 민족주의적 군사혁명이다'라고 했다(사상계, 1961, 6월호 권두언).

함석헌 역시 '5 · 16을 어떻게 볼까?'라는 글에서 '학생이 잎이라면 군인은 꽃이다'라며 4 · 19와 5 · 16의 연속적 성격을 표명했다. 즉, 열매를 맺기 위해 꽃이 필요하다는 것으로 이해된다. 다만 그는 '꽃은 떨어져야 열매를 맺는다'며 군(軍)이 주도한 5 · 16은 '그 사명을 다하고 잊혀져야 한다'고 강조했다. 그래서 그는 5 · 16을 '민족의 혁명적 복부수술'이라고 했다. 결국 4 · 19가 '애국심에 의거한 부정부패의 타파와 민주주의 쟁취를 위한 혁명'이라면, 5 · 16은 '혼란을 극복하고 안정된 질서체제의 확립과 민족적 자부심을 느낄 만큼 번영된 나라를 만들어 달라는 민족적 염원을 반영한 민족주의적 군사혁명'이라고 할 수 있겠다. 그래서 그 당시 사상계(6월호)는 '한국의 군사혁명은 압정과 부패와 빈곤에 시달리는 많은 후진국 국민들의 길잡이요, 모범으로 될 것'이라는 전망을 한 데 대해 새삼 재음미하게 된다.

이러한 당시의 사회적 · 정치적 상황을 어느 정도 알고 있는 50대 후반의 세대들은 4 · 19와 5 · 16에 대해 균형된 시각을 가지고 있지만, 일부 정치세력에 의해 부정적인 면만 확대하거나 의도적으로 왜곡 · 편향 · 폄하하는 세력들에 의해 일방적으로 의식화된 30대 후반~40대 세대들 간에는 심한 역사인식의 격차가 있다.

아홉째, 각종 건전한 기풍의 조성과 건강한 의식개혁을 위한 조치와 운동 및 통행금지의 전면해제 분위기에서 생활하였다.

과외공부의 불법화 조치(1980. 7. 30), 가정의례 준칙강화(1980. 12. 개정), 의식개혁운동(교육)의 강화 등이 그것이다. 또한 유흥업소, 접객업소의 주(週) 1회 휴무제 폐지(1981. 2)에 이어 전 유흥접객업소의 정기휴일제를 폐지(1982. 1)하고 야간 통행금지의 전면 해제조치를 취함으로써 '유흥 · 퇴폐문화의 창궐'이란 비판과 부작용을 유발시키게 된다. 그러나 1945년 9월부터 37년간 계속된 통행금지의 해제조치는 여러 가지 상징적인 의미가 크다.

남 · 북 간의 적대적 상황에서의 안보 차원과 치안유지 문제 등에 있어 자신감의 표현인 동시에, 경제발전과 국민의식 수준에 따른 인신자유의 구속수단을 제거함으로써 그 동안 유보되었던 국민의 권리를 회복시켰다는 점이다. 이 같은 분위기에서 자유와 국민의 권리가 중요함을 실감하며 변화된 환경에서 성장한 세대가 40~50대 초반의 세대들이다.

열째, 이산가족 찾기의 후유증으로 '대자보'의 공해(公害)가 등장한다.

KBS의 '이산가족 찾기 운동'(1983. 6)으로 오랜만에 민족 분단의 아픔과 가족애의 중요성을 절감하고, 국민의 화합과 통일에의 염원, 그리고 한민족으로서의 공속감정(共屬感情)을 자극시켰으나 그 후유증으로 자기의 이익이나 목적을 위해 공공건물, 대학가의 건물 내벽에, 남의 집 담벼락에 광고물을 마구 붙이는 대자보(大字報) 후유증을 초래했다.

개인의 이해관계에 따른 게시물, 음식점 등 상업이익을 위한 광고 전단지 등이 공공건물이나 개인집의 담벽과 전봇대에, 심지어 대학가에 학생회 관련의 게시물과 동아리 홍보물 등이 마구 벽에 부착되는 등 불법홍보물 및 대자보 공해시대로 접어든다. 공동체의식보다는 내 생각이, 원칙과 질서보다는 시대정신과 감성을, 절차와 과정보다는 목적과 성취를 더 중요시함으로써 밸런스를 잃은 개인과 사회가 되었고, 목소리와 외형은 커지고 비대(肥大)해졌지만 심리적 · 사회적 성숙면, 즉 내면의 미숙과 허약성이 부각된 분위기였다.

이 같은 사회 환경에 휩쓸려 그런 분위기를 주도(主導)했거나 동조 또는 방관한 이 세대들은 자신도 모르게 그 같은 가치관과 의식에 오염되었을 가능성은 충분히 있다고 생각한다.

열한째, 1980년대의 반정부 투쟁, 특히, 1987년 6월 항쟁은 정권교체에는 실패했지만 노동운동이 비약적으로 강성화되었고, 학생운동에 있어 본격적으로 반미(反美)와 통일구호 등 북한바람이 등장하게 되었다.

1986년 세계경제의 불황(不況) 국면에서 발생한 3저(低) 현상(국제유가 및 국제금리의 인하, 달러가치의 평가절하)과 미국의 무역수지 적자확대라는 외부요인으로 한국경제는 유사 이래 최초의 무역수지흑자(42억 달러)를 이루어 고무적 분위기에 젖는다. 그러나 1986년 2월부터 '직선제 개헌을 위한 1,000만 서명운동'을 전개하며 재야세력의 호응을 얻어오던 신한민주당이 5월 3일 인천시민회관에서 '인천 · 경기지부 결성대회'를 개최할 예정이었는데, 대회 며칠을 앞두고 "소수의 과격학생들을 지지할 수 없다"는 김대중당 고문과 이민우 총재의 발언이 문제로 불거지면서 행사 당일 인천 시민회관 앞은 격렬한 시위현장으로 돌변하였다.

1만 명 시위대는 공권력 투입에 맞서 돌과 화염병을 던지며 격렬하게 저항했고, 이들은 '신한민주당의 각성'과 '국민헌법 제정'을 요구했으며, 반민주적 군사정권과 이를 지원하는 미국을 규탄하는 발언을 쏟아냈다(경인일보, 1986. 5. 4). 이 사태로 319명이 연행되고 129명이 구속되었으며, 예상 밖의 탈법 · 격렬한 저항에 충격을 받은 신군부는 대대적인 운동권 수사(탄압)에 돌입하게 된다. 그러나 '5 · 3 사태' 두 달여 만에 부천경찰서에서 경악할 '성 고문사건'의 발생(1986. 6~7), '4 · 13호헌 조치' 발표에 따른 전국적인 반정부 시위의 격화, 연세대학교 대학생 이한열 군의 부상과 사망, 그에 따른 대규모 시위와 민주화 요구가 '6월 항쟁'의 시작으로 확대되었다.

대통령 선거 직전에 터진 김현희의 'KAL기 폭파사건'(1987. 11. 29, 미얀마 상공; 승객 95명, 승무원 20명 등 115명 사망)과 김영삼 · 김대중의 후보 분리 등에 힘입어 정권교체는 실패하고 노태우 후보가 13대 대통령에 당선된다. 그런데 특히, 주목되는 것은, 1980년대 후반 대학가에 북한바람이 불었다는 점이다. 즉, 1988년 당시 대학 운동권 학생들의 최대 이슈는 국가적 · 국민적 최대 관심인 88올림픽이 아니라 북한바람에 따라 '남북학생회담'의 성사였다. 올림픽 이듬해인 1989년 문익환 목사의 방북, 임수경 학생의 '평양세계청년학생축전' 참가를 계기로 북한에 대한 운동권 학생들의 열기는 높아갔다.

이러한 분위기에 맞추어 대학가 운동권 학생들을 중심으로 '북한 바로알기운동' 캠페인이 열리고, 그네들을 중심으로 '현대사의 재인식', '김일성에 대한 재인식', '주체사상', '북한사회에 대한 이해', '북한의 통일정책' 등 그동안 금기시되었던 주제와 자료(책)들을 비밀리에 읽으며 의식화하였다. 반정부 투쟁과 반미 움직임, 그리고 친북성향의 분위기를 더욱 확대 · 강화하기 위해 운동권 학생들에 의한 의식화 활동은 박차를 가하게 된다. 이런 분위기에서 가치관의 혼란을 경험하며 성숙 · 발달한 세대가 40~50대 초반의 세대들이다.

열두째, 대학생으로서의 신분을 망각한 운동권 학생회의 금도를 벗어난 일탈행위가 최고조에 이를 때, 그것을 직접 목격한 세대가 40~50대 초반의 세대들이다.

1986년 2월부터 각 대학에서는 '신입생의 오리엔테이션'을 운동권 학생회가 주최하겠다고 함으로써 학교당국과 마찰을 보이기 시작하고 급기야 전국적으로 확대되었다. 이들이 학생신분을 벗어나 이 같은 주장을 하는 배경은 '신입생 오리엔테이션'과 '대학축제'를 운동권이론을 전파하기 위한 장(場)으로 활용하기 위한 것이었다. 또한 이념성을 내세워 시위(示威)로 이어지기 일쑤였던 대학축제는 운동권이론을 보급 · 전파하기 위해 학술심포지엄과 마당극 공연 등이 주를 이루었다. 그리고 1987년 서울의 K대학부터 '자판기 판매'를 학생회에서 인수하기 시작하자 이 같은 비교육적이고 파행적(跛行的)인 움직임이 학생들의 물리적 힘에 의해 전국 대학으로 확대되기에 이른다. 의식화된 운동권 학생들이 학생의 본분과 사명에서 크게 벗어나 현실정치에 너무 참여하고, 잘못된 이념과 주장에 집착해서 사회갈등을 조장하며 시위가 폭력행위로 일상화되자 대부분의 학생들은 총학생회를 외면하게 된다. 특히, 건국대 사태(1986. 10)와 정부 허가 없이 북한의 평양축전에 전국대학생대표자협의회(전대협) 대표로 참석한 임수경 사건(1989), 연세대 사태(1996. 8) 등은 국민들을 당혹하게 만들었다. 학생신분을 벗어나 마치 한국사회 최대의 통일세력으로, 민주화 운동 세력으로 자처하면서 국법질서를 무시하는 것에 대해 모든 국민들은 학생으로서의 한계를 벗어난 행위로 간주하였다. 동시에 이들은 정치와 사회개혁에서 눈을 돌려 등록금 투쟁과 학생복지에로 작전과 전략을 수정한다. 그래서 총학생회 조직에 복지부를 새로 신설하고 학생들의 이익과 관심사에 주목한다.

① 교련교육 반대: 학원의 병영화와 안보를 이유로 군사독제체제 유지 획책, 획일적 이념교육이라며 교련교육을 반대 투쟁하였다.

② 등록금 인상 반대: 학교당국과 학생대표를 위원으로 하는 등록금 조정위원회를 설립하고 등록금의 인상률 조정과 인상금액의 환불을 요구하였다.

③ 자판기의 학생회 운영: 학생회 활동의 자금도 마련하고 추석 귀향버스 대절 등의 비용도 마련하기 위해 학교에서 운영하는 자판기를 물리적으로 빼앗아 운영을 하기 시작하였다.

④ 총・학장의 학교 행정에 관여 요구: 비록 일부 특정대학에서 학원 민주화란 기치 아래 총・학장의 학교행정 전반에 참여(위원) 요구를 주장하는 움직임이 언론을 통해 알려지고, 다른 대학으로 파급되는 움직임도 야기되었으나 대부분의 학생들의 동조가 없자 더 이상 진전되지는 않았다. 이 같은 극소수 운동권 학생들의 치기(稚氣)와 혈기(血氣)를 목격・체험하면서 우려와 안타까움을 체험한 세대가 40~50대 초반의 세대들이다.

열셋째, 각 분야의 민주화 요구가 국민적 저항운동으로 파급・확산되었다.

경제발전과 국민생활 수준의 향상, 그리고 국민의식 수준의 향상에 따른 각 분야에서의 다양한 민주화 요구(정치・경제・사회・문화・학원・언론・종교・노사 등)가 제기되어 급기야 국민적 저항운동으로 계속 파급・확대되어 '6・29 선언'(1987. 6. 29)을 이끌어 내고, 대통령 직접선거가 실시(1987. 12. 16)되었으며 이어서 13대 국회의원 선거(1988. 4. 26)를 실시하게 된다. 결국 정권출범 당시의 정통성 시비에서부터 끊임없는 독재정권 시비(저항)와 민주화 요구 시위로 지겨운 공방전을 지속하더니 결국 '민주화 운동'의 결실로 '군사정권'이 퇴진하게 되면서 국민적 저항의 승리로 끝을 맺은 시기가 1980년대이다.

전두환 전 대통령의 '사과성명(謝過聲明) 후 백담사 출발'(1988. 11)과 국회증언(1989. 12. 31)으로 막을 내린 1980년대의 10년간은 그 어느 시대보다도 사건과 특정 뉴스 그리고 각종 유언비어(流言蜚語)가 특히, 많았던 시기였다. 이 같은 군사정권 퇴진과 민주화운동의 성공은 사회 각 분야에서 민주화 요구가 활화산같이 분출했는데, 다음과 같은 9개 분야가 그 대표적

케이스라고 할 수 있다.

60~70년대 이후 급격한

① 경제발전
② 국민생활수준 향상
③ 국민의식수준 향상
④ 정치환경의 변화

→ 다방면에서의 다양한 민주화 요구

① 정치 민주화
- 직선제 개헌(대통령직선제)
- 정당체제의 자유
- 리더십 자유
- 집회의 자유
- 결사의 자유
- 비판(언론)의 자유

② 경제 민주화
- 기업들이 민간 주도형 경제개발과 자유경제체제 창달 거론
- 경제적 약자(근로자, 농민, 중소기업, 소비자)들의 각종 격차 해소

③ 산업 민주화
- 산업조직의 민주화
- 임금과 복리후생의 차별대우
- 직장근무환경 개선
- 인간적 대우
- 노사갈등(권리침해, 근로자 소외, 근로자 피해의식 해소)

④ 사회 민주화
- 수평적 대등관계
- 각종 조직의 자율성
- 각종 민간단체(NGO)활동의 강화·감시
- 다양한 취향성(다원성, 개성) 존중

⑤ 문화·언론 민주화
- 신문·방송 민주화(편집권 지키기·인사권 개입)
- 공연 민주화
- 정실주의에서 합리주의

⑥ 교육 민주화
- 교육행정에 교원단체 및 교사의견 반영
- 일방 지시적 교육행정 거부
- 교육행정 민주화·학교경영 투명성
- 교장, 학장, 총장의 민주적 리더십
- 평교사들의 발언권 강화

⑦ 가정 민주화
- 주부·자녀 발언권 강화
- 부부 공동재산 소유권(재산관리권)
- 호주제 폐지
- 핵가족 보편화와 축소된 새 가족 출현
- 고부갈등의 주도권 변화
- 가장·주부 부재 가정의 증가
- 여권신장에 따른 노부모·남편의 권위 약화

⑧ 사법 민주화
- 검찰권·사법권 독립
- 젊은 판·검사들의 자율권 보장
- 사법부 민주화 요구와 다양한 모임결성의 자율성 보장
- 사법부 정화운동
- 판·검사들의 자유로운 발언권 보장(하극상 급증에 따른 사법부 갈등 예상)

⑨ 종교 민주화
- 평신도 발언권 강화
- 의식 있는 교회장로들의 집단적 선언
- 목회자 봉급의 이의 제기
- 종교단체의 민주화 및 투명성 요구
- 종교단체 세금납부
- 교회 대형화 추세에 대한 비판
- 교회 세습제 비판

→ 민주화 항쟁 ↓ 6·29 선언 ↓ 민주화 쟁취

〈그림 1-1〉 사회 각 분야의 민주화 요구

열넷째, 저질 정치문화와 병리적 사회분위기, 그리고 대학의 학원민주화운동은 공통적으로 폭력의 양태로 표출됨으로써 각급학교 학생들에게 악영향을 미쳤을 개연성(蓋然性)을 부정할 수 없다.

오늘날 횡행하고 있는 모든 사회병리와 부정・부패문제는 과거 저질의 정치문화와 저급한 선동꾼 정치지도자들의 왜곡된 행태와 밀접한 관련이 있다. 왜냐하면 그네들의 행동을 모방하여 '힘으로 밀어부치면 안 되는 일이 없다'는 탈법적・초헌법적 의식과 결과적 한탕주의에 우리 모두가 오염되었고, '작든 크든 모든 불만과 불평을 시위 집단행동에 의해 해결'하려는 탈선적・반사회적 언행을 모방하여 누구나 타성화된 생활의 처세술로 남용하고 있기 때문이다.

국회의원들은 '본 의원은 헌법을 준수하고 국가이익을 최우선으로'의 선서를 하는 임기 5년의 '비정규직' 정무직업인(정치인)이다. 밥값과 자릿값을 못하고 온갖 병리적 요인만을 파종(播種)하면서도 최고의 대접을 받으니 가히 신(神)의 직업이라고 할 수 있다.

민주화운동이 최고조일 때 우리 국회는 어떠했는가? 오래된 12대 국회(1985. 4. 11~1988. 5. 29)의 자료들을 보면 재미있다.

국회의원에 당선하고서도 개회식도 비정상이었고, 폐회도 비정상의 극치였다. 그래서 '최선(最善)도, 차선(次善)도, 차차선(次次善)'도 못 얻은 국회라는 비아냥과 자탄이 주를 이루었다. 학생이 됐으면 입학식은 해야 하고 국회의원이 되었으면 개원식도 해야 하는데, '사면・복권'을 개원조건으로 내걸고 등원거부니 단상점거, 농성, 단독심의 강행, 의사당 폭력 운운하며 시간만 허송했다.

특히, 무역전쟁의 도전장이 태풍처럼 밀려올 때도, 실업의 파도가 심각하게 불어왔을 때도 그들 정당의 원내대표 3명은 협의・타협하는 척 하며 호텔의 원탁의자에 느긋하게 앉아 카메라를 의식한 포즈만 취했다. 오죽해야 "비능률(非能率), 비생산(非生産)의 국회였습니다. 아무 할 말도 국민 앞에, 정말 할 말이 없습니다. 반성하면서 새해에는 발분 노력하기를 당부합니다"라고 이재형 국회의장이 폐회사(1988. 3. 8)를 했겠는가. 선거법 날치기 통과 등 27건 법안처리에 그쳤고, 의원입법은 거의 다루지 못했으니 의장의 폐회사가 이해가 된다.

그런가 하면 '툭하면 난동(亂動) 왜 일어나나'(중앙일보 사설, 1993. 7. 27), '우리 사회 난동 증후군'(한국일보, 1993. 9. 28), '과천경마장의 광란(狂亂)'(국민일보, 1993. 9. 27), '어째서 또 수업거부인가'(동아일보, 1993. 10. 7), '툭하면 수업거부인가'(중앙일보, 1993. 10. 6), '한국사회의 문제; 정글 속 맹수들의 싸움터'(조선일보 사설, 1989. 6. 21) 등 보도기사들이 후손들에게 무엇을 남길 것인가는 너무나 자명하다.

우리 사회는 갈수록 분쟁의 비인간화, 갈등의 저질화, 대결의 이전투구화(泥田鬪狗化), 의사표현의 조악화(粗惡化)·극한화(極限化)가 급속도로 진전, 전 사회로 확산되어 암(癌)말기 현상을 방불케 한다. 국회의원들과 시위자들의 눈들에는 적개심이 번득이고, 그들 입에서는 독한 악담들만 내뱉고 그네들의 팔 다리는 당장이라도 상대방의 얼굴을 박살 낼듯한 독기(毒氣)·살기(殺氣)·광기(狂氣)로 중무장되어 있다. 하다못해 조폭(組暴)수준의 저격수들로 오해할 정도의 정당대표와 대변인들이 떠들어대는 정치문화가 된 것이다.

모두가 맹수(猛獸)가 되자는 것인가? 마치 대한민국을 여당과 야당, 노(勞)와 사(使), 교수와 제자, 교총과 전교조, 반공 건전세력과 친북좌파세력 간, 공권력과 시위대 간, 국책사업 추진단과 이해집단 간에 사생결전(決戰)을 벌이는 'OK목장'으로 착각하는 것 같다. 선거가 있거나 사회적 이슈가 발생하면, 건전·보수세력인 장·노년세력과 특정이념과 선동으로 동원된 젊은 세대 간에 기 싸움을 해서 '대한민국이 온통 정글 속 맹수들의 싸움터가 되자는 것인가'(조선일보 사설, 1989. 6. 21).

호전적 무정부주의자인 공화파들이 극단적·격렬한 행태로 난동을 일삼던 1930년대 초의 스페인 내란 직전으로 가자는 얘긴가, 그래서 어쩌자는 얘기인가. 이 악의 유산이 오늘날 본분을 망각한 탈법적인 악성 노·사갈등, 혈기(血氣)·오기(傲氣)·객기(客氣)의 총체적 노선갈등, 양식과 상식 그리고 지성과 합리성을 저버린 지역갈등, 윤리·도덕성 부재의 학원갈등, 도시게릴라 같은 이익단체 및 NGO들의 시위행태, 대립과 갈등 그리고 반목과 계급투쟁을 심화시키는 학벌·연고주의 광풍(狂風), 의사당에 톱질을 하고 최루탄을 던지고 문을 도끼로 부숴도 죄의식은 커녕 정의의 투사(鬪士)인 양 착각하는 군상(群像)들이 활개치는 모습을 끊임없이 보이는 수준까지 악화·현실화되었다. 민주화란 이름 아래 법과 질서도, 윤리 도덕성도, 규범과 권위도 무시한 채 '무슨 짓'이든 할 수 있는 이 같은 '투사형 건달'들과 인격장애자들이 주연 노릇을 하는 현상을 수없이 보아 왔으니 그것은 교과서가 되고 프로그램이 되었으며 모델링이 되어 각급학교에 파급·전이되었을 것은 분명하다.

열다섯째, 1970년대 후반 '선망받던 한국인' 이미지에서 '치욕의 IMF 늪에 빠진 종이 호랑이'로 조롱받을 때 청소년기를 보낸 세대가 30대 후반~40대들이다. 이들은 정치인에 대한 불신과 소위 3김에 대해 호의적이지 않다.

우리나라에 대해서 국제적으로 긍정적인 논평을 하기 시작한 것은 1970년대 후반이다. 중

동건설 붐이 한창이던 1977년 6월 〈뉴스위크지〉는 '한국인이 달려온다'는 제목의 특집기사에서 '한국은 일본을 태만하게 보이게 하는 세계 유일의 국가이다'라고 극찬하였다. 그 결과 88올림픽 전까지만 해도 한국인의 성실, 근면성, 검소와 희생정신, 친절과 예의 바른 민족성에 대한 명성은 가히 독보적이었다. 뿐만 아니라 '세계에서 가장 부지런한 일본인을 게으름뱅이로 만든 한국인들이 달려오고 있다'면서 경계의 자세를 취했던 것도 사실이다. 그래서 '일찍이 아시아의 황금시대에 빛나던 등불의 하나였던 코리아! 그 등불 다시 한번 켜지는 날에 너는 동방의 빛이 되리라'고 읊조렸던 타고르(R. Tagore)의 선견지명과 거시적 안목에 감탄하기도 했다. 그런데 88올림픽을 치르고 난 후 한국인 모두가 올림픽 무드에 취해 있고, 자율과 무질서를 혼동하고 민주화와 방종(放縱)을 동일시하는 환각상태에 마취되어 있던 그 몇 해 동안에 그 같은 명성은 흘러간 옛 노래가 되고 말았다.

예전처럼 일을 하지도, 땀을 흘리지도 않으면서 목소리만 높여 권리와 이익만을 추구하다가 급기야는 '노동자의 천국을 만들려다 망해버린 소련'과 같은 경제쇠퇴의 늪에 빠진 꼴이 되어가는 느낌인 우리의 경제! 더욱이 선진국의 이 제도, 저 정책으로 잡탕밥을 만들고, 여러 학자들의 많은 이론으로 비빔밥을 만들어서 '시너지효과(synergy effect)'를 기대했다가 '역시너지 효과'만 극대화시켜 결과적으로 자본주의 경제의 단점과 사회주의 경제의 문제점만 합쳐진 꼴이 되어버린 산업현장이 되었다. 그 결과 어느 사이엔가 한국인들 대부분은 귀하신 몸이 되어 일 자체를, 힘들고 궂은 일을, 위험한 일을, 스타일 손상되는 일을 하지 않으려 하면서도 자신의 이익과 관련된 사안에서는 철저히 '가는 데까지 가자'는 식의 브링크먼십(brinkmanship)으로 일관하여 반문화, 비윤리, 무질서, 무규범, 무절제의 군상들이 활개치는 병리적 사회가 되어 버렸다. 이렇듯 우리 경제가 병들기 시작한 것은 1980년대 중반부터이며, 88올림픽을 치르고 난 후 1989년부터는 외국 언론의 평가가 더욱 부정적으로 돌아섰다. 외국에선 우리의 실상을 손금 들여다보듯 하면서 '한국인들이 반환점을 돌기도 전에 샴페인을 너무 일찍 터트렸다'(워싱턴 포스트, 1989. 9)고 했고, 두 달 후 '한국은 이제 아시아의 용이 아니라 한 마리의 지렁이로 전락했다'(프랑스 피가로, 1989. 11)고 혹평을 하였고, 이에 뒤질세라 '떠오르는 태양'이라며 치켜세우던 일본 언론도 기다렸다는 듯이 노골적으로 빈정대기 시작하였는데, 아사히신문(朝日新聞)이 발행하는 시사주간지 '아에라(AERA)'는 '한강변의 기적은 결국 종이호랑이였음이 판명됐다'고 조롱을 하였다.

이때 지도자는 비상벨을 눌렀어야 했다. 그런데 이 같은 충고와 비판을 외면한 채 정작 정부는 비상은 고사하고 직진을 위한 가속 페달만 밟았다. 국제수지 적자는 매년 늘어만 가고 외채와 무역적자 폭 역시 증가하는데도 정부는 착각과 환상에 젖어 빈번한 '국제회의'와 '국제대회'의 유치, '잼버리 대회', '외국 원조', '평화상 시상'이니 하면서 흥청거리며 잔칫집 행사만 하니까 외국 언론인들의 눈에는 '착각과 바보의 행진'으로 인지되었을 것은 너무나 자명한 일이다. 급기야는 '거품을 걷어내야 한다', '권위실추의 머리 잘린 사회', '촛불은 꺼지는 데 빚더미 속 잔치'(조선일보, 1991. 8. 30)라며 우리 사회를 꼬집었다(김흥규, 2005a: 179).

결국 "제2의 일본이 되려고 하던 한국이 좌절하고 마는가! 유교정신과 근면, 자기희생 등 세 가지 덕목으로 일치단결했던 그들은 이제 동요 속에 묻혀 있다. 경제성장 베이스는 절반으로 떨어지고, 무역흑자는 큰 폭의 적자로, 대외채무는 늘고 인플레는 크게 일어나고 있으며, 지가(地價)는 폭등하는데, 주가는 폭락하고 과소비 풍조, 부동산 투기, 기술개발 부족, 투자부족 등 난국에 처해 있는 것 같은데, 모두가 남을 비난하며 책임전가하는 싸움만 하면서 해를 보내고 있다. 정부는 '기술투자하지 않고 근시안적 경영을 한다'며 기업 경영자를 비판하고, 기업 측에서는 '정부가 무능해서 그렇다'고 반격하고 있으며, 근로자(노조)들은 정부와 기업을 싸잡아 욕하고 있다"(뉴스위크, 1990. 5. 17)고 비판하였다.

그런가 하면 오카다 쇼이치(한국 후지쯔 사장)는 "한국 경제는 그 동안 눈부신 성장을 이룩했다. 근면한 근로의식과 국민들의 근검절약으로 이룩한 결과라고 생각한다. 그러나 오늘날의 한국은 불행히도 외형만 그럴싸할 뿐 정작 필요한 혼(魂), 장인정신(匠人精神)이 없어 보인다. 그 옛날 한국에서 일본으로 전해졌다고 생각되는 속담인 '부처님 만들고 혼을 안 넣는다'는 말이 생각난다. 나는 이 속담이 오늘날 한국경제가 안고 있는 모습을 그대로 표현해 주는 말이라고 생각한다"고 했다.

그 뿐인가, 중국의 관영 〈차이나 데일리〉지 역시 '한국인들의 근로시간이 줄고 있다'는 제목 기사에서 '한국인들은 이제 경쟁국인 홍콩이나 대만인들보다 더 적게 일하고 더 많이 놀고 있다. 놀고 보자는 풍조가 만연해 있다. 이미 한국의 신화는 깨졌다'고 지적하였다.

1991년부터는 외국의 비판이 진일보하여 "왜 한국인들은 자국의 경쟁력의 허약함에 눈을 돌리지 않는가? 그들은 자기의 역량도 모르고 으스대고 있다"(諸君, 1991년 8월호)고 비판했고, 같은 시기 미국 시사주간지 뉴스위크는 '너무 일찍 갑자기 부자가 됐다'는 제목하에 '한국인들은 쇼핑을 통해 그들의 경제적 성공을 축하하고, 심지어 50만 원짜리 팬티가 팔리고 있다'며 우리나라의 과소비 풍조를 비판했다.

그 후 '빨리도 나타난 선진국 병, 한국인이 일하지 않게 됐다'는 제목기사에서 "경제적으로 급성장해 온 한국이 이미 선진국병에 감염되어 젊은이들 사이에 무력감이 팽배하고 있으며, 일을 하지 않으려 하고 3~5%였던 수출상품의 불량률이 88올림픽 후 20%까지 상승했다"(AERA, 1992. 3. 28)고 지적했으며, '불균형 성장에 무력감 등 팽배, 김치공장까지 외국근로자로 메꿀 판'(한국경제신문, 1992. 4. 22)이라고 빈정댔다. 오죽했으면 일본통 저널리스트인 지동욱(池東旭)조차도 '역량 이상으로 열심히 해 올림픽을 성공시켰다. 촌놈이 돈을 모아 꿈에 그리던 긴자(銀座)에서 하룻밤 마셔버린 것과 같다. 세계 각국인들이, 유명한 부자들이 오는 것을 보고 우리도 같은 부자가 된 줄 알고 착각 속에 오만함이 생겼다'고 진단하였다(김흥규, 1997: 92~97).

특히, 외국 유력지들은 '관료들과 공격적인 악성노조 등쌀에 외국 기업이 도망가는 나라', '관료들이 나라 발전의 발목을 잡고 있는 나라', '반외국적이며, 반자본주의적 나라', '올림픽의 성공을 나라의 도약으로 연결시키지 못한 나라', '옹졸하고 편협하고 불친절한 나라' 등의 지적이 난무했다(김흥규, 2001; 김흥규 · 이호정, 2009: 67).

가장 좋은 여건에서 출발한 노태우 정권에 이어 3당 통합의 '깜짝 쇼'를 연출하며 문민정부를 내세웠던 김영삼 정권(1993. 3. 25~1998. 2. 25)은 ① 깨끗한 정치, ② 도약하는 과학기술, ③ 활기찬 경제, ④ 한국병 치유, ⑤ 근로자가 대우받는 사회 등 '신한국 건설'이라는 거창한 국정지표를 제시하였다. 여기까지는 좋았다. 그 다음 대통령이 한 말이 아리송하다. 즉, "가진 자가 고통받는 사회를 만들겠다"고 의미심장(深長)한 포부를 밝혔기 때문이다. 가진 자가 고통받는다면 없는 자들은 오죽하겠는가.

하여간, 문민정부 출범 이후(1993. 3~) 외국 언론의 보도가 더욱더 비판적 논조를 보이게 되자 국내에서도 '제2의 맥시코화'를 꾸준히 염려했다. 결국 한국은행의 김영대 이사는 "과거 금융실명제를 실시했을 때도 10월 대란설은 있었으며 망할 기업은 망해야 한다"고 정도를 벗어난 발언을 했으며, 곧이어 8개 은행장이 공동회견을 통해 "은행의 도산은 없다"고 위기설을 잠재우려 했고, 마침내 대통령은 신한국당 전당대회에서 "문민정부에 대해 역사가 높은 평가를 할 것입니다. 여러분!"하며 연설을 하였다. 결국 무모(無謀)한 리더십, 무능한 정부, 부패한 정치권, 관치, 금융비리, 정경유착, 특히 노동관계법과 금융관계법 등 개혁정책에 대한 야당(김대중)의 발목잡기로 'IMF 사태'를 초래한다.

김영삼은 '문민정부가 노동관계법과 금융관계법을 통과시키려고 한 것은 IMF와 같은 위기를 사전에 막기 위해서였고, 이 법은 당연한 법이었으며 필요한 법이었는데, 실패했다. 따라서 IMF는 김대중 씨 때문에 오게 됐다'고 하는 발언은 주목할 만하다. 어찌되었건 대통령도 문제지만 그 밑에 담당 측근 고위 참모들과 장차관들이 '왜 과거 역사에서 배우지 못하고, 미리 예측하고 대처하지 못했을까'하는 아쉬움이 크다. 과거의 '중남미 위기', '1987년의 뉴욕증시(Black Monday)', '1992년의 Black September', 1994년의 '멕시코 위기'에서 역사적 교훈과 경제적 시사점을 찾지 못했다는 것은 납득이 안 된다.

더구나 계속된 외국의 경고와 비판이 있었는데도 "무엇이 난국(難局)인가. 우리 정치권이 매끄럽게 굴러가지 못하는 것은 어제 오늘의 일이 아니다. 왜 정국 전체가 '총체적 난국'인 것처럼 호들갑을 떠는가"(청와대 수석비서관 등 핵심관계자들의 인식), 그리고 "정치권의 일부 소란이 나라 전체의 불안정으로 투영되는 것은 너무 정권 혹은 대권 차원에서 보기 때문이라는 것이 김영삼 대통령의 시각이다"(서울신문, 1995. 4. 23)라는 반응에는 실소(失笑)를 금할 수 없다.

이 같은 신경질적 반응은 '지금이 왜 난국이란 말이냐, 선거를 둘러싼 정치권의 호들갑이라며 불쾌감을 나타낸 것'으로 이해가 된다. 어찌되었건 1997년 11월 13~18일까지 비상대책회의 끝에 대통령에게 보고하여 "IMF로 가라"고 하명을 받았다니…. MIT대학의 돈 부시교수와 하버드대학의 제프리 삭스 그리고 오마에 겐이치가 공통적으로 지적하는 관료주의의 병폐를 실감하게 된다.

결국 "일본을 모방하는 것이 번영의 길이라고 믿었던 한국은 일본과 똑같은 실수를 양산하고 있다"(돈 부시)는 비판을 들어야 했고, "급기야 국민소득 600달러인 중국에까지 돈을 빌려달라고 손을 벌리는 신세가 되니 주권을 포기한 거지"(말레이시아의 마하티르 총리)라는 야유성 혹평도 받았고, "얼간이 경제, 금융위기로 아수라장이 된 한국, 남한에서는 아무 일도 되는 일이 없다"(독일 디 차이트, 1998. 1), "깡통을 들고 IMF 문 앞에서 자기 차례를 기다려야 하는 구걸자", "몽땅 내주고 깡통찬 국민"(TIME), "추락하고 침몰하는 한국"(비즈니스 위크) 등 야유성 혹평이 이어졌다(김흥규, 2001; 김흥규 · 이호정, 2009: 68).

전 국민의 눈물겨운 노력과 기업인들의 헌신적 희생으로 'IMF의 비극'을 조기에 벗어나서 이제는 경제선진국 대열에 근접해 있지만, 이 같은 역경을 직접 체험한 40대 세대들은 부패한 정치지도자와 관료주의에 대해 호감을 가질 수가 없다. 그래서 1990년대 말 '모두 바꿔 버리자'고 외치는 도발적인 가사와 강렬한 테크노리듬의 '바꿔'라는 노래가 현실사회를 야유하고 잘 대변하고 있다고 생각하며 즐겨 흥얼거린 세대가 40~50대 초반의 세대들이다.

"모두 제 정신이 아니야, 다들 미쳐 가고만 있어.
어느 누구를 믿어 어찌 믿어, 더는 못 믿어 바꿔.
모든 걸 다 바꿔 거짓은 다 바꿔, 세상을 다 바꿔."

열여섯째, 역경의 환경에서 혼란스럽고 치열했던 20대를 보냈고, 30~40대가 되어서는 20대보다 더 치열한 삶을 사는 주인공들인 40~50대 초반의 부모세대들은 정치분야에 대해 비판적 의식이 강하다.

40~50대 초반의 부모세대들은 "어릴적 새마을 운동 노래가 들리면 빗자루를 들고 집 앞을 쓸었고, 한 반에 60명이 넘는 콩나물시루 같은 교실에서 '박 터지게' 공부했다. 특히, 등교 후 아침 운동장에 자유스럽게 서서 음악과 구령에 맞추어 국민체조로 시작하던 학교생활의 일과는 40~50대 초반의 부모세대에겐 잊지 못할 학창시절의 좋은 추억거리이다.

즉, (음악과 함께)

"국민체조 시~작~~~" "(다리운동~) 하나 둘 셋 넷 다섯 여섯 일곱 여덟 / 둘 둘 셋 넷 다섯 여섯 일곱 여덟." "(팔 운동~) 하나 둘 셋 넷 다섯 여섯 일곱 여덟 / 둘 둘 셋 넷 다섯 여섯 일곱 여덟.", "(숨쉬기~) 하나 둘 셋 넷 다섯 여섯 일곱 여덟 / 둘 둘 셋 넷 다섯 여섯 일곱 여덟."

이렇게 음악과 함께 경희대 유근림 교수의 힘차고 경쾌한 구령에 맞춰 12개 동작의 체조를 하면서 몸과 마음을 푼 것을 그들 세대들은 참 좋았다고 생각한다. 대학생이 되어서는 수업보다는 데모하는 날이 더 많았고, 담배연기 마시듯 최루탄가스 마셔가며 '박 터지게' 민주화를 외쳤다. 오늘날까지 4반세기에 걸쳐 '87년 체제'를 만들었고, 후배들은 그런 선배들을 자랑스러워했다. 이후 선거 때마다 그들의 표심은 대선당락을 결정하는 '킹메이커' 역할을 했다. 이제는 부모로서 경제활동의 주역이자 강력한 소비계층으로 사회의 허리역할"(배수강, 2011)을 하고 있다. 그런데 그들이 부모 입장이 되고 보니 사회가 확 달라져 있음을 실감하게 되었다.

그것은 자신들이 어렸을 때 가정은 아버지 중심으로 움직였다. 때문에 아버지가 퇴근한 후에야 저녁을 먹을 수 있었다. 뿐만 아니라 20년 전 선배들은 새벽학원을 기웃거리지도 않았으며, '0교시 수업'이나 '방과 후 수업'도 없었던 것 같다. 그리고 스마트폰이나 소셜네트워크서비스(SNS)를 몰라도 이미 배운 지식과 정보만으로 안정적인 직장생활을 했다.

그런데 이들이 가장이 되어 보니까 가족 식사시간도 아이들 스케줄에 맞추어야 하고, 아이들 학교・학년에 따라 가정 분위기가 바뀌며, 회사로부터는 '사오정', '구조 조정', '능력에 따른 연봉제'니 하면서 스트레스를 받는다. 집에서는 '자녀교육비' 운운하며 '더 벌어 오라'고 눈치를 준다. 그래서 40~50대 초반의 부모 세대들은 20대보다도 더 치열한 삶을 살아가고 있다. 이들은 정치권과 민주화운동을 한 사람들에게 비판적이고, 선거에 임하면서 '네거티브 보팅(negative voting)' 성향이 있음을 나타냈다. 즉, "87년 체제 이후 민주화운동을 한 사람들이 제도권 정치에 들어갔지만, 김영삼, 김대중 밑으로 들어가면서 제 역할을 못했다고 봐요. 학생운동을 이끈 사람이 김대중에게 큰절을 하지 않나, 가끔 국정감사 때 보면 목소리만 크고 피감기관 관계자에게 면박주는 사람 대부분이 '직업 운동권' 사람들이에요. 그러니 '스마트한' 이미지의 안철수 원장에게 호감을 갖는 거 같아요"(46세 직장인 K씨).

"우리나라 정당은 운영체계(OS)와 프로세스가 잘못된 컴퓨터 같아요. 좋은 인물이나 정책도 프로세싱을 거치면 불량품이 되어 나오거든요. 한나라당(새누리당)은 여전히 권위주의적이고 고리타분하고, 진보당이라는 민주당은 한미무역협정(FTA) 자기들이 만들어 놓고 발목 잡고 있잖아요. 40대들은 심정적으로 진보를 지향하고, 회사에서는 글로벌 경쟁환경에 맞추는데, 반미(反美)를 옹호하는 당에 선뜻 표를 던질 수 없지요. 그래서 '이 사람이 되어야 한다'고 투표하는 것이 아니라 '이 사람만 안 됐으면 하는 마음'으로 '네거티브 보팅(negative voting)'을 한다는 것"이다(88학번 회사원 K씨; 신동아, 2011. 11월호: 93).

열일곱째, 1990년대 중반 이후 우리 사회는 성공을 위해서는 수단 · 방법을 가리지 않는 성공 지상주의가 판을 치고 있다.

성공에 눈이 먼 이기주의자들이 대접받는 분위기가 만연되어 결국 '나쁜 사람 전성시대' 신드롬으로 나타났고 2010년대까지 지속되고 있다. 이 같은 분위기에 젖다보면 '착한'이나 '좋은'이란 수식어는 '무능하고 한심하며 지겹고 따분한 의미'로 의식화되고, '나쁜'이나 '독하고 악한'이란 형용사는 '똑똑하고 쿨하다', '당차고 도전적이다', '멋지고 승부 · 성취욕이 강하다'는 식으로 착각하게 된다. 대통령 선거에서 '정도(正道) 승부'가 아닌 깜짝 야합으로 승리하거나 상식 이하의 공약과 포퓰리즘으로 덕을 보았고, 허무맹랑한 조작과 모함으로 예상 외의 득표를 얻은 경우도 있었다. 그런가 하면 도시게릴라 같은 무법천지의 폭력이 민주투쟁이란 명분으로, 조악(粗惡) · 저질의 발언이 정치지도자나 당대표의 발언으로, 조폭수준의 잡소리가 정당대변인의 성명이란 이름으로, 과거 군사정부에 저항했던 운동권 학생들이 민주화투쟁이었다는 사실로 해서 반정부시위는 언제나 정당한 것인 양 착각하고 날뛰는 군상들이 급증하고 있다.

걸핏하면 이익집단들이 아무런 망설임도 없이 법과 사회질서를 파괴하고, 민주를 들먹이는 사람과 집단들이 가장 비민주적이며, 시민단체와 종교 지도자라는 명분 아래 비민주적, 탈법적, 반문화적 행태가 만연되어 치유불능상태에 처해 있다. 더욱이 자기들의 주장이 진리요 사회정의인 양 좌충우돌하는 현상은 정상적 국민들에게 인내심의 한계를 벗어난 지 오래되었다. 이제는 정치계・종교계・대학가・언론계를 보아도, 그리고 TV화면과 등산, 피서지 및 음식점과 공연장을 가 보아도 온통 소란꾼들이 판을 치고 있다. 결국 '좌충우돌 사회', '목소리 큰 사람이 이긴다'(배연해, 2001), '노무현 정부 3개월, 목소리 크면 이긴다'(노성호, 2003), 우리 사회는 지금 '나쁜 사람' 전성시대(내일신문, 2008. 11. 20), '독한 여자 신드롬'(세계일보, 2009. 3. 8)이란 말이 회자될 정도로 악화되었다.

출판・영화・공연・드라마에서 만화까지 '나쁜 사람'이란 용어가 만연되었다. 책 제목만 보아도, '나쁜 여자가 성공한다'(김명숙, 1996), '나쁜 영화'(이정하, 1997), '나쁜 녀석들'(김기혜, 1999), '나쁜 여자가 성공한다'(우테 에어하르뜨), '나쁜 아이로 키워라'(가토 다이조, 2001), '나쁜 여자 보고서'(다니엘 비히만, 2006), '나쁜 남자 12종'(조지프 W. 락 외, 2006), '나쁜 녀석들'(명안, 2010) 등의 책이 많이 팔렸다.

영화의 경우는, '나쁜 녀석들'(미국, 마이클 베이 감독, 1995 개봉), '나쁜 영화'(장선우 감독, 1997 개봉), '나쁜 남자'(김기덕 감독, 2002) 등이 관객에게 어필했다.

공연은 '나쁜 녀석들'(뮤지컬)이 있었고, 만화는 이재학의 '나쁜 녀석들'(이재학, 1~17)과 김기혜의 '나쁜 녀석들'(김기혜, 1~7)의 작품들이 청소년들에게 읽혀졌을 것이다.

TV 드라마의 경우, KBS2의 '미워도 다시 한 번', SBS의 '아내의 유혹'에서의 구은재의 복수, '천사의 유혹'에서의 나쁜 여자 주아란, KBS '천추태후', MBC '선덕여왕'에서의 음흉하고 섬뜩한 모습의 미실, '내조의 여왕'에서의 억척스런 여인 천지애, SBS의 '자명고' 등에서 공통적으로 독한 여성들을 전면에 내세웠다.

1968년도의 '미워도 다시 한번'이란 영화는 '떠나간 남성을 포기하고 용서하는 여성상을 보여주었다'면 KBS2의 2009년도 '미워도 다시 한번'은 복수의 칼자루를 여주인공에게 쥐어 준다는 점에서 시사성이 크다. 그리고 여주인공 한회장(최명길)은 CEO이고 남편은 부회장, 드라마 '꽃보다 남자'의 신화그룹 강회장(이혜영)도, '에덴의 동쪽'의 지현(한지혜)과 레베카(신은정)도 여성 사업가로 등장한다.

드라마이지만 카리스마 넘치는 여성 CEO들의 활약은 '고개 숙인 남성의 모습이 강조됐던

IMF 당시와 비교되며, 사회적 성공도, 연애와 사랑의 주도권도 여성에게로 이동했음을 상징하였고, 드라마 속에서 연성화되는 남성, 남성화되는 여성의 모습이 두드러지고, 경제적 책임을 가지고 있던 남성들의 역할이 축소 상실되면서 여성의 목소리가 커지고, 여성이 남성의 영역으로 자리 이동하고 있음을 대변한 것으로 이해된다.

'나쁜', '독한', '강한', '팜므 파탈(femme fatale)' 같은 말이 득세하는 현실에서, 그리고 경쟁이 치열하고 인간관계가 강팍한 현실에서 '착하다', '얌전하다'는 자질로는 곤란하다는 것을 의미한다. 이 같은 환경의 영향을 받아 부모세대들은 자신은 물론 자녀들에게도 더욱더 당차고 화끈하며, 도전적 · 성취적 성향을 선호하게 되었을 것이다. 그리고 미풍양속이나 윤리도덕쯤은 아무렇지도 않게 생각하려는 의식이 내재되어 있을 것으로 생각된다.

2. 성인세대의 의식성향

위와 같은 성장환경과 생활환경에서 성장하여 교육을 받으며 발달 · 성숙한 40~50대의 성인세대들이 갖는 의식과 가치관, 사회적 성격과 라이프 스타일에 대해 기존 문헌을 참고(김흥규, 1982, 1985, 1987, 1988, 1990, 1994; 임철순 · 송인섭 · 윤진, 1990; 김광운 · 김혜리 · 김태준 · 김명언, 2003; 황상민, 2004; 오효림, 2007; 이철희 · 노규형, 2010; 정혜연, 2011; 배수강, 2011)하되 김흥규의 자료(2006, 2012, 김흥규 · 이만표, 2013: 415~461)에 의거 정리한 결과는 다음과 같다.

첫째, 탈(脫) 전통화의 분위기에서 성장했으므로 유교전통을 부정하는 세대이다.

정치적으로 민주화 · 경제적으로 산업화의 목표를 달성하기 위해 집중적으로 사회화되거나 의식화되어 온 세대이다. 민주화도 서구식(西歐式) 민주화였고 산업화도 서구식 산업화였으므로 우리의 전통을 경시하는 결과가 되었다고 본다.

둘째, '제3의 충격'이라고 표현할 정도의 의식구조를 가지고 있다.

한 마디로 이전의 세대에 비해 급진적이고 혁신적인 의식구조를 나타낸다. 인생관, 이성관, 사회관, 이념관, 통일관, 생활관, 국제관 등 그 어느 것 하나 기성세대의 가치관과 일치함이 없을 정도이다. 즉, 그들은 '신사고(新思考)에 입각하여 행동하고 있다. 내일보다는 오늘, 결혼보다는 연애, 주택보다는 승용차가 더 필요하다는 현실주의적 의식구조를 가지고 있다.

셋째, 이기적인 의식구조와 사회저항의 방식도 급진주의적이고 가히 혁명적이라고 할 수 있다.

국가, 집단, 사회, 가정보다는 자신이 더 중요하다는 이기주의적인 의식구조를 가지고 있다. 뿐만 아니라 행동표출방식이나 사회저항의 방식에서 과거 젊은 세대와는 비교도 안 될 정도로 강력하다. 예컨대, 이들은 4·19혁명을 '미완성 혁명'으로 격하하는가 하면, 심지어 박정희 정권에 대한 반독재 투쟁을 '낭만적'이라는 한 마디 표현으로 그 투쟁의 의미를 평가 절하한다.

넷째, 유아독존(唯我獨尊)적이고, 아무 세대에게도 크게 영향받지 않는 자기 중심적 사고방식에 젖어 있다.

말하자면, 4·19혁명과 6·3시위로 대표되는 1960년대의 시위세대는 6·25전쟁을 경험한 1950년대의 전쟁세대에 의해 크게 영향을 받았고, 긴급조치로 상징되는 1970년대의 유신세대는 1960년대의 시위세대에 의해 영향을 받았을지 모르나 지금의 부모 세대들은 전쟁세대, 시위세대, 유신세대에 의해 크게 영향을 받지 않고 독자적으로 의식구조를 형성해 온 장본인, 즉, '80학번 세대'라고 할 수 있다. 그래서 형식상으로는 전세대(前世代) 들과의 '연대의 세대'가 아닌 '단절(斷絕)의 세대'요 내용적으로는 개혁의 세대가 아닌 '혁명의 세대'라고 부르는 표현이 더 적절하다.

다섯째, 경제적으로 가장 혜택을 많이 받은 수혜(受惠)의 세대요, 복 받은 세대이므로 부모 또는 윗사람으로부터 받는 것을 당연한 것으로 인식하며, 받는 것에 대해 크게 고마워할 줄 모른다.

경제개발 5개년 계획 시기에 태어났고, 초등학교에 입학했을 때는 1차 경제개발계획이 성공리에 마무리되어 우리 사회가 최초로 빈곤에서 막 벗어났던 시기였으며, 중학교에 입학할 때는 석유파동(1973)에도 불구하고 중진국에 진입하던 시기였다. 또한 이들의 중·고등학교 시절은 우리나라 경제가 비약적으로 발전하여 1970년대 말에는 '단군 이래 최대의 호황'이라고 할 정도로 경제번영이 급속히 이루어졌다. 그리고 이들 세대가 대학에 다니던 시절은 우리나라가 미국·일본과 EC 다음가는 신흥공업국가로서 경제적으로 확고한 위치를 다지던 시기였다. 그래서 이들 세대들은 국가적으로는 '무(無)에서 유(有)를 창조'한 우리나라 경제의 성장 과실을 가장 먼저 따 먹고, 가정적으로는 부모의 피땀 어린 노력의 대가(代價)를 아무런 어려움이 없이 수혜받은 세대이다.

여섯째, 80학번 세대는 자신들의 요구를 거침없이 밝히고, 몫을 차지하려는 데 있어 주저하지 않는다.

이전의 선배세대들에 비해 현실에 보다 적극적으로 참여하여 발언・주장하고, 나아가 자신들의 사회적 지분을 늘리기 위해 꾸준히 노력하는 면이 강하다. 민주화 투쟁에서 보여 준 자신들의 용감한 투쟁성과에 대해 긍지를 가지며, 그것을 담보삼아 선배세대에 대해 자기들의 '몫을 내 놓으라'고 끈질기게 안하무인격으로 요구할 줄 아는 세대이다. 그래서 이들은 "언제든지 할 말은 해야 하고 자기 중심적이며 남과 다른 '나'를 추구하려 한다"고 평가하였다(황상민, 2004: 332).

일곱째, 그들은 기존 가치에 대한 전면적 부정과 기성세대에 대한 철저한 불신을 특징으로 한다.

80학번 세대의 저항행태의 특징 중 하나는 기존 가치에 대한 전면적 부정과 기성세대에 대한 철저한 불신(不信)에서 출발하고 있다는 점이다. 말하자면, 과거의 것은 기성세대의 오만에 의해 오염・염색되고 편견에 의해 탈색되었으므로 결코 수용할 수 없으며, 변화된 현실에서 자신들의 새로운 가치가 빨리 이를 대체(代替)해야 한다고 믿고 있다. 그래서 이들을 '사회의식이 강하고 기존세력에 대한 저항정신이 투철한 사람들'(황상민, 2004)이라고 말했다.

여덟째, 모든 관심이 나 위주로 생각하는 경향이 농후한 세대이다.

성공하기 위해 가문, 학벌, 연줄 등 전통적인 요인이 중요하다고 생각한다. 또한 주위 사람들과 친화적 관계를 잘 유지하고 이를 통해 보다 더 나은 결과를 얻으려고 노력도 한다. 그러나 가장 중요하다고 생각하는 것은 자신의 삶이나 개성이기 때문에 모든 관심을 나에게만 쏟고, '나 혼자만의 세대(me generation)'라는 말이 어울리는 존재이다. 그래서 아무리 장남이요 독자라도 '부모님을 모시고 산다'는 것이 아니라 '부모와 더불어 산다'라는 의식이 강하기 때문에 나의 활동을 위해서는 '부모가 집도 봐 주고, 아이들도 돌보아 주어야 한다'는 의식이 강하다.

아홉째, 권위주의・집합주의에 저항하는 경향이 강하다.

이들은 민주화 세대, 자율화 세대로서 철저하게 '나' 중심적으로 생각하고 자기계발이 삶의 목표이며 남과는 다른 나만의 개성을 중시한다. 그러면서도 인간관계의 상・하 서열이 사회의 기본원리이며 공동체적 가치를 인정한다는 입장을 취한다. 즉, 위계적인 상하서열과 권위적이거나 전통적인 가족 중심적 가치를 인정은 하면서도 그리 중요하게 생각하지 않는다. 그래서 선배보다는 다르게 사회공동체의 이익과 문제보다는 개인적으로 살아가는 방법에 더 큰 의미를 부여하게 됨으로 인해 권위주의, 집합주의에 저항하며 과잉 정치화하는 성향이 있다.

열째, 여가시간과 삶의 질에 관심을 갖는다.

부모와 가정, 사회와 국가, 혈연과 학연 그리고 지연 등도 모두 가치가 있고 필요하지만 이들에게 가장 중요한 것은 자신의 삶이요 개성이다. 때문에 자신과 비슷한 사람을 찾아 유유상종(類類相從) 관계를 맺고, 그 울타리(동아리, 동호회) 안에서 맘껏 개성을 발휘하고 서로 다른 점들에 대해 아주 개방적이고 너그러운 점이 이들 세대의 장점이다. 그래서 여가, 자아실현, 자유, 삶의 질과 웰빙, 쾌락주의적 삶의 방식을 선호하다보니 일보다는 여가시간을 선호하며 자유로운 생활과 평등사회 추구, 대중문화와 소비에 관심이 많고 민감하게 반응하는 세대이다.

열한째, TV의 영향으로 인해 오락적이고 상업적인 면이 강하고, 외양적 · 미국문화적인 색깔이 짙으면서도 미국에 대해 선배세대보다는 다소 비판적 시각을 보이는 세대이다.

지금 40대 세대의 부모들은 과거 청년시절에 미국의 TV서부극 '보난자'와 TV수사극 '5-0수사대' 등을 시리즈 형식으로 시청하며 성장했고, 1965년에는 '비틀즈'와 '007 시리즈' 영화에 열광했으며, 1974년에는 '통키타와 블루진 스타일'의 유행과 1970년의 '디스코 춤'의 붐 속에 성장한 세대이다. 또한 1950년부터 방송이 시작된 주한 미군방송인 AFKN을 통해 미국의 팝뮤직을 포함한 대중문화를 즐기면서 성숙된 세대인 관계로 미국문화에 대해 애착이 있고, 쉽게 수용하게 된다(김흥규, 1998: 385).

40대 세대 역시 태어나면서부터 어머니의 자장가 대신 라디오나 텔레비전에서 흘러나오는 소리를 배음(背音)으로 하여 잠이 들고 깨어난 세대이다. 또 이들은 사물의 움직임에 대한 개념을 텔레비전의 광고화면을 통해 가장 먼저 지각했고, CM송을 통해 리듬감각과 율동을 익혔으며, TV드라마나 만화 등의 주인공을 흉내 내며 자란 관계로 어떤 의미에선 부모보다 TV가 더 좋게 느껴질 수도 있는 세대들이다(최창섭, 1993: 152; 김흥규, 1998: 386). 그들 부모세대가 '안데르센'의 동화집을 읽으며 인간의 아름다움을 배우고 감성지능(emotional intelligence)의 발달과 꿈을 키웠다면, 40대 세대들은 폭력적인 공상 만화를 즐기기 위해 텔레비전 앞에 매달린 세대라고 하겠다.

특히, 1970년대의 TV수상기 보급의 급증과 1980년대 컬러TV 방영, 그리고 AFKN을 통한 미국문화의 상업적 · 오락적 성향을 흡수했고, 일본의 대중문화 · 청소년 문화도 오늘의 40대 세대들에게는 깊숙이 전파되었다고 할 수 있다. 또한 우리나라의 텔레비전 프로그램을 통해서도 유희적 · 쾌락적 · 관능적 요소가 많은 영향을 주었을 것이며, 대학생과 정치권의 정권투쟁을 보도하면서 그들의 미국에 대한 공격이 이들 세대의 대미(對美) 인식에 부정적으로 영향을 미쳤다는 것을 예상할 수 있다.

열두째, '자식이 벤처다'라는 강한 집념 속에 2세 뒷바라지에 모든 것을 걸고 힘닿는 데까지 밀어주겠다는 의식이 강하다.

예로부터 우리 조상들은 '밥은 굶어도 자식공부만은 시킨다'며 2세 교육에 유난히 집착했다. 그런데 획기적인 경제발전이 되면서 이 같은 의식은 상당부분 퇴색・약화되었다. 왜냐하면, '기회만 잘 잡으면' 또는 '줄만 잘 서면' 얼마든지 내 힘으로 신분 상승과 출세를 할 수 있다는 기회주의와 한탕주의적인 기대가 퍼져 있었기 때문이다(송영웅, 2002). 그러나 1997년 12월 이후 IMF를 겪으면서 '구조조정', '정리해고', '계약연봉제' 등 낯선 제도가 한꺼번에 몰아치고, 사회 각 분야의 거품이 걷히고, 직장인들의 고용이 불안정해지면서 부부맞벌이가 일반화되고 있다. 그리고 사회 각 분야의 자유화 분위기에 따라 여권(女權)이 강해지고 가정해체(이혼)가 급증하면서 '부부끼리도 못 믿는 세상'이 되다보니 피가 섞인 혈육인 자식이 가장 신뢰할 수 있다는 생각이 확산되었다고 생각한다.

특히, 해방 후 세계가 주목할 정도의 짧은 기간만에 압축・성장하여 비약적 경제성장과 제도적인 민주화라는 두 축(軸)을 중심으로 선진 자본주의 국가에 근접한 상태이다. 지속적인 경제성장과 자본주의의 고도화는 그 역기능으로 계층의 격차 폭을 더욱 심화시켰고 사회의 틀을 고착화시킴으로 인해 중・하류계층에겐 신분상승의 기회를 더욱 어렵게 만들었다. 그 결과 상대적 박탈감과 자신감의 상실을 절감하게 만들었고 극심한 사회적 경쟁 분위기는 '과외 열풍', 무조건적인 '너도 나도 조기교육', 극성수준인 자식의 '재능발굴에 동참', '해외 조기유학'의 붐으로 나타났다.

이렇듯 치열한 생존 경쟁에서 살아남기 위해 자녀들을 정글 속으로 보내 혹독히 단련시키겠다는 생각이 강하여 '자식 사업의 번창'을 주도한 것이 이들 40대 세대의 부모들이다.

열셋째, 40대 부모세대의 가장 큰 고민은 '노후생활'이다. 따라서 노후에 대한 불안의식이 높다.

외환위기 이후에 이들 세대에게 충격으로 다가 온 사회 및 직장분위기는 세 가지이다. 하나는, 은퇴연령이 낮아지면서 40대가 경제활동의 중심에 서게 됐다는 것이고, 다른 하나는, 56세까지 직장에 나와 근무하면서 일하면 도둑이라는 '오륙도', 끝으로, 45세에 정년퇴직하는 것이 정상이라는 '사오정'이 그것이다. 마지막으로, 과거 외환위기 이전의 이들의 선배들은 40대

때 열심히 벌어 내 집 마련과 자녀교육을 마친 뒤, 50대에 노후를 대비하는 사이클이 보편적이었다. 40대 때 자녀교육을 어느 정도 마무리하고, 50대 때 늘어난 연봉을 아껴쓰며 은퇴이후를 준비하는 것이었다. 그러나 IMF 외환위기 이후에는 40대 초반부터 '이대로 회사에서 살아남을 수 있을까', '이대로 회사에서 살아남아야 하나' 하는 고민이 생기기 시작했고, 생활하고 자녀교육시키며, 집 장만하고, 동시에 노후도 준비해야 하는 '멀티 플레이어'가 되어야 한다는 것이다. 즉, 그만큼 고되고 노후에 대한 불안의식을 가지고 있는 세대라는 것이다.

열넷째, 40대 여성들은 일과 가정 사이에서 심한 고민과 좌절을 겪은 나머지 성 차별에 대한 분노와 여성으로서의 자신에 대한 애증(愛憎) 감정을 가진 세대이다.

> "다음 생에 다시 태어나면 곤충으로 태어난다 해도 수컷으로 태어날 거야. 내가 여자인게 싫다는 생각까지 했다. 거의 모든 일하는 여성이 한 번쯤은 일과 가정 사이에서 고민했을 것이다."
>
> \- 새누리 조윤선 국회의원

> "제가 살이 안 찌는 이유는 아마 잠을 안 자서일 거예요. 의대 다닐 때 결혼하고, 두 아이 키우며 레지던트 생활하느라 하루에 네 시간 이상 잔 적이 없어요. 그 뒤에도 공부하고 논문 쓰려면 아이들 잠든 뒤 시간을 쪼개야 하니까 밤에 책 읽는 게 습관이 됐지요. 일하는 여성은 거의 다 그렇지 않나요?"
>
> \- 연세대 의대 신경정신과 신의진 교수

1960년대 생인 이들 여성 40대들은 1971년부터 시작된 가족계획의 슬로건인 '딸 아들 구별말고 둘만 낳아 잘 기르자'라는 사회 분위기에서 성장했기 때문에 '여자도 남자와 다를게 없다'는 평등의식을 최초로 접한 세대라 할 수 있다. 그래서 좋은 시절을 타고났으며 좋은 교육을 받으면서 젊은 시절 사회 변혁의 꿈을 꾸기도 했다(송화선, 2011). 그러나 턱 없이 적은 기회와 좁은 자아실현의 문 때문에 좌절을 맛보게 되고, 설사 어렵게 취업이 되었다 해도 결혼이나 출산과 함께 퇴사하는 경우가 대부분이었다. 82학번이 졸업하던 해인 86년에 대우자동차가 여성 공채1기를 뽑기 시작했다. 대기업이 대졸자 남・여성 직원을 동등하게 대우하는 조건으로 채용하는 일은 처음인데, 직장생활을 하면서 '가정과 직장생활 및 사회생활의 균형을 맞추어야 한다'는 사회적 통념 속에서 '386세대 여성'이 겪은 고초는 매우 컸다고 생각된다. 왜냐하면 '가정의 일은 전적으로 여성의 몫'이라는 인식이 팽배하던 시절, 가정에서는 '엄마'와 '주부' 그리고 '아내' 역할을 성공적으로 수행해야 하고, 직장에서는 '슈퍼 직장인'이기를 기대했기 때문이다.

열다섯째, 출산과 육아를 거치는 동안 가정과 자녀에 매몰되고 사회적 관계로부터 단절되면서 소외감과 고립감을 누적시키게 되고, 그것은 사회에 대한 부정적 시각을 형성하였을 것이다.

대학 졸업정원제가 실시된 1981년도에는 여학생 수가 4만 7,866명(1970년도는 전국대학 입학한 여학생이 9,523명, 1975년은 1만 5,523명; 교육통계연보, 1982)으로 급증하여 남성과 똑같은 교육을 받고, 평등의식도 높았는데 취업의 문이 좁아져 여의치 못하게 되자 '취집'이란 용어가 등장하였다. 즉, 취업대신 시집을 간다는 뜻이다.

특히, 주목되는 것은 2011년 6월 통계청이 조사분석한 '기혼여성과 미혼여성의 생활 및 의식 차이'(20~49세) 결과를 보면 결혼과 함께 떨어지는 여성의 '삶의 질'을 쉽게 알 수 있다. 자기계발 등 학습시간 활용의 경우, 미혼여성은 하루에 51분을 자기계발 등 학습시간으로 활용하지만, 기혼여성은 2분에 불과하다. 그리고 기혼여성은 1일 음식준비・정리하느라 1시간 51분, 청소・정리에 38분, 가족 보살피기에 1시간 5분 등 가사노동에 4시간 26분을 쓴다. 주말에도 기혼여성의 33.5%가 집안일로 시간을 보낸다. 스트레스의 경우만 보더라도 미혼여성(37.9%)보다 기혼여성이 더 '스트레스를 느낀다'(64.4%)고 응답하였고, '매우 많이 느낀다'는 기혼여성도 10.8%였다.

결국 전업주부가 된 엄마들이 사회적 관계가 단절되면서 소외감과 고립감을 느끼게 되고, 아이를 키우며 가정에 매몰돼 '자아'를 잃는 데서 오는 상실감이 스트레스로 작용했을 것이다. 그래서일까, "둘째를 낳으면서 전업주부가 된 엄마들은 100% 우울증에 걸린다"는 전문가의 진단에 주목하게 된다(신의진, 2006).

열여섯째, 386세대 어머니들의 교육열이 '헬리콥터 맘(helicopter mom)', '알파 걸(alpha girl)'이란 시대적 신조어를 만들어 냈고, 사교육 과열의 주도세력이란 사회적 비판을 받으면서도 자녀교육의 선두주자요 자녀교육 전문가로 활발한 활동을 하였다.

높은 학력과 원대한 꿈에 비해 턱없이 적은 기회 앞에서 좌절한 이들은 그 좌절을 극복하기 위해 자녀교육 전문가가 되어 아이를 잘 키우는 것이 자신의 사명이라고 생각하였다. 그리고 자신들이 사회의 문 앞에서 좌절한 경험이 있기 때문에 '적당히 똑똑해서는 살아남을 수 없다'는 걸 누구보다 잘 알기 때문에 세 가지 행태로 나타났다고 본다.

① 많은 지식 정보와 인맥을 활용한다. 가능한 한 많은 정보와 지식, 인맥을 활용하여 아이를 체계적으로 관리하며 돕겠다는 정신으로 가정수입의 지출을 최대한 줄이고 자녀

교육비로 활용하자는 전략이다.

② 헬리콥터처럼 아이들 주변에서 스케줄을 짜주고 관리한다. 아이들의 유치원 시기부터 부모가 짜주는 스케줄에 따라 유치원에 가고 학원에 다니며 여러 가지 과정을 밟게 하고 조기유학을 다녀오게 하면서 고도로 개별화시킨다. 대학입학도 부모가 결정한 전공과 수강신청, 그리고 부지런히 학점을 관리하고 교환학생으로 외국에 가도록 모든 계획이 다 짜여 있다.

③ 모든 영역에서 남성을 능가하는 여학생인 '알파 걸'로 키우려 노력하였다. 386세대 어머니들의 딸에 대한 교육열은 대단히 높아지면서 학업, 운동, 리더십 등 모든 영역에서 남학생을 능가하는 높은 성취욕과 자신감을 가진 여성으로 키우자는 것이다. 그 결과 사교육 과열 등 갖가지 교육의 부작용을 일으킨다는 비판도 있었지만 자녀의 경쟁력을 기르기 위해 최선을 다한 모습을 과소평가해서는 안 될 것이다.

열일곱째, 격동의 세월 속에 장애물 경주 선수처럼 살아온 세대인데, 이제는 자신과 자녀의 미래준비를 위해 더욱더 힘든 생활을 멈출 수 없는 세대이다.

1980년대 초 민주화의 열기가 고조되기 시작, 88올림픽을 성공적으로 치른 후에는 민주화의 열풍이 사회 전반에 가득하여 새로운 사회에 대한 기대가 넘쳤었다. 1990년대 초에는 정부(김영삼 대통령)가 '국제화', '세계화'를 외치면서 1996년 선진국 클럽인 OECD에도 가입하였다. 국민들 모두 선진국 한국을 기대했지만, 이듬해 외환위기를 맞으면서 그러한 꿈은 신기루처럼 사라졌다(신광영, 2010). IMF 구제금융과 '금모으기 운동' 등 국민들의 헌신적 노력, 그리고 기업인들의 노력으로 한국경제가 다시 안정을 회복했지만, 그 후유증으로 지금도 적지 않은 사람들이 고생하고 있다. 또 다시 2008년 미국의 서브프라임 모기지 사태로 인한 세계경제의 위기가 도래하면서 실업(失業), 무직(無職), 고물가 속에 많은 사람들이 어려움을 겪고 있다. 그런데 향후 2020년대 이후의 미래 예측은 저출산과 고령화, 그로 인한 인구구조의 변화에 따른 44개 변화 트렌드 예고(김현기 외, 2008), 즉 금융과 부동산 시장의 변화, 과학기술의 발달·진보에 따른 산업 패러다임의 변화, 초고령 실버사회의 도래에 따른 소비와 시장 트렌드의 변화에 따른 기업의 마케팅 전략 변화, 가족해체시대의 사회와 문화 트렌드 변화, 멀티코드의 시대를 이끌어 갈 기업의 조직문화 변화와 비즈니스 트렌드에 대한 이해와 적응 문제, 노동시장의 변화, 초·중·고교 및 대학입학생의 감소, 주택 수요의 감소, 다인종·다문화 사회로의 변화, 심각해질 환경오염, 미국의 약화와 중국의 영향력 강화에 따른 문제 등을 예측하고 본인 자신의 미래 준비와 자녀들의 미래계획을 위해 항상 긴장과 스트레스 속에 살고 있는 세대가 성인세대이다.

열여덟째, 배우자의 부모와 배우자의 형제자매도 '내 가족이 아니다'라는 좁아지는 '내 가족 의식'이 확대 · 보편화되고 있다.

현행 민법 제779조에 의하면 가족의 범위는 '배우자, 직계혈족 및 형제자매, 생계를 같이하는 직계혈족의 배우자, 배우자의 직계혈족 및 배우자의 형제자매'로 규정되어 있다. 그런데 한국인 둘 가운데 한 명은 시부모와 장인, 장모는 가족이 아니라고 인식하는 것으로 파악됐다(서울신문, 2011. 1. 25). 이 같은 결과는 여성가족부가 1차(2005년) 조사에 이어 5년 후인 2차(2010) '가족실태조사' 결과에서 밝혀졌다. 전국 2,500가구의 만 15세 이상 4,754명을 대상으로 실시한 결과, '자신의 부모를 가족'이라고 생각하는 사람은 77.6%(2005년도 조사에서는 92.8%)였으며, '배우자의 부모도 내 가족'이라고 응답한 반응은 50.5%(2005년도에 79.2%)로 집계됐다.

또한 '자신의 형제자매를 가족'이라고 답한 사람은 63.4%(2005년에는 81.2%)로 나타났고, '배우자의 형제자매를 가족'으로 보는 경우도 29.6%(2005년 조사 때는 54.0%)로 모두 급감했다. 그리고 '노후를 누구와 지내고 싶은지'를 물은 질문에는 '배우자와 단둘이서'(72.7%)라고 답해 노후를 자녀에게 의존하려는 전통적 사고방식이 크게 달라지고 있음을 확인하게 된다.

이 같은 조사결과를 접하면서 매스컴들은 '국민 50%, 시부모, 장인 · 장모는 가족 아냐'(매일경제, 2011. 1. 24), '가족관의 위기, 실태조사가 말하는 것'(경향신문 사설, 2011. 1. 26), '좁아지는 내 가족, 사회 변화를 예고한다'(조선일보 사설, 2011. 1. 26). '국민 50%, 시부모 · 장인 · 장모 가족 아니다'(서울신문 사설, 2011. 1. 26)라는 등 예민한 반응을 보였지만 이 같은 조사 결과가 개인과 사회에 던져주는 시대적 과제는 다음과 같은 일곱 가지로 예상해 볼 수 있겠다.

① 핵가족화의 급속한 진행으로 우리의 가족관이 혈연 중심에서 거주 중심으로 바뀌고 있다는 것을 의미한다.

② 전통가정이 분해된다는 것이며, 그것은 나아가 사회적 연결망이 무너진다는 것을 의미한다.

③ 부모-자식관계가 약해지면서 부모는 자식을 위해 성장 · 교육 · 결혼까지 헌신적으로 올인했지만, 자식은 부모를 돌보지 않게 되고, 부모 노후는 정부가 도와주거나 부모 스스

로 노후책임을 져야 한다는 것을 의미한다.

④ 자식과 부모 간에 세대 간 갈등이 확대된다는 것을 의미한다.

⑤ 베이비 붐 세대(1955~1964)의 은퇴가 본격화되면서 핵가족의 분열이 심화돼 1~2인 가구가 증가된다는 것을 의미한다.

⑥ '노후에 배우자와 단둘이서 지내고 싶다'는 응답이 상징하듯 자신들이 파종(播種)하고 주도했던 핵가족 열풍이 결국 자신들에게 돌아와 노후에는 외로움과 고독 그리고 소외감을 맛보게 한다는 것을 의미한다.

⑦ 무상급식과 복지확대 및 의료혜택 등을 둘러싼 갈등이 폭발하고 인기를 의식한 정치인들이 국민들을 현혹 · 오도하는 추태가 폭증할 것임을 의미한다.

제3절 청소년세대의 성장 · 생활환경과 의식성향

1. 청소년세대의 성장환경과 생활환경

청소년 학생들의 성장환경과 생활환경에 대해서는 다음과 같은 문헌(김홍규, 1985, 1987, 1988, 1990, 1994; 임철순 · 송인섭 · 윤진, 1990; 김광웅 · 김혜리 · 김태준 · 김명언, 2003; 황상민, 2004; 오효림, 2007; 이철희 · 노규형, 2010; 정혜연, 2011; 배수강, 2011)을 참고하되 김홍규의 자료(2006, 2012, 김홍규 · 이만표, 2013: 415~461)에 의거 정리한 바는 다음과 같다.

첫째, 경제성장에 따른 국가적 자신감과 국민적 자존심이 극대화된 시기에 태어났거나 아동기를 맞이한 세대이다.

지금의 초 · 중 · 고교 청소년 학생들은 1993~2003년도를 전후해 태어난 세대들이다. 부모나 주변인들로부터 자신의 모국이 숱한 역경과 시련을 거쳐 경제 선진국이 되었음을 무수히 들으며 성장했다. 즉, 국가 사회적인 후진성과 경제적 빈곤에서 탈피하기 위해 국가적인 비전을 명확히 제시하고, 1960~70년대 장 · 단기 경제개발정책을 강력히 추진한 리더십과 국민모두의 노력의 결과, 한강의 가적을 이루었다는 이야기를 반복해서 들으며 컸다. 아마 외국의 석학들의 극찬도 주변에서 들었을 것이다. 그중 피터 드러커(Peter Drucker) 교수의 예만 소개하면, "한국은 겨우 30년만에 세계 최빈국에서 당당한 산업사회로의 변혁과 경제성장, 선진기술의 보유국가로 등장했다. 이 같은 사회 변화는 일본의 1/3도 안 되는 기간에, 미국과 독일 그리고 영국 등 서구 국가들이 소요한 1/6도 채 안 되는 기간에 성취하였다. 어떤 국가가 겪은 도전도 지난 50년간 한국이 경험한 만큼 크지 않으며, 세계 최빈국 중 하나였던 나라가 세계가 주목하는 경제발전의 우등생 국가로 발전하였다"(Peter Drucker, 1999: 1~2)는 극찬이다. 감히 상상도 못 할 정도의 역경과 시련을 거쳐 세계가 선망하고 주목하는 경제발전의 우등생 국가가 되었다는 말을 성장하면서 지속적으로 들으면서 민족적 긍지도 더불어 발달한 세대가 지금의 청소년들이다. 돌이켜 보면 정말 상상이 안 되는 일이다. 1만 4,962km의 해안선, 3,677개(486개의 유인도, 3,191개의 무인도)(중앙일보, 2016. 5. 15)의 작고 큰 섬, 그리고 현재의 해양법하에서 우리가 배타적 관할권을 행사할 수 있는 해역이 육지국토 면적의 약 4,5배에 이르는 땅, 게다가 북한의 남침으로 폐허가 된 땅, 그리고 끊임없이 파괴공작에 골몰하는 북한 공산집단의 위협 속에 이루어진 한국의 발전상은 우리 스스로도 경이스러운 역사다. 그러한 환경 속에서 성장했으니 그네들의 가치관 속에 경제적인 가치의 중요성, '하면 된다'는 도전의식과 강한 성취감, 민족적 긍지와 자신감 같은 것도 길러졌을 것으로 이해된다.

둘째, 역사적 역경 속에서도 포기하지 않고 정면 돌파하는 한국인 특유의 인내심과 강인한 의지력이 키워진 세대이다.

세계인이 한국과 한국인에 대해 놀라는 것은 역사적, 경제적, 정치적, 사회심리학적 측면 등 네 가지 차원에서의 시각이라고 생각한다(김흥규, 2005: 328~329).

역사적 관점에서 볼 때, 한국인은 장애물 경주자 같은 민족이다. '조용한 아침의 나라'로 일컬어지던 오랜 기간의 '은자(隱者)의 나라', '은둔국(隱遁國)'에서 시작하여 한 맺힌 식민지를 거쳐, 해방과 분단이란 '비운(悲運)의 국가', 곧이어 처참한 내전으로 빈곤과 폐허의 '비극적인 땅', 첨예한 '이데올로기 대립의 격전지'로 일컬어져 왔다. 미국의 원조와 외국의 동정으로 명맥을 유지하다가 박정희 장군의 등장으로 '군부집권 국가'가 시작된 후, '군사독재 국가', '민주항쟁의 대결장'이 된다. 그리고 오랜 기간 집권자와 권력을 쟁취하려는 세력 간에 일명 '독재와 민주항쟁'의 싸움터로 변모를 거듭해 왔다. 경제적인 측면에서는 곡예사(曲藝師)를 연상하게 하는 우여곡절의 연속이었다. 낙후된 '식민지 경제'로 시작해서 원조에 의해 명맥을 유지하는 '최빈국의 나라'를 거쳐 후진국 경제발전의 '우등생 국가'로, '신흥공업국(NICs)'으로 부상하였고, 개발도상국 경제발전의 '모범생'에서 '한강의 기적을 이룬 나라'로 발돋움했다.

정치적 측면에서는 "한국에서 민주주의를 기대하는 것은 쓰레기통에서 장미가 피길 바라는 것과 같다"(Carl T. Rowan, 이브닝 스타, 1966.12.14)는 모욕적인 비아냥에서 '엑셀수준의 경제에 어울리지 않는 낙후된 저질 정치문화'라는 조롱조의 시각도 있었고, '경제는 2류, 정치는 3류'라는 비판도 있었고, '동족끼리 국제무대에서 으르렁거리는 딱한 행동을 하는 볼썽사나운 나라'로도 비춰졌다(김홍규, 2001; 2005a: 156).

끝으로, 사회심리학적 측면에서는 온갖 가시밭길을 뚫고 노력한 결과 세계인의 주목을 받게 되자 '동양의 유태인', '근면하고 성취의욕이 강한 국민', '민족문화에 강한 자부심을 가진 국민'이라고 칭송받았고, '세계에서 가장 부지런한 일본인을 게으름뱅이로 만든 한국인'이란 찬사를 받기도 했다. 이 같은 격려와 찬사가 부모들의 자존감, 자기정체감, 자기효능감 수준을 높여 주었을 것이며, 결과적으로 자녀들인 청소년 학생들의 심리사회적 발달 및 성숙에 영향을 주었을 것으로 생각된다.

셋째, 성인세대는 계속되는 붕괴사고와 부실 및 부정공사로 인해 선배세대에 대한 불신감과 사회에 대한 불안감이 상대적으로 높으며, 이것이 자연스럽게 자식세대로 전수되었을 것이다.

와우아파트 붕괴(1970. 4. 8), 독립기념관 화재(1986. 8. 4), 올림픽대교 난간붕괴(1989. 4), 팔당대교 사장교 부근 붕괴(1991. 3. 26), 주암댐 터널 붕괴(1991. 10), 부산지하철 1호선 지하터널 붕괴(1992. 1), 평촌신도시 한양아파트 붕괴(1992. 1. 27), 임하댐 수문 누수(1992. 5), 팔당대교 중앙탑 붕괴(1992. 5. 5), 전남 남해 창선대교 끊김(1992. 7. 30), 일산 제2행주대교 붕괴(1992. 7. 31), 충북 청주시 우암상가아파트 붕괴(1993. 1. 7), 경부선 무궁화호구포역 열차탈선(1993. 3. 28), 제주 추자교 붕괴(1993. 4. 11), 아시아나 항공기 전남 해남군 추락(1993. 7. 26), 여객선 훼리호 서해 격포 침몰(1993. 10. 10), 성수대교 붕괴(1994. 10. 21), 마포구 아현동 가스폭발(1994. 12. 7), 대구지하철공사장 폭발(1995. 4. 28), 삼풍백화점 붕괴(1995. 6. 29), 전남 여수시 시프린스호 기름유출 사고(1995. 7. 23), 대한항공여객기 미국 괌 추락(1997. 8. 6) 등 각종 사고가 빈발하였다.

이 같은 사고가 발생할 때마다 활자매체, 전파매체들은 앞다투어 자극적인 용어를 구사하면서 정부 및 모든 관련자들에게 공격을 하였다. 와우아파트 붕괴와 성수대교 붕괴사고의 경우를 비교해 보면 국민들의 의식에 어떤 영향을 미쳤을까를 예상해 볼 수 있겠다. 그 당시 언론보도 내용 중 핵심적 공통요인들을 통합 · 정리하면 다음과 같다.

'와우아파트 붕괴(1970. 4. 8)'는 공무원의 부정과 부실공사의 문제이다. 서울시는 1969년부터 2,000동의 아파트를 건축해 13만 가구의 무주택자를 수용하겠다고 발표했다. 그러나 의욕과는 달리 건축비에 투입된 예산은 평당(坪當) 1만 원 꼴에도 못미치어 엄지손가락 크기의 철근이 들어가야 할 자리에 철사줄이 대신 꽂히고, 콘크리트라고 부르기에도 민망할 모래반죽으로 속이 채워졌다. 그러니 붕괴가 안 될리가 있는가? 지금 서해 페리호 사건, 아시아나항공사고 등 육・해・공, 지하철 사고까지 다 일어났다. 이제 일어날 사고는 아파트 붕괴밖에 없다. 레미콘 공사하는 사람들의 얘기를 들어 보자.

① 모래는 바다모래이다.

② 시멘트의 배합 비율에 속임수가 있다.

③ 아파트 지을 때, 레미콘 시멘트 붓고는 20일 지나야 완전히 굳는데, 보통 8일 전・후면 완전히 굳지도 않았지만 공사를 한다.

④ 사는 사람, 입주민들이 아파트 구조변경을 불법으로 해버렸다. 백인엽씨 같이 성질이 급한 사람도 학교 지을 때 레미콘 트럭이 오면, 배합비율을 철저히 검사하여 합격・불합격 판정을 내렸고, 시멘트 작업을 한지 20일이 지나 완전히 굳은 다음에 다음 공정(工程)을 착수하도록 했다. 그래서 지금 인천 선인학원(善人學園) 건물 중 백인엽씨가 지은 것은 시멘트 못도 박을 수 없게끔 견고하다.

성수대교 붕괴 당시 "선진국 문턱서 원시(原始) 참사(慘事) 의아"라는 제하의 한국일보 보도내용(1994년 10월 23일 자)을 간추려 보면 다음과 같다.

"이 같은 원시적 참사가 발생했다는 것 믿지 못하겠다, 적당주의 행정으로 빚어진 인재(人災)다, 후진국형의 대형 참사다"(미국 언론인)

"도대체 당국은 이제까지 무얼하고 있었나"(재미교포들의 항의 전화)

"어처구니없는 불상사(일본 언론)", "의도적 사고가 아닌가 라고 추측할 정도, 상식 밖의 일, 어이없다"(일본 토목관계자들).

"어떻게 이 같은 교량을 건설했는지 알 수 없다"(러시아 국영TV 오스탄키노 방송)

"창피스러운 일"(러시아 일부 교민들)

"이제까지 정밀진단 한 번 없었다"에 경악 등

국내・외 모든 매스컴들이 사고경위 등을 매시간 보도하였다. 결국 성수대교 붕괴와 삼풍백화점 붕괴 등 모든 참사의 원인은 기술이나 자본의 후진성 때문에 일어난 것이 아니라

① 정부당국의 직무 유기(감독기능 포기), ② 관계기관의 근무 태만, ③ 정치인・고위 공직자・기업주들의 부정과 비리, ④ 공사에 참여한 기업들의 진정한 기업가 정신의 부족, ⑤ 기술자들의 집념 어린 장인정신과 같은 기술자 정신의 결여, ⑥ 근로자들의 성실성과 책임감 실종, ⑦ 공무원들의 투철한 공직자 정신의 결핍, ⑧ 모든 관련자들의 안보 불감증 등이 상호 연계된 합작품으로 이해된다.

하여간, 우리 사회에서 끊임없이 발생되는 한탕주의의 상징적 산물인 사건과 사고, 각종 범죄와 부정부패 등은 따지고 보면 규범과 준법정신, 법과 질서가 엄정하게 확립되지 않았기 때문이다. 그래서 사건과 사고가 터질 때마다 '인재(人災)'니, '예고된 사고'니, 안전 불감증이 부른 '어처구니 없는 붕괴'니 하면서 똑같은 메뉴로 잠시 흥분했다가 쉽게 망각해 버리는 행태를 반복하고 있는 것이다(김홍규, 2005a: 203).

이런 매스컴 보도를 접하면서 청소년 학생들의 젊은 부모세대들은 끓어오르는 분노와 울분을 억제하지 못했을 것이며, 결과적으로 정부 불신, 정치인・공직자 그리고 기업인(건설업자, 레미콘 회사) 등의 부정과 비리에 대한 구조적 병리를 통감했을 것이다. 그리고 그들 부모들의 그 같은 의식과 가치관이 훗날 자녀 세대인 지금의 청소년 학생들에게 영향을 미쳤을 것은 의문의 여지가 없다.

넷째, 지금의 청소년세대들은 어릴 때부터 '기(氣)를 죽이지 말라', '마마 보이'란 말이 자녀교육의 시대적 '키-워드(Key-Word)'가 된 환경에서 방목(放牧)된 세대이다.

급성장한 경제발전과 선진외국의 무분별한 자유화 물결의 유입에 의해 아무 세대에게도 크게 영향을 받지 않고 과잉보호, 방임시켜서 독자적인 의식구조를 형성하였기 때문에 그들을 일컬어 흔히 '방목의 세대'라고 칭한다. 그래서 당시 소위 고등교육을 받았다는 젊은 부부들이 자기 자녀들을 대하는 태도를 보고, 50대 후반 이상의 세대들은 '가관이다'라는 시각을 가진 것도 사실이다. 왜냐하면, 자식이라기보다는 상전(上典)이나 콧대 높은 애인 다루듯 하기 때문이다. 모르긴 해도 '자녀들을 대할 때는 마치 허물없는 친구처럼 대해주라'는 어설픈 미국식 교육학(?) 때문에 그리 되었는지, 아니면 자기들 부모세대가 체험했던 옛날의 고생을 자식들에게만은 경험시키지 않으려는 강한 보상심리 때문인지는 몰라도, 확실히 자녀들의 비위를 맞추는 데 전전긍긍(戰戰兢兢)하고 거의 끌려다니는 인상을 받게 되었다.

특히, 우리가 '파티 문화권' 국가도 아닌데, 자녀들이 생일이 돌아오면 으레 아이 친구들을 초청 파격적인 '생일 파티'를 열어주어야 하는 것이 부모의 도리인 양 유행하기 시작했고, 마음대로 지껄이고 멋대로 규범을 깨도 극진한 관용주의(寬容主義)와 온정주의(溫情主義)가 최선의 부모상(父母像)이요 양질의 가정교육인 양 착각하는 분위기가 확산될 때 성장한 세대이다. 그 결과, 지금의 청소년들은 대체적으로 갖고 싶은 것을 모두 가지며, 먹고 싶은 대로 먹고, 입고 싶거나 신고 싶은 대로 다 소원성취해 주는 것이 '자식 사랑'이요 '부모의 책무'인 양 간주되었고, 자녀를 적게 낳다보니 정도의 차이는 있지만, 대체적으로 '귀하고 사랑스런 존재'라는 것 때문에, 그리고 어릴 때는 '철부지'라는 의식 때문에 민주화와 방종을 동일시하고 제멋대로를 자율화로 착각하는 분위기에 젖어 '교육부재의 가정', '사회성 훈련을 경시한 부모', '질서의식과 규범감각 훈련의 포기 가정'에서 키워진 세대이다. 때문에 인간으로서 지녀야 될 기본적 자질을 익히도록 가르치는 일에 소홀하였고, 가치의 교육을 통한 올바른 가치관 형성에 대해 외면·경시함으로써 자녀의 심리적 성숙과 사회적 성숙 그리고 정신건강에 결손을 초래하였다고 생각한다. 바람직한 가정환경의 조성은 부모가 애정관리에 슬기로움과 엄격성이 요구되는 것이며, 어렸을 때부터 '욕구·본능·호기심·충동' 등을 장소와 시기, 대상과 방법에 따라 '자제·절제·유예·포기·승화하는 교육과 훈련을 통해 반교양, 반질서, 반윤리, 반문화적인 요인을 철저히 바로 잡아가는 것임을 재인식해야 하겠다(김흥규, 1998: 245~248; 김흥규·이호정, 2009: 294~295). 따라서 '3살 버릇 여든까지 간다'는 속담이 내포하고 있는 기초적인 바람직한 습관형성과 루돌프 슈나이더가 주장한 인간발달 4단계 중 출생에서부터 7살까지의 '의지력 발달'을 강조한 것에 대해 재음미할 필요가 있다.

다섯째, 초등학교 입학을 전후하여 왜곡된 교육관과 입시열풍에 따라 부모의 태도가 급변, '학력 위주·교과 위주·입시 위주'의 공부하기를 강요당하면서 성장·발달한 세대가 청소년 학생세대들이다.

철학계 원로 김태길 교수는 "높은 교육열에도 불구하고 한국의 부모들과 교사들은 사회 경쟁에서 타인을 이겨 승리자가 되기에 필요한 능력을 길러주기 위한 것이었기 때문에 이기적 인간을 양성하는 결과를 초래했고"(김태길, 1993; 김흥규·이호정: 60, 재인용), 왜곡된 교육의식(한명희, 1993)과 개성을 무시한 획일적 교육(손충기, 1993), 입시 위주의 과열과외(성태제, 1993), 비인간적 교육환경(이종재, 1993)으로 상징되는 한국교육의 병리현상(황정규 외, 1994: 1~139) 속에서 공부하기만을 강요받으며 성장한 세대이다. 많은 사람들이 현재의 한국 교육을 서슴없이 '병들 대로 병든 교육'이라고 진단하고 있는데, 그러한 질병을 그대로 방치하고 있는 우리나라를 '내일을 등지고 사는 나라'라고 비판(정범모, 1991: 18, 30~32)한 정범모 교수는 한국 교육의 문제에 대해 "혹독하고 집요하며 백해무익인 입시준비 교육, 비대한 사교육비, 너무 많고 너무 어렵고 너무 피상적인 교과과정, 시험과 숙제가 많기로 세계 제일, 학교 밖에서도 각종 '과외'에 시달리고 학교에서마저 '자율학습', '보충학습'이란 이름으로 시달리어 학생들은 아침도, 방과 후도 밤도, 방학도 없이 공부하기를 강요당하는 '이런 잔인한 학교'는 세계에 없다. 입시준비 교육은 이 나라 교육병폐의 원흉(元兇)이다. 한국 학부모의 교육열이 높다고 하지만 그것은 교육열이 아니라 '출세열'이요 '기복사상(祈福思想)'이다"라고 규정하였다.

이면우 교수도 "우리의 중학교 1학년 학생들은 날마다 월드컵 국가대표 축구선수단의 6배에 이르는 강훈련을 받고 있다. 우리 학생들은 국가대표 선수들도 감당못할 고된 일과에 묶여 지낸다. 좁은 공간에 모아놓고 가르치고 꼼짝도 못하게 한다. 학부모, 교사, 학원 강사가 번갈아가며 몰아붙인다"(이면우, 2004: 19~27)고 개탄한 바 있다. 출세와 실패를 출신교로 예단하고 사람을 출신대학으로 평가하는 학벌주의 사회, 대학입시 합격 결과를 자랑삼아 현수막으로 교문에 내거는 학교(예전에 학원이 했던 일), 학교가 학원같이 변질되고 학원이 학교화됨은 물론, 학생들이 학원의 교육과 학원강사를 더욱 인정하고 신뢰한다는 현실, 누구도 책임지지 않는 공교육의 비정상화와 품질관리, 입시 때마다 이성을 잃고 학벌주의를 부추기는 매스컴에 의해 지금의 청소년들은 심리적・신체적・정신적으로 감내할 수 있는 수준을 넘어서 있다고 본다(김홍규, 2000; 김형수・김홍규, 2006: 41). 그렇지 않아도 청소년기는 그들 세대의 특유한 생물학적, 사회・심리적 욕구 증가로 인해 필연적으로 욕구좌절을 유발하고 열등감을 체험하게 되는 세대이다. 그런데 우리나라 특유의 교육열 때문에 성적에 대한 부담감과 입시에 대한 압박감, 그로 인한 좌절을 느끼고 있으며(이길홍, 1990), 심각한 심리적 갈등, 좌절감, 열등감, 불신감, 소외감을 경험・누적(김홍규, 2000)하고 있는 것이 현재의 청소년들이다.

여섯째, 경련적・급진적・예측 곤란의 변화시대에 교과공부와 정보사회의 경쟁력 추구요소 및 글로벌 인재 키워드 관련 스펙 쌓기를 강요당하는 세대가 청소년이다.

그간 사회 변화의 양상과 시대의 특성을 축약해서 표현한 것은 다음과 같이 많다(김홍규, 2009). 즉, '매우 빠르면서 정지해 있는 시대'(Virilio, 1995), '디지털 노마드 시대'(Digital Nomad, Mcluhan, 1995), '경련적・급진적・예측 불가능・무원칙의 변화 시대'(황정규, 1995), '불변성이 사라지는 시대, 정체성 상실의 시대'(Sennett, 1998), '엄청난 변혁의 시대'(Peter Drucker,1999), 드라마틱할 정도로 중심축이 흔들리는 경제상황이 도래하여 '지속적인 것과 비상업적인 것은 발붙일 곳이 없는 시대'(Rifkin, 2000), '잡노마드 사회'(Jobnomaden,

Gundula Englisch, 2001), '유비쿼터스 혁명시대'(주경란, 2004), '문화연예사회'(박영숙·박세훈, 2006), '초연결시대'(hyper-connection: 영국 BBC방송, 2007), '복합도전(complex challenges)의 시대', 비즈니스 세계에 초대형 지각변동이 일어나고 있는 '영원한 위기의 시대, 새로운 혁신의 시대, 대격동(turbulence)의 시대(Philip Kotler, 2007), '과거 경험에 의한 예측불가능의 시대'(Nasim N. Taleb, 2007), '연결과 개발전략(C & D; connet & develop strategy)의 시대'(Alan G. Lafley, 2007), 자유주의적 개입주의(libertarian paternalism)에 기반한 '넛지(Nudge)의 시대'(Thaler Sunstein, 2008), 제로 섬(zero-sum)게임이 아닌 '포지티브 섬(positive-sum) 게임시대의 도래'에 따른 최고(Best)보다 독창성(Unique)이 중요시되는 '핵심역량의 경쟁전략 시대'(Michael E. Porter, 2009), '창의성 기반 경제(creativity based economy)와 창의적 조직만이 살아남는 시대'(Gary Hamel, 2009), '보이는 것이 모든 것을 말해주는 시대의 도래'(Paulo Coelho, 2009), 그리고 중국의 부상에 따른 '차이메리카(Chimerica)·팍스시니카(Pax sinica) 시대', 승자독식(勝者獨食)의 시대(매경 이코노미, 2009) 등이 그것이다.

이 같은 특성을 가진 현 시대에서 정보사회의 선두주자인 30~40대의 부모들은 자녀가 주역이 되어 활동할 2020~30년대를 미리 내다보고, 관련 정보와 자료를 수집·분석하여 자녀들에게 미리 준비시키려 하고 있다. 즉, 미래사회의 특징과 직업세계의 변화와 관련한 문헌과 자료를 통해 '미래사회가 요구하는 인간상'은 어떤 것이며, '경쟁력의 핵심요소'는 무엇인가, 그리고 글로벌 시대의 '인재 키워드'가 '제휴·통섭(interdisciplinary), 통합(integration), 국제화/세계화(internationarization), 혁신(innovation)' 등인데, 정보화 시대의 제1세대인 30~40대의 부모들은 이에 대한 준비와 경쟁력을 자녀들에게 요구하고 실제로 그에 대한 교육·훈련을 시키고 있다. 이 같은 부모들에 의해 오직 경쟁에서 승자가 되는 것만을 최고의 덕목으로 의식화된 세대가 청소년들이다.

일곱째, 청소년 학생들은 끊임없는 '디지털 혁명의 파고(波高)'와 '지식·정보 경쟁력의 파고' 속에 성장·발달한 세대이다.

컴퓨터와 인터넷의 등장으로 지식과 정보가 폭발적으로 양산·팽창되고 있는 디지털 혁명시대이다. 전자기술의 기본이 되는 반도체 기술은 5년마다 그 기술이 10배씩 발달하고, 반도체 기술 중 직접회로(IC)의 경이적 발달로 컴퓨터 기술도 7년마다 10배씩 기술수준이 향상된다고 한다. 따라서 아날로그 혁명과는 비교도 할 수 없는 디지털 혁명이 세상을 앞으로 어떻게 바꿀 것이며, 그 변화된 환경에서 살아남기 위해 무엇을 어떻게 준비할 것인지 학생이나 부모 모두 고뇌스럽기는 마찬가지다. 더구나 분명한 것은 지식혁명의 시대, 디지털 혁명의 시대에는 고수(高手)만이 살아남고 1등만이 독식(獨食)하는 '승자 독식시대'이며 정글의 법칙이 적용되는 시대이기 때문에 더욱 불안을 느끼게 되어 자녀들에게 각종 스펙을 쌓도록 다그치고 있다. 그리고 인터넷에 뜨는 1일 지식정보량이 2003년에는 300쪽짜리 책으로 24만 7,000권, 2009년(3월 26일)에는 500쪽짜리 책으로 9만 5,000권 분량(김홍규, 2009)이라는 주장이 있었는데, 실로 그 규모는 대단하다는 느낌이다. 물론 그중 상당수의 분량은 왜곡되고 거짓이고 저질이어서 앨빈 토플러가 말하는 지식 정보의 쓰레기들인 '옵소리지(obsoledge)'이지만 우리 청소년 학생들은 이런 정보의 홍수 속에 노출되어 학생시절을 보내고 있는 것이다. 누군가가 정보의 진위(眞僞)를 변별해 주고 또 변별할 수 있는 능력을 길러주며, '분야별, 기능별, 규모별, 시차별(時差別), 출처별, 지역별, 국가별 고급의 새로운 지식 정보'를 수집하여 믹스・용해・합병하는 자질인 '정보믹스 능력'으로 새로운 부가가치를 창출할 수 있는 능력을 함양시켜야 하는데, 입시위주의 교육에만 올인하고 있다.

여덟째, 청소년세대들은 디지털 사회, 유비쿼터스 시대의 정보사회 환경에서 키워지고 생활하면서 해일(海溢)처럼 밀려드는 정보를 만끽하는 세대이다.

그들은 이제 '언제(any time), 어디에서나(any where), 무엇이든(any device and any contents) 네트워크로부터 자신이 필요로 하는 지식정보를 얻을 수 있는 환경에 둘러싸여 있다. 특히, 컴퓨터 하나로 전 세계를 연결하는 인터넷과 웹(web)이 등장하면서 탈(脫) 공간혁명이 본격화된 전자혁명은 원자(atom)에서 비트(bit)로, 유형자산에서 무형자산으로, 소유에서 접촉으로(황대준, 2004), 조작에서 터치(touch)로의 전환을 가져왔다.

'더 많이', '더 좋게', '더 새로운', '더 빨리'라는 구호가 시대적 화두(話頭)가 되고, 개인들이 언제, 어디서나 스마트폰이나 PDA로 인터넷에 접속하여 정보를 검색한다든지, 집과 사무실에 있는 가전제품이나 컴퓨터를 조작・작동할 수 있는 유비쿼터스(Ubiquitous)시대(이철현, 2004)이다. 그래서 디지털정보로 무장한 21세기의 '신유목민'인 젊은이들이 세상을 지배하는 '디지털 노마드(digital nomad)'시대이다. "무릎에는 노트북, 호주머니에는 스마트폰, 귀에는 헤드셋, 가방에는 치약・칫솔・면도기・팬티・런닝셔츠, 원한다면 언제든 연락이 가능하고 항상 어디론가 가고 있는 그들 잡노마드(Jobnomaden)!"(McLuhan, 1995: 97). 이들은 인터넷으로 전 세계를 서핑하고, 모든 국경과 문화를 넘어서 채팅하며 사이버 공간을 제 집인 양 편안하게 느끼며 생활하는데, 이것이 안 되는 아날로그 세대가 부모・연장자・스승이라고 해서 존중할 리가 없다.

아홉째, 30여 년간 '3김(金) 씨'로 대표되는 노인정치의 폐단과 저질 정치풍토에 염증이 난 국민들은 '새로운 사회로 바뀌야 한다'는 의식이 점증하였다.

그 국민적 정서와 기류가 2000년도의 총선과 2002년의 월드컵을 겪으면서 폭발하였다. 그 역동의 기류를 직접 체험했거나 전승받은 세대가 청소년 세대들이다. 고령의 지도자가 주도하는 '노인정치(gerontocracy)'는 노인의 충분한 경험과 덕성 그리고 경륜(經綸)에서 우러나온 양질의 리더십을 기대한다. 그러나 잘못하면 '노인 특유의 현상인 안주적, 과거지향적 성향'(신동호, 뉴스메이커, 2001), '아집과 완고, 높은 자기애적 성향과 자기중심적 행동'(김병후, 2001), 그리고 강한 피해의식과 곡해, 변화 거부와 사회적 정체라는 역기능적 폐단이 극대화된다는 것이 문제다. 실제로 3김의 경우, 자신에게 익숙한 얼굴을 선호하고, 낯선 사람을 거부하는 이른바 '낯가림 현상'이 두드러지게 나타났다.

예컨대, 가신(家臣)들만을 중용한다든지(YS), 자신에게 익숙한 사람을 선호하여 같은 사람을 자리 바꾸어 가면서 지속적으로 기용하는 이른바 '회전문식 DJ인사'는 노인정치의 대표적 폐단인 '현상 안주적, 과거 지향적 처세'라 할 수 있다(김홍규, 2005a: 338). 결국 3김 씨가 주도한 노인정치는 노인의 부정적 기질인 완고・아집・과욕・협량(狹量)에 따라 정략과 권모술수가 판치는 저질 정치풍토를 조성했으며, '보스 중심의 정치, 권력투쟁의 정치, 갈등 조장의 정치, 이념과 정책보다 사람 중심의 정당풍토 조성, 여・야 극한대결의 미숙한 정치문화를 조성했으며, 정경유착과 부정부패 문제에서 크게 명예가 실추되었다. 따라서 '3김 정치시대의 종언과 완전한 세대교체'(교토통신)는 권위주의적 정치 리더십의 단절이며, '지역주의 정치의 척결이고 비민주적 붕당정치'(이영희, 1997)의 말살이며, 오기(傲氣), 객기(客氣), 독선(獨善)주의 정치스타일의 청산을 의미한다고 본다. 이러한 움직임은 이미 1999년 말기부터 감지(感知)되었다.

> "모두 제 정신이 아니야, 다들 미쳐 가고만 있어/ 어느 누굴 믿어, 어찌 믿어, 더는 못 믿어/ 바꿔, 모든 걸 다 바꿔, 거짓은 다 바꿔, 세상을 다 바꿔."

이렇게 세상을 야유하듯 '모두 바꿔 버리자'고 외치는 도발적인 가사와 강렬한 테크노 리듬, 거의 무당에 가까운 '광기'의 어필, 표정・안무・조명에 이르기까지 당시 철저히 비주얼 이미지로 승부한 테크노 스타 20세의 가수, '정치인들을 모두 물갈이해야 한다'는 국민의 자조적 한숨과 개혁 분위기가 가세해 '사회적 신드롬'을 만들었는데, 왜 심리 · 사회적 시사를 받지 못했을까 아쉬움이 있다. 대중가요나 드라마 소재, 그리고 개그의 소재들은 모두 현실사회의 반영이고 군중심리를 노리는 특성이 있는 것인데, 한때의 해프닝으로 간과한다는 것은 큰 착각이요 실수다. 전직 대통령들과 그 자녀들의 부정부패, 정치인과 지도계층의 끊임없는 비리와 뇌물사건 등을 접하면서 도처에서 불만세력들이 생겨나고 '세상을 확 뒤집어야 한다'며 울분을 토로하면서도 그 기회를 기다리며 냉소했던 국민들이 얼마나 많았는가! 이렇듯 낡은 질서와 잘못된 관행, 불공정과 불합리, 거짓과 위선을 털어버리고 '새로운 사회로 바꿔야 한다'는 움직임(김종호, 문화일보, 2000. 1. 21)은 비단 젊은이들의 정서에 국한되지 않고 시민사회의 일반적인 기류였다고 할 수 있다. 순수성과 열정, 도전정신과 실험정신으로 무장한 국민들의 '혁신요구의 반란'은 2000년도의 10대 총선(4.13)과 월드컵(2002. 5. 31~6. 30)을 겪으면서 사회의 역동성과 활력으로 작용했고, 기존관념과 사회의 패러다임을 혁명수준으로 바꾸려는 도도한 흐름이 되었으며, 이것을 기점으로 젊은 세대들이 사회적 이슈가 생기는 문제가 발생할 때마다 그리고 실시되는 선거 때마다 그 위력을 유감 없이 표출시켰다. 이 같은 20~40대의 활력을 보고 느끼고 생각하며 성장한 세대가 청소년 세대들이다.

열째, 급격한 가정환경의 변화 속에서 태어나 성장하고 발달 · 성숙한 관계로 인해 결혼관, 가족관, 자녀관, 남아 선호관 등 가족 가치관에서 차이를 보이는 세대가 청소년 세대들이다.

가정환경의 변화는 '가정환경의 구조적 변화, 기능적 변화, 가정의 해체적 · 탈선적 문제 증가, 가정의 민주화 요구, 가정의 인구사회학적 변화, 가족가치관의 변화, 가정권력의 이동' 등 일곱 가지 현상이다.

① 가정환경의 구조적 변화는 핵가족화에 따른 가족관계의 축소와 다문화가족 등 다양한 형태의 가족이 등장한 것을 지적할 수 있다. 그 결과 노인 · 연장자의 권위 실종과 노부모에 대한 공경심과 봉양책임이 약화 · 실종되었다.

② 가정환경의 기능적 변화는 결혼기피와 자녀출산 거부, 부모 양육권의 위기 및 가정에서의 자녀 사회화 · 문화와 인간화의 기능이 약화되었다.

③ 가정의 해체적 · 탈선적 문제 증가는 젊은 부부의 이혼, 황혼 및 노부부의 이혼이 급증했으며 그로 인한 청소년 문제, 노인 문제, 가정갈등과 불화 문제 등 가정환경의 건강성 문제가 심각한 위기를 맞고 있다.

④ 가정의 민주화 요구는 남녀평등권 쟁취로 나타났고, 결국 호주제의 폐지(2005. 3. 2)로

이어졌다. 여성단체에서는 호주제의 폐지는 단순한 남녀평등권의 문제가 아니라 '가정에서의 인권문제'라고 주장했다. 그러나 매사는 순기능과 역기능이 있는 바 결국 가정에서의 원로·연장자의 권위가 실추되었고, 아버지의 리더십이 크게 약화되었으며, 부모 봉양의 문화가 퇴색·유실(流失)되었다.

⑤ 가정환경의 인구사회학적 변화는 가족의 다양한 형태로 존재하는데, 핵가족, 소가족, 동거부부, 자녀를 갖지 않는 부부, 한부모가족(독신가족) 등이 그것이다. 이로 인해 저출산문제, 인구고령화에 따른 노후 부양 문제, 국가사회적 차원에서의 인구 문제 변화 등 많은 문제를 제기하고 있다.

⑥ 가족가치관의 변화 문제는 전술한 바와 같은 가족의 제도적, 구조적, 기능적, 인구학적 변화 등으로 인해 가정의 응집성과 매몰성 문제, 가족관, 결혼관, 자녀관, 부모 봉양관, 부모-자녀관계 등에 걸쳐 다양한 의식 격차를 보이고 있다.

⑦ 가정권력의 이동 문제는 그간 조부, 아버지 중심으로 가정의 질서와 권력이 편재되어 있었다. 그러나 가정 민주화 요구의 결과로 국회가 여·야 합의로 '호주제를 폐지하기로 합의'(2004. 12. 27)함에 따라 민법개정안이 국회 본회의를 통과했다(2005. 2). 그에 따라 호주개념과 호적이 2007년 2월부터 민법에서 사라졌고, 새로운 신분등록제도는 유예기간을 거친 후 2008년 1월 1일부터 시행되었다. 이에 따라 여권(女權)이 강화되었고, 가정의 중심축과 가정권력이 여성 쪽으로 이동하게 되었으며, 부계혈연(父系血緣)이 약화되고 모계혈연(母系血緣)이 강화되는 현상으로 변모되었다(이동원, 2005; 김흥규, 2005b).

이 같은 혁신적인 가정환경 속에서 출생·성장·발달했기 때문에 가족의 개념과 범위도 축소되었고 가정환경과 관련된 가치관도 상당한 격차가 있다.

열한째, 청소년 학생들은 TV세대, 매스컴세대, 인터넷세대, UCC세대이므로 그 전파·활자·영상매체들이 갖는 순기능도 크지만 오히려 역기능으로부터 더 많은 피해를 당하고 있다는 것도 주목해야 한다.

루니 박사는 '일반적으로 14세 때쯤이면 TV에서 1만 8,000여 건의 살인을 목격하고, 헤아릴 수 없는 막대한 시간 동안 폭력이나 폭언을 보고 듣게 된다'며 TV의 악영향을 지적했고, 카펠 박사는 '어린이들의 생활에서 가장 많은 시간을 소모하는 것은 학교생활이나 가족들과 지내는 시간이 아니라 TV시청이다. 어린이 시절의 귀중한 시간 중 1만 4,000여 시간을 빼앗아 가는데, 그것은 하루 8시간씩 꼬박 4.9년 동안 계속 TV 앞에 앉아 있는 것과 맞먹는 시간이다'라며 그 심각성에 대해 경고한 바 있다.

이 두 전문가의 1970년대 주장은 시대의 변화에 따라 TV에서 인터넷으로 그리고 다시 스마트폰으로 바뀌면서 그것들로부터 우리 청소년 세대들이 오염되고 있는 문제들이 적지 않다고 생각한다.

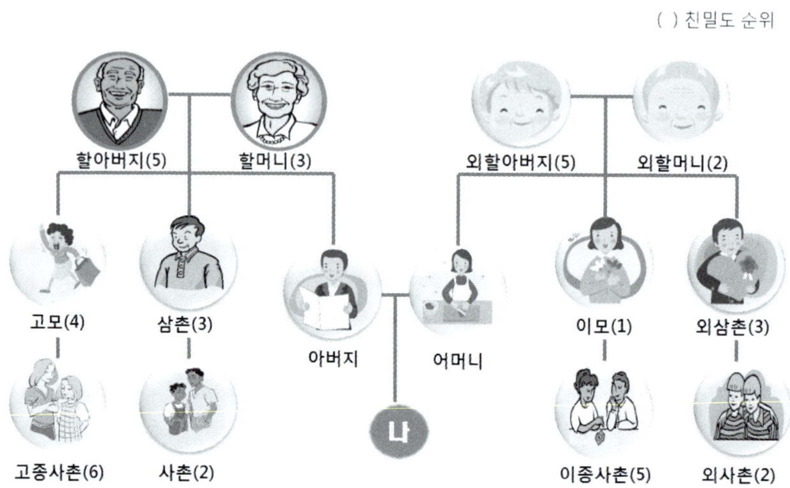

* 자료: 중앙일보 1996.1.21 (조사:서울대 교육연구소)

〈그림 1-2〉 친척에 대한 친밀도 순위

우리나라 TV드라마의 경우, 호주제가 없어지고(2005. 3. 2) 호주개념과 호적이 민법에서 사라진(2007. 2) 후 여성들이 너무나 독(毒)해졌다. 2007년도 드라마의 화두(話頭)가 '불륜의 치정극(SBS의 내 남자의 여자, 조강지처), 고부갈등(KBS 2TV의 며느리 전성시대와 MBC의 겨울새), 저질의 용어를 구사하는 싸움과 대화, 폭력, 육탄전'으로 요약할 수 있겠다. 험악한 욕설은 기본이고, 여성이 남편을 향해 날아가서 두 발로 차는 '효도르 킥'에서부터 빨래판으로 남편의 뒤통수를 내려치는 등 목불인견 수준이다. 시어머니들은 하나같이 찬바람이 휘몰아치는 '얼음의 여왕'으로 등장하고, 며느리들도 그 시어머니 앞에서 복수의 칼날을 갈고 있는 모습으로 나온다. 심지어 아들과 이혼한 며느리가 입원한 병실을 찾아가 모욕적인 악담을 퍼부어 죽음에까지 이르게 한다든지(KBS 2TV의 며느리 전성시대), 치떨리게 독해진 시어머니가 며느리에게 "우리 집이 재고품 처리장인 줄 아세요? 포장지에 깜박 속아 냄새나는 물건 덥석 받은 심정을 아세요?"하고 말한다.

이렇듯 폭력과 잔인성, 저질의 폭언과 욕설이 난무하는 TV프로그램, 정치인들의 사이코패스적인 행패, 악성노조와 이익집단들의 폭력적 시위, 낯 뜨거운 장면과 더러운 욕설의 영화, 저질 전파매체와 인터넷, '아니면 말고'식의 음란·비방의 'SNS 폭력'(2011년 780건 적발, 매일경제, 2012. 3. 8), 불법유해 정보 및 프라이버시 침해 그리고 명예훼손의 우려가 있는 UCC사이트(시사저널, 2007. 1. 30), '나는 꼼수다'를 비롯한 시사 콘텐츠와 '개그 콘서트' 등이 과연 청소년의 심리사회적 성숙과 정신건강 및 건전한 가치관 형성에 어떤 영향을 줄지 '영양가 분석'을 해볼 필요가 있다. 왜냐하면 인터넷과 트위터 등 소셜네트워크서비스(SNS)가 "약자(내편)라는 고정관념, 보고 싶은 것만 보고, 믿고 싶은 것만 믿는 선택적 지각, 자신이 좋아하는 사람의 말만 믿고 따르는 자기 동조화(끼리끼리의 근친화), 내 생각과 같은 정보만 받아들이는 편향·편집의 성향, '내 편'과 '네 편'을 구분하는 극단적 집단주의 사고방식"(조선일보, 2012. 2. 28)에 따라 본말(本末)을 전도(顚倒)하고 진실을 왜곡하는 부작용이 많이 들어났기 때문이다.

일반적으로 집단행동은 여론으로 정당화되는 경우가 많다. 집단행동이 그대로 의(義)라고 인식되기도 한다. 악의적 권모술수를 정치력이라고 미화하기도 했고, 악랄(惡辣)한 선동꾼을 카리스마를 갖춘 리더로 착각하기도 했으며, 냉정·엄숙한 청문회 자리에서 자신의 명패를 던지며 실신(失神)한 사람처럼 고래고래 소리 지른 초선 국회의원을 '청문회 스타'라며 추켜세우기도 했다. 요컨대, 우리 청소년들이 인간성을 상실한 사람들이 제공하는 지식과 정보, 심리 사회적 성숙이 덜 되었고 정신건강에 문제가 있는 사람들 그리고 윤리 도덕성이 실종되고 건전한 철학이 없는 선동꾼들의 와명선조(蛙鳴蟬噪)적 소음에서 오염이 많이 되었을 것으로 이해된다.

열두째, 청소년 학생들은 불건전한 병리적 사회환경으로부터 건강하지 못한 영향을 많이 받았을 것으로 생각한다.

그간 매스컴들이 주요한 사회적 논쟁점 및 문제로 제기한 것을 간추려 보면 다음과 같다. '범죄 부추기는 사회'(시사뉴스, 1989), '성폭력 세계 1위'(뉴스메이커, 1992), '청소년 마약, 큰일 났다'(뉴스플러스, 1997), '폭력 공화국'(뉴스플러스, 1999), '가족해체의 시대'(뉴스플러스, 1997), '이혼시대'(주간조선, 1999), '진흙탕의 개 싸움'(세계일보, 1999), '때리고 부수고 막가는 주먹사회'(주간동아, 2000), '공권력 추락, 나라 꼴이 기가 막혀'(한겨레21, 2000), '외모가 경쟁력'(주간한국, 2000), '좌충우돌 사회'(주간한국, 2001), '중고교생 상당수가 우울증'(2001), '사이코테러 권하는 사회'(뉴스메이커, 2003. 3. 6), '갈등으로 지새우는 나라'(시사저널, 2003), '유비쿼터스의 핵심 무선랜(Wi-Fi), 범죄에 무방비'(동아일보, 2005. 3. 31), '대통령도, 국회의원도 막말하는 나라'(문화일보, 2005), '초 · 중 · 고교생 10명 중 3명 정신장애'(2006), 감동은 없고 말장난만 남은 '불량 TV'(동아일보, 2007), '감정상실증, 정서결핍증 급증'(김흥규, 2007), '아스파거 증후군(Asperger Syndrome) 급증'(김흥규, 2007: 5), 한국 전체가 일등주의 사회, 부풀리고 거짓말하는 사회, 과장 허위 목소리 큰 놈들이 주역으로 설치는 사회(동아일보, 2007), '가족해체의 심화', '소년범죄' 급증(조선일보, 2008. 6. 6), '전국 95만여 명(초 · 중 · 고생 7명 중 1명 꼴)이 정신건강상 문제'(교육과학기술부 조사결과, KBS, 2010. 8. 18), "학교가 아니라 지옥에 가는 것 같아"(시사저널, 2012. 1. 10~17), '살인 부른 층간소음'(조선일보, 2013. 12. 11; 국민일보, 2014. 5. 18) '병원들, 성형장사'(일요신문, 2012. 11. 25), 침묵하는 다수 무시하고, 편 갈라 낙인 찍는 '강경파의 나라'(동아일보, 2014. 10. 14), '살인 부른 주차시비(서울신문, 2014. 11. 12) 등 많다.

열셋째, 외환위기(IMF)의 뼈아픈 고통을 체험한 부모세대들의 불안감이 작용하여 자식들에게 경쟁력을 먼저 키워주려고 '영어'와 '조기 교육' 분위기에 내몰린 세대가 지금의 청소년 세대이다. 그 결과 심리 · 사회적 성숙에 결손을 갖게 되었고, 정신건강상의 문제를 갖게 키워진 세대이다.

1990년대 말 치욕의 IMF를 당하면서 사회 전반에 극도의 불안감이 확산되었다. '언제 또 어떤 일이 닥칠지 모른다'는 불안심리는 부모들에게 두 가지의 시대적 화두(話頭)를 던져 주었다. 그 하나가, '영어가 경쟁력이고, 영어만이 살 길이다'라는 것이고, 다른 하나는 '조기교육' 열풍이다. 때문에 국가 사회적으로 영어 비디오, 영어 유치원, 영어 학원, 영어 마을 건설 분위기에 휩싸여 영어시장이 엄청나게 커졌고, 남을 누르고 내 자식 먼저 가게 하려는 '부모의 조급함'이 너도나도 조기교육 열풍 대열에 합몰 · 동참하였다.

그 결과 자녀들의 심리적 성숙과 사회적 성숙 문제는 부모들의 안중(眼中)에 없었으며, 더구나 자녀의 정신건강 문제는 관심도 없었다. 때문에 사회의 온갖 병리현상(저급의 정치문화, 경제병리, 언론 및 영상매체 병리, 인터넷 및 게임병리 등)의 영향으로 각종 사회 문제와 청소년의 문제행동들이 '종합선물 세트'처럼 나타났고, 소아 · 청소년신경정신과 진료실에는 '영어비디오 증후군', '주의력 결핍 과잉행동장애(ADHD)', '아스파거 증후군(Asperger's Syndrome)', '감정상실증', '정서결핍증', '사회적 내폐증', '무기력 증후군', '좌절증후군', '성격장애' 문제 등으로 문전성시를 이루었다. 이 같은 병리적 분위기로부터 직 · 간접으로 영향을 받은 청소년들의 의식구조와 사회적 성격에는 기성세대와는 다른 특성이 있을 것으로 생각한다.

〈표 1-1〉 한국 각 세대의 구분과 그 특징

구분＼세대	산업화 세대 (전후 세대)	베이붐 세대	386세대	X세대	W세대	G세대
출생 연도	1940~1954	1955~1964	1961~1969	1970~1979	1980~1989	1986~1991
나이 (만)	56~70세	46~55세	41~49세	31~40세	21~30세	19~24세
인구 규모*	6,597,805명 (13.6%)	7,993,434명 (16.4%)	7,539,945명 (15.5%)	8,196,048명 (16.9%)	7,022,323명 (14.4%)	3,775,138명 (7.8%)
사건	6·25 베트남전	12·12 새마을운동	5·18	성수대교 붕괴, 삼풍백화점 붕괴	IMF	취업대란 촛불시위
가족 형태	가부장적 권위, 고정화된 성역할	4인 가족 대중화	출산율 2.0% 이하로 감소	여성운동의 확산	조이혼율의 증가	외동자녀 일반화
기술 발전	신문	라디오	TV	삐삐, 핸드폰	인터넷, MP3 P	싸이월드
특징	• 집합주의, 권위주의, 물질 중심 가치관을 지님 • 서구문화를 지향하고 자녀에 대한 교육열 강함	• 성공 추구, 집합주의와 개인주의가 혼재했던 샌드위치세대 • 근대적 가족주기와 가정 내 분업된 성역할 정착	• 권위주의, 집합주의에 저항하며 과잉 정치화되는 성향 • 일보다는 여가시간을 선호하며 자유로운 생활과 평등사회를 추구 • 전통적인 성역할에 대한 의문을 가지며 가정을 중시	• 사회공통의 문제보다 개인적으로 살아가는 방법에 더 큰 의미를 부여 • 대중문화와 소비에 민감하게 반응 • 자유, 자아실현, 여가, 쾌락주의적 삶의 방식을 선호	• X세대가 가진 자기 중심적 성향을 탈피하고 공동의 가치를 실현하고자 함 • 커뮤니케이션을 통해 정보를 공유하고 접하는 데 익숙 • 개성의 발달로 다양한 소비의식을 가짐	• 창의적으로 생각, 해외 문화와 생활을 접하고 적응하는 데 능숙 • 자신감이 풍부하고 개성이 강함 • 인터넷이 생활화되어 온라인을 통한 사회활동에 익숙
핵심 가치	이데올로기	반공, 고향, 국가	혁명, 연대와 협력	소비, 자유	공동체 표현	개성, 개인의 행복

* 통계청 [전국추계인구] 2008년 데이터 인용, 괄호의 비율은 전 인구에 대한 현재 나이는 2010년 기준

2. 청소년 세대의 의식성향

이상과 같은 가정환경과 사회환경, 특히 부모의 양육태도와 학교교육에서 키워진 청소년세대들의 의식구조는 부모세대와는 다른 모습을 보이고 있다. 그들의 사회적 성격 및 의식구조, 그리고 라이프 스타일에 대해 문헌을 참고(김홍규, 1982, 1985, 1987, 1988, 1990, 1994; 임철순 · 송인섭 · 윤진, 1990; 김광웅 · 김혜리 · 김태준 · 김명언 · 2003; 황상민, 2004; 오효림, 2007; 이철희 · 노규형, 2010; 정혜연, 2011; 배수강, 2011)하되 김홍규의 자료(2006, 2012; 김홍규 · 이만표, 2013; 김홍규 · 이상란, 2014)에 의거하여 정리하면 다음과 같다.

① 내 삶의 주인공은 '나 자신이라는 생각'이 강하다. 따라서 나와 관련된 주요한 일에는 내 생각을 거침없이 표현하려고 한다.

② 전통적 가족관에 반대하는 성향이 강하면서도 부모에 대한 공경심은 강하다. 2006년도의 경우, 한국인 최고 가치는 '가족'으로 나타났고, 한국인 10명 중 7.5명(75%)은 자신의 인생에서 가족이 가장 중요하다고 생각하고 있다. 이 같은 통계수치는 2004년(64%), 2005년(69%)에 비해 상승하였다. 청소년 학생세대들은 전통적인 가치관과 반대되는 성향이 있으면서도 부모에 대한 공경심은 강한 편이며(오효림, 2007: 83), 부모를 가장 존경하는 것으로 나타났다(강인수 외 4명, 2014).

③ 10대, 20대에게 스마트폰은 빠른 속도감과 멀티테스킹 능력을 발휘하여 언제 어디서든 지식 · 정보력을 보완하고 삶을 향유하는 생활필수품이다. 미국 청소년(12~17세)의 휴대전화 보급률은 78%이며 그중 스마트폰 사용은 47%(푸처리서치, 2014)에 불과하지만 한국의 10대 스마트폰 사용은 10대 청소년의 92.7%(한국트랜드연구소 조사, 2014)이다.

④ 10대들의 공간과 민족을 초월한 네트워킹 능력은 뛰어나지만 긍정적인 면과 부정적인 면 등 양면성이 있다. 이미 10대들의 인터넷 이용률은 99.9%이며, 이 중 99.7%는 하루 1회 이상 인터넷을 이용하고 있다(한국인터넷진흥원 조사, 2013).

이들 10대는 'SNS를 통해 외국인들과 한두 번 대화를 나누었다'(39.3%)고 했고, '자주 소통한다'고 응답한 것은 14%나 된다(한국트랜드연구소 조사, 2014).

그러나 만 10~19세 청소년 25.52%가 인터넷 중독으로 밝혀졌으며(미래창조과학부 인터넷중독실태조사, 2014), 특히, 10대들은 '연애하면서 몸사(누드 사진)를 요구'하는 것으로 밝혀져 충격을 준다(김경훈, 2014: 110).

⑤ 외모와 주위 시선을 중요시한다. 한국인은 외모와 패션이 그 사람을 나타내는 하나의 인격이라고 생각한다. 이 외모와 패션, 그리고 미용에 가장 민감한 세대가 중・고등학교 학생들이다. 비록 아직은 중등학생 신분이지만 상당한 수준의 패션감각을 보여 준다. 예컨대, 유명 브랜드의 옷을 입어야 자신감이 생긴다는 비율도 전체 평균보다 8% 포인트가 높은 34%였다(오효림, 2007: 84). 그들은 자신을 나타내기 위해 날씬함을 추구하고 성형・조작한 외모에 긍정적 의미를 부여하는 편이다.

⑥ 나이값 못한다고 생각되는 아저씨는 '개저씨', 원치 않는데 지시하고 하대(下待)하거나 가르치려 하는 어른에게는 '꼰대'라는 말을 쓰는 세대이다.

태어날 때부터 디지털기기를 접한 '디지털세대'(digital native, Marc Prensky, 2001)로서 디지털적 사고, 디지털 컨버전스(digital convergence), 디지털 감성이 뛰어나며 각종 모바일기기 및 디지털기기를 활용하여 다양한 지식・정보를 가진 똑똑한 세대이다.

⑦ 지금의 10~20대 세대는 디지털키즈, 키보드세대, 디지털 유목민(digital nomad, Jacques Attali, 1999), 밀레니엄세대(millennials generation), 모바일네이티브 등 다양한 호칭으로 불리는 것처럼 기성세대와는 전혀 다른 환경에서 성장했다.

따라서 기성세대의 기준과 가치관과는 다른 기준과 감각과 두뇌를 가지고 있다. 두뇌・감각・삶의 기준・가치・사고와 의식 성향 등이 다르다는 것을 이해하지 못해서 무작정 가르치려 한다(김경훈, 2014: 21). 이들을 이해하기 위해서 기성세대들은 '40대 아저씨가 하지 말아야 할 것'(34가지), '50~60대 아저씨가 하지 말아야 할 것'(19가지), '70대 아저씨가 하지 말아야 할 것'(16가지) 등의 인터넷 유머리스트를 읽어 보는 게 좋다.

⑧ 신제품과 새로운 서비스에 관심이 많다. 신제품이 나올 때마다 제품이 어떠하며, 기존의 것과 차별화 된 새로운 서비스는 무엇인지 관심이 많다.

⑨ 유명 브랜드에 대한 막연한 선망이 있는 세대이다. 유명 브랜드에 대한 관심은 크지만 구입할 수 있는 경제력도 없고, 또 그렇게 할 수 없는 신분이므로 관심과 선망을 할 뿐이다. 그래서 주위사람들의 옷차림을 볼 때 먼저 브랜드가 무엇인지 관심을 보인다는 조사 결과가 의외다. 예컨대, 10대(13~18세)는 39%, 20대 전후(19~24세)는 33%로 전체 수준(평균 27%)보다 높게 나타났다(월간중앙, 2007. 2).

⑩ 동양적・한국적이기도 하지만 서구식 스타일의 패턴이 많이 발견되는 세대이다. 식생활이나 주거 공간, 복장 스타일이나 제스처 등에서 웨스턴 스타일의 패턴이 아주 자연

스럽게 발산된다.

⑪ 관심의 범위와 대상이 지극히 제한적이다. 대인관계 면에서는 나 자신과 부모에 관심이 있을 뿐, 나이 많은 이웃 주민, 엘리베이터 안의 타인과 웃어른 모두 '나와는 상관없다'는 입장이다. 예의나 인사도 필요 없고, 귀에는 이어폰을 꼈거나 스마트폰에 집중할 뿐이다.

⑫ 두 개의 뇌(腦)로 살아가는 이들 1020세대들은 모바일 네이티브 세대요, 다각적・다채널의 인간형이다. 이들은 귀로는 음악을 듣고, 눈으로는 컴퓨터 자판을 보거나 TV화면 또는 스마트폰에 눈을 돌리고 손가락은 볼펜을 굴리면서 공부한다.

머릿속의 뇌와 손에 쥔 정보기기(스마트폰)에 내장된 뇌로 생활하는 이들 엄지세대(Michel Serre, 2014)들은 일상을 기록하고 콘텐츠를 기획해서 상품을 만들어 내는 창의적 감성이 뛰어나며, 무나(무료 나눔), 교신(교환 신청), 생정(생활 정보), 중고 거래, 알뜰소비, 구독소비 등의 활동을 통해 합리적 소비문화를 조성해 가고 있다. 그리고 낯선 것을 조합해서 새로운 것을 창조하는 뛰어난 매칭감각(매칭 마스터), 컴퓨터・인터넷・모바일・스마트폰・웨어러블 디바이스, 증강현실, 클라우드 서비스, 사물 인터넷, 음성인식 등 급변하는 ICT 환경을 즐기며 향유하고 잘 적응하면서 뛰어난 지식 정보력과 빠른 문제해결능력(속도감)은 자랑스러울 정도이다(김경훈, 2014).

⑬ 청소년세대의 대인관계에서의 친소(親疎)의식은 대단히 협소하고 제한적이다.

에드워드 홀(Hall, E.)은 인간관계의 친밀도, 친소관계를 세 개의 동심원권(同心圓圈)으로 분류, 경계거리(warn distance), 도주거리(flight distance), 임계거리(臨界距,critical distance)라 했는데, 이규태는 한국인의 인간층에 따른 정(情)을 인정권(人情圈), 의리권(義理圈), 지면권(知面圈) 등 삼색대(三色帶)가 완연하다고 했다(이규태, 1994: 66~71). 청소년 세대들이야 말로 부모 형제와 모계 혈통(외조부모, 이모)의 인정권을 빼고는 부계 혈통, 동창생이 포함되는 의리권, 아파트의 이웃과 시골 동네 사람들, 그리고 슈퍼마켓 아저씨들이 포함된 지면권에 따라 주고받는 정의 차이는 너무 크다.

⑭ 학교 동창회에 대한 친밀감과 참여의식에 있어 관심이 적다.

2000년대 중반부터 대학 졸업자들이 졸업 앨범대의 납부를 거부하기 시작하더니 그 움직임이 확대되는 중이다. 학교 동창회의 모임에 가서 관심없는 선・후배 만나느니 동아리 친구나 동호회원 만나는 데 의미가 크다고 생각하는 게 청소년세대이다.

이들 세대는 전술한 바와 같이 성장・역사・생활・체험・교육의 격차 때문에, 사고, 욕구, 관심, 취향, 역사인식, 사물을 보는 시각과 관점, 가치관과 언행 등 모든 면에서 극심한 격차와 괴리감이 있다. 그것들을 〈표 1-2〉에 정리하여 제시한다.

〈표 1-2〉 한국인의 성장체험·역사체험·생활체험·교육적 체험의 격차

항목 \ 세대		40대 이상 부모세대 (기성세대)	30대 이하 자녀세대 (청소년·청년)	비고
가정 환경 ∧ 인간의 기본 자질면 가치관 · 인성 교육 ∨	출산관계	자연 분만	인공분만	성장 환경의 격차
	수유관계	모유	분유	
	모체와의 신체접촉	mpthering	skinship	
	가족관계	대가족	핵가족	
	부모 · 자식관계	자녀들 간의 경쟁관계	편애(왕자 · 공주병)	
	올바른 생활습관	기초적 생활습관 철저	자율 · 방목	
	언어생활	세련미 강조	자유분방	
	태도	세련화	자율의지	
	대인관계	예절 중시(우아한 처신)	예절경시(대인관계 외면)	
	부모위상	엄부 · 자모상	자부 · 자모상	
	선 · 악 관계	선과 악을 분명하게	별로 중요시 안 함	
	진실 · 허위관계	진실과 위선을 분명하게	별로 중요시 안 함	
	처신 · 운신관계	바른 처신과 간사한 운신을 분명하게	별로 중요시 안 함	
	가치관 교육	어떤 가치관과 자세로	별로 중요시 안 함	
	부모의 애정관리	슬기로움과 엄격	익애 · 맹애형	
	반교양, 무질서, 부도덕, 반문화적, 요인관계	용납 못함	양해 또는 외면	
	자녀가 갖고 싶어 하는 것 무엇이든	거의 못했다	다 준다	
	아이가 나쁜 말을 할 때	절대 용인 못했다	그냥 웃어 넘김	
	가정에서의 교훈적인 훈련과 교육	많이 시켰다	거의 시키지 않음	
	잘못된 품행	철저히 책망했다	기 죽일까봐 주의시킬 뿐	
	TV · VIDEO 선택권	부모	자녀 마음대로	
	아이들 방, 옷가지 정리정돈	모두 본인이 했다	부모가 정리정돈	
역사적 환경	이웃으로부터 부단한 피해	○	×	역사적 환경의 격차
	산업 환경	농업화 → 공업화 사회	산업화 사회 → 정보화 사회	
	1910년의 치명적 상처	○	×	
	1945년 해방과 분단 비극	○	×	
	남북 긴장, 극도의 대립	○	×	

항목 \ 세대		40대 이상 부모세대 (기성세대)	30대 이하 자녀세대 (청소년·청년)	비고
	이별불안 · 양가감정 · 적대감 · 불신감	○	×	
	6 · 25남침과 원한, 증오심 (전쟁체험)	○	×	
	1 · 4후퇴와 이별불안, 살아남기 콤플렉스	○	×	
	가족해체와 빨리 빨리 성향	○	×	
사회 · 경제적 환경	보릿고개 체험(배고픔)	○	×	사회 · 경제적 환경의 격차
	궁핍함과 절약 체험 (터진 양말, 밥 한 톨)	○	×	
	이산가족의 비극 경험	○	×	
	피난과 역경의 삶	○	×	
	이념갈등	반공 · 친미 · 민주체제	반제 · 반미 · 통일지상	
	전통 중시	민속 명절 중시	외국명절 중시	
	집단의식	국가, 사회, 집단 중시	이기주의적 의식	
	사회저항의 행동양식	반독재 · 반정부 시위	혁명의 필요성 역설	
	세대 간의 연대의식	전 세대와 연대의식	단절세대, 개혁 · 혁명세대	
	경제적 지위	3D세대(무에서 유 창조)	수혜의 세대, 복 받은 세대	
	욕구표현 및 성취	요구 자제의 세대	자기의 몫 요구	
	세대 간의 갈등	아래, 위를 의식한 눈치 · 체면의 세대	기성세대에 대한 전면 부정과 철저한 불신	
	공 · 사 구분관계	가족 · 직장 중시	개인 지상주의	
	균형감각	대칭 · 균형 · 조화	비대칭 · 불균형	
	인지 · 이해하는 자세	수용 · 기록 · 경청	이유와 원인을 따지는 'know-why'의 세대	
	선호관계	스테레오적 의미감 선호	무의미감 선호	
	사고방식(안목)	획일성 · 단일성 · 천편일률	복합성, 다양성	
	예측 가능성 관계	베드민턴 셔틀 세대	럭비공 세대	
	변화성	상식과 양식 준수	상식과 타인의 시선 무시	
	성정체성	남성 · 여성 철저한 구획	남성 소프트화, 여성 하드화	
	매체관계	활자매체 세대	영상매체 세대	
	식사 선호	양위주의 식사 · 자장면	감각위주 · 양식선호	
	지각능력	단세포적 지각	다원적 지각능력	
	언어행동면	명분 · 이론 중시(신중)	행동 · 실리추구(행동화)	
	근무자세	일을 더하고 특근수당	여가시간 다 갖고 즐김	
	여가생활	가족과 함께	친구 · 이성과 함께	

항목 \ 세대		40대 이상 부모세대 (기성세대)	30대 이하 자녀세대 (청소년·청년)	비고
	스포츠 생활	관람(간접 스포츠)	직접적으로 스포츠	
	교통 · 운전문화(승객)	미흡	부재	
	목욕 · 위생문화	실종	미흡	
	여가 · 행락문화	미흡	미흡	
	전화문화	부재	부재	
	정치 · 회의문화	부재	부재	
	음주 · 흡연문화	실종	미흡	
	자전거 · 오토바이 문화	부재	미흡	
	직장문화	부재	미흡	
	준법 · 규범 문제	미흡	미흡	
사회 · 경제적 환경	노인 · 연장자 우대	당연	조건부 수용	사회 · 경제적 환경의 격차
	노인 · 연장자 의견존중	당연	선별적 수용	
	노인에 대한 예의 우선	당연	선별적 수용	
	노인의 젊은이 하대	수용	수용 못함	
	노인의 젊은이 충고	인정	순리적 · 합리적 태도 인정	
	노인의 젊은이 꾸중할 권리	인정	순리적 · 합리적 태도 인정	
	연장자의 권위	인정(수용)	합리성과 도덕적 가치관이 실추된 권위 불인정	
	직장상사의 권위	인정(수용)	합리성과 도덕적 가치관이 실추된 권위 불인정	
	가장의 위엄 · 부모의 권위	인정(수용)	합리성과 도덕적 가치관이 실추된 권위 불인정	
	학교에서의 권위	인정(수용)	합리성과 도덕적 가치관이 실추된 권위 불안정	
	사회지도층, 원로 권위	인정(수용)	합리성과 도덕적 가치관이 실추된 권위 불인정	
	사회청렴도	부정부패의 불감증	지도계층 불신	
	교육의 품질관리	교육의 파행화	교육의 저질화	
	무규범 사회	준법의식의 약화, 상식 · 양식의 위기	준법 실종, 윤리와 상식, 양식의 무력화	
	예의와 편법특례와 선심이 용인된 사회	의문의 사건 양산	기성세대들에 대한 불신과 의혹, 갈등, 스트레스 양산	
교육적 환경	자주, 자유, 자율의 능력	판단, 의지, 생활력의 독립	개인 지상주의	교육 의식의 격차
	평등사상(타인권리, 자유존중)	개인의 존엄성, 인간 지상주의	자신의 감정, 선입관, 편견	
	협력 · 협동하는 태도	문제해결 위한 협력, 각자 책임과 역할 분명히, 이기심 억제, 타 인격 존중	실리 추구, 타산적 이기주의 성향	

항목 \ 세대		40대 이상 부모세대 (기성세대)	30대 이하 자녀세대 (청소년·청년)	비고
	주장의 차이	현실적, 신중한 현실 파악	너무 이상적 · 타당성 부족	
	관점의 차이	전반적 측면 중시	어느 한 측면만 강조	
	시행에 따른 결과	부작용 최소화(선행해야 될 조건과 환경 완비)	부작용(선행될 조건 미비)과 역효과(환경미비)	
	문제 진단의 차이	충분한 경험과 사려성으로 사실적 사고	과장 · 왜곡하려는 자세	
	책임감의 차이	신중한 고려	매사를 쉽게 생각, 예단 (책임 없으므로)	
	행동통제에 대한 의식	젊은이에 대한 선의의 행동통제	간섭과 억지논리로 기를 꺾음	

자료: 김흥규(2006), 삶의 질과 문화경쟁력, (사)한국삶의질연구원 창립 3주년 기념학술세미나 발표 논문. 1~20.

제4절 변하고 있는 한국인의 가치관과 라이프 스타일

이와 관련하여 우리나라 중 · 고등학생, 대학생, 일반 성인 총 1,008명을 대상으로 연구 발표된 논문인 '한국인의 가치관과 라이프 스타일에 관한 연구'(김흥규 · 이상란, 2014)와 한국과 일본 대학생 516명을 대상으로 한 '한 · 일 대학생의 사고(思考) 및 의식성향에 대한 비교연구'(김흥규 · 이상란 · 고길희, 2016) 결과를 중심으로 정리하고자 한다.

1. 가족 및 결혼관

첫째, '아들은 반드시 있어야 한다'는 남아 선호의식은 연령과 세대를 망라해서 퇴색하고 있음이 밝혀졌다.

중 · 고교생(24.1%), 대학생(17.6%), 성인(17.0%)의 응답이 말해 주듯이 '아들 선호'의 생각은 전반적으로 미미한 수준이며, 나이 어린 10대들의 응답이 오히려 높고, 성별로 보더라도 중 · 고교생은 남 35.3%, 여 14.2%, 대학생은 남 23.3%, 여 12.2%, 성인은 남 27.2%, 여

10.2%로 나타나 남성들 가운데서도 높은 비율의 의견이 아님을 알 수 있다. 오래전 송호근의 조사(1996)에서는 '자식을 낳으면 적어도 아들 하나는 있어야 한다'는 응답이 42.3%였지만 2003년도 연구에는 53.1%로 오히려 증가하였다. 이에 대해 송호근 교수는 "IMF는 가계 도산(倒産)과 가정 파탄(破綻)을 동시에 촉진하였으므로 가족을 중시하는 경향의 증대 현상으로 남아 선호 경향이 높아진 것"(송호근, 2003: 178)으로 해석하였다. 또한 제일기획 마케팅연구소의 5년간(1995~1999년) 조사 결과(시사저널, 519호, 1999. 9. 30)를 보면 '아들은 반드시 있어야 한다'는 응답의 경우, 1995년(42.1%), 1996년(41.9%), 1997년(42.7%), 1998년(43.0%), 1999년(41.5%)으로 나타나 1990년대는 40% 선에 머물고 있음을 알 수 있다. 그러나 2006년도 제일기획 소비자조사 연차보고서'(월간중앙, 2007년 2월호: 83)에 의하면, '아들은 반드시 있어야 한다'는 응답을 보인 세대별 반응은 급격히 낮아져 주목된다. 즉, 1318 세대(13~18세, 21%), 1924 세대(28%), 2529 세대(26%), 3039 세대(31%)는 낮은 반응이나 40대 이후 세대(4049 세대 41%, 5059 세대 52%)는 상대적으로 높은 반응을 나타냈다.

김홍규(2010)의 연구 결과 역시 아들은 있으면 좋지만(27.5%) '아들은 반드시 있어야 한다'는 응답은 전체의 7.6%(중 · 고교생 6.5%, 대학생 7.3%, 일반인 9.2%)로 대폭 감소했다. 그런가 하면 LG경제연구원의 2011년도 가치관 조사 결과는 심각한 세대차를 보인다. 즉, 자녀의 필요성에 대해 10~60대 연령층에 걸쳐 20대가 가장 낮은 응답(50대 75.0%, 20대 41.0%)을 나타냄으로써 '자녀는 필요하다', '아이를 꼭 낳아야 한다'는 생각이 약하다는 것을 알 수 있다.

여성가족부가 여론조사기관에 의뢰해 전국의 성인 남녀 3,500명을 면접조사(2012. 5~6)한 결과에 의하면 응답자의 29.2%만이 '자녀 중 적어도 아들이 한 명은 있어야 한다'고 답함으로써 10명 중 3명 정도에 그치고 있고, 10명 중 7명은 "아들이 없어도 괜찮다"는 생각인 것으로 확인되었다. 결국 여성의 경제활동 증가, 여권 신장에 따른 가부장제와 호주제의 폐지, 여성(아내)에게로의 가정권력의 이동, 부계혈연(媤家)의 붕괴와 모계(親庭) 중심으로 가정형태의 강화, 1990년도 재산 상속에서의 여성차별의 법적 철폐 등의 요인에 따라 남아 선호사상은 자연스럽게 퇴조하고 있음을 알 수 있으며, 더 나아가 이제는 자녀의 필요성까지도 2000년대 중반 이후 급격히 약화되고 있음을 알 수 있다. 가장 최근의 연구에서도 '아들은 반드시 있어야 한다'(한국대학생 전체의 3.0%, 남자의 4.6%, 여자 0%)는 의식이 뚜렷하게 퇴조되고 있음이 밝혀졌다(김홍규 · 이상란 · 고길희, 2016).

둘째, '결혼은 필수인가, 선택인가'의 문제에 대해 '결혼은 반드시 해야 한다'는 응답(중 · 고

생 35.5%, 대학생 42.6%, 성인 38.8%)보다는 '아니다'라고 답한 경우(중 · 고생 54.2%, 대학생 45.6%, 성인 50.6%)가 많아 주목된다.

또한 제일기획마케팅연구소의 조사에서도 '결혼은 꼭 할 필요가 없다'는 반응은 1995년(28.1%), 1996년(27.9%), 1997년(27.5%), 1998년(27.5%), 1999년(26.5%)으로 5년간 27~28% 수준에 머물렀다(시사저널, 1999. 9. 30. 제519호). 그런데 김흥규 연구(2010)에서는 '결혼은 반드시 해야 한다'는 응답(필수 사항)은 전체의 16.1%(중 · 고교생 16%, 대학생 19.4%, 성인 15.4%)에 그쳐 충격으로 받아들이게 된다. 물론 '결혼은 해야 한다'는 응답(당위론적 반응)이 전체의 32.2%(중 · 고교생 32.3%, 대학생 35.5%, 성인 29.9%)로 나타나 다소 위안이 되긴 하지만, 51.3%가 '결혼은 할 수도 안할 수도 있고, 자유를 위해 결혼을 하지 않겠다'는 태도는 국가 장래를 위해 우려스럽다.

특히, 주목되는 것은 LG경제연구원의 2011년도 보고서 내용이다. 20대 남성의 40%와 20대 여성 25%만이 '결혼을 꼭 해야 한다'는 응답이다. 결국 20대 남자의 10명 중 1명, 20대 여자 4명 중 1명만이 '결혼을 하겠다'는 생각이다. 또한 시사저널이 대학생 1,000명(남자 49.2%, 여자 50.8%; 서울 · 수도권 69.7%, 지방 30.3%)을 대상으로 조사한 바에 의하면 '결혼하겠다'는 반응은 73.6%였으며, 결혼을 하더라도 25~30세에 결혼하겠다는 응답은 51.9%에 그치고 있다. 최근의 연구에서도 '결혼은 반드시 해야 한다'고 응답한 학생(한국대학생 전체의 8.4%, 남학생 11.3%, 여학생 2.9%)이 매우 저조하여 충격을 준다(김흥규 · 이상란 · 고길희, 2016). 결국 국가사회의 최소 단위인 가정이 위기에 처했다는 것을 의미하며, 젊은 세대들의 결혼 및 가족관에 있어 '비상 벨'이 울리고 있음을 실감하게 된다.

셋째, '이혼에 대한 가치관'은 90년대에 비해 대단히 개방적이고 허용적인 자세로 변모를 보이고 있음이 밝혀졌다.

즉, '어떠한 경우에도 이혼은 안 된다'는 의식을 보인 반응은 전체의 20% 선(중 · 고교생의 29.2%, 대학생의 22.5%, 성인의 24.7%)에 그쳤다. 이와 같은 현상은 제일기획 마케팅연구소의 90년대 조사 결과 자료(1995년 44.6%, 1996년 43.1%, 1997년 46.6%, 1998년 47.6%, 1999년 48.1%)와 비교하면 절반 이하로 떨어진 반응이다. 그러나 김흥규(2010)의 연구 결과, 전체의 9.4%만이 '이혼 절대 불가'의 입장(중 · 고교생 9.6%, 대학생 6.5%, 성인 11.2%)을 보일 뿐이다.

최근 연구소에서도 '이혼 문제는 어디까지나 당사자의 문제이며(한국 전체 대학생의 59.3%, 남학생 55.4%, 여학생 66.7%), 이혼에는 이유가 있고(대학생 전체의 11.1%, 남자 9.7%, 여자

5.91%) 자기 행복의 추구를 위한 불가피한 최후의 선택(대학생 전체의 5.7%, 남자 5.6%, 여자 13.7%)'이라는 배경이 깔려 있기 때문에 '이혼하는 사람을 이해한다'는 허용적 시각이 있다고 해석된다(김흥규 · 이상란 · 고길희, 2016).

이상으로 결혼은 반드시 해야 하는 필수가 아닌 '선택 사항'이고, 자녀 역시 '반드시 가져야 하는 것도 아니다'라는 의식이 확산되고 있음을 확인할 수 있었다. 즉, '아들 선호 사상'과 '결혼은 필수지만 이혼은 불가'라는 전통적 가치관은 거의 퇴색되었다고 할 수 있다. 그리고 이혼문제에 대한 이해의 폭도 넓어져 '이혼은 행복 추구권'이란 분위기가 확산되는 것을 실감하게 되었다.

이는 개인적 차원에서는 '성인들의 발달과업' 수행의 약화를 의미하지만, 인구사회학적 측면과 경제적 측면을 고려할 때, 결혼 기피와 가구 구성의 회피, 저출산과 양육권 포기, 가정해체와 가정 건강성 문제, 인구 감소와 국가의 미래 동력 상실로 이어진다는 데 문제의 심각성이 있다. 국내 많은 전문가들 역시 우리나라의 미래와 관련하여 초저출산 문제와 노인 문제, 가정의 건강성과 가족해체의 위기 문제, 인구 문제와 국가의 미래, 사회갈등과 세대차 문제, 사회 양극화와 공정 경쟁 문제의 심각성을 지적하고 있다(권오용, 2001: 21~53; 공병호, 2005: 190~212; 송호근, 2005: 189~232; 이동원, 2005; 조대엽 외, 2005: 239~259; 김현기 외, 2008: 293~298; 박영숙, 2008a: 37~40., 68~71; 박영숙, 2008b: 214~232; 한동만, 2011: 90~104; 이나미, 2013: 118~138, 192~203).

그 밖에 지금과 같은 저출산 현상으로는 "2300년이면 단일민족으로서의 한국인은 존재하지 않는다. 인구소멸 국가 1호"로 한국을 지명(Korea syndrome)한 데이비드 콜먼(Coleman, 2006)이라든지, "지금과 같은 합계출산율이 유지되면 2100년 남한 인구는 2010년 인구(4,887만 명)의 50.5%인 2,468만 명으로 축소되고, 2500년에는 2010년 인구의 0.7%에 불과한 33만 명으로 줄어 민족이 소멸상태에 이를 것"이라는 예상(삼성경제연구소, 2010), 그리고 국회입법조사처가 자체 개발한 '입법 · 정책수요 예측 모형'의 운영 결과에 의하면 2379년에 대한민국의 인구 10만 명이 되고, 2503년에는 인구 1만 명으로 예측(국회의원 양승조, 2014. 8. 22)된다는 주장도 눈여겨 볼 대목이다.

특히, 주목되는 것은 통계청의 10년간(2000~2010년) 통계 분석한 결과에 따르면, "현재의 결혼 추세가 유지된다면 2010년 출생한 남자가 결혼할 확률은 79.1%(20.9%는 미혼상태로 인생 종료)이며, 여자는 84.9%로 결국 남자는 5명 중 1명, 여자는 10명 중 1.5명은 결혼을 못한다"는 것이다(2013. 2. 27, 연합뉴스).

이 같은 심각성을 감안하여 다양한 견해들이 있었다. 즉, 여성신문은 '저출산 · 고령화, 여성 눈으로 푼다'는 제목하에 시리즈 연재(2005. 6)를 마친 후 '각계 전문가 초대 좌담회'를 가진 바 있다. 그 자리에서 눈여겨 볼 대목은 "저출산 고령화 문제는 결코 국가 재정으로만 해결될 문제가 아니다. 출산율 제고를 위한 지원책은 별 실효성은 없다. 왜냐하면 직접 출산 당사자에게 개입해서 방향을 바꾸는 것은 어느 사회에서건 실패했기 때문이다. 여성들이 단지 돌봄이 힘들어서만 애를 안 낳는 것이 아니라고 본다. 자녀와 자녀 양육의 방식이 그들에게 어떤 의미인가부터 저출산 문제의 해결점이 출발해야 한다"는 것이다. 또는 "저출산의 해법을 유럽에서 배우자"(현대경제연구원, 2004; 고승연, 2014)거나 "한국의 저출산 문제 심각하다. 한국의 문화를 근본적으로 바꾸는 '문화 혁명'이 필요하다."(David Coleman, 2010. 7. 15)는 견해, '젊은 여성들의 사회 진출이 증가하는 데 비해 육아환경이 열악한 것이 주요인이므로 이를 해소하는 것이 해법이다'(유병규, 2009). 그리고 저출산 문제 해법으로 "가족 친화적인 직장문화 조성, 남자의 육아휴직과 여자의 유연 근무제 확대, 매주 수요일 정시 퇴근 시행, 고비용 혼례문화 개선, 양성평등 문화의 진정한 정착"(SBS, 2014, 김희정 여성가족부 장관 인터뷰) 등을 강조했다.

그러나 "정부나 지방자치단체의 출산정책에는 위기의식이 보이지 않고 정부가 비정상적인 인구구조를 타파하기 위해 '출산장려'로 인구정책을 전환했지만, 약발 없는 대책에 그치고 있다"는 비판(충청일보 사설, 2014)에 직면하고 있는 것이 우리의 현실이다.

물론 국가와 지방자치단체가 여러 가지 정책을 시행 중에 있다. 정부 차원의 출산장려정책은 네 가지 분야로서 임신출산 지원, 자녀성장 맞춤 지원, 맞벌이 부부 지원, 가구별 맞춤 지원 등으로 분류, ① 양육수당 지원 확대, 육아휴직 급여 지원 확대, 난임 부부 지원 확대, 다자녀가정 지원 확대(2011년 1월부터 시행), ② 신혼부부 주택 자금 지원 확대(2011년 2월부터 시행), ③ 보육 교육비 전액 지원 대상 확대(2011년 3월부터 시행), ④ 임신 · 출산 진료비 지원 확대(2011년 4월 신청자부터 시행) 등 출산장려정책을 시행하고 있다.

지방자치단체에서는 지역 예산으로 출산 장려금을 지급하고 있는데, 지원 규모는 지방자치단체의 재정 사정에 따라 선정기준과 지원 금액이 다르다. 서울시의 경우 첫째 아이 출산 시 25개 구청 중 4개 구청이 10만 원의 출산장려금을 지급하고, 둘째아이 출산 시 10만 원(4개 구청)~50만 원(5개 구청)의 출산 장려금을, 셋째아이 출산 시 20만 원(1구청)~100만 원(6개 구청)의 지원금을 지급하고 있다. 즉, 둘째아이부터는 한 곳만 제외하곤 24개 구청이 모두 장려금을 지급하고 있다. 그러나 정부나 지방자치단체의 예산 투입과 노력에 비해 기대효과는 나타나지 않는 것 같다. 그 이유는 인구 문제, 저출산 문제에 대한 관계부처의 접근법에 문제가 있다고 본다.

문제의 하나는, 저출산의 원인을 인구사회학적 원인과 경제적 원인에 비중을 두다보니 가장 중요한 개인적 원인을 간과했다는 점이고, 다른 하나는 임신 출산에 초점을 두다보니 '왜 결혼을 못하고 안 하느냐'를 주목하지 못했다는 점이다. 즉, 출발점부터 문제인데, 저출산의 원인도 다르고, 기업문화와 사회 분위기도 다르며, 국가의 재정 상태와 국가안보 상황도 다른데, 국가가 GDP의 3.4%를 보육 및 가족예산으로 지출하는 선진국을 따르라는 얘기는 곤란하다.

다음, 결혼 적령기의 젊은이들이 결혼과 관련하여 '그들이 생각하는 문제, 느끼는 문제, 신경 쓰이고 부담이 되는 문제, 직면하고 있는 문제, 도움을 필요로 하는 문제, 기대하고 원하는 문제'에 대한 심층적 분석이 전제되어야 한다. 그러면 자연스럽게 고비용의 결혼문화에 대한 특단의 대책이 필요하게 된다.

'200만 싱글족, 독립은 필수, 결혼은 선택, 독신이 좋다'(윤신철, 2002)라든지, '집안 거덜 내는 호화판 혼수바람, 혼수비로 1억 원이 기본, 호텔 결혼 · 외제 혼수 부쩍 늘어 혼수비로 10억 원 지출도, 연간 혼수시장 규모 14조 원, 대기업까지 가세해 다양화 · 고급화 일조, 웨딩컨설팅업까지 호황'(윤길주, 2002)한다느니, '결혼은 비즈니스다 요즘 1등 신랑감 기준, 현모양처보다 경제력 있는 아내, 결혼은 누가 뭐래도 남는 장사, 연 30조 원 시장 GDP 3%'(김현진 · 이지은 · 이혜민 · 손영일, 2009)라는 보도도 결혼을 망설이게 만들 뿐이다. 그리고 '결혼 특집; 결혼해야 하나 말아야 하나, 결혼하면 여성은 가사 일을 매주 7시간씩 더해야 한다, 결혼하는 미국인 5쌍 중 1쌍은 5년 안에 파경을 맞는다'(Newsweek, 2010), 또는 '요즘 신혼부부는 결혼 비용으로 평균 2억 4,996만 원 지출, 그중 신랑이 평균 1억 5,598만 원, 신부가 평균 9,398만 원이다'(듀오웨드 · 최인철, 2014), '결혼 관련 시장 연 16조원 규모, 결혼 · 이혼 대리인 시장 급성장, 웨딩플래너 · 이혼상담사 전성시대'(조용탁, 이코노미스트, 2014) 등… 이 같은 언론 보도 내용과 고비용의 결혼문화는 허례허식을 조장하고 결혼을 피하게 만드는 사회병리적 문제이다.

국가 차원의 결혼 간소화를 위한 혼례문화 혁명, 제2의 '가정의례준칙'이 추진되어야 하며, 지방자치단체 강당, 학교 강당, 종교시설 등이 결혼식장으로 무료 개방되어야 하고, 하객에 대한 식사 답례도 재검토되거나 간소화(잔치국수 수준)를 검토할 필요가 있다. 특히, 국가나 지방자치단체의 정책이 '결혼을 하겠다', '아이를 낳겠다'는 사람에게 초점을 두어야 한다.

결혼에 대한 가치관과 자녀에 대한 의식이 변해서 '반드시 결혼을 해야 하는 것도 아니고, 자식을 반드시 가져야 하는 것도 아니다'라는 사람에게 "억지로 돈을 주면 아이를 많이 출산할 거라고 생각하지만, 대단히 잔인하고 모욕적인 생각"이라는 세계적 인구 학자 데이비드 콜먼의 말을 재음미할 필요가 있다. 그리고 취업을 못한 여성은 결혼도 어렵다는 현실을 직시하고 결혼하면 전업주부로서 자녀의 출산과 양육에 전담할 이들에 대한 투자가 정부와 지방자치단체의 중요 정책이 되어야 한다. 왜냐하면 취업 여성은 직장의 복지사업으로 혜택을 받을 수 있도록 하면 된다. 그렇지 않고 맞벌이 부부에게 역점을 두면, '이중 혜택과 양극화 현상'이 심화될 우려도 있다. 이미 '여성이 일하기 좋은 기업'을 선발해서 10위까지 발표(2011)했는가 하면 2013년도에는 여성이 일하기 좋은 19개 기업을 표창(대상과 본상, 한국경제, 2013. 11. 7. B1면)한 바 있고 전국경제인연합회가 세계여성의 날(2014. 3. 8)을 계기로 10대 그룹들의 난임 휴직제, 육아휴직 자동 전환제 등의 임신 · 출산 · 육아 관련 제도와 여성인력을 리더로 육성하기 위한 프로그램 운영 여부를 조사 · 발표하는 등의 활동들은 '가족친화기업' 분위기를 확산시키는 데 기여하고 있다. 특히, 삼성전자는 2013년 3월 전국 8개의 전사업장에 어린이집을 개원하여 6세 미만 자녀를 둔 워킹맘들의 편의를 제공하는 한편 그룹 산하 '삼성 SDS'와 '제일기획'은 제도적, 프로그램 면에서 가족친화적 기업으로서 앞서가고 있다.

기업체에서는 아동교육 출신자를 사원으로 채용하여 연령별로 사원들의 자녀를 탁아 · 보육하도록 하며, 그런 기업에 대해 정책적 혜택을 주는 방안도 생각해 볼 수 있겠다. 그리고 전체 초 · 중 · 고교 학생에 대한 무상급식제도는 정치적 포퓰리즘의 산물이므로 개편해서 저소득층 학생들만 무료급식을 하는 문제를 검토할 필요가 있다. 이를 통해 기존의 관련 예산으로 ① 전체 학생들의 급식 내용의 질적 향상을 도모한다. ② 이들 예산으로 저소득층 자녀들의 학력격차 해소와 사교육비 경감을 위해 투자한다.

이미 사교육비 문제는 2000년대 초부터 그 심각성이 지적되어 왔다. 2007년도의 경우, 전체 사교육비 규모는 연간 20조 400억 원(초등학생 10조 2,000억 원, 중학생 5조 6,000억 원, 고교생 4조 2,000억 원), 전체 학생의 77% 사교육 참여(초등 80%, 중학 75%, 전문계 고교 포함 전체 고등학생 55%), 유치원~고등학생까지 1인당 사교육비 약 5,000억 원이 든다는 것이었다(통계청, 2008). 2013년의 사교육 통계도 별로 개선된 것이 없다. 학생 1인당 평균 사교육비 23만 9,000원(사교육 참여 학생 월 34만 7,000원), 사교육 평균 참여율 68.8%(초등생 81.8%, 중학생

69.5%, 고교생 49.2%)(통계청, 2014)가 이를 대변한다.

때문에 그 구체적인 방안으로 '저소득층 자녀들의 교육복지사업'으로 좋은 평가를 받았던 '인천인터넷교육방송 잎새방송(저소득층 자녀 초등 4학년~고교생 대상)' 같은 교육복지 실천운동이 전국적으로 확대 · 시행되는 것도 좋은 정책 대안이 될 수 있겠다. 그렇게 되면 저출산 문제와 사회 양극화 문제, 저소득층 자녀의 복지 문제가 해결되는 데 긍정적으로 기여하게 될 것이다.

2. 사회관

첫째, '정당한 노력만으로 성공하기 어렵다'는 반응이 전체 대상의 50%를 넘어 충격으로 받아들이게 된다. 일반적으로 건전 · 성숙한 사회는 대부분의 국민이 '정당한 노력과 실력이 성공의 지름길'로 인식되는 것이다. 그런데 10대 중 · 고교생에서 성인에 이르기까지 국민의 절반(중 · 고교생 54.2%, 대학생 55.2%, 성인 59.3%)이 사회의 '건전성 · 합리성 · 투명성 · 성숙성'에 대해 부정적 시각을 가지고 있다는 것은 심각한 사회병리현상으로 생각한다. 제일기획마케팅연구소의 우리 사회에 대한 90년대의 조사결과는 더욱더 비관적이었음을 알 수 있다. 즉, '정당한 노력만으로 성공하기 어렵다'는 응답이 1995년(69.5%), 1996년(70.5%), 1997년(74.9%), 1998년(75.3%), 1999년(73.6%)에 이르기까지 70%대 중반에 이르고 있다.

김홍규(2010) 연구에서도 50.4%의 응답자들이 정당한 노력과 실력만으로는 '성공할 수 있다고 자신 있게 말할 수 없다', '성공하기 어렵다', '절대로 이 사회에서 성공할 수 없다'는 생각을 가지고 있음이 밝혀졌다. 특히, "공정한 규칙과 동등한 기회가 주어져서 노력과 실력으로 성공할 수 있는 '건강한 사회'"라고 응답한 대학생은 전체의 12.7%(남자 15.3, 여자 7.9%)에 불과하였고, "정치 · 언론 · 관료 등이 건강하지 못하다"는 반응이 제일 높게 나타났다(전체 대학생의 50.5%)(김홍규 · 이상란 · 고길희, 2016).

둘째, '법과 질서를 지키는 사람이 오히려 손해를 본다'는 생각을 가지고 있는 사람은 전체적으로 열 명 중 세 명 정도(중 · 고교생 34.9%, 대학생 31.6%, 성인 33.3%)로 밝혀졌다. 여성들보다 남성들의 그 같은 성향이 상대적으로 높게(중 · 고교생 남자 43.6%, 여자 27.3%; 대학생 남자 37.5%, 여자 26.1%; 성인 남자 36.8%, 여자 31.0%) 나타났다. 제일기획마케팅연구소의 5년간 조사 결과(1995~1999)에서도 1995년(42.4%), 1996년(43.8%), 1997년(53.4%), 1998년

(55.7%)으로 밝혀져 '법과 질서를 지키는 사람이 오히려 손해를 본다'는 사회에 대한 부정적 시각이 높다.

특히, 1998년 김대중 정부 초기에 급격히 상승했음을 알 수 있다. 민주화의 열기 속에 소위 '국민의 정부'가 출범한 1998년도가 높게 나타났다는 것은 IMF와도 무관하지 않다고 본다. 국가적 부도 위기를 맞고 보니 정부와 지도급 인사들에 대한 불신과 원망의 항변으로 해석된다. 특히, 주간잡지의 특집기사 내용과도 일치한다는 점에서 시사성이 있다. 즉, '폭력 공화국'(뉴스플러스, 1997. 7. 10), '때리고 부수고 막가는 주먹사회'(주간동아, 2000), '공권력 추락, 나라꼴이 기가 막혀'(한겨레21, 2000. 6) 등이 그 반증이다. 김흥규(2010)의 연구에서도 전체의 43.7%가 '법을 잘 지키거나 안 지키거나 같다', '법을 잘 지키면 손해를 보는 것 같다', '오히려 손해를 본다'는 반응을 보여 줌으로써 우리 사회의 병리가 심각함을 느끼게 된다.

셋째, '목소리 큰 사람, 정치인들 보면 이민가고 싶다'는 생각을 한다는 응답자가 열 명 중 네 명이라는 것은 충격적이다. 사회구조적 문제와 정치에 별 관심이 없을 것 같은 어린 십대에서부터 30대 이상의 성인(중 · 고교생 39.2%, 대학생 40.1%, 성인 44.9%)에 이르기까지 한결같은 반응인 것을 보면 우리 사회의 문제가 무엇인지 확인해 주는 것 같다. 제일기획마케팅연구소의 과거 5년간 조사(1995~1999)에서도 '외국으로 이민가고 싶다'는 응답이 1995년(36.7%), 1996년(38.6%), 1997년(41.0%), 1998년(45.4%), 1999년(45.4%)으로 45% 선을 유지하였다.

또한 2001년 고려대생의 51.4%가 한국을 '다시 태어나기 싫은 나라'로 응답(고려대신문, 2001)하여 주목을 받았으며, 그 밖에 네티즌 설문조사에서는 67.8%가 '다시 태어난다면, 한국인으로 태어나고 싶지 않다'(디시인사이드, 2006)고 답했고, 초등학생의 87%는 "다시 태어나도 대한민국에서 태어나고 싶어요"라고 답변(노벨과 개미, 2013)하여 대조를 보였다. 그러나 최근 모바일전문기관인 듀잇서베이 조사에서도 역시 적지 않은 국민(56.9%)들이 "다시 태어난다면 우리나라에서 태어나고 싶지 않다"고 응답(듀잇서베이, 2014)하여 주목된다.

그렇다면 이들의 국가관과 애국심을 탓하기 전에 '무엇이 조국에 대한 긍지와 애국심을 갉아먹고 조국에 대해 절망하게 만드는지 그 원인을 확인하는 것이 중요하다. 결국 고려대생들은 '현실정치의 추악함과 무능'(임홍빈, 2001) 그리고 '정치적 타락'(중앙일보, 2001. 11. 6)을 주요인으로 꼽았다. 그리고 네티즌들은 교육제도와 정치, 경제, 사회 등 '사회 전반에 걸쳐 혁신의 필요성'을 주장했으며, 듀잇서베이 조사에서는 '가장 큰 문제는 정치이며, 무한 경쟁과 입시' 문제도 지적하였다.

실제로 1990년대 말~2001년까지의 한국사회의 문제점에 대한 사회현상 및 주간잡지의 특집기사를 정리해 보면 다음과 같다.

- 1990년대 말 부패한 정치 지도자와 관료주의에 대해 '모두 바꿔 버리자'고 외치는 대중가요가 폭발적 인기를 얻어 '바꿔 신드롬'으로 정착된다(김흥규 · 이만표, 2013: 434).
- "정치는 황폐할 대로 황폐해져 급기야 시민단체들이 퇴출대상 정치인을 지목하는 지경에까지 이르렀다. 정치인을 향한 이런 저격행위의 등장 자체가 충격적이다."(김진, 이코노미스트, 2000).
- "성난 시민 권력 낡은 정치 쓸어낸다. 시민단체, 낙천 · 낙선운동 펼치며 심판 · 개혁 나서(김종민 기자, 시사저널, 2000).
- "암흑가의 망나니, 10대 조폭 날뛰다."(고제규 기자, 시사저널, 2000).
- "더욱 공고해지는 '현대판 카스트 제도'…'학벌 없으면 성공없다'(63. 4%), '일류대학 나오는 게 중요'(64.4%), DJ정권 학벌경쟁 부추겼다"(신윤동욱 · 이화주 · 조계완 · 이창곤 기자, 한겨레 21, 2000).
- "대학 문 밖은 '취업 빙하기', 대학 졸업반은 예비 실업자, 4학년 70%가 실업자 대열로…취업전선 앞에서 대학은 '무장 해제', 취업준비장으로 변질, 도움 안되는 대학교육 · 대학기능 약화, 와해되는 선후배 관계와 휴학생 급증…"(배연해 기자, 주간한국, 2000).
- "국민 혈세를 '공적 자금'이라는 단어로 바꾸어서 마음대로 주물럭거리는 세상이다. 내가 낸 세금을 기업에도 퍼주고, 은행에도 퍼준다. 농민들이 고속도로를 점거하고 농민전쟁을 불사하는 상태에 굴복한 정부가 농가 부채를 탕감해 준다고 한다. 한심한 정치다. 혈세의 적지 않은 부분을 감당하는 봉급 생활자들이 봉이 되는 셈이다. 희망을 주지 못하는 정부에 대해서는 납세를 거부하고 법적 절차를 밟아 그 대가를 지불하고 싶다"(전경수 서울대 교수, 2001).
- "몸집만 키운 대학원, 고학력 실업자 양산 창구로 전락. 간판따기 급급, 우리 대학원에 학문이 없다. 수준 낮은 강사 · 열악한 시설 등 부실투성이 · 일부 학교 인맥쌓기 장(場)…"(김현미 기자 외, 주간동아, 2001).
- "육군의 자료에 의하면 폭행건수는 1991년(478건), 1993년(387건), 1995년(993건), 2000년(605건)으로 집계되었고, 2000년 10월 국회 국방위원회(국정감사)에 제출된 육군본부의

자료에는 육군 전체 사병의 10% 이상이 한 달에 한두 번 이상 구타를 당하고, 40%는 한 달에 한두 번 이상 인격 모독을 당하며, 20% 이상이 집합과 열차려에 시달린다. 뿌리깊은 군폭력 관행은 자살과 정신질환으로 이어진다.

자살자는 1996년(103명), 1997년(92명), 1998년(102명), 1999년(101명), 2000년(8월까지 49명)으로 해마다 100명 가량된다. 정신질환 발생도 1998년(5,949명), 1999년(5,246명), 2000년(상반기까지 2,420명)으로 해마다 5,000명 이상이 정신질환에 걸린다는 통계다. 탈영병도 1998년(1,986명), 1999년(1,462명), 2000년(8월까지 815명)으로 해마다 1,500명선에 이른다"(신윤동욱 · 손원제 기자, 한겨레 21, 2001).

- "한국 경제는 빅딜이 원망스럽다. 정치적 의도에서 출발 · 경제논리 철저 외면 · 밀어붙이기식 추진 화(禍) 불러, 정치방정식으로 푼 빅딜, 실패는 예고됐다. DJ 경제팀 무리수…"(윤길주 · 유승호 기자, 뉴스메이커, 2001).
- "3김식 노인정치가 싫다. 덕성 · 경륜의 리더십 발휘보다 아집 · 완고 등 폐단적 요소 더 드러내. 노인 성향을 본 '정치 유형 5가지 중 DJ · YS · JP 등은 끊임없이 '나는 아직 늙지 않았다'는 점을 강조하고 행동으로 옮기는 '무장형' 정치인으로 분류" 하였으며(신동호 기자, 뉴스메이커, 2001), 그림을 통해 3김씨를 거미형 리더로 희화화한 것이 눈길을 끈다.

이 같은 정치 · 교육 · 사회현실을 고려할 때 고려대생 등 여러 가지 반응들은 사회에 대한 정직한 비판으로 받아들이게 된다. 또한 김흥규(2010)의 연구에서도 '외국으로 이민가고 싶은 이유'를 '부실한 공교육과 사교육비 부담'(45.0%), '저질 정치지도자들의 행태 및 부정부패'(21.2%), '공직자들의 구조화된 부정부패'(12.2%), '이기주의의 극치인 강성노조'(10.8%), '사회주의적 성향과 왜곡된 이념'(10.8%)으로 밝혀져 우리 사회의 병리 문제들이 건전한 국가관과 애국심을 갉아먹는 핵심 요인으로 확인되었다. 또한 '국민들의 준법성 수준은 보통 이상이며, 대부분의 국민들이 법과 질서를 지킨다'(대학생의 67.7%)고 응답한 반면에 '정치인, 민주 · 자유 · 인권을 주장하는 사람들, 의식화된 집단들이 법과 질서를 안 지킨다(32.3%)'고 응답하였다(김흥규 · 이상란 · 고길희, 2016).

대기업과 중소기업이 외국으로 나가고 외국 자본이 인도네시아, 베트남 등으로 몰리는데, 한국은 왜 피하는가? 그 이유는 '강성노조에 의한 노조갈등, 고임금, 각종 규제 때문'(박제현, 2014)이라는 지적이다. 개성 그리고 중국 · 베트남 · 브라질 · 멕시코 등 외국으로 기업이 나가는 데 일자리가 줄어들 수밖에 없지 않은가. 부패 문제 역시 얼마나 심각한가? 전직 대통령들과 그 가족들의 치부는 부끄러운 일로, 오래 전 한국행정연구원의 조사 결과에서도 고착화된 부패구조를 지적한 바 있다. 즉 기업인들 4명 중 1명이 "올해 뇌물 줬다"고 응답했다(정희상, 시사저널, 2000). 이 같은 결과는 정권이 바뀔 때마다 연례행사처럼 '공직자 부정부패 추방'의 캠페인을 벌이지만 더욱 고질화되는 느낌이다. 또한 민주주의는 시끄러운 것이 정상이라고들 하지만, 서울에서만 집회 · 시위가 2013년 1만 219건, 이는 하루 평균 30여건의 집회 · 시위 · 데모가 일어났다는 계산(김대중, 2014)인데, 법치국가에서 얼마나 심각한 문제인가? 국회와 지방자치단체의 의회는 왜 존재하는 것인가? 이들의 문제를 장내로 끌어들여 논의해서 해법을 찾아야 하는 것이 정도가 아닌가.

그리고 취업난과 반값 등록금 문제의 경우도 마찬가지다. 이미 '외환위기 이후 고용 불안이 만연한 사회로 바뀌면서 한국사회가 급속히 실업사회화하고 있다'면서 '한국은 산업사회이자 실업사회'(김만수, 2004)라고 오래 전에 진단했으며, 한국사회에서 불안을 야기하는 주범은 '취업난'(연세대인간발달연구소 실태조사; 시사저널, 2004, 제763호에서 재인용)으로 밝혀졌다. 그리고 10년 새 물가보다 두세 배 오른 대학 등록금(국립대 83%, 사립대 57% 인상) 때문에 대학 캠퍼스에는 봄의 낭만 대신 '투쟁'의 기운이 감돈다(조현주, 2011, 시사저널)는 보도 역시 오래되었다.

2001년 243만 원이던 국립대의 등록금이 2010년 444만 원으로(201만 원, 82.7% 인상), 사립대의 경우는 489만 원에서 754만 원으로(274만 원, 57.1% 인상) 인상되었는데, 문제는 그것이 언제부터이며 그 원인이 무엇 때문인지에 주목했어야 했다. 그런데 2011년 당시 이주호 교육과학기술부장관은 "등록금 문제는 물가 측면에서 큰 비중을 차지하는 만큼 대학들의 인상 자제와 협조"를 부탁했다. 결론적으로 등록금 인상과 물가를 보는 시각에 문제가 있다고 하겠는데, 선과 후, 원인과 결과를 혼동하고 있다는 것이다.

노조가 힘을 받던 정권에서 강성노조의 투쟁에 의해 임금 협상이 노조의 요구대로 성취되어 고임금의 행진이 지속되었다. 그때마다 그들 기업에서는 제품가를 올리면 되었다. 그것이 물가 인상과 등록금 인상의 직접적 원인이다. 왜 강성노조인 H자동차가 중국, 브라질, 멕시코 등 해외에만 공장을 짓는가? 왜 미국 공장은 임금이 한국의 74%, 중국 공장은 임금이 8분의 1인데, 생산성은 2배(박재현, 2014)인가? 아무리 민주주의 국가이지만 임금투쟁에서 정부의 경제성장률과 물가정책 등을 고려하면서 '플러스 알파' 수준에서 자제하는 것이 바람직하다. 고임금으로 기업들은 해외로 나가고, 대학들은 무엇으로 교육 경쟁력을 발휘한단 말이며 취업난 해결은 어떻게 할 것인가.

요컨대 이 같은 사회적 문제가 생기면 국회에서 수용 · 논의를 하지 않고 장외 집회로 확대 · 악화시키는 것이 문제다. 국회가 제 구실을 못하다보니 각 분야별로 사법(판검사) 정치인, 시민단체 정치인, 교육정치인(교수 · 교육감), 종교(목사, 신부, 스님)정치인, 언론 정치인, 교사 정치인, 노동정치인, 학부모 정치인, 경찰 정치인까지 등장해서 모든 문제를 진영논리, 정치논리, 이념논리로 좌충우돌한다. 그러니 국민들은 피곤해 지쳐 비행기라도 타고 싶은 심정이다.

이에 덧붙여서 '한국 떠나는 고급 두뇌들 왜 증가하는가'의 자료를 보면, "젊은 박사들 줄줄이 한국 땅을 떠난다. 2009년(77명), 2010년(146명), 2011년(150명)으로 의대 교수(30%), 공대 교수(30%), 연구원(25%), 일반 의사 · 예체능인(15%)으로 분류되었고, 떠나는 이유가 교수 · 의사는 '삶의 질과 자녀 교육'으로 밝혀졌는데(시사저널, 2012), 이러한 결과가 시사하는 바가 크다. 최근의 한국갤럽조사(2013. 10. 14~17; 전국 19세 이상의 1.215명 전화 인터뷰)에서 '지난 1년간 해외 이민 고려 여부'를 조사한 결과를 보면, 1994년(14%), 1999년(21%), 2001년(22%), 2008년(23%), 2013년(18%)으로 이민을 고려했음이 밝혀졌다. 결국 국민 다섯 명 중 한 명은 1년 내내 이민을 심각하게 고려하고 있었다는 것을 확인하게 된다.

또한 연구를 통해서도 한국인이 다른 나라에 비해 상대적으로 '정치 · 경제 · 사회적 스트레스의 범람사회'에서 살고 있음을 알 수 있었다. 즉, 김홍규의 다섯 편의 연구인 '한국인의 사회계층과 스트레스와의 관계 연구(1991)', '사회계층에 따른 정치 · 경제 · 사회적 스트레스 변인 간의 관계(1995)', '정치현상 스트레스 변수가 사회현상 및 경제현상 관련 스트레스에 미치는 영향(1997b)', '경제현상 관련 스트레스 변수들이 정치현상 및 사회현상 관련 스트레스에 미치는 영향(1998a)', '사회현상 관련 스트레스 변수들이 경제현상 및 정치현상 관련 스트레스에 미치는 영향(1998b)' 등의 논문에서 우리 국민들은 지속적이고 심각한 수준의 정치적 · 경제적 · 사회적인 악성의 스트레스를 받고 있음이 밝혀졌다.

스트레스가 지속적이고 누적적 · 만성화되면 내분비계, 자율신경계, 면역계 등이 교란돼 인체의 항상성(恒常性)이 깨지고, '만병의 근원'이 된다는 것이 의학계의 정설이다. 때문에 발병(發病) 원인의 측면에서 볼 때 현대병의 50~75% 이상이 스트레스와 관련되고(Quick & Guick, 1984: 10), 심장병의 75%가 스트레스 때문(Brenner, 1978: 18)이며, 모든 의학적 병(medical problems)의 50% 이상이 스트레스와 관련이 있다는 것은 상식이다. 이와 같은 점에 주목할 때 급격한 경제발전과 제도적 민주화는 이루어졌지만, 우리나라에서 급증하고 있는 다음과 같은 질환은 정치 · 경제 · 사회적 스트레스와 관련이 크다는 것에 주목해야 된다고 생

각한다. 즉,

① 감염성 질환: 스트레스로 인한 면역력 저하로 쉽게 감염되는 감기나 폐결핵, 천식, 호흡곤란증 등의 호흡기 질환, 그리고 류머티스, 암 등을 발생하게 한다.

② 순환기 질환: 악성 스트레스는 심장병 위험을 2~3배 증가시키고, 과도한 스트레스는 카테콜라민(catecholamine) 분비를 촉진시키기 때문에 돌연사의 원인인 부정맥 위험이 증대, 또한 만성적인 스트레스는 코티솔(cortisol)의 분비가 촉진되어 비만증과 고지혈증을 유발한다.

③ 소화기 질환: 만성적인 스트레스는 '기능성' 또는 '신경성' 소화기 질환을 유발하는데, 위 · 십이지장궤양, 과민성 대장증후군, 기능성 소화불량(복부팽만, 복통, 변비 등), 항문 및 직장통증, 변실금(便失禁), 배변장애(排便障碍) 등을 유발한다.

④ 내분비 질환: 스트레스를 받으면 글루카곤(glucagon), 부신수질(副腎髓)호르몬 등이 다량으로 분비돼 췌장기능을 약화시키고 그 결과 혈당이 올라가고 갑상선 기능 항진증을 유발한다.

⑤ 피부 질환: 피부과 환자의 75% 정도가 치료과정 중 정신적 요인의 영향을 받는 것으로 알려져 있다. 이는 스트레스와 관련이 있음을 시사하는 것이며, 실제로 아토피성 피부염, 건선(乾癬), 손·발바닥의 수포성 습진, 가려움증, 원형 탈모증, 만성 두드러기 등은 스트레스가 일으키는 질환이다.

⑥ 비뇨기 질환: 스트레스는 발기(勃起)를 유발하는 부교감신경을 억제하고, 사정(射精)과 관계된 교감신경을 항진(亢進)시킨다. 때문에 지속적인 스트레스는 심인성 발기불능과 조루의 원인이 된다. 또한 만성전립선염증후군을 일으키게 된다. 여성에겐 혈액순환장애로 방광 수축증을 유발, 빈뇨(頻尿), 급박뇨(急迫尿) 등의 배변장애가 일어난다.

⑦ 산부인과 질환: 무월경증, 월경 전 증후군, 외음부 가려움증, 자궁출혈, 만성 골반통, 중년 이후의 근막동통증후군 등이 스트레스와도 관련이 있는 질환이다(Adler, Newsweek, 1999).

이상으로 '정당한 노력과 실력을 통한 성공 여부', '법과 질서의 준법성 문제', '정치 · 사회적 스트레스와 이민 생각' 등을 통해 한국인의 사회관 및 의식구조를 분석해 보았다.

결국 한국인은 정치적 · 경제적 · 사회적 스트레스의 범람사회에서 악성 스트레스에 노출되어 신체적 · 정신적 건강을 위협받고 있다는 것을 실감하게 되었다. 그래서 경제력에 걸맞고,

선진국형의 성숙 · 건강사회를 만드는 것이 시급한 과제라 하겠다. 가장 급한 과제가 정치현상 관련 스트레스 요인(저질 정치인, 저급한 정치문화, 패거리 싸움꾼 수준의 정치집단)을 혁신하는 것이고, 경제현상 관련 스트레스 요인(불건강한 경제구조, 왜곡된 경제행위와 실종된 경제윤리, 탈법 · 강성의 노조문화와 병리적 기업문화)이 개선되어야 하며, 사회현상 관련 스트레스 요인(한국사회의 제도화된 부패구조, 상호 불신과 갈등으로 양극화된 사회문화, 반교양 · 반윤리 · 부도덕 · 병리적 역사의식과 반문화적 요인)을 철저히 바로 잡아야 할 것이다.

특히, "시위하고 떼쓰면 더 준다"며 너도 나도 거리로 진출하고, "강성투쟁하면 목적 달성할 수 있다"며 삭발하고 머리띠 두르거나, 천막치고 단식하는 등의 행태가 사라지고 제도권 내에서 '문화적 해결책'이 정착되어야 한다. 그리고 '이것들은 공짜, 저것은 반값'이라며 떠들어대는 무분별한 포퓰리즘이 사라져야 하고, 높은 사회적 신분에 상응하는 도덕적 의무로서의 노블레스 오블리주(noblesse oblige)와 부유층의 사회적 책임인 리세스 오블리주(richesse oblige)의 제고(提高)를 위한 문화혁명, 사고혁명이 일어났으면 한다. 왜냐하면 오늘날의 국회를 보면서 48년 전에 로완(Carl T. Rowan) 기자가 "한국에서 민주주의를 기대하는 것은 쓰레기통에서 장미가 피길 바라는 것과 같다"(이브닝 스타, 1966. 12. 14)는 모욕적 표현이 아직도 유효한 것 같으며, "한국전쟁 후 충실하게 공장에 출근하던 부모들과는 달리 젊은이들은 더럽고(dirty), 어렵고(difficult), 위험한(dangerous) 소위 '3D 직업'을 거부한다. 일등 신랑감을 얻기 위해 1억 혼수(婚需), 사회 전반에 뇌물(賂物)수수 만연"이라며 '너무 빨리 앓는 한국병'(Newsweek, 특집, 1991)의 사회병리가 아직도 상존하고 있기 때문이다.

3. 직장관

첫째, 직장 불만에 대한 처신 문제의 경우, '불만이 있다고 직장을 옮기는 것은 옳지 않다'는 응답은 성인 집단이 가장 높고(48.7%), 그 다음 순위가 중 · 고교생(37.7%), 대학생(27.7%)들의 순이다. 성별로는 여성에 비해 남성들이 '불만이 있다고 직장을 옮기는 것'에 대해 반대하는 의견이 상대적으로 높다는 것을 알 수 있다. 제일기획마케팅연구소의 조사(1999)에서도 '불만이 있다고 직장을 옮기는 것은 옳지 않다'는 응답이 1998년에 44.1%, 1999년에 40.5%로 집계되었다.

그러나 김홍규의 연구(2010)에서는 '불만이 있다고 직장을 옮겨서는 절대 안 되고(전체의 3.3%), 옮기는 것에 찬성할 수 없다'(10.1%)는 반응은 이전의 연구에 비해 상당히 낮은 반응이어서 주목된다. 그 대신 다수(전체의 72.3%)가 '불만이 있더라도 긍정적 태도로 직장을 옮기는 문제에 대해서는 신중을 기해야 한다'는 반응을 보였다. 특히, 전체적으로 대부분(중 · 고교생 65.2%, 대학생 74.1%, 성인의 79.9%)이 직장 불만에 대한 대처행동으로 '긍정적 태도의 중요성'을 강조하였다. 최근의 연구에서도 대학생들은 '이직에 대해 신중을 기해야 한다'(56.6%)거나 '설사 직장 내 불만과 갈등이 있더라도 긍정적 태도로 해법을 찾겠다'(80.1%)는 성숙한 면모가 나타났다(김홍규 · 이상란 · 고길희, 2016).

이 현상은 두 가지 측면에서 현대인의 직업관 및 직장관의 변화를 나타낸 것으로 해석된다.

하나는, 세계화, 디지털화, 개성화와 다양화가 강조되면서 유동성과 유연성을 중시하는 현대인들은 정착생활의 의무감에서 벗어나려는 삶에 가치를 두는 성향을 보였다는 점이다. 그 결과 '직업의 유랑자, 생활의 유랑자, 인간관계의 유랑자, 믿음의 유랑자'(Gundula Englisch, 2002: 7-16)로서 자유로움을 추구하는 성향이 강하므로 불만이 있게 되면 이직으로 나타나게 됐을 것이란 점이고, 다른 하나는, "평생의 시간을 미리 회사(직장)에다 팔아넘기고 그 대신 평생 고용을 보장받는 그런 형태의 직장문화는 앞으로 점점 사라지게 될 것이라는 점이다. 대기업 종업원(코끼리)으로서의 삶이 아니라 프리랜서(벼룩)로서 남들과 다르게 살려는 생활태도"(Charles Handy, 2005: 13, 138, 278)의 표출로 이해된다.

둘째, 직장에서 구조조정을 한다면 '감원보다 감봉이 낫다'는 것에 대해 대다수의 성인집단(60.3%)이 공감을 표시했고, 그 다음 순위가 대학생(48.1%), 중 · 고교생(35.5%)의 반응이다. 제일기획마케팅연구소의 조사 결과(1999)에서는 '감원보다 감봉이 낫다'는 응답이 1998년(71.2%), 1999년(67.8%)으로 높게 나타났는데, 이는 1998~1999년도 IMF의 경제적 어려움이 반영된 것으로 해석된다. 김홍규의 연구(2010)에서 '직장에서 구조조정을 한다면, 감원보다 감봉이 좋다'는 의견에 38.6%만이 찬성 반응을 보여 주목된다. 그러나 2016년 연구에서는 대학생들의 응답은 '감원과 감봉의 병행'(46.7%)이 가장 많고, 그 다음 순위가 '감원보다 감봉'(30.5%)을 선택하였다(김홍규 · 이상란 · 고길희, 2016).

셋째, 성인의 11.2%, 대학생의 21.2%, 중 · 고교생의 28.9%가 '시간 외 근무는 하지 않겠다'는 답변을 하였다. 그러나 이들의 입장에 반대 의견(성인 84.6%, 대학생 56.9%, 중 · 고교생 47.3%)을 보인 것이 세대별로 큰 차이를 나타내 세대차를 읽게 된다. 제일기획마케팅연구소의 반응 결과에서도 '시간 외 근무를 하지 않겠다'는 반응은 30% 수준(1998년 31.2%, 1999년 33.4%)을 보여 시대에 따른 변화(차이)를 나타낸 바 있다. 한편 김흥규의 연구(2010)에서는 '시간 외 근무는 원칙적으로 하지 않는다(7.1%)거나, 절대로 시간 외 근무는 하지 않는다(1.8%)'는 반응은 미미한 수준이었다.

넷째, 상사가 업무와 무관한 일을 요구할 때는 '거절한다'는 의견에서 나이가 어릴수록 높은 반응을 나타냈다. 즉, 중·고교생의 53.0%, 대학생의 43.4%, 성인의 33.7%만이 '거절한다'는 응답이다. 그러나 제일기획마케팅연구소의 조사(1999) 결과는 1998년 25.3%, 1999년 23.9%만이 '거절한다'는 응답을 보였다. 이는 전술한 바와 같이 IMF의 상황 속에서 당시의 기업 분위기가 반영된 것으로 이해된다. 김흥규의 연구(2010)에서는 '업무와 무관하므로 단호하게 거절하겠다'는 소신파적 응답이 5.3%, '업무와 상관없는 일이므로 거절할 명분을 찾겠다'는 신중한 반응은 20.8%로 집계되었다.

이상으로 '불만과 직장 옮기는 문제', '구조조정에 따른 감원과 감봉 문제', '시간 외 근무 문제', '상사의 업무와 무관한 요구에 대한 처신 문제'를 통한 직장관을 고찰하였다. 직업은 개인적 차원에서는 자아실현과 재화(財貨)의 획득이지만, 사회적 측면에서는 직업을 통한 국가·사회적인 발전에의 공헌과 책무, 사회적 존경과 사회에 대한 봉사로서의 사회적 의미가 있다. 따라서 직업에 대한 건전한 의식과 올바른 직업관은 매우 중요하다. 국제화·세계화 시대에 걸맞은 윤리 경영, 선진국형의 기업문화와 성숙한 노조문화, 그리고 직장인들의 올바른 가치관과 성실한 근무태도를 통해 국민이 존경하는 기업, 소비자가 신뢰하는 기업, 젊은이들이 좋아하고 취업하기를 원하는 직장을 만들기 위한 여러 가지 정책과 방안들이 요구된다.

4. 외모관리 및 소비생활관

첫째, '체중, 몸매에 항상 신경을 쓴다'고 응답한 것은 성인(47.1%)보다는 대학생(58.0%)과 중·고교생(57.2%)이 높게 나타났으며 전 연령층에서 남성(성인 남성 54.4%, 남자 대학생 50.0%, 남자 중·고교생 53.2%)보다는 여성(성인 여성 58.8%, 여대생 65.4%, 여자 중·고교생 60.8%)의 반응이 역시 높아 연령별, 성별차를 나타냈다.

제일기획마케팅연구소의 조사 결과(1999)를 보면, 1995년(28.4%), 1996년(32.9%), 1997년

(34.8%), 1998년(35.3%), 1999년(37.8%)으로 연도에 따라 약간의 상승을 나타냈지만 그 비율은 그다지 높지 않았다. 김홍규의 연구(2010)에서도 '체중과 몸매관리를 하고 있다'는 응답은 35.0%로 나타났다.

결국 2013년도의 조사에서 비율이 상승했음을 알 수 있다. 이는 이미지 성형시대에 따른 외모 열풍과 성형 수술의 풍조에 따른 변화로 해석된다. 이미 1990~2000년대에 '이미지 성형시대에 돌입했으며, 1990년대 초반/중 · 후반/2000년대에 성형분위기에 차이를 보였다(동아일보, 2006. 9. 20). 그리고 2000년 초부터의 주요 언론 보도를 살펴보면 다음과 같다. '몸도 리모델링…너도 나도 외모 개량(改良) · 보수공사', '외모지상주의(Lookism)…여대생 4년생 10명 중 4명 취직용 성형수술', '내 얼굴 내 마음대로…성형수술 신드롬, 머리부터 발끝까지 뜯어 고친다'(주간한국, 2000. 12. 7), '못 생긴 것도 죄?, 외모산업, 쭉쭉빵빵', 외모 산업 '후끈'/다이어트, "살만 빠진다면 지옥이라도…"(한경비즈니스, 2001. 7. 30), "대한민국은 성형천국이다…특히, 겨울방학 때는 학생들 때문에 성형수술 받으려면 몇 주씩 기다려야 한다. 초등학생들까지 성형수술한다는 뉴스는 충격적이다"(신경정신과원장 김진세, 내외경제, 2002. 1. 31)라는 표현이 시대상을 대변한다.

둘째, 타인에 대한 관심과 관련하여 '타인의 옷차림과 액세서리를 눈여겨 본다'는 반응이 젊은 세대들(대학생의 65.1%, 중 · 고교생의 58.4%, 성인 50.3%)이 상대적으로 높게 나타났다.

특히, 남성보다는 여성의 관심이 예상대로 높았다(대학생 남자 53.4%/ 여자 76.1%, 중 · 고교생 남자 53.4%/여자 65.3%, 성인 남자 38.4%/여자 58.3%). 제일기획마케팅연구소의 조사(1999)에서는 '주위 사람들이 무슨 옷을 입는지 눈여겨본다'는 답변이 1995년(40.5%), 1996년(42.2%), 1997년(42.8%), 1998년(44.7%), 1999년(46.9%)으로 집계되어 점진적으로 높아지고 있음을 알 수 있다.

김홍규의 연구(2010)에서도 관심도가 더욱 높아져 '무슨 옷을 입었는지 눈여겨 본다'(59.5%)거나 '주위 사람들이 입은 옷에 대단히 민감하다'(6.5%)는 반응을 보였다. 이렇듯 대인관계나 사회생활을 하면서 자신의 의상(衣裳)이나 타인의 옷차림에 관심을 갖는 것은 옷차림이 특정 개인의 생활양식이나 가족 및 집단의 라이프스타일을 나타내는 독특하고도 특징적인 상징성 때문이다(Lazer, 1963; Moore, 1963; 채서일, 1992; 조인숙 · 신화경, 2004).

그러나 시대변혁과 함께 의식과 가치관이 변했다는 반론이 있다. 즉, "현대인의 정체성이 갈수록 모호해지면서 자신의 성별 · 나이 · 개성에 갇힌 고정적 소비는 하지 않는다. 상황별,

시간대별로 마치 지킬 앤 하이드(Jekyll & Hyde)(Beverly Engel, 2008) 같은 다중인격자로 변한다. 여성들 사이에 남성적인 '군복 패션(military look)'이 유행하고 남성들이 전문잡지 속 스타일링 소재들에 열광하면서, 성별 역시 상대와 '위치를 바꿔치기'(cross-over)되고 있다. 각각의 소비 상황에 맞게 추구하는 바를 마치 연극하듯이 표출하는 소비자는 무대 위 배우로, 타인을 관객삼아 놀이하듯 역할을 바꿔간다. 결국 소비자는 하나의 정체성에 묶여 있지 않으며, 가치관과 추구하는 이상향을 매 순간 갈아치우는 다중인격의 주체가 된 것이다"(김난도 외, 2010: 293-310; 김난도 외, 2011: 103)라고 정리했다.

그럼에도 불구하고 옷차림의 심리 · 사회적 특성에 대한 다음과 같은 다양한 함의(含意)를 아키라(多湖輝, 2011: 139-145) 등의 주장에서 주목하게 된다. 즉,

① 옷차림은 속마음의 표출이요 자기 내면의 속살을 드러내 보이는 개인의 '벌거벗은 모습'이다.

② 다양한 옷차림은 각자의 개인의식 및 개성 표출이므로 자신을 알리는 '통로'로서의 역할을 한다.

③ 선택해서 입는 옷과 액세서리는 그 사람의 자아가 내면에서 밖으로 얼굴을 내보이는 '자기 자체'로서의 '민낯'이며 '연장자아(延長自我)'이다.

④ 옷차림은 그 사람의 성격이나 심리상태를 상당히 정확하게 표현하기 때문에 '제2의 피부'요, '신체 언어(body language)'로서의 의사소통 수단이다.

⑤ 옷차림에는 각 개인의 기호와 패션 감각, 그리고 감정의 변화가 숨어있다.

⑥ 옷차림은 세대별, 성별 생활스타일의 표상(表象)인 동시에 연출(representation itself) 효과의 극대화를 노리는 심상(心象)이다. 광고에 나타나는 카피와 키워드는 정장류(正裝類)의 경우 품격과 명성을 내세우고, 캐주얼브랜드의 경우는 자유(free), 꿈(dream), 행복(happy)을 내세운다(유현정, 2006).

⑦ 자신의 개성과 정체성을 설명해 주는 것이고, 소비자 행동에 의한 자아개념의 지향이며 강화이다(Baudlliard, 1998; 박영봉, 2001; 유창조 · 정혜은, 2002).

⑧ 옷차림 및 액세서리는 성별 · 신분에 따른 암묵적인 역할 부여 및 개인의 심미적 태도의 표현이자 자신의 이미지 연출이다(Banner, 1980; Fisher & Arnold, 1990; 김윤경 · 이경희, 2005; 이윤정, 2005; 김주희 · 박옥련, 2005).

⑨ 옷차림 및 액세서리는 대중문화와 소비행태에 대한 실증주의적 단서이고, 시대적 쏠림

현상과 패션 트렌드를 이해하고 해석하며 변화를 예측하는 해석학적 접근에서의 정보가 된다(박수진 · 박길순, 2003)는 것이다.

셋째, '생활을 즐기기 위해 어느 정도 낭비는 필요하다'는 의식에 동의하는 반응이 높게 나타났다.

대학생의 반응(81.9%)이 가장 높고, 그 다음이 중 · 고교생(79.8%), 성인(72.1%)의 순이다. 이 같은 경향은 1990년대 중반에서 2010년까지의 현상과는 큰 격차를 보이는 현상이다. 즉, 제일기획마케팅연구소의 조사 결과는 '생활을 즐기기 위해 어느 정도의 낭비는 필요하다'는 의견이 1995년(42.8%), 1996년(44.0%), 1997년(40.2%), 1998년(40.0%), 1999년(45.2%)으로 나타났고, 김홍규의 연구(2010)에서는 36.3%로 감소된 반응을 나타낸 반면, '생활을 즐기는 데 균형 감각이 중요'(60.4%)하고, '어떤 형태로든 즐기기 위한 낭비는 안 된다'(3.2%)는 입장을 보였다.

특히, '생활의 균형 감각이 중요하다'는 입장에선 남성(57.6%)보다 여성(63.7%) 측이 높았으며, 30대(76.7%)와 40대(76.3%)가 다른 연령층(10대 50.2%, 20대 63.3%, 50대 이상 62.5%)보다 높은 반응을 보여 비교된다. 이와 같은 현상을 접하면서 사회 변화 면에서 몇 가지 고려해 볼 점들이 있다.

① '생활을 즐기기 위해 어느 정도의 낭비는 필요하다'는 반응에서 청소년들의 응답이 높다는 것은 예상했던 바이다.

왜냐하면 2000년도에 청소년들의 과소비 현상이 사회 문제로 부각되면서 이미 주간잡지에서 '청소년 과소비, 무섭다'(주간한국, 2000. 8. 3)라는 특집 제목으로 보도되었을 정도였기 때문이다. 그러나 '생활을 즐긴다'는 점에 주목할 때, 여기서 두 가지 점에 유념할 필요가 있다. 하나는, 주 5일 근무제의 확대에 따른 여가활동의 다양화로 가족의 응집성 및 가정의 건강 증진을 위한 연계성이 중요하고 청소년의 삶의 질 향상에 관심을 가져야 한다는 점이며(신화경, 2007),

다른 하나는, "비합리적인 소비행동에서 돈에 대한 태도는 영향력 있는 변인군이었다. 청소년들의 과시적 소비와 과소비는 돈에 대한 태도 가운데 인지적 차원(자유/ 힘을 얻는 도구, 존경을 얻는 도구, 성취의 척도)에 영향을 많이 받으며, 충동적 돈에 대한 태도 가운데 감정적 차원(돈에 대한 선 · 악의 관념)의 영향을 모두 받았다. 그러므로 돈에 대한 긍정적 측면과 부정적 측면을 잘 인식시켜야 하며, 청소년들의 계획적 소비행동점수가 낮은 것을 감안해서 소비자 교육을 강화할 필요가 있다"(홍은실, 2005)는 점이다.

② 세대 구분이 세분화되어 있고 세대론이, 특히 강한 나라에서 각 세대를 공략하기 위한 맞춤형 마케팅이 청소년들의 소비성향에 영향을 주었을 것이다.

미국의 세대 구분은 애국적 국가건설 세대(The Builders; 1925~1945년 출생), 베이비부머(1946~64년 출생), X세대(1965~80년 출생), Y세대 혹은 밀레니엄 세대(1981~1995년 출생), Z세대(1996~2010년 출생)로 구분하고, 일본의 각 세대 구분은 전중(戰中)세대(1944년 이전 출생), 단카이(團塊)세대(1945~1949년 출생), 단층(斷層)세대(1950~1960년 출생), 신인류세대(1961~1970년 출생), 단카이 주니어(1971~1978년 출생), 포스트 버블(1979~1983년 출생), 신인류 주니어(1984~1995년 출생)으로 구분(김홍규 · 이만표: 466~468)하지만, 우리나라의 경우는 명칭이 다양하듯이 세대별 특징도 서로 간 차이가 많다.

즉, 1940년대에 태어난 전후세대 · 산업화 1세대, 50년대 태어난 베이비붐세대, 4 · 19세대, 6 · 3세대, 유신세대, 산업화 2세대, 1960년대생은 민주화세대, 386세대, IMF세대 등의 별칭을 갖고 있으며, 1970년대생은 신세대, X세대, 탈냉전세대, 정보화세대, Y세대, N세대 등의 다양한 호칭으로 불리고, 1980년대 후반 이후에 출생한 세대에겐 88만 원세대, 쾌속세대, G세대, P세대, C세대 등의 명칭이 있다(김난도 외, 2011: 257). 이들 다양한 세대들 중에 40대 미만의 젊은 세대들은 혈연 중심의 가족 및 친족관계, 학벌 중심의 동창모임, 지연 중심의 향우회에서 탈피, 취향과 흥취를 따라 동호회 중심의 모임에 몰두하게 되고 그 분위기에 따라 소비생활 패턴에 영향을 받았을 것이다.

③ '우뇌 마케팅 시대'의 도래에 따라 소비 행태가 활발해졌다는 것도 고려해볼 수 있다. 다니엘 핑크는 2005년도에 그의 저서를 통해 '우뇌(右腦) 마케팅시대'의 도래에 따른 '감정 마케팅'을 강조하였다. 즉, 마케팅과 소비자와의 커뮤니케이션은 우뇌적인 감성에 호소해야 한다면서 디자인(design), 융합(symphony), 이야기(story), 공감(empathy), 흥취(joy), 의미(meaning) 등 6가지 요소를 중요시해야 한다고 했다(다니엘 핑크, 2005: 17~44).

디자인이 미학적으로 가치가 있으며 멋있을 뿐만 아니라, 여러 가지 속성과 기능이 조화 · 융합되었으며, 흥미로운 메시지와 함께 흥취감을 느끼게 되자 젊은이들은 '느낌이 좋다'는 이유만으로 기존에 써오던 메이저 브랜드를 버리고 새로 선택하게 됨으로써 소비가 증가하게 된다는 것이다.

④ 기술개발이 가속화되고, 경제와 트렌드 변화의 주기가 빨라진 '즉석 경제(Ad-hoc economy) 시대'의 도래가 현대인들의 소비 성향을 자극했을 것이다.

막강한 정보로 스마트하게 무장한 젊은 세대들은 '애드 호크세대'들이기 때문에 현재 지향적이고 즉각적인 소비가치를 선호하며 현실에 충실하려는 디지털 본능이 강하다. 그 결과 직관적인 UX디자인(User Experience Design)과 순환주기가 빠른 SPA(Specialty store retailer of Privarte label Apparel) 패션브랜드를 선호한다. 그래서 백화점의 세일 마케팅과 인터넷의 '순간 마케팅' 고객이 됐을 것이고 결과적으로 소비성향을 띠게 되었을 것이다.

⑤ 개성 넘치고 자기애가 강한 30대의 N세대 엄마들은 기성세대인 자신의 엄마와는 여러 가지 면에서 다르다.

우선 "우리 엄마처럼 살지 않겠다", "자녀에 대한 헌신과 희생이 모성의 키워드는 아니다", "자식 혹은 가족을 위해 무조건 헌신하지는 않는다", "궁핍한 어린 시절을 경험한 기성세대(어머니 세대)와 달리 풍요로운 물질문명의 혜택을 받고 자랐기 때문에 소비에 대한 죄책감이 없다", "필요하다면 자녀와 가족 그리고 나에 대한 소비 그 어떤 것도 포기할 수 없다"(김난도 외, 2012: 225-231)는 의식과 가치관이 소비 성향에 영향을 미쳤을 것이다.

이상으로 '자신의 신체에 대한 관심'과 '타인의 옷차림과 액세서리에 대해 주목'하는 문제를 통해 신체 외모관을 살펴보았고, 소비생활에 대한 태도를 통해 소비생활관을 고찰해 보았다.

자신의 신체관리와 타인의 옷차림에 관심을 갖는 것은 당연한 현상이다. 왜냐하면, "외모는 부모가 자식을 대하는 방식에서, 간호사가 신생아를 돌보는 방식에서, 유치원에서 대학원에 이르기까지 학생을 평가하고 학점을 주는 방식에서, 친구를 찾고 사귀는 데 있어서, 직업의 선택과 면접통과에서, 연애와 결혼에서, 개인적 성공의 한계 설정에서, 법정에서의 피고와 변호사 그리고 검사의 주장을 신용하는 면에서, 각 증인들의 발언의 효과 및 설득력에서, 선거와 TV화면에서 외모의 영향력은 상상을 초월하기 때문이다"(Patzer, 2008: 한창호 옮김, 2009: 52-153). 그러나 외모지상주의 풍조에 따른 '이상 다이어트 열풍'의 영향을 받아 "외모를 지나치게 불만스러워하고, 외모에 지나치게 집착하는 것은 신체추형장애증(身體醜形障碍症)이며, 이것이 지나쳐 식이장애(食餌障碍) 중 하나인 신경성 식욕부진증에 걸려 입원하기도 하고, 반복 성형수술을 하면 성형중독 증후가 되어 정신과 치료를 하게 된다"(연세대원주의대 정신과 민성호 교수; 김흥규 · 이호정, 2009: 244)는 전문가의 우려에 주목할 필요가 있다.

결국 개인의 심리적 · 사회적 성숙, 성적 · 정신적 건강의 기반 위에 신체 외모 및 옷차림, 그리고 소비생활에 대한 성숙한 의식과 가치관을 갖는 것이 중요하다고 본다. 이와 관련된 교육 프로그램의 강화가 요구된다.

Chapter 02 상담이론과 그 특징은 무엇인가

제1절 상담이론의 분류와 특징

1. 상담이론의 분류

카운슬링의 이론은 그들을 분류하는 입장과 접근방법, 특징, 강조점, 현상(사실)에 대한 기술과 설명, 진단과 예측 등에 따라 여러 가지로 구분・제시되어 오고 있다.

일찍이 로저스(Rogers, 1951)는 100종류 정도의 카운슬링 이론이 있을 것이라고 했고, 하퍼(harper, 1959) 역시 카운슬링의 이론으로 36개의 독립된 정신분석과 심리치료의 이론을 소개한 이래 페핀스키(Pepinsky, 1954)는 그의 《카운슬링의 이론과 실제》라는 저서에서 '특성과 요인을 중심으로 한 접근법(trait and factor centered approach), 의사소통 접근법(communications approach), 자아이론(self theory), 정신분석학적 접근법(psychoanalytic approach), 신행동주의적 접근법(neobehavioral approach)'으로 분류했는가 하면, 페테르손(Petterson, 1973)은 《카운슬링의 이론과 심리치료》에서 '합리적 접근법(rational approaches), 학습이론적 접근법(learning theory approaches), 정신분석적 접근법(psychanalytic approaches), 지각적・현상학적 접근법(perceptual-phenomenological approaches), 실존주의적 심리치료법(existential psychotherapy)' 등으로 분류하였고, 시저와 스톤(Shertzer & Stone, 1974)은 카운슬링의 분류를 인지적 접근과 정의적 접근으로 구분하고 전자 측에 '지시적 상담, 합리주의적・감동적 상담, 절충적 상담, 상호 제지에 의한 심리치료 상담, 행동적 상담'을 포함시키고 후자 측에 '정신분석학적 상담, 피상담자 중심의 상담, 실존주의 상담, 형태치료법'을 포함시켜 분류하고 있다.

조지와 크리스티아니(George & Cristiani, 1981) 역시 '상담의 정의적 접근, 인지적 접근, 행동적 접근'으로 대별한 다음, 정의적 접근이론에는 내담자 중심요법, 게슈탈트 요법, 실존주의

요법, 아들러 상담, 정신분석 상담을 내포시키었고, 상담의 인지적 접근에는 이성적 · 정서적 요법(RET), 상호교류분석, 특성요인 상담을 포함시켰으며, 상담의 행동적 접근이론에는 행동주의적 상담, 실제적 치료(요법)를 포함시키었다.

벨킨(Belkin, 1988)은 '심리분석(psychoanalysis), 피상담자 중심의 상담(Client-Centered Counseling), 실존주의(Existentialism) 상담, 형태주의치료법(Gestalt therapy), 현실과 합리적 · 정의적치료(Reality and rational-emotive counseling), 행동적 상담(Behavioral counseling)'으로 분류하였다.

코리(Corey, 2001)는 상담에서의 '인지적 측면, 정서적 측면, 행동적 측면, 통합적 관점'에서 다양한 문제에 대해 접근 · 상담하고 치료할 것을 강조하고 있다.

이렇듯 상담에 대한 이론과 학설, 접근법이 다양한 것은 각자가 관점에 따라 인간본성관, 상담 목적, 활용되는 주요 기술 · 검사 · 평가도구의 활용과 생활사 취급, 상담 관련자들의 활동 등에 차이와 서로의 입장이 다르기 때문이라고 일단은 수긍을 한다. 그러나 문제는 일부 학자들의 버릇이 그러하듯 독창적 말을 끄집어낸다든가, 유사한 것을 따로 떼어 세분화시킴으로써 약간의 혼란을 야기시키고 있다는 점이다.

대표적인 한 예가 로저스학파의 상담이론을 비지시적 또는 내담자 중심의 상담으로 분류 · 소개한 다음, 로저스를 중심으로 한 현상주의학파들이 사용하는 방법을 '인본주의적 접근방법이니 현상학적 방법이니' 등으로 다시 소개하는 것 등이 그러하다.

저자는 상담이론을 인지적 상담이론, 정의적 상담이론, 행동적 상담이론으로 대별한 후 그 어느 한쪽으로 유형화하기가 곤란한 절충적 상담이론, 실존주의 상담이론, 형태주의 상담이론 등을 기타 상담이론으로 묶어 정리하고자 한다.

우선 기존의 여러 상담이론의 특징을 〈표 2-1〉에서 정리 제공함으로써 이론들의 이해에 도움이 되고자 한다.

2. 제 상담이론의 특징

〈표 2-1〉 여러 상담이론의 특징

특징	1. 인간의 본성	2. 주요 퍼스낼리티 구성	3. 불안의 본질	4. 상담 목적	5. 주요 기술	6. 검사 및 평가 도구의 사용	7.생활사 취급	8. 수단과 추측	9. 피상담자	10. 상담자의 활동
지시적 상담 특성과 요인의 관점	긍정적 방향이나 부정적 방향으로 발전하게 될 잠재가능성을 지닌 이성적 인간; 인간은 자주적으로 잠재능력을 발전시킬 수 있는 것이 아니라 다른 사람들의 조력이 필요하다.	조직화를 추구하는 독특한 형태의 구질과 잠재가능성으로 조직된 각인은 그의 특유한 특성들을 이용함으로써 그의 생을 유지한다.	그의 잠재가능성 이용에 대한 불확실성	자기이해 및 자기 관리에 끊임없이 접근하는 개인을 돕기 위하여	문제진단, 원인·상태 및 증상 발견 예진과 지도	광범위	한 개인이 상담할 수 있게 되기 전에 필요	필요한 단계	자기 갈등이 드러나기 전에 적응 상황을 해결할 준비가 되기를 원하는 정상적인 개인들	적극적 역할
합리 주의적·감동적 상담	강력한 생물학적·사회적인 힘의 지배를 받는 인간은 이성적일 수 있는 가능성을 가지고 있으며, 그의 이성적 사고를 극대화함으로써 정서적 장애를 제거할 수 있다.	심리적 진술은 대부분 사고를 비논리적으로 끝나게 한다. 사고와 이성은 전혀 다른 두 개의 과정이 아니다. 인간은 자신의 사고와 자기담화에 의해서 보상받거나 벌을 받는다.	어떤 사건은 파멸적일 것이라는 너무 지나친 일반화	불안·공포 등의 제거와 이성적 행동, 행복, 자기 실현의 획득	비합리적 사고를 제거하도록 마련된 교수, 암시, 설득, 대면, 행동의 처방에 따른 레포 형성을 위한 관련 기술의 사용	한정	비교적 사용하지 않음	비논리적 사고를 드러내기 위해 사용	제한하지는 않으나 정신병자는 드물게 완결된다는 데 주목	매우 능동적

특징	1. 인간의 본성	2. 주요 퍼스낼리티 구성	3. 불안의 본질	4. 상담 목적	5. 주요 기술	6. 검사 및 평가 도구의 사용	7.생활사 취급	8. 수단과 추측	9. 피상담자	10. 상담자의 활동
절충적 상담	이성적 · 비합리적 양면을 지닌 인간은 이기적 경향이 있다. 정상적	환경과의 항쟁으로 변화하는 상태로서의 퍼스낼리티; 안정성을 획득 유지하고, 대립되는 기능들을 통합하며 자신을 극대화하려는 동인; 필요를 충족하기 위한 통합된 전략과 현실과의 항쟁의 특유한 방도로 구성된 생활방식	명백히 서술되지는 않았으나	독자적 자기조절; 정신건강의 획득과 보존	채택된 수동적 기술들에 적극적	한정된 표준화 검사 사용; 임상적 자료로서 투사법 사용	수단적 이유로 중요	모든 임상적 활동의 기초	퍼스낼리티 문제를 지닌 손대지 않은 퍼스낼리티 자원을 가진 정상적 인간	문제의 성격과 피상담자의 자원에 따라 수동적 역할에서 능동적 역할까지
대상적 금지에 의한 심리 치료	인간은 환경에 의해서 이루어진다. 의지도 없고 자유의사도 없으며 단지 학습된 반응이 있을 뿐이다. 이성적 또는 객관적일 수 없으며, 모든 사고는 조건반사적 감정과 필요에 의해 영향받는다.	법칙과 일치하는 행동: (a) 성장, (b) 장애, (c) 학습의 결과로서의 변화	학습에 의해 획득된 부적응적 행동	고통의 경험과 원인의 제거		한정	요법은 불안을 드러내기 위한 생활사와 더불어 시작	상담활동의 부분		능동적 역할

특징	1. 인간의 본성	2. 주요 퍼스낼리티 구성	3. 불안의 본질	4. 상담 목적	5. 주요 기술	6. 검사 및 평가 도구의 사용	7.생활사 취급	8. 수단과 추측	9. 피상담자	10. 상담자의 활동
행동적 상담	학자에 따라 차이가 있으나 인간은 주로 기계적 또는 그가 별로 통제할 수 없는 환경에 응답하는 것으로 본다. 인간은 결정적인 세계에 살며, 그의 운명을 선택하는 데 능동적 역할을 별로 하지 못한다.	합법적 행동과 그 행동의 선행 조건들의 기능	원래 중립자극에 대한 학습된 반응	피상담자가 상담자에게 가져오는 어떤 문제든 그에 대한 해결	강화방법	필요하면 사용	우연성을 식별할 필요	(a) 불안의 역할과 (b) 불안을 다루고 그것을 소거하는 피상담자의 능력을 평가하기 위해 필요	사고할 수 있고 그들의 환경에 있는 사건들에 주의할 수 있는 개인들	온정적이고 우정적인 상담자이긴 하나 매우 능동적
정신 분석적 접근	인간은 동물적 면과 인간적 면의 양면을 지니며, 생물적 필요·성적 충동·공격적 본능에 의해서 이루어진다. 행동은 주로 동기적이고 목표지향적인 무의식적 과정에 의해서 결정된다.	이드(id), 자아(ego), 초자아(super ego)의 경향 사이에 상호작용의 결과	본능의 충동, 초자아의 요구, 자아의 방어 사이의 갈등	퍼스낼리티의 개선과 재결정	꿈, 전이, 선택 등을 사용한 자유연상	가끔	보통 자세한 생활사가 취급 안 됨	혜택을 위해 필요	뚜렷한 전환 징후에 대한 보호	원래 수동적, 능동적으로 옮김

특징	1. 인간의 본성	2. 주요 퍼스낼리티 구성	3. 불안의 본질	4. 상담 목적	5. 주요 기술	6. 검사 및 평가 도구의 사용	7.생활사 취급	8. 수단과 추측	9. 피상담자	10. 상담자의 활동
피상담자 중심 상담	인간은 이성적이고 선량하며 신뢰로우며, 자기실현의 방향이나 성장·건강·자아실현·독립·자율을 향해서 움직인다.	행동은 인지의 기능이며 자아개념에 관하여 조직	자아개념과 경험과의 불일치	• 정서의 정화 • 자신에 대한 통찰 • 문제해결의 자기결정권	• 분위기 조성 • 공감과 수용 • 대화유도 • 방법논의 • 문제해결 모색	매우 한정	상담과정에 불리	상담과정에 불리	적극성	자극·조력·조언
실존주의적 접근	생에 의해 과제들을 짊어지게 되고 이로부터 생의 의미를 정의하도록 요청된 인간; 본능과 환경으로부터 자유스러워지려고 애쓰며; 개인적으로 형언할 수도 없고 자신에 자유롭고 책임을 진다.	행동은 의미를 발견하려는 기도에 의해서 동기지어진다. 인간은 억지로 시키는 것이 아니라 그의 가치관에 의해서 끌어내는 것이다.	생에 있어서의 의미 결여	특수하고 개성적 존재로 인식하도록 • 나는 누구 • 무엇을 할 것인가 • 어떻게 될 것인가 • 책임감 있는 자신	• 현실적 이해 • 눈높이 일치 • 자기이해력 증진	한정	필수적	대부분의 실존주의자들에 의해 필요한 단계로 여겨짐	자유로운 분위기에서 행동(책임감)	• 내담자 현실세계 참여 • 심리적 세계 확장토록 • 내담자의 특이성 규명
형태요법	환경과 별개의 인간이 아니라 전체로서 작용하는 인간, 부분들의 합으로서가 아니라 통합체로서의 인간	개인은 균형 잡힌 하나의 조직으로 생각된다. 그는 하나의 공적(행동) 레벨과 하나의 사적(사고) 레벨에서기도 생활한다. 불균형은 개정필요로서 경험된다.	현재와 과거 사이의 갭	• 무의식적 행동주목 • 자기인식하도록 • 억제된 그 무엇 규명	• 세심한 관찰 • 현재의 행동을 지각하도록 • 무의식적 동작 주의하도록	한정	한정 (오직 현재)	한정	내담자 스스로 지각하게 한다.	• 매우 능동적 • 세심한 관찰 • 현재·요구·경험 각성케

제2절 인지적 상담이론의 특징

인지적 상담이론(cognitively oriented approaches to counseling)이란 피상담자의 문제해결을 도울 때 인지적 사고력을 강조하고, 어떤 사상이나 자신에 대한 정보, 사고, 가치관 등 행동의 인지적 영역에 중점을 두고 상담과정을 이끌어 가는 이론으로서 지시적 상담이론(directive counseling)과 합리적 · 감명적 이론(rational-emotive approach)이 그 대표적인 것이다.

1. 지시적 상담이론

윌리엄슨(Williamson, E.G.)을 중심으로 한 미국 미네소타 대학교 학파가 주창한 것으로 일명 특성 · 요인이론(trait and factor theory) 또는 상담자 중심의 상담(counselor centered counseling)이론이라고 일컫기도 한다.

이 이론은 한마디로 요약한다면, 클라이언트(client)의 문제해결을 위하여 충고 · 명령 · 금지 · 지시 · 제언 등의 방법을 통한 상담이라고 할 수 있다. 이 방법의 선구적 공헌자인 윌리엄슨은 그의 저서 《학생상담의 방법(how to counsel students)》(1939)에서 압축시킨 '상담이란 전문적인 훈련, 풍부한 경험, 정확한 정보를 가진 전문가(counselor)가 클라이언트에게 충고와 암시 · 지시를 줌으로써 문제해결을 할 수 있다'는 것에 그 근거를 두고 있는 방법인 까닭에 윌리엄슨이 주장하는 이론에 의한 상담법이니, 또는 임상적 방법(clinical counseling)이라고도 일컬어지고 있다.

즉, 지시적 상담이란 말은 공헌자인 윌리엄슨이나 달리(Darley, J. G.)의 임상적 상담과정을 비판하면서 비지시적 요법(nondirective approach)을 소개한 로저스(Rogers, C. R.)에 의한 것이기 때문에, 비지시적 요법에 대한 지시적 요법(directive approach)이며, 비지시적 상담(nondirective counseling)의 대칭인 지시적 상담(directive counseling)으로 간주되어 온 데서 연유한 것이다.

따라서 지시적 요법의 의의에 대한 로저스의 견해는 지시적 상담방법의 근본적인 성격을 파악하는 데 크게 도움이 될 것으로 생각한다.

즉, '일반적인 치료과정의 의의는 상담 조언자가 치료 중에 클라이언트로 하여금 적극적으로 협력할 수 있도록 하여, 그의 문제를 찾아내고, 진단하고, 치료하는 것이다. 카운슬러는 문제 해결에서 대부분의 책임을 지며, 그 책임이 상담자의 노력의 초점이 된다'고 규정하고 있다.

그렇다면 어떤 절차를 밟아 상담을 이끌어 나가는 것인가? 그것은 전술한 것처럼 윌리엄슨과 달리의 임상적 상담의 단계에 준하면 되는 것으로 다음과 같다.

첫째, 제 1단계는 분석(analysis)의 과정이다. 학생을 이해하기 위한 종합적 자료수집의 단계이다.

둘째, 제2단계는 종합(synthesis)의 과정으로서 수집된 자료, 분석된 자료의 체계적인 재조직과 정리를 하여 클라이언트의 장단점과 적응 · 부적응 상태를 검토한다.

셋째, 제3단계는 진단(diagnosis)의 과정으로서 클라이언트의 증상에 대한 원인의 발견과 성질에 대해 결론을 내리게 된다.

넷째, 문제의 발전을 예측하는 예진(prognosis)의 단계이다.

다섯째, 적응 또는 문제해결을 위하여 적극적으로 치료의 수단을 강구하는 상담 · 처치의 단계이다.

여섯째, 상담의 효과를 평가하고 재발되지 않도록 조력하는 소위 추후 지도(follow up guide)로서의 6단계에 이르면 된다.

다음 상담의 방법 내지 기술로서 윌리엄슨은 다음과 같이 제시하였다.

① 환경이나 분위기에 클라이언트를 타협시키는 것(forcing conformity)

② 환경을 바꾸어 주는 것(changing the environment)

③ 자기 인생에 알맞은 적당한 환경을 선택(selecting the appropriate environment)하도록 지도하는 것이다.

④ 필요한 기능을 학습시켜(learning needed skills) 교정 능력을 갖추어 주는 일

⑤ 태도를 고쳐(changing attitudes) 그의 욕구와 환경 간의 조화를 이루도록 해야 한다는 것이다.

이어서 그는 상담을 원만히 이끌어 가려면 부분적으로 전술한 바도 있지만, 친화감을 확립시키고(establishing rapport), 클라이언트에게 자기이해(cultivating self-understanding)를 하도록 하며, 프로그램의 계획과 제언(advising or planning a program of action), 계획의 실천

(carrying out the plan), 타 기관 및 상담자에게 위탁하는 방법을 구사하도록 권하고 있다.

지시적 상담은 클라이언트에 대한 종합적이고 믿음직한 자료에 의한 진단에 그 생명이 있는 것이며, 가장 전형적인 방법이 사례 연구, 임상적 방법임을 알 수 있다. 그러므로 면접에 있어서 상담자가 면담의 주도권을 쥐고 지도하기 위해서 신상조서를 입수하여 분석하고, 학생에게 문제가 되어 있는 것을 뽑아서 상담이 필요하다고 생각되는 문제의 일람표를 만들게 된다. 그리고 그것을 학생에게 모두 알려주면서 면접과정의 지시적 주도권을 마음대로 휘두르게 된다. 학생의 기능은 정확한 진단을 할 수 있도록 모든 질문에 수동적인 단답만을 강요할 뿐이다. 뿐만 아니라 상담자가 문제를 결정하고 대화에 있어서 "사실은 학생에 있어서 문제는 …점이야" 하고 말하거나 상담자 자신이 문제의 원인을 발견하고 진단의 윤곽을 결정하는 것이 자기의 책임이라는 것을 클라이언트에게 인식시키려는 점이다.

카운슬러는 진단을 하기 위해서 현재 해야 할 것을 지시할 뿐만 아니라 정보의 제공·지시·암시·비판·충고·설득·훈계·재보증 등의 기술을 유감 없이 일방적으로 사용하는 것이 지시적 상담이다.

요컨대, 지시적 상담이론은 클라이언트의 심리적 특징과 성공적 행동의 요인에 비중을 두기 때문에 특성·요인이라고 불리기도 하는데, 장점으로는 다음과 같다.

① 개인의 문제 접근을 과학적으로 함으로써 (과학적 방법 사용) 상담 자체가 전문화하는 데 기여했다.

② 객관적 검사 자료를 사용함으로써 각종 심리검사의 발달에 기여했다.

③ 여타 이론들이 정의적 접근에 치중하고 있는 데 반해 문제해결의 인지적 접근을 강조하여 상담활동에 균형을 이루었다.

④ 진단을 강조함으로써 문제 발생의 원인과 그 제거의 관심을 갖게 한 점 등이다.

단점으로는 다음과 같다.

① 적용 대상이 제한된다. 즉 어느 정도 성장·성숙된 학생들이어야 효과가 있다.

② 클라이언트의 자주적 결정을 경시하며 내담자의 상담자에 대한 의존심을 기른다.

③ 인간 문제의 정의적 측면을 과소평가·무시한다.

④ 객관적 자료를 과용·과신한다는 점이다.

2. 합리적 · 감명적 상담이론

엘리스(Ellis)가 주창한 것으로 합리적 · 정의적 치료(rational-emotive therapy) 또는 합리적 · 정의적 · 행동적 접근이라 일컫기도 하는 이 이론은 인간의 심체적 행동이나 감정이란 사고 내지 신념의 소산이라는 입장을 취함으로써 지식 · 정보 · 자료를 통해 문제해결을 주장한 윌리엄슨과 대조적이다.

상담의 과정에서 볼 때, 본 이론은 다음과 같은 몇 가지의 전제와 입장에 착안하지 않으면 안 된다고 하겠다.

첫째, 상담자는 클라이언트에게 비논리적 사고가 결국 불행을 초래하는 것이라는 사실을 지각시켜 주어야 한다.

둘째, 상담자는 피상담자의 비논리적 사고의 철학적 근거를 분석 · 관찰하는 데 많은 시간을 보낸 후에 비논리적 사고의 핵심을 공격해야 한다.

셋째, 상담자는 암시, 설득, 활동, 숙제 및 지시적 상담방법 등을 이용해서 비논리적 사고나 신념의 근간을 취급하여야 한다.

넷째, 클라이언트의 부적응 행동이나 정서적 문제 · 결함 등은 그 개인 자신이 가지고 있는 사고와 신념에 의해서 계속적으로 유지 · 강화된다는 것이다. 즉, 자기 자신의 비합리적 사고나 비논리적 신념이 자신의 부적응 행동과 정서 결함을 지속 · 강화시킨다고 본다는 것이다.

끝으로 정서적 행동의 대부분은 '혼잣말(self talk)'이나 내재화된 문장에서부터 생겨난다고 한다. 때문에 어떤 일로 인해 화가 난 사람은 일련의 거짓말을 자신에게 하게 된다는 것이다. 따라서 이런 부정적인 정서를 야기시키는 비논리적인 속말(internalized talk)을 지도 · 수정해야 건강한 사람이 된다는 것이다.

이와 같은 기본 입장하에서 카운슬러는 클라이언트를 상담할 경우, 다음과 같은 점에 주의하여야 한다.

① 어릴 때 부모나 사회로부터 배운 클라이언트의 과거와 현재의 비합리적 사고, 비합리적 신념을 그의 의식상에 표출하도록 만들고,

② 그것들이 여하히 해서 정서적 장애와 불신을 초래하고 지속시키는가를 이해시키며,

③ 그의 '혼잣말'이나 내재화된 문장들 속에서 비합리적 · 비논리적 사고가 무엇인가를 정확히 인지시키고,

④ 그같은 사고를 논리적 · 합리적으로 만들기 위해서 다시 생각하고 도전하여 재언어화 하도록 지도하는 것이 카운슬러의 역할이다.

이렇듯 합리적 · 감명적 상담에서는 클라이언트의 지각과 사고를 재형성화, 재교육화시킴으로써 그의 비논리적인 사고 · 정서 · 행동을 수정하는 이론이라고 할 수 있겠다.

그렇다면, 지각과 사고를 재교육하는 방법이란 과연 무엇인가?

합리적 · 감명적 상담이론에서는 소위 ABCD 기술이 가장 기초적이라는 것이다. 여기서 A란 선행의 사상(activating events)을, B는 사고 내지 신념(belief)을, C는 사고의 결과(consequences)를, D는 논쟁(dispute)이란 단어의 머리글자를 따온 것인데, 이는 인간 행동에 대한 합리적인 통찰을 직접 설명하는 방법을 의미한다. 예를 들어, 강박관념을 치료할 경우, 강박관념의 이면에 숨어 있는 그 개인의 사고과정을 취급하고 그 같은 비합리적 사고를 합리적이고 효율적 사고로 변화시켜 주는 것이 여타의 카운슬링 이론과 다른 점이 되겠다.

그 결과 합리적 · 감명적 이론은 정신 분석, 행동 수정, 클라이언트 중심의 카운슬링에서 이용되고 있는 절차와 방법 중 필요한 것은 수용하고 있으며, 사고의 변화에 비중을 두면서 정의적 영역이나 행동적 영역의 심리적 특징에도 균형 조화된 카운슬링 방법을 발전시키고 있다. 때문에 합리적 · 정의적 치료니 합리적 정의적 · 행동적 접근이라고 불리는 이유가 바로 거기에 있는 것이다.

끝으로 합리적 · 감명적 상담이론의 장점은 사고와 신념이 행동에 미치는 효과를 규명하였고 카운슬링에 있어서 합리적 사고와 논리적 신념에 대한 중요성을 재인식시켰으며, 카운슬링이 상담실 밖에서도 진행되게 하였고, 카운슬링에서 카운슬러가 보다 적극적으로 관여하는 방법들을 발전시켜 놓았다고 하겠다.

반대로 비판점으로서는 너무 인지적인 면만을 강조하게 되어 결과적으로 정의적인 면을 무시했다는 점이라 하겠다.

제3절 정의적 상담이론의 특징

정의적 상담이론(affectively oriented approaches to counseling)은 억압된 감정이나 왜곡된 정서가 인간행동의 중요한 문제라고 보는 데서 출발하는 것이다. 어떤 문제에 대해서 클라이언트가 느끼고 있는 그 같은 억압된 감정이나 왜곡된 정서를 중심으로 상담을 이끌어 가는 이론으로서 정신분석학적 상담이론(psychoanalytic approach to counseling)과 비지시적 상담이론(non-directive counseling)이 그 대표적인 것이다.

1. 정신분석학적 상담이론

프로이트(S. Freud)에 의해 성립된 이론이지만 현재에 이르러서는 현대 심리학적 소산들을 통합하여 현대화하려는 학파와 프로이트의 이론 중 대부분을 받아들이되 이를 좀 더 논리적으로 확충시키려는 자아분석가(ego analysist)의 두 파로 나뉘어져 있다.

정신 분석이란 인간의 부적응 행동을 무의식과 심리적 역동의 관점에서 설명하며 자유연상(free association), 저항 요인의 해석(interpretation), 꿈의 분석(dream analysis), 감정전이(transference), 유머, 위트, 실언 등의 방법을 동원해서 정서적 곤란과 부적응 행동을 수정하려는 것을 말한다. 자유연상의 경우 클라이언트로 하여금 현재의 사태와 관련이 있거나 없거나 또는 부정적 정서거나 긍정적 정서거나 간에 어릴 때의 체험과 충격 등 모든 것을 자연스럽게 회상, 얘기하게 함으로써 문제 발생의 원인을 규명하려는 것이며 저항 요인의 해석은 클라이언트가 자유연상을 진행하는 도중 전혀 기억이 불가능한 사태에 직면할 때 그 저항이 무엇이며 요인이 어떤 것인지를 해석해 줌으로써 연상이 순조롭게 진행되도록 도와주고 촉진시키는 방법이다.

이 저항 요인의 해석은 감정적인 것이며 자유연상이 진행됨에 따라 수정되게 마련이다.

꿈의 분석의 경우, 클라이언트가 상담 도중 꿈 이야기를 자주 하게 되는데, 그 꿈에 아동·청소년기의 경험이 반영되는 것이다.

꿈이란 원망(願望) 충족의 수단이 되기도 하므로 그 꿈의 분석을 통해 클라이언트의 억압된 원망이 무엇이며, 무의식적 동기가 어떤 것인지를 진단할 수 있게 되는 것이다.

따라서 정신 분석에서는 꿈을 중요시하게 되는데, 문제는 꿈의 내용이 아니라 꿈에 상징적으로 나타나 있는 동기상의 갈등에 초점을 맞춘다는 점이다.

전이는 정신 분석학적 심리요법의 핵심적 요구의 하나이다. 왜냐하면 정신 분석의 성패 여하는 클라이언트의 저항을 어떻게 이해・해석하여 주고 전이를 여하히 취급해 주고 전이의 적합한 대상이 되어 주느냐에 달려 있기 때문이다.

상담이 진행되고 문제증상이 해결되어 가는 과정에서 클라이언트는 자기 문제의 대상을 상담자와 동일시하여 카운슬러에게 전이시키려는 경향을 보이게 된다. 이 경우 상담자는 신중하게 처신하면서 전이의 적절한 대상이 되어 주어야 한다.

끝으로 정신 분석에서는 클라이언트의 유머, 농담・실언 등을 중요시하기 때문에 이를 분석・참고해야 한다.

프로이트에 의하면, 개인의 유머・농담・실언 등에는 당사자의 무의식적 동기가 작용・표현되는 것이라고 했다. 때문에 그것을 통하여 억압된 욕구, 무의식적 동기와 원망을 이해하는 중요한 정서로 사용되는 것이다.

결국 정신 분석학적 상담이란 전술한 제 방법을 통하여 클라이언트의 무의식적 동기에 대한 저항 요인이었던 어릴 때의 기억을 완전히 청산하고 전이가 없어지며, 상담자와 클라이언트 사이에 정상적인 관계가 형성되면 상담 효과는 나타나는 것이기 때문에 이를 종결할 수 있게 된다.

그렇다면 정신 분석이론은 카운슬링과 심리치료에 어떤 기여를 했으며, 반대로 비판을 받고 있는 점은 무엇인가를 쉐저와 스톤(Sherzer & Stone)의 견해를 인용・소개하면 다음과 같다.

먼저 프로이트의 정신 분석이론이 비판을 받고 있는 것은,

① 인간의 행동에서 동물적인 본능(animalistic instincts), 욕구(needs), 필요(wants)를 너무 강조한다.

② 아동기의 경험을 지나치게 강조함으로써 인간 행동은 개인 자신이 통제할 수 없는 어떤 힘에 의해서 지배된다는 인상을 주게 되었다.

③ 인간의 행동이 심리적 에너지의 양에 따라 결정된다는 것은 의심스러운 것이다.

④ 프로이트는 인간의 합리성을 지나치게 경시했다.

⑤ 합리적 접근과 추리적인 치료방법에 너무 의존하고 있다.

⑥ 연구의 자료에 의하면 정신 분석에 의해 치료받은 사람에게서 그 어떤 회복이나 변화・개선이 되었다는 것을 입증하지 못하고 있다는 점이다.

이상과 같은 비판을 받으면서도 카운슬링과 심리치료에 미친 영향으로는 다음과 같다.

① 프로이트는 개인이 인정하 거나 수긍하지 않는 어떤 욕구나 동기에 의해서 인간의 사고나 행동이 결정된다고 했다.
② 퍼스낼리티(Personality)에 관한 최초의 체계적 이론 수립과 최초의 효과적인 심리치료 방법을 발전시켰다.
③ 프로이트의 인격발달이론은 아동 양육에 대한 실제적 제언을 내포하고 있으며, 이 분야의 연구를 촉진・자극시켰다.
④ 치료방법으로서 면접법을 확립하여 해석, 저항, 전이 등의 역할을 밝혔다.
⑤ 프로이트는 치료자의 입장에서 탈도덕적 입장을 최초로 취하였다.
⑥ 이론과 실제 면에서 일관성 있는 심리치료체제를 발전시켰다.

2. 비지시적 상담이론

이는 전술한 지시적 상담에 대해서 반대의 입장이라고 생각하면 된다. 앞에서도 고찰되었지만 윌리엄슨이나 달리의 방법을 비민주적 지시적 방법이라고 맹렬히 비판한 로저스의 《상담과 정신치료법(counseling and psychotherapy)》(1942)에서 체계화된 이론으로서 학자에 따라서는 무지시적, 또는 환자 중심의 방법(client centered counseling)이라고도 한다.

결국 과거의 지시적 상담이 명령과 금지(ordering and forbidding), 재보증과 격려(reassurance and encouragement), 훈계(exhortation), 충고(advice), 지적 설명(intellectualized interpretation)에 일관되어 있는 것에 대한 반성이요 자각으로서, 그 같은 방법으로서는 콤플렉스를 가지고 안정・균형(upset)된 정서적 문제를 가진 클라이언트에게는 별무효과라는 데서 비지시상 상담의 존재가치를 찾아야 할 것으로 본다. 즉, 클라이언트의 감정을 자유롭게 표현할 수 있도록 장면과 분위기(rapport)를 마련해 주고, 그들의 느낌과 말에 공감(empathy)을 보이고 수용(acceptance)해 주는 카운슬러가 동석하여서 대화를 거들어 주고, 방법을 같이 토론하고 문제해결의 전망이나 가능성을 명확히 제시해 주는 과정을 통해 그들은 정서의 정화(catharsis)는 물론 자기 나름의 통찰과 문제해결의 결정권을 행사하게 될 것이다.

비지시적 상담의 기본적 가설로서 스나이더(Synder)는 네 가지를 들고 있는데, 다음과 같다.

① 개인은 성장하는 힘(growth forces), 자기적응의 힘, 자기실현의 가능성을 가지고 있기 때문에 이들에게 무조건적인 지시는 역효과는 물론 이들의 그 같은 힘을 부정하는 결과밖에 안 된다.

② 비지시적 상담에서는 적응상의 정서 면을 강조하기 때문에 지시적 · 지성적 방법으로 정서적인 재체제화를 기도하기보다는 직접 감정가 정서에 호소하는 것이 효과가 있다.

③ 비지시적 방법은 클라이언트의 현재 상황, 장면을 더욱 중요시한다. 인간을 이해하려면 과거부터 들춰서 역사적인 추적으로서의 성장사, 치명적인 경험(traumatic experience) 등을 참고하는 것도 진단으로는 중요하나, 치료로서는 역시 현실의 장면에 초점을 두어야 할 것은 분명한 일이다.

④ 비지시적 상담에서는 치료적 면담 그 자체가 성장의 경험을 뜻하는 것이기 때문이다. 치료적인 인간관계를 대단히 중요시한다는 점 등이다.

로저스가 제시하고 있는 비지시적 상담(과정)을 요약해서 11단계로 고찰해 보면 다음과 같다.

① 클라이언트 자신이 상담하러 찾아온다. 즉, 도움을 받기 위해 찾아오는 그 자체를 로저스는 자기 자신을 완전히 파악하고 최초의 중요성에 대한 책임 있는 행동(responsible action)으로 간주하고 있다. 이것이 곧 자율적 행동이며 이것을 키워주는 것이 중요하다.

② 상담이라는 상황을 정의한다.

이 단계에서는 카운슬러의 도움으로 '자기의 문제를 해결하여 나가는 것이 상담이라는 것'임을 이해시키는 단계이다. 그 이해시키는 방법으로는 여러 가지를 생각할 수 있겠으나, 말로 설명하거나, 구체적인 결정으로서 약속시간을 지키는 책임, 또는 어떤 결정을 하는 책임에 대해서 쉬운 말로 비유, 설명할 수도 있다.

③ 제3단계는 클라이언트로 하여금 문제에 대한 감정을 자유롭게 표현하도록 자극 · 격려해 주는 것이 문제가 된다.

따라서 카운슬러는 우호적인 태도, 관심을 기울이는 태도, 수용적인 태도 등을 숙달된 기술과 전문적인 소양에 의해 보여 줌으로써 클라이언트의 적개심 · 불안 · 죄책감 · 앰비버렌스 등은 토로하도록 하여야 한다.

④ 카운슬러는 표출되는 클라이언트의 부정적 감정을 받아들이고, 알아주고 정리하여 주어야 한다.

이 말은 클라이언트의 제스처가 내포하고 있는 감정을 올바르게 이해하고 받아들인다는 뜻이다. 즉, 그들이 미워하고 있는 마음, 남보다 어딘지 못났다고 느끼는 열등감, 이러지도 저러지도 못하고 이상야릇한 느낌에 대해서 카운슬러는 공감하고 받아들여줘야 한다는 것이다.

사실상 어려운 일이기는 하나 카운슬러는 클라이언트로 하여금 '자신이 부정적인 감정을 가지고 있으며, 그런 부정적 감정 역시 자신의 일부라는 것'을 받아들이도록 함으로써 마치 자기의 그 같은 감정이 남의 것인 양 투사하거나, 또 다른 방어기기의 뒤에 숨어버리지 않도록 상담의 분위기를 조성해 주어야 한다.

⑤ 긍정적 감정과 행동이 나타나도록 해야 한다.

클라이언트가 제4단계에서 부정적인 감정을 완전히 쏟아버린 다음에 서서히 성격성장에 보탬이 되는 긍정적 감정과 행동을 나타낼 수 있도록 배려·노력하는 과정인데, 가령 애정, 다른 사람과 사귀고 싶은 충동이 생기든지, 자존심과 성숙해지려는 욕구 등이 나타나는 등의 변화인 것이다.

⑥ 카운슬러는 부정적 감정을 받아들인 것처럼 클라이언트의 긍정적 감정도 받아들여야 한다.

여기에서 주의해야 할 것은 긍정적 감정을 수용(acceptance)한다고 해서 곧 찬성과 칭찬으로 착각, 동일시해서는 안 된다는 점이다.

클라이언트가 이야기하는 대로 고개를 끄덕이며 찬성(approval)하는 것이 아니라 상담자의 마음과 감정을 이해하고 공감하여 그들이 느끼는 분노·수치·자랑 등을 허심탄회하게 이해하고 받아들인다는 것이다.

⑦ 부정적 감정과 긍정적 감정을 경험하게 되면 클라이언트에게는 자기이해, 즉 자기수용의 통찰이 나타나게 된다. 자기입장을 새삼스럽게 느끼는 제스처나 상대방의 처지를 알았다는 식의 말을 하게 된다.

⑧ 통찰과 뒤섞여서 여러 가지 의사결정을 할 수 있는 길이 선명하게 보이게 된다.

클라이언트의 말이나 계획을 듣고 그에게 행동의 방향을 가르쳐 주거나, 조언을 주어 전진하도록 시인해 주는 단계이다.

⑨ 제8단계를 지나면 획기적인 현상으로서 클라이언트가 긍정적인 생동을 취하게 되는 장면이 전개된다.

예컨대, 비사교적이고 도피적인 클라이언트가 친구를 사귀고 싶은 감정이 생긴 나머지 '친구를 자기 생일에 초대해야겠다는 식의 말을 한다. 이 같은 변화, 즉 처음에는 사소한 반응이지만 점차 확대되고 발전되어 나타나게 되는 것이다.'

⑩ 클라이언트가 눈에 띌 정도로 통찰을 달성하고 긍정적 행동을 취하게 되면 카운슬러는 클라이언트와의 인간적 유대와 우의적(友誼的) 감정을 갖도록 하는 데 배려를 해서 매사에 자신과 능력을 갖도록 도와야 한다.

⑪ 그런 다음에 도움의 필요성이 덜 느껴지게 되면 치료관계를 종결해야겠다는 생각을 클라이언트에게 알리고 끝맺게 되는 것이다.

비지시적 상담이론이 효과적인 경우에 대해 로저스는,
첫째, 클라이언트가 몹시 긴장되어 있을 때,
둘째, 자기의 생활환경에 적응해 나갈 잠재능력이 있을 때,
셋째, 상담자와 규칙적인 접촉을 가질 수 있는 기회가 많을 때,
넷째, 언어적 또는 비언어적인 수단으로 자신의 갈등을 표현할 수 있을 때,
다섯째, 클라이언트가 가족의 통제나 간섭으로부터 비교적 독립적일 때,
여섯째, 지나친 정서불안상태에 있지 않을 때,
일곱째, 정상적인 지능과 적당한 연령(대개 18~60세)에 해당될 때라고 했다.
끝으로 비지시적 상담이론이 공헌한 점은 무엇이며, 비판을 받는 사항은 어떤 것들인가?
전자의 경우,

① 카운슬링에서 요구되는 카운슬러와 클라이언트의 관계의 특징들을 분명히 밝히도록 하였다.
② 카운슬링 과정에서 클라이언트를 중요한 결정을 하는 사람으로 인정한다.
③ 카운슬링에 있어서 기술보다 카운슬러의 태도를 강조한다.
④ 카운슬링에 관한 실제적 · 수량적 탐구를 촉진하였고, 카운슬링의 과정에 대한 과학적 이해를 가능하게 하였다.
⑤ 인간행동에서 정서, 의지, 감정의 역할을 적절하게 강조하였다.

이상과 같은 공헌과 기여도에도 불구하고 비지시적 상담이 비판을 받는 것은 다음과 같은 이유를 들 수 있다.

① 객관적 정보의 활용을 통해서 클라이언트를 도와주는 면이 너무 부족하다.

② 카운슬링의 목표설정에 있어서 모든 클라이언트에게 일반적이고 동일하다는 비난을 받는다.

③ 카운슬링의 목표가 클라이어트 중심으로 그들 자신에 의하여 결정된다고 하나 실제에 있어서는 카운슬러와 클라이언트가 소속해 있는 기관이나 사태에 따라 결정되고 있다.

④ 클라이언트가 모든 일을 스스로 결정하고 자신의 문제를 스스로 해결할 수 있도록 하기 위해 카운슬러에게 탈가치적 태도를 지니도록 요구하나 인간관계에 있어서 어느 일방이, 그것도 모든 면에서 우수한 사람이 탈 가치적이 된다는 것은 사실상 불가능한 일이다.

⑤ 도움을 받을 수 있는 대상은 극히 제한되어 있다.

제4절 행동적 상담이론의 특징

인간의 감정, 사고, 신념 등이 인간행동의 원인이라고 보지 않고 후천적으로 학습된 것이 인간행동이라고 하는 데서 본 이론은 출발한다. 때문에 상담치료에 있어서 관찰 가능한 행동에 비중을 두며, 새로운 학습사태를 만들고 조작함으로써 행동수정을 할 수 있다고 믿는 이론이다.

이같이 상담과 치료에 있어서 인간행동의 심체적 영역에 강조점을 둔 이론으로는 스키너(Skinner)의 학습이론에 입각하여 발전된 행동 상담이론(behavioral counseling)과 울프(Wolpe)의 상호제지 상담이론(psychotherapy by reciprocal inhibition)이 그 대표적인 것이다.

1. 행동 상담이론

우리가 흔히 쓰고 있는 교육이니 학습이니 하는 용어는 엄밀한 의미에서 본다면 모방이라는 것에서 출발하는 것이며, 나아가 사회적 적응에 관련된 일종의 사회화의 양상이기도 하다.

따라서 학습이란 지식 · 인지력 · 사고력 · 수리력 · 창의력 · 추리력 등을 습득 · 개발하는 것만이 아니라, 태도 · 가치관 · 정서반응 등의 정의적 요소가 다분히 내포된 심리적인 속성을 비롯하여 예능 · 체능 · 직업기능의 습득에 이르기까지 광범위한 인간 속성의 획득에 작용하는 과정이요, 활동이라고 할 수 있다. 바람직하고 능률적인 것, 적응적인 속성도 있을 수 있고, 무가치하고 비능률적이고 부적응적인 속성의 습득에도 학습은 작용하게 되는 것이다. 강박적 행위, 앰비버렌스(ambivalence)감정, 카인콤플렉스(cain complex), 다이아나 콤플렉스(diana complex), 노이로제(neurose) 등도 타고난 것이 아니라, 생후의 성장과정에서 학습된, 소위 개체와 환경과의 상호작용에 의한 소산인 것이다.

인간의 모든 행동은 이렇듯 후천적인 학습 · 경험 등 환경에 의하여 이루어진 것이므로 그것은 또 다른 학습 · 경험 · 환경에 의하여 감약 · 제거될 수도 있고, 반대로 촉발 · 강화될 수도 있는 것이다.

이상의 이론에서 우리가 유추해 낼 수 있는 것이란 결국 사람의 문제는 곧 학습의 문제로 귀결된다는 점이다.

이같이 '행동 상담은 인간의 문제를 학습의 문제로 보는 입장에서 출발'하는 것이다. 다시 말하면 '보다 효과적인 사회적응기능이 학습될 수 있다는 전제하에서 행동 상담은 출발한다'(이성진, 1972: 75)는 것이다. 이 행동 상담은 다음과 같은 네 가지 접근방법이 있다.

첫째, 클라이언트가 사회적응에 필요한 행동을 전혀 하지 못할 때, 그 행동을 습득시키는 방법

둘째, 우리가 기대하는 만큼의 행동을 나타내지 못하거나 잘 하지 못할 때 그 행동을 강화해 주는 방법

셋째, 사회적응에 필요하지 않은 행동을 하거나 사회의 안녕 질서를 교란 · 파괴하고, 타인에게 피해를 줌으로써 결과적으로 행정법규나 일반 형벌법규를 위반하는 반사회적 행위를 할 때 이를 소멸 · 제거시키며

넷째, 지나친 행동을 가지고 있을 경우, 그 행동을 감감(減感) · 약화시키는 것 등이다.

이들 중 클라이언트에 따라서 어느 한 방법으로 효과를 볼 수도 있으며 문제의 특수성에 따라 기술과 방법은 조절될 수도 있다.

종래의 상담과 심리요법들은 획일적인 방법만을 구사하거나 주장하고, 카운슬러와 클라이

언트의 관계는 도움을 주는 자와 도움을 받는 자로 정의되며, 상담의 장소는 의례껏 상담실이라는 실내에서 이루어지고, 그 기문도 예외 없이 많은 시간을 필요로 하되, 대화라는 과정을 통해 행동의 수정을 기대했다. 그러나 행동 상담이란 그 같은 개념화된 상담양식에서 벗어나서 다음과 같은 특징을 가짐으로서 차이가 있다.

① 행동 상담은 한 가지 방법만을 고집하거나 모든 클라이언트에게 획일적인 상담기술을 적용하려 들지 않는다. 클라이언트의 특수한 상담 목적을 가장 효과적으로 달성할 수만 있다고 생각되면 지시적 상담(directive counseling)법도 활용하고 객관적인 근거에 의해 어떤 방법이든 폐기되거나 보완되고 새로 개발・적용시킨다는 것이다.

예를 들어, '아스피린'으로 고쳐지지 않는다면 '페니실린'으로, '페니실린'으로 고칠 수 없다면 '마이신'으로, 다시 그것으로 치유가 안 된다면 입원 수술로 고쳐 나간다는 식의 태도를 행동 상담자는 가지고 있는 것이다.

② 과거 상담에서 도움을 주는 자와 받는 자로 규정된 카운슬러와 클라이언트의 관계는 상담이 도움을 청하러 내담하는 자 위주로, 그들만을 대상으로 실시된다는 것을 말해준다. 그래서 상담은 내담자와의 관계였으며, 문제행동이나 그 원인도 내담자에게만 해당되는 것으로 간주해 온 것이 사실이다. 그러나 행동 상담은 이 같은 입장을 거부한다. 사실상 우리가 클라이언트(client)를 내담자로 번역하는 그 자체도 문제가 된다고 본다.

어떻든 인간(client)을 환경의 틀에 맞추어 넣으려는 것이 아니라, 환경을 사람에 맞도록 치료하는 입장이 행동 상담이기 때문에, 클라이언트의 부모나 가족 등이 나쁜 영향을 미쳤다고 생각할 때는 그들에게도 치료의 초점을 두게 되는 것이다.

③ 상담의 장소가 상담실이라는 과거의 한계를 벗어나 행동 상담에서는 클라이언트의 일상 생활환경을 더 중시하고 있다. 때문에 행동 상담은 포괄성을 띠어서 때로는 클라이언트보다는 그를 둘러싸고 있는 가족원・교사・교우 등과 더 많은 시간을 보내야 하는 것이 특징이기도 하다.

④ 종래의 상담이 예외 없이 많은 시간을 필요로 하는 데 반해, 행동 상담은 반드시 그런 것만도 아니다. 오히려 단축될 경우가 많다. 물론 문제의 성격과 내용에 따라서 치료법이 달라지겠으나 행동 상담에서는 다양한 방법을 시도할 수 있으며, 그중에서도 가장 효과적인 방법을 채택하기 때문이다.

⑤ 종래의 상담이 대부분 언어적 과정에 의존하는 것과는 달리 행동 상담에서는 그 같은

언어 상담 이외에 점진적 접근의 방법, 식별훈련, 정적 강화, 역할극, 행동시연(行動試演), 감감법의 방법을 위시해서 혐오통제의 방법 등이 유효 적절하게 활용된다.

상담의 궁극적 목적이 클라이언트로 하여금 당면한 모든 문제를 보다 능률적으로 해결함으로써 개인생활이나 사회생활에 보다 효과적으로 적응하는 기능을 학습시키는 일이라면 행동상담의 목적 역시 예외는 아니다. 따라서 이러한 목적을 효과적으로 달성하기 위해서는 행동상담에서 배려해야 될 세 가지의 준비가 있는데,

① 클라이언트의 상담 목적의 구체화이다. 클라이언트가 상담을 신청해 왔을 때 그가 희망하는 것이 무엇인가?

친구들과 잘 어울릴 수 있는 방법을 배우고 싶다든지, 회의를 잘 운영하고 명사회자가 되고 싶다든지, 레크리에이션의 소양을 기르며, 유창한 화술을 갖추고 싶다든지, 적성을 재고 싶다든지 등과 같이 명확한 구체성을 띠어야 한다.

그런데 대개의 경우 '주체성이 어떻다'느니, '가치관이 어떻다'느니, '어쩐지 미스터 박이 싫어졌다'는 식으로 상담의 목적이 추상적이고 막연한 경우가 대부분이다. 따라서 그들의 막연한 목적을 구체화시키고 세분화시킨 다음 상담에 들어가야 한다.

② 상담자가 클라이언트의 목적을 달성하도록 도와주기를 바란다는 점이다. 상담의 신청에서부터 목적의 구체화, 그 구체화된 목적의 달성과 성취에 대한 평가에 이르기까지 도와주기를 바라기 때문에 이를 만족시켜야 한다.

③ 클라이언트가 목적 달성 여부를 평가할 수 있어야 한다는 점이다. 다시 말하면 클라이언트가 바라는 것을 구체적인 행동으로 분석한 후, 상담에 들어갔기 때문에 클라이언트와 카운슬러는 다 같이 무엇을 해야 한다는 목적의식을 가지고 상담에 임했으므로, 그 달성 여부도 분명히 검토 · 평가할 수 있게 된다.

이 같은 전제를 가지고 행동상담의 원리를 고찰한다면 다음과 같다.

1) 방향의 원리

이는 클라이언트가 바라고 카운슬러가 도와주기로 합의한 상담의 목표로서, 무감각한 학생, 즉 결핍된 행동이 문제인 클라이언트는 스스로 정보(information)를 찾아가도록 하고, 과도한

행동을 하는 사람은 조금 깎아내리거나 억압하고, 왜곡된 행동을 하는 학생은 자기의 행동에 대해 죄책감을 느끼도록 하며, 남의 기분을 생각하지 않고 까부는 학생에겐 조금 추켜세워 준다든지 하는 상담방향을 말한다.

2) 일관성의 원리

상담의 방향과 목표가 설정되었으면 그 방향을 향해서만 일관성 있게 치료를 해 나가야 한다.

어린이의 군것질 버릇을 고치기 위해서, 용돈을 주었을 때 구멍가게에 가는 것을 일절 금지시키기로 했다면 일관성 있게 밀고 나가야 한다는 뜻이다. 그런데 만약 칭얼거리는 모습이 가엾다는 생각이 들어 다시 용돈을 준다면 그의 군것질 행동은 영원히 수정・치료될 수 없음은 물론, 새로운 증상인 칭얼거림까지 병발(倂發)하게 된다.

3) 빈도의 원리

클라이언트의 말이나 행동에 대해서 어느 정도의 대꾸와 반응을 보이느냐의 문제이다.

클라이언트의 말에 관심과 공감을 보여 주겠다는 생각에서, 그리고 정성껏 도와 주어야 하겠다는 의도 때문에 클라이언트의 말끝마다 고개를 끄덕이면서 긍정적・호의적 반응을 보여 준다면, 오히려 그의 횡설수설을 조장하는 결과를 초래하게 될 것이고, 반대로 카운슬러가 말을 독점해버리면 클라이언트는 설교를 듣는 것 같은 불쾌감에 젖어 상담의 효과는 기대할 수 없는 것이다.

때문에 적절한 반응이 요구됨은 물론 클라이언트의 무의미한 횡설수설에는 함축성 있는 무관심과 무반응을 보여야 한다.

4) 시의적(時宜的) 반응의 원리

클라이언트의 말에 반응을 보이되 언제, 어느 말이 떨어지는 순간에 반응을 보일 것이냐의 문제이다.

타이밍(timing)을 맞추어서 고개를 끄덕거리고 간단한 긍정적인 반응(으흠, 그래서, 저런 등)을 하며, 간단한 질문을 던질 때 상담의 효과는 커지는 것이다. 흔히 카운슬러는 감정・생각 · 경험 · 갈등 등에 사로잡혀 횡설수설하는 것이 상례이다. 이 경우 카운슬러 자신의 '모든 종류의 언어, 긍정적 반응이 다 치료적'이라고 착각한 나머지 클라이언트의 언동에 동조하는 것은 삼가야 한다. 계속해서 머리를 끄덕거려 줌으로써 치료가 되는 것이 아니라, 어떤 결정적인 시점에서 어떻게 수긍하고 무슨 말을 하느냐는 것이 중요한 치료의 관건이 된다.

이 같은 행동 상담의 방법은 크게 나누어서 체계적 감감법(減感法), 조건강화법, 소멸법, 모식화법 등이 있다.

2. 상호제지 상담이론

이 이론은 파블로프(Ivan Pavlov)와 스키너(B. F. Skinner) 등을 중심으로 한 제학자의 학습이론을 응용하여 울프(Joseph Wolpe)가 확립한 이론으로서 역제지이론이라 일컫기도 한다.

이 이론은 상호제지란 말이 의미하듯 이미 학습(습득)된 반응 또는 습관을 새로운 행동반응이나 습관에 의해서 제지, 제거, 약화, 감약시키는 것이다. 즉, 새 형태의 반응이 구 반응을 제지하거나 제거, 약화시키는 이론이라 하겠다.

울프에 의하면 주어진 자극사태에 대한 유기체의 습관적 반응을 영구적으로 변화시키는 것은 성장(growth), 장애(lesions), 학습(learning) 등 세 가지 과정뿐이라고 했다. 또한 신경질적 행동(neurotic behavior)이 학습에서 비롯된 것이기 때문에 이를 제거시키려면 이미 학습된 것(matter of learning)을 잊게 하는 것이라고 주장하고 있다.

상호제지 상담이론(상호억제 심리치료이론)의 접근과정을 정리한다면 다음과 같다.

① 카운슬러는 면담을 통해서 내담자의 문제행동을 인지하고,

② 내담자에게 카운슬링이 진행될 방향을 충분히 설명한 후에 이루어진다.

③ 면담(상담)에 있어서 내담자가 진술하는 것은 어떤 내용이든지 수용한다.

④ 상담이 진행되면서 문제의 윤곽이 파악되고 카운슬링 과정에 대해 내담자가 이해하는 상황에 이르게 되면 '주장적 행동유발, 성적 반응, 근육이완반응, 호흡반응, 체계적 순화법' 등의 기술을 사용해서 부적응 행동을 치료하게 된다.

그렇다면 그들 기술이란 어떻게 하는 방법인가? 우선 내담자에게 불안을 일으키게 한 자극

이 무엇이냐에 따라 치료방법이 선택 · 결정되겠지만, 그 개개의 기술에 대해 고찰하면 다음과 같다.

첫째, 주장적 행동유발이란 내담자로 하여금 대인관계에서 일어나는 감정과 불안에 대해서 표현하도록 함으로써 인간관계의 불안이나 공포심을 치료하는 방법을 말한다.

즉, 카운슬러는 내담자가 억제했던 감정이나 행동을 표현하도록 하기 위해서 주장적 행동을 하도록 유도 · 격려해야 하며, 비유로 이야기하거나 불안을 유발하는 장면을 카운슬링 과정에서 연출해야 내담자의 감정 · 태도가 표현되고 치료되는 것이다. 때문에 이를 '주장적 훈련'이니 '반발 반응'이라고도 한다.

둘째, 성적 반응이란 여러 가지 성적 상황에 의해서 조건 형성된 불안반응을 제지하는 데 사용된다. 예컨대, 이성이 가까이 있거나 말만 걸어와도 불안해하는 내담자가 있는데, 이 경우 그에게는 유쾌한 감정반응을 느낄 수 있는 성적 사태를 자주 마련해 줌으로써 불안을 제지시킬 수 있다는 것이다.

셋째, 근육이완반응은 어떤 자극에 대해서 즉각적인 반응을 못하고 불안해하는 사람에 대해서 그 같은 상태를 해소시키기 위해 사용되는 것이다.

다시 말하면 내담자가 어떤 자극에 대한 반응이나 활동을 할 때 사용하지 않는 근육의 긴장을 이완시킬 수 있도록 집중적 훈련을 함으로써 불안제지의 효과를 거두자는 것이다.

넷째, 호흡반응이란 막연한 불안 때문에 고생하는 내담자에게 호흡의 방법을 가르치고 연습시킴으로써 불안을 제거하는 방법이다. 즉, 내담자에게 공기를 들이마시고 내뱉는 방법을 가르친 뒤에 70%의 이산화탄소와 30%의 산소로 된 가스를 들이마시게 하는데, 대개 1회 상담에 4회까지 이 가스를 호흡하게 한다.

다섯째, 체계적 둔화법은 다음과 같은 단계를 거쳐 감각을 체계적으로 둔화시키는 것으로서 울프가 사용한 심리치료의 기술 중 가장 널리 알려진 제지법이다.

① 훈련의 단계: 내담자로 하여금 근육을 충분히 이완하도록 훈련시킨다.

② 불안의 위계설정 단계: 내담자가 느끼고 있는 불안의 정도에 따라 그 순서대로 불안의 위계를 설정한다. 즉, 불안을 야기시키는 모든 자극상황을 내담자로 하여금 열거하게 한 후, 가장 정도가 약하게 느끼는 불안의 상황을 밑으로 하고 가장 심하게 느끼는 자극상황을 제일 위에 놓는 등, 조정하는 것을 말한다.

③ 이완과 불안 자극의 제시: 근육긴장을 이완하도록 한 후 가장 약한 불안상황부터 차례

로 상상하도록 하여 불안유발자극을 제시한 다음 근육이완에 의해 불안을 제지하는 단계이다.

이상과 같은 단계와 방법을 사용하여 내담자는 상담과정에서 자기가 가진 여러 가지의 불안을 제지시키는 방법을 배우고 또 이를 사용함으로써 스스로의 불안상태를 완화, 제거시키게 되는 것이다.

끝으로 행동적 상담이론(행동 상담과 상호제지 상담)이 공헌한 점은 무엇이며, 비판을 받는 점은 어떤 것들인가?

우선 카운슬링의 발전에 공헌한 점으로서는 다음과 같다.

① 학습과정에 관련된 지식을 카운슬링 과정에 적용함으로써 카운슬링의 과학적 발전에 기여했다.

② 카운슬링의 결과를 측정할 수 있게 함으로써 행동목표를 구체적·실증적으로 명백히 하게 되었다.

③ 다양한 환경 속에 당면하게 되는 제반 제약을 어떻게 제거·소멸할 수 있으며, 효율적 행동습득을 위한 학습환경조건을 여하히 조성할 수 있을 것인가를 밝혀주었다.

그러나 비판을 받고 있는 점으로는 다음과 같다.

① 행동적 측면을 지나치게 강조하다보니 카운슬링 자체가 부수적인 것으로 인식되었다.

② 카운슬링의 기술을 너무 강조하는 경향이 있으며,

③ 내담자의 특수성을 강조, 독특한 카운슬링 방법이 필요하다고 하나 실제로 유사한 문제가 대부분이며, 따라서 동일한 방법이 필요한 경우가 많다는 점이다.

④ 학습이론에서 발전한 추정개념, 가설, 법칙 자체가 아직은 인간의 모든 학습 현상을 포괄적·종합적으로 설명하지 못하는데, 이를 너무 강조하는 것에 문제가 있다는 점이다.

제5절 기타 상담이론

여기에서는 손(Frederick Thorne)이 제창한 절충적 방법(electric approach), 민코프스키(Eugene Minkowski) 등이 발전시킨 실존주의 상담(existential counseling), 펄즈(Frederick S. Perls)의 형태주의치료법(gestalt therapy), 글래서(William Glasser)의 현실치료법(reality therapy)을 간략히 그 특징을 중심으로 고찰하고자 한다.

1. 절충적 상담이론

손(Frederick Thorne)이 제창한 이 이론은 문제의 성질에 따라서 여러 가지의 상담이론(방법)중 적절한 것만 선택하여 적용시키는 접근이론을 말한다.

즉, 어느 특정의 이론이나 방법으로는 문제해결에 부족할 경우에 적절한 상담기법을 선택・적용하는 이론이라 하겠다.

상담의 과정은 다음과 같다.

① 상담관계를 형성시킨다.

② 문제의 원인, 불안의 증상을 추측하여 상담을 진행시킨다.

③ 상담자는 특별히 능동적인 태도를 사용할 필요가 없는 한 대체로 수동적인 태도를 취하며,

④ 상담의 종결 등의 단계를 거치게 마련이다.

그렇다면 이 이론의 장점은 무엇인가?

① 부적응행동의 원인을 광범위하게 취급한다.

② 여러 가지 이론과 방법을 적용시킴으로써 상담에 있어서의 독단과 과오를 최소한 줄일 수 있다.

③ 효과적인 방법을 선택적으로 활용함으로써 카운슬링을 다양화, 효율화할 수 있다.

④ 상담과 심리치료를 체계화하여 통일된 이론을 전개하려고 함으로써 카운슬링의 이론과 실제를 타당성 있고 신뢰 있게 발전시키었다.

다음 비판적인 사항은 어떤 것들인가?

① 다양한 문제에 대해서 아직은 변별적 처치를 할 수 없다.

② 상담자가 여러 가지의 상담방법과 기술을 숙달한다는 것은 현실적으로 곤란이 많다.

③ 상담자의 대부분은 카운슬링 접근방법을 바꾸는 데 익숙하지 않고 이를 원하지도 않는다.

④ 내담자를 대하자마자 곧 어떤 방법이 그에게 가장 적합한 지를 결정하기가 힘들다는 점 등이다.

2. 실존주의 상담이론

실존주의 상담이론(existantial counseling theory)은 키에르케고르(Soren Kierkegaard) 등 신학자와 사르트르(Jean Paul Sartre) 등 철학자 그리고 민코프스키(Eugene Minkowski), 프랑클(Viktor Frankl) 등의 정신의학자와 심리학자들이 발전시킨 상담이며, 특히, 프랑클은 의미요법(logotherapy)을 확립하여 실존주의 상담이론의 발전에 크게 기여했다.

이 이론의 기본적 전제는,

① 인간(client)을 현실적인 그대로 이해한다.

② 내담자의 세계를 그가 보는 대로 본다.

③ 내담자를 특수하고 구체적인 존재를 가진 개체를 인식하고 이해하려 한다는 점이라고 하겠다. 따라서 본 이론에서는 인간을 존재(being)와 부재(nonbeing)라는 두 가지 개념으로 이해하려고 하는 것이다.

여기서의 존재란, 개인이 자기가 누구라는 것을 알고 자기가 무엇이며 장차 어떻게 무엇이 될 것인가 등을 이해하는 것을 의미하는 것인 데 반해 부재란 생물학적으로는 살아 있지만 개성을 잃은 상태, 즉 무개성, 죽음을 말하게 된다.

그리하여 인간은 우주 속에 내던져진 하나의 존재로서 그 던져진 조건을 선택하거나 변화시킬 능력도, 자유도 없지만 주어진 환경 속에서 선택하고 적응하며 현실을 직시함으로써 자기의 삶을 행복하게 만들 자유는 있다는 데 착안하여 내담자로 하여금 주어진 환경에서 자유로이 행동하고 자신의 행동에 책임을 질 수 있게 하자는 데 관심을 갖는 이론이라고 할 수 있겠다.

이와 같은 점을 참고로 하여 실존주의적 상담이론의 과정을 정리하면 다음과 같다.

① 상담자는 내담자의 독특한 심리적 세계를 확장시키려 노력하고 그것을 이해하려고 해야 한다.

② 상담의 과정을 통해서 내담자의 특이성을 밝혀내야 한다.

③ 그렇게 하기 위해서 상담자는 내담자의 세계 속에 현실적인 입장에 참여・수용해야 한다.

④ 내담자의 심리적 세계 내에서의 자유를 촉진시켜야 한다.

⑤ 내담자로 하여금 상담자와 대면하고 있다는 사실을 지각하게 해야 한다.

⑥ 결과적으로 내담자로 하여금 자아와 자신의 행위에 대한 책임을 질 수 있도록 지도하는 것이 실존주의 상담이론이라 할 수 있겠다(Dreyfus, 1964: 43, 115).

끝으로 본 이론의 공헌과 비판받는 점은 무엇인가?

첫째, 인간의 개성이나 자신에 관한 인식이 행동의 결정적 요인이라고 본 점

둘째, 실제로 증명할 수 있고, 주관적으로 관찰할 수 있는 방법을 사용하여 행동을 연구하기 시작한 점,

셋째, 상담자의 기술보다는 그의 자아의 중요성을 강조한 점 등이 공헌한 것이라 할 수 있으며,

비판점으로는 본 이론에서의 용어 자체가 낯설고, 상담방법이 비과학적이며 비체계적이라는 것을 지적할 수 있겠다.

3. 형태주의 상담이론

이 이론은 펄스(Frederick S. Perls)가 창안한 것으로 정신분석학, 그중에서도 특히, 라이히(Wilhelm Reich)의 영향과 형태심리학 및 서구의 현상학 - 실존주의 등의 영향을 받아 이루어진 것이므로 근본적 성질 면에서는 실존주의적 입장과 같으나 의학과 과학과 우주와의 사이에 조화를 이루려 한다는 점에서 차이가 있다고 하겠다.

형태주의적 상담 입장에서는 인간생활을 지각과 운동 형태의 형성 및 소멸의 과정이라고

본다. 그래서 적응이 잘 되는 사람이란, 이 형태의 생성과 소멸의 과정이 방해를 받지 않고 비교적 잘 진행되는 사람이며, 반대로 잘 적응하지 못하는 사람이란, 두 가지 원인에 의해 형태의 생성과 소멸과정이 방해를 받아 잘 진행되고 있지 못하는 사람을 말하게 된다.

그 원인의 하나는, 외적 세계 및 자기 자체에 대한 지각적 접촉이 명백히 이루어지지 않기 때문이며, 다른 하나는 욕구와 행동을 억압하기 때문인 것이다.

전자의 경우, 어떤 사물에 대해 대화하면서도 그 사물을 보지 않고, 시선을 딴 곳으로 돌리고 있다든지, 손장난을 하면서도 장난 자체를 전혀 지각 못하는 경우를 말하며, 후자의 경우는, 노했을 때나 슬플 때 안면이나 신체의 자세 등에 근육의 긴장이 나타나게 된다. 이것이 지속·이적되면 만성화되어 스스로 각성하지 못하게 되고 하나의 습벽(習癖)으로 되어 이것이 새로운 형태의 형성을 방해하게 되는 것이다.

그러므로 상담자가 할 일 및 그 역할은 다음과 같다.

① 내담자와 최초의 면접 시 착석한 다음, 무엇을 보는가? 미소를 짓나? 한숨을 쉬는가? 자세는 어떠하며 첫마디는 무엇인가를 세심하게 관찰한다.

② 그 관찰을 통해서 그가 무엇에 억제되어 있는지를 알아야 한다.

③ 내담자로 하여금 현재 무엇을 하고 있고, 보고 느끼고 있는지를 이야기하게 함으로써 그가 하고 있는 무의식적 동작에 대해 주의를 기울여 각성하게 한다.

④ 이 경우 현재의 행동에만 국한해서 지적(현상에로의 각성을 유도)할 뿐 상담자는 해석을 하지 않는다.

⑤ 내담자 스스로가 자신의 힘으로 각성할 수 있도록 방향 설정을 해줄 뿐이다.

때문에 형태주의 상담이론은 거의 절대적으로 현재에 집착하므로 과거를 묻지도, 상관하지도 않는다는 것이 그 특성이다. 오직 주관심사는 내담자 요구, 이에 따는 도형(figure)의 형성과 소멸이 어떻게 진행되는가에 초점을 두는 관계로 펄스에 의하면 오직, 지금(now), 경험(experience), 각성(awareness), 현실(reality)이 형태주의 상담이론의 접근방법이라고 했다(이형득, 1973: 114-116).

또한 이 접근방법에서는 '어떻게(how)'와 '무엇을(what)'이란 질문만을 많이 하고 왜(why)라는 말을 써서는 안 된다고 한다. 왜냐하면, 그 이유는 묻지 말고 현재 무엇을 어떻게 하고 있는가에 대하여 각성시키는 것이 중요하기 때문이다.

형태주의 상담의 목적은 다음과 같다.

① 내담자로 하여금 자기에게 가능한 일이 무엇인가를 발견하게 한다.

② 타인에게 의존하지 않고 독립할 수 있음을 발견하게 한다.

③ 그렇게 함으로써 개인의 성장과정을 진척시키고,

④ 그의 인간적 잠재력을 발달시키며, 자기입장을 내세울 수 있도록 하는 것이다.

이 이론은 신경증 경향(불안, 공포), 완전주의자(perfectionist), 지나치게 억압되고 엄격한 내담자에게 치료효과가 있으나 비행자, 사회질환자들에게는 권할 만한 것이 못된다.

끝으로 이 이론이 공헌한 점은 실존주의이론의 경우와 같으며 그 밖에 인간의 행동을 하나의 전체로 본 점과 비언어적 행동의 중요성을 인식한 점을 들 수 있겠다. 그러나 비판의 대상이 된 것은 너무 특이한 용어를 사용한 것과 상담의 효과를 경험적으로 증명할 만한 연구 자료가 없다는 것이다.

Chapter

03 상담의 유형과 기법은 무엇인가

제1절 가족치료상담의 특징과 기법

1. 가족치료 · 상담의 의미와 목표

한국사회 및 가정의 급격 · 다양한 변화와 관련하여 가족치료 · 상담의 강화가 요청되고 있다. 학자들의 견해부터 고찰해 보자.

올센(Olsen, 1970)은 '개인보다는 가족체제(family system)에 초점을 두고 이루어지는 치료 형태를 가족치료'로 확대 해석하고 있다.

주크(Zuk, 1971)는 '가족 성원들 사이의 병인적(病因的) 관계의 균형을 변화시켜 새로운 형태의 보다 생산적인 관계를 맺게 하는 것'이라고 정의함으로써 가족 성원 간의 대인 · 정서적 관계, 의사소통 관계의 문제점을 해소시킴으로써 새롭고 건전한 관계를 맺도록 조력하는 활동으로 보고 있다.

로빈슨(Robinson, 1975)은 '가족 성원에게는 증상을 유발시키는 가족의 행동 유형을 이해 · 분리 · 변화시키고, 문제를 가진 개인으로 하여금 가족에게서 분리 · 독립 · 성숙해져서 또래 집단과 원만한 정서적 유대를 맺을 수 있도록 조력하는 것'을 가족치료라고 정의하였다.

골드버그(Goldenberg) 등 역시 '가족의 역기능적인 의사 거래 유형을 개선시킬 수 있도록 도와줌으로써, 현재 가족체계 내의 연동적인 정서적 문제를 찾아 개선시키려는 일종의 심리치료 기법(技法)'을 가족치료라고 정의하였다(장혁표, 1993 재인용).

결국, 가족치료 · 상담이란 다음과 같다고 할 수 있다.

① 특정 가족 구성원에게 증상으로 나타난 행동 유형이 문제가 된다면, 이를 정확히 이해시킨 다음 개선 및 해소를 시켜주며,

② 가족체제와 구성원 간의 커뮤니케이션에 문제가 있다면, 원인의 규명과 상담을 통해 수정해 주고,

③ 부부(부모)간의 불화에서 출발하여 병리적 가정문화가 문제되어 역기능적 가정이 심각하다면, 심리치료기법 등 다양한 방법을 통해 최상으로 기능하는 가정(well-functioning family)으로 변모시키는 임상적 · 전문적 봉사활동이라고 할 수 있겠다.

그러면, 가족 상담 · 치료의 목표는 무엇인가? 많은 학자들 중 대표적인 주장들을 고찰함으로써 가족 상담 · 치료의 목표가 무엇인가를 가늠해 보기로 하겠다.

그릭과 케슬러(Glick & Kessler, 1974, 1980)는 가족치료자의 치료 목표를 다음과 같이 기술하였다.

① 가족 성원들이 사고와 감정을 표현함에 있어 솔직하고 의미 있고 만족스럽게 의사소통을 할 수 있도록 돕는다.

② 혼돈되고 융통성이 없고 고집스러운 태도를 변화하도록 한다.

③ 치료자는 스스로 가족의 분쟁과 갈등을 가장 잘 대처하는 모범을 보여 주는 모델이 됨으로써 가족의 형태를 변화하도록 한다.

④ 그릇된 신화(미신적 관습)로부터 탈피시켜 준다는 것이다.

'생물심리사회학적 치료'(Biopsychosocial Terapy) 입장에서 가족치료를 주장하고 있는 애커먼(Ackerman, 1970)은 상담치료의 목표로서 다음과 같이 제시하였다.

① 직접적 자료 수집을 통해 가족 성원들 간의 역동적 관계를 진단한다.

② 가족 성원들의 대화에서 편견을 타파하고 속죄양이 된 어린이를 지원한다.

③ 가족의 신화 또는 위선을 노출시키고 침체된 가족에게 활기를 띠게 한다.

④ 어떤 토픽도 터부시하거나 제한을 두지 않고 잘못된 가족규칙이 있으면 파기하게 한다.

⑤ 가족 성원들이 자기 역할을 인지하고 상호작용을 원만하게 하도록 함으로써 가족 간에 새로운 의사소통관계가 일어날 수 있게 도와준다는 것이다.

그 후 그는 "가족치료는 문제의 원인이 되는 갈등과 두려움의 해소와 정서적 건강에 대한 잠재적인 힘을 강화시키는 데 초점을 두어야 한다"고 전제한 다음 치료 목표로서 네 가지를 제시하였다.

① 단순히 증상을 경감시키거나 환경에 적응하게 하는 것이 아니다.

② 새로운 생활의 방법을 생각하고 실천하는 것이다.

③ 의사소통능력의 향상과 함께 잘못된 행동을 변하도록 하는 것이다.

④ 가족 내에서의 역할의 기능을 옳게 하도록 하는 것이다.

전체 가족을 대상으로 치료해야 한다는 소위 '공동가족치료'(conjoint family therapy)이론을 주장한 사티어(Satir)는 가족치료의 목표로서 다음과 같이 제시하였다.

① 가족 구성원 간에 개인차가 있음을 깨닫게 한다.

② 동일한 상황에 처했다 하더라도 견해가 다르고 지각이 다르다는 것을 받아들이게 한다.

③ 특히, 의견 불일치를 드러내기 위해 각자가 보고, 듣고, 생각하고 느낀 바를 말하게 하여 가족 간의 이해의 폭을 넓히게 한다.

④ 가족 각자에게 자존심을 일깨워 주고 따뜻하고 친밀한 가족관계를 꽃피울 수 있도록 부모에게는 어떻게 변화되고 남의 말을 어떤 자세로 듣고 자기 진실한 감정에 어떻게 접해야 하는지를 일깨워 준다.

⑤ 자녀들에게는 부모의 관점과 행동을 이해하는 방법을 가르쳐 준다는 것이다.

다음 구조이론(structural theory)에 입각한 치료를 주장하고 있는 미누친(Minuchin, 1974)은 다음과 같이 제시하였다.

① 가족을 상담 · 직면시켜 반복되고 있는 병리적 경향을 깨닫게 한다.

② 가족 규칙의 변화와 재정립을 도모하게 한다.

③ 바람직하지 못한 행동을 지탱 · 유발시켜오던 유형을 변화시킨다.

④ 가족 구성원 간에 지속적으로 발생하는 상호작용을 재배열시켜서 가족의 재구조화(再構造化)를 도모하는 것이 가족 상담 · 치료의 목표이다.

헤일리(Haley, 1983)는 치료 목적에 대해 다음과 같이 제시하였다.

① 치료자는 가족 성원들이 변화하기를 원하는 것에 대해 가족 구성원들로부터 분명히 들어야 한다.

② 가족치료의 성공을 위해서 치료적인 계약을 정확히 하여야 한다.

왜냐하면 문제와 변화하고자 하는 동기가 명확하게 정리가 안 되면 가족의 참여와 치료의 성공 가능성이 희박하기 때문이다.

③ 치료자가 문제라고 인식하는 것과 가족 구성원들이 변화하기를 원하는 문제가 반드시 일치할 수는 없겠지만, 중요한 것은 해결이 가능한 문제이어야 한다는 것이다.

④ 증상(불만)으로 표현하는 문제는 관찰, 평가가 가능하고 어떤 방법으로든지 누가 누구에게 영향을 주고 있는지 알 수 있는 문제이어야 한다.

⑤ 치료해야 될 문제를 명확히 하여야 계약도 분명히 되고 치료성과도 그만큼 높게 된다.

⑥ 헤일리의 가족치료의 궁극적 목표는 치료에 참여한 사람들이 예전과 다르게 행동해서 증상으로 나타났던 문제 행동이 변화받게 되고(감소 내지 해소), 가족 구성원 간에 의사소통능력이 향상되는 것에 두었다.

다음, 정신 분석적 이론에 입각한 가족치료에서의 치료 목적으로 제시한 것을 보면 다음과 같다.

① 가족 구성원 간의 사고(思考)의 폭을 넓게 한다.

그러자면 자아소외(自我疏外)와 자아동조(自我同調: Ego-syntonic)의 영향에 대한 인식의 폭을 확대하고 자유롭고 솔직하게 자신의 감정을 표현하도록 하여야 한다.

② 가족원들이 자신의 생각과 견해를 달리하는 가족과 그들의 욕구에 대해 인정, 존중, 수용할 수 있는 자세와 능력을 함양한다.

그러자면 애매모호하고 불확실한 태도를 줄이며, 자기방어적인 자세에서 객관적 자세로 탈바꿈하여 자신들의 왜곡·과장된 행위에 대해 제대로 평가하고 인정할 것은 인정하도록 도와주어야 한다.

③ 가족주기(家族週期)에 존재하는 긴장과 불안, 갈등, 질병, 일탈 행동, 차이점 등을 인정하도록 하는 것이다.

신혼부부시절, 자녀출산 및 미취학기, 초·중등교육기, 대학교육기, 중년기, 노년기에는 각기 다른 갈등과 긴장, 문제점과 욕구 등이 다를 수 있기 때문이다.

④ 일상생활에서 나타난 가족 성원 간의 문제와 관련하여 무의식적 자료들에 대해 정신 분석학적 측면에서 해석해 준다.

⑤ 가족 성원들에게 감정이입(感情移入: empathy)능력을 발달시키도록 격려한다.

⑥ 실망과 상실, 좌절감을 극복할 수 있는 자세와 관용적 태도 및 능력을 향상시켜 준다.

⑦ 잠재욕구, 감정 등을 새롭게 받아들이고 가족 구성원들의 역할관계에 대한 상호 간의 조정과 적응능력을 향상시킨다.

⑧ 가족 밖에서의 생활도 바람직한 관계를 맺고 발전시키도록 촉진한다는 것 등이다.

이상과 같은 견해들을 종합해 볼 때 가족 전체가 좀 더 만족스럽게 각자의 역할과 기능을 수행하도록 하고, 올바른 의사소통을 통한 상호이해, 지지와 격려, 상호배려와 자존심 존중의 분위기 속에 가족 모두가 건강한 삶을 누리게 하는 데 목적이 있다고 본다.

이를 위한 가족치료의 구체적인 목표로,

첫째, 가족 구성원들이 감정과 생각, 원하는 바와 원치 않는 바를 자유롭게 표현하도록 한다.

둘째, 의사소통능력을 향상시키며 다른 성원들의 문제행동원인을 이해하도록 그 해소를 위해 노력하게 한다.

셋째, 각자의 개성과 의견차를 인정, 존중하며 수용할 수 있는 포용능력을 향상시켜준다.

넷째, 가족 구성원 각자가 가정 내에서의 자기의 역할과 기능, 위치와 본분을 깨닫고 실천하게 한다.

다섯째, 가정이 사회의 최소단위집단이므로 일정한 규칙과 건전한 가정문화가 있어야 한다는 것을 일깨워 준다는 것 등을 생각할 수 있겠다.

2. 가족 치료·상담의 기법

가족치료를 어떻게 정의하고, 가족치료자가 대상으로 하는 상황과 활동하는 방법 그리고 치료의 범위를 여하히 한정하느냐에 따라 네 가지 입장으로 분류해 볼 수 있다. 즉, 동참적 가족치료(同參的 家族治療: conjoint family therapy), 중다충격치료(衆多衝擊治療: multiple impact therapy), 사회망치료(社會網治療: social network therapy), 복수가족치료(複數家族治療: multiple family therapy)가 그것이다.

1) 정신역동적 이론에 입각한 접근

(1) 생물심리사회적 치료기법(biopsychosocial therapy)

이 기법은 애커먼(Ackerman)이 주장하고 활용한 기법이다. 그의 생물심리사회적 기법은 생물학, 정신분석학, 사회 심리학, 아동 정신의학 등 다양한 학문의 원리를 바탕으로 가족치료에 임하는 것이다.

그가 중시한 첫 번째의 핵심적 개념은 '사회적 역할'인데, 이를 애커먼은 '사회적 역할은 행동을 통한 성격의 적응적 단위(adaptational unit)요 사회적 자아(social self)로 간주・정의하였다. 또한 인간의 성격은 주위(가족)에서 기대하는 특정 사회적 역할에 의해 형성된다고 생각하였다.

가족치료자의 주요 임무와 역할은 다음과 같다.

① 상호작용의 촉진자로서 가족의 생활공간에 뛰어들어가 상호작용을 북돋워줘야 한다.

② 잘못된 편견을 타파하고 속죄양이 된 가족원을 지원해야 한다.

③ 가족의 위선과 왜곡, 그리고 갈등을 표출시키고 가족의 깊은 정서적 영역(공포, 의혹, 실망, 복수심)을 객관적으로 평가해야 한다.

④ 긍정적인 면은 지지하고 부정적인 면은 타파하면서 가족들이 서로 보다 더 잘 접촉할 수 있도록 조력하고 육성해야 한다.

⑤ 희망은 불러일으키고 패배감에서 벗어나도록 유도해야 한다.

⑥ 커뮤니케이션 유형의 수정을 통한 재교육(再教育) 및 재조직화를 도모한다.

⑦ 가족의 병인적(病因的) 갈등의 해소를 통한 가족의 변화와 성장, 즉 가족의 상호작용이 원만하게 진행되고 자신들의 행동을 스스로 조절하면서 가족의 역할 관계에서 새로운 수준의 상보성이 발달되어 문제에 건설적으로 대처하도록 하는 것이다.

(2) 가족체계치료기법(家族體系治療技法: family systems therapy)

처음에 정신분열증 환자를 가진 가정에 관심을 두었다가 점차 정서장애에 대한 관심을 갖고 폭넓은 가족이론을 근거로 해서 치료기법의 개발에 주력한 보웬(Murray Bowen)이 발전시킨 이론과 기법이다.

보웬은 애커먼과 같이 정신 분석가로 출발했지만, 애커먼이 '정신 분석적, 개인 중심적 경향과 가족체계 중심적인 경향'을 다 띤 것에 비해 보웬은 '가족체계를 더 중시'하고 '연동적 삼자관계', '여러 대(代)에 걸친 역기능의 전수' 등의 개념을 제시, 강조하고 있다.

보웬이 강조하고 있는 가족체계치료기법의 특징을 정리하면 다음과 같다.

① 그의 전형적인 치료방법은 두 사람의 어른과 자신을 포함한 '삼자관계(三者關係)'의 상

황에서 치료한다는 것이다.

② '진단과 치료'라는 말을 쓰지 않고 '탐색자', '코치' 등의 말을 즐겨 사용했다.

특정 개인이 '병들었다', '치료하려면 누군가의 도움이 필요하다'는 말(인상)을 듣는다는 것은 바람직하지 않기 때문에 가족들이 스스로 해결방법을 탐색하도록 도와주고 자기들 능력을 발휘하도록 도와준다는 의미에서 '코치', '탐색자'라는 말을 사용하였다.

③ 보웬은 문제가 있는 가정에 제삼자(친구, 교사, 종교지도자)를 참여시켜 가족 관계를 개선시킬 수 있다는 입장과 함께 가족체계 속으로 뛰어들지 말고 벗어나서 중립적 위치와 관계를 주장하였다.

④ 가족 성원으로 하여금 보다 높은 수준의 자아분화(自我分化: differentiation of self)를 이루게 하는 것이 가족치료의 목표라고 보웬은 주장했다.

⑤ 부모 중 한 사람을 먼저 치료할 경우, 보다 성숙하고 자아의 분화를 이룰 가능성이 높다고 하였다.

⑥ 보웬의 부부를 위한 치료기법은 '조용한 질문으로 정서적 긴장을 완화시키고 부부로 하여금 당면한 문제에 대해 생각하게 하며 각자가 관련된 부분에 대해 성찰하게 하는 것'이다.

그런데 여기서 문제가 되는 것은, 부부 또는 부부 중 한 사람이 치료자(Bowen)를 끌어들여 삼자관계를 맺으려 하면 끼어들지 않으며, 해설도 해주지 않음은 물론 부부가 상대방을 비난하게 하거나 조급히 해결책을 얻기 위해 서둘러서 일치를 도모하려는 행동은 하지 않는다는 점이다.

⑦ 보웬은 많은 가족치료이론가 중에서 가족과정에 가장 크게 몰두한 이론가로서 '가족 역사에 관한 정보수집'에 비중을 두었다. 즉, 그는 최초의 면담에서 치료계획에 앞서 가능한 한 네 영역에 관한 정보를 많이 얻을 수 있기를 원했다.

첫째, 언제부터 문제증상을 보였으며, 그 증상들이 가족 내의 다른 사건들과 관계가 있는지를 알려고 하였다.

둘째, 관심을 가진 영역은 결혼 후 부부가 부모역할을 어떻게 수행했는가에 관련된 정보의 수집이다. 즉, 친밀・화목도, 정서적 접촉, 가옥의 구입과 주거지의 변화, 직업의 성공과 실패 등에 관한 것들이다.

셋째, 자녀들의 출생과 관련된 정보이다.

넷째, 확대가족들의 구성원들이 어떤 종류의 정서적 경험을 하였는지를 밝히는 정보이다.

⑧ 보웬은 가족치료의 성과에 대해 '가족관계를 비롯한 모든 관계에서 자유롭고 자신의 목적을 설정하고 삶에 대한 책임을 질 줄 알며 타인들과의 관계도 잘 맺을 수 있도록 도와 준다는 것이다.

⑨ 두 부부가 관계를 개선하고자 할 때 외부적 개입으로서 가족치료자가 필요하게 되며, 가족치료자가 행할 구체적 기능을 보웬은 '부부관계의 정의 및 명료화하기, 가족의 정서적 체계로부터 자아를 탈삼각화 시키기, 정서적 체제의 기능화 가르치기, 치료과정에서 '나의 위치(I position)'를 지킴으로써 분화를 시험해 보이기' 등 네 가지이다.

⑩ 보웬은 치료자의 가장 뚜렷한 특징으로 초연한 입장을 취해야 한다고 했다.

즉, '치료자는 가족 속에 뛰어들어야 한다. 가족 속에 참여하는 것이 치료자의 역할' 이라고 주장하는 다른 이론가들과 반대의 입장을 취했다.

⑪ 가족치료자의 역할은 '교사로서의 치료자 역할'을 특히, 강조한 이론가가 보웬이다.

그는 내담자로 하여금 스스로 그들의 가족체제에서 탈삼각화하고 '나'의 입장을 취하도록 가르쳐야 한다는 것이다.

2) 커뮤니케이션 이론에 입각한 접근

(1) 공동가족치료기법(共同家族治療技法: conjoint family therapy)

일찍부터 치료에서 가족단위를 중시하며, 전체 가족을 대상으로 치료해야 한다고 주창한 사티어(Virginia Satir)가 이 기법의 대표적인 이론가이다. 사티어는 '가족치료의 초기단계에서부터 치료자는 교사와 같은 태도를 취하고 가족들에게 새로운 언어, 커뮤니케이션 방법을 가르침으로써 모든 문제의 근원이라 할 수 있는 커뮤니케이션상의 문제를 이해하도록 도와주는 것'이라고 규정했다.

따라서 치료자가 관심을 가져야 할 부분은 다음과 같다.

첫째, 가족이 고통과 아픔에 어떻게 대처하는가?

둘째, 가족이 안정을 도모하고 항상성을 유지하기 위해 어떤 방법을 사용하는가?

셋째, 가족 성원들이 발달시켜 온 커뮤니케이션 방법이 어떠한가? 등이라고 했다.

결국, 문제의 가족들이 그녀의 커뮤니케이션 방법을 학습하고 자기들 가족생활 면에 적용시켜 가족들의 관계가 발전 · 심화될 때 치료는 완료된다는 것이다.

공동가족치료기법의 특징을 정리하면 다음과 같다.

① 가족치료자는 분명하고 명백하게 커뮤니케이션을 할 수 있는 능력을 가져야 한다.

② 사티어는 치료의 중요 관심사는 '가족 구성원들은 개인차가 있고, 그것을 인정해야 하며, 자유스럽게 자기의 견해를 개진하도록 도와주는 것'이라고 하였다.

③ 치료자는 각자가 독특한 존재이므로 가족의 각 구성원에게 자존심을 심어 주고 자기 스스로 견해를 표현하도록 해야 한다는 것이다.

④ 사티어는 가족치료에서 '친밀한 가족관계'를 강조하였다.

⑤ 부모에게 문제가 있다면, 치료자는 부모에게 좋은 모델이 되도록 일깨워 주어야 한다는 것이다.

⑥ 치료자는 변화되어야 할 가족에게 모델이 되어야 하고 메시지는 분명해야 하며 부모 이외의 가족, 자녀들에게도 부모의 관점과 행동을 이해하는 방법을 가르쳐 줘야 한다는 것이다.

⑦ 가족이 어떻게 해서 현재의 상태에 이르게 되었는지를 보다 정확히 이해하기 위해 가족의 생활력(生活力)을 수집 · 조사해야 된다는 것이다.

⑧ 치료자는 현재의 상황까지 이르게 된 과정을 분석 · 이해시키고 과거의 그릇된 커뮤니케이션의 방법을 수정하여 변화를 꾀하도록 도와주는 촉진자 역할을 해야 한다.

⑨ 사티어는 잭슨(Jackson), 헤일리(Haley) 등과 같이 '병리현상은 그릇된 의사소통에 의해서 야기된다'고 생각하였다.

다만, 차이가 있다면 사티어는 치료장면에서 온정과 배려심 등 인간의 정서적 감정 수준에 치우쳤다면, 잭슨은 인지적 접근을 취했고 헤일리는 의사소통에서의 지배력 관계를 강조했다는 점이다.

⑩ 사티어는 "나는 느낀다, 고로 존재한다"고 말할 정도로 고통을 겪고 있는 사람의 감정을 어루만져 주기 때문에 훌륭한 가족치료자라고 할 수 있다.

⑪ 사티어는 가족의 근원적인 원인을 밝혀내기 위해 치료자는 가족들의 '여기-지금의 고통(here and now pain)'에 관심을 가져야 한다는 것이다.

⑫ 사티어의 주장대로 '병리가 의사소통의 잘못된 방법' 때문에 생겼다면, 치료라는 것은

이들 커뮤니케이션 방법을 개선하는 시도라는 것이 그의 견해이다.

사티어는 이의 치료를 위한 세 가지의 목표를 제시해 주고 있는데, 다음과 같다.

첫째, 각 가족의 구성원들은 다른 가족들 앞에서 그가 보고 들은 것, 자신 및 다른 가족들에 대해 느끼고 생각하는 바에 대한 것을 일관되게, 그러면서 분명하게 말할 수 있어야 한다.

둘째, 가족원들은 서로의 관계 속에서 고유성과 개성이 인정되어야 하며 그것은 지배력에 의해서보다는 탐색과 협상에 의하여 결정되어야 한다.

셋째, 개인차는 공개적으로 인정되고 성장을 위하여 그 개인차를 활용하여야 한다는 것 등이다.

(2) 문제해결치료기법(problem-solving therapy)

가족치료의 선구자인 헤일리가 제시한 기법이다. 가족치료의 입장에서 그의 사상과 문제해결 치료기법의 특징들을 정리하면 다음과 같다.

① 헤일리는 문제행동(증상)이란 대인 관계적 사건이라고 정의함으로써 종래 '개인의 내적 갈등의 소산'으로 설명하는 데 대해 강력하게 거부하고 있다.

즉, 부부 중 어느 한 사람이 나타내는 증상(불안, 발작, 우울, 과음)은 부부간에 일어나는 일을 통제하려는 시도로서 개인의 정신내적 갈등의 소산이라고 간주되어 '한 배우자가 걸린 병에 의한 어쩔 수 없는 현상'이라고 설명해 왔다. 그런데 헤일리는 이 같은 견해를 거부하고 증상은 상대방을 조종하기 위해 사용되는 책략으로서 대인 관계적 사건이라고 정의하였다.

따라서 증상(문제행동)이 상대방을 조종하려는 전략이라면 치료자는 마땅히 환자로 하여금 관계를 정의할 다른 방법을 발달시키게 함으로써 증상적 방법을 포기하도록 해야 한다는 것이다.

② 헤일리는 문제해결의 방법으로 지시적 방법을 통해 가족 문제를 해결하려고 하였다.

③ 헤일리는 긍정적인 면을 강조하는 전략을 구사했는데, 이를 위해 주로 역기능적인 것으로 보이는 행동을 '이해할 만한 행동이요, 온당한 행동'이라고 달리 해석하고 재평가해 주는 전략을 구사하여 치료의 효과를 이루려고 하였다.

④ 그는 변화시켜야 하고 치료해야 될 목표를 설정한 후에도 문제가 되고 있는 통상적 행

동을 해당 가족원에게 그대로 계속하라고 권유하는 치료의 전략을 활용한다.

⑤ 가족 내의 병리현상은 특정개인이 문제가 아니라 체제가 병리현상의 원인이며 병리현상은 심리내적인 것이라기보다는 대인관계적인 것으로 생각되어야 한다는 것이 헤일리의 견해이다.

따라서 치료자는 가족에 변화를 일으키는 변화역군(change agent)으로서 가족에게 그렇게 행동하도록 돕는 교육적 요소(본보기로서의 치료자)를 제시하고 그렇게 하지 않을 수 없도록 만드는 진술한 바와 같은 치료적 역설(therapeutic paradoxes)을 제공해야 한다는 것이다.

3) 구조이론에 입각한 접근

미누친(Minuchin)의 구조적 치료기법(Structural Therapy)의 기본입장과 치료과정은 다음과 같다.

첫째, 치료자는 가족 안에 파고 들어가 가족체계에 합세(joining)한다.

둘째, 치료자는 가족의 규칙과 스타일에 적응(협력전략: coupling tactics)한다.

셋째, 가족 성원들로 하여금 자기가 결정한 방법에 따르게 한다.

의사소통의 통로를 변화(재구조 테크닉)시키고, 좌석배치의 변화(면담시)와 숨겨지고 해결안 된 갈등을 밝혀 스트레스를 야기시키고, 서로서로 또는 패거리지어서 편들게 하며(체계의 재균형 조성), 숙제나 면담 중에 업무를 부과하고(재구조적 업무), 기분을 조절하고 부모협동에 권위를 부여해 주며 가족의 비기능적 조직을 변화시킨다.

넷째, 치료 목표에 달성하도록 적극 추진한다는 것이다.

가족의 부적절하게 견고하거나 산만한 하위체제(배우자, 부모, 형제, 개인 등)를 재조직하고 비효과적인 문제해결과정을 변화시킨다.

이제, 미누친의 구조적 치료기법의 특징을 정리하면 다음과 같다.

① 미누친은 가족의 병리현상(증상)은 역기능적인 경향의 발달에서 기인하는 것이므로 가족의 재구조화를 통해 치유될 수 있다는 것이다.

② 가족의 재구조화의 방법은, 가족들을 직접 만나게 한 자리에서 반복되는 문제행동(병인적 경향)을 깨닫게 한 다음, 가족규칙의 변화와 재정립을 꾀하도록 한다. 그 다음에는 문제행동을 지탱시켜오던 유형을 변화시키고 가족 간의 상호작용 관계를 재배열시키게

되면 가족의 재구조화가 이루어진다는 것이다.

③ 미누친의 가족치료는 신중하게 계산된 계획과 철저한 치료절차를 따른다.

우선, 치료자는 가족체계의 문제점을 파악 · 직접 경험하기 위해 가족과 관계를 맺는다. 그 다음은 가족구조를 조사하여 가족체계의 유연성과 변화 가능성을 밝힌다.

가족 전체와 면담 시, 속죄양(지나치게 수줍어하는 딸)에게 우선 질문을 한다. 딸이 대답할 것을 어머니가 먼저 나서서 대리 대답을 한다면 일단 어머니와 딸과의 양자관계에 문제가 있을 수 있다는 것이 미누친의 진단이다.

이번에는 치료에 참석하고 있는 가족들의 좌석 위치를 바꿔주면서 그들의 표정과 자세를 살핀다.

그리고 같이 참석한 식구들에게 번갈아 질문을 하면서 치료받으러 온 이유를 확인함으로써 구조적 치료는 본 궤도에 진입하게 된다는 것이다.

④ 미누친이 활용하는 치료전략은 극적(dramatic)이며 연극적(theatrical)이라고도 한다.

예컨대, 식욕부진에 걸린 딸을 치료할 때 미누친이 택한 기법이 이를 잘 입증해 준다.

그는 첫 면접을 점심시간에 맞추어 실시한다. 그리고 부모가 딸에게 음식을 먹이기 위해 어르고, 달래고, 애걸하다 못해 지쳐 실망하는 모습(무력감과 실망감)을 예의 관찰한다. 그리고 '딸이 문제를 가진 것'으로 간주하는 가족들에게 '이것은 딸 개인의 문제가 아니라 신경성식욕부진증이 나타나게 된 가족체계의 문제'임을 깨닫게 해준다.

그 다음, '자신이 절망적이고 추하며 나쁘다'고 자학하는 식욕부진증 환자에게 '그런 생각을 그만 두게 하고 오히려 부모가 나쁘다'는 생각을 하도록 해서 갈등을 조장했다.

또한, 미누친은 부모에게 '음식을 먹게 하시오'라고 말하면서, 부모가 음식을 먹일 때는 달래거나 어르지 말고 '빌어먹을! 너 좀 먹어라, 사랑이고 뭐고 다 집어치우자. 먹어라. 빌어먹을' 말이 나오도록 유도했다.

⑤ 미누친은 반복적인 장애행동의 문제를 해결하기 위해서 가족체제 내에 위기를 끌어들이는 하나의 방법을 사용하는 전략을 고안했고, 가족치료에서 생태적 접근을 중심개념으로 중시하였다.

⑥ 미누친은 가족치료과정에서 문화적 요소를 중요한 요인으로 생각하는 현대가족 치료자 중의 한 사람이다.

문화적 요소를 중요시한다는 것은 문화에 따라 감정, 의식, 사고, 가치관 등이 다르므로 이를 무시한 채 획일적인 접근은 곤란하다는 것이다.

⑦ 미누친은 식욕감퇴아가 있는 가족의 특징으로서 그물망처럼 얽히고(enmeshment), 과잉 보호적(over-protectiveness)이고, 완고하며(rigidity), 그리고 갈등해결의 부족(Lack of conflict resolution) 등 4가지 요인이 발견된다고 하였다. 이 같은 견해는 로즈먼(Rosman)과 베이커(Baker)와도 같다.

⑧ 미누친은 가족치료자의 임무는 가족이 제 기능과 정상적인 역할을 할 수 있도록 가족 자신의 기능을 할 수 있도록 해주는 것이라고 했다.

그는 치료자는 계속적으로 성장하도록 격려하고 지지하고 정상적 기능을 수행하도록 해서 가족 구성원 각자의 잠재력을 최대한으로 발휘하게 해서 정상적 가족을 재구성하는 것이 궁극적 목표이다.

4) 행동주의이론에 입각한 접근

(1) 조작적 대인치료(操作的 對人治療: operant-interpersonal therapy)

행동주의자들이 현대의 가족치료에 직·간접적으로 많은 영향을 주었지만, 그중에서도 가장 직접적으로 행동주의적인 접근을 한 것은 스튜어트(Stuart)이다. 특히, 그는 부부불화의 치료에 대한 광범위한 자료의 제시와 함께, '부부불화에 대한 8단계의 치료과정 모형'을 발전시킨 것이 주목된다. 가정불화로 상담·치료를 청하러 오는 내담자에게 치료자가 할 수 있는 것은, 양 배우자를 도와서 현 시점에서 가능한 한 '최상의 관계'를 맺게 해주는 것이다. 그러나 만약 최상의 관계로도 그들이 기대한 만큼 그들을 만족시킬 수 없다면, 결혼생활의 지속 여부는 그들이 결정할 문제라는 것이 스튜어트의 주장이다.

이제, 스튜어트가 주장하는 조작적 대인치료기법의 특징을 요약하면 다음과 같다.

① 부부불화 문제를 치료할 경우, 스튜어트는 세 가지를 지킨다는 점이다.

하나는 배우자 중 어느 한 사람과 공모(예컨대, 비밀을 지키기로 한 것)하지 않겠다는 점을 밝히는 것이고, 다른 하나는 부부가 치료과정에 반드시 참여해야 한다는 점, 그리고 정해진 기간 내에 변화가 일어나기를 바란다는 점을 분명히 밝힌다는 점이다. 이는 가족 상담 치료자의 역할과 책임감의 한계를 스스로 설정한 것으로 이해된다.

② 가족치료에서 체계적·조직적인 접근방법을 취하고 있다.

부부불화에 대한 행동주의적 치료과정 모델에 잘 나타나 있지만 단계별 활동은 다음과 같다.

- 1단계: 부부상담 전 각자에게 검사목록표(Marital Pre-counseling Inventory)를 작성하게 한다… 하루의 일과, 결혼생활의 만족도, 성실도 등 상세히 기록
- 2단계: 치료자는 치료계획을 수립한다. 부부는 전화로 치료 계약
- 3단계(공동면접): 부부가 같이 면접에 참석, 스튜어트는 자기치료방법의 원리 설명
- 4단계(봉사하는 날 마련): 각자 기꺼이 치료자에게 정보를 제공하고 적극 협조
  - 부부 각자는 상대방에게서 원하는 구체적 행동을 열거한다.
  - 매일 상대방에게서 요구받은 8~20가지의 행동을 실천하도록 결정한다.
  - 부부 각자는 상대방의 행동이 어떠하든 자기가 먼저 결혼생활에 충실하려고 노력한다(상대방의 요구받은 행동을 시행) → 긍정적 모험
  - 부부 각자는 매일 주고받은 봉사행동의 내용, 종류 등을 기록한다.

  (5~8단계는 부부 각자의 특별한 요구에 맞추어 진행한다).
- 5단계: 정확한 커뮤니케이션을 구사할 수 있도록 훈련한다.
  - 부부가 오해하거나 거짓말, 쓸데없이 비꼬거나 왜곡하는 말을 하지 말 것
  - 시의 적절하고 건설적인 말, 희망적 · 긍정적인 내용의 말을 훈련하는 단계
- 6단계: 5단계까지 성공하면 '행동계약'을 체결한다.

  (부부 간 활동계획에 따라 기존의 역할과 책임을 바꾸는 노력이 있을 수 있고, 부부싸움을 조정하기 위해 서로 '사인과 제스처'를 정할 수도 있다).
- 7단계: 상대방에게 신뢰와 애정을 증진시킬 수 있는 내용(변화)을 협의하면서 서로 주고받을 수 있는 바람직한 행동에 대해서도 지혜를 모은다.

  (보다 효과적인 의사결정 전략을 배우고, 특히, '우리 부부들은 어떤 부분을 누가 책임 맡는 것이 좋은가'에 대해서도 의논 · 결정하는 태도를 배운다)
- 8단계: 부부가 마련한 구체적인 '관계 규칙(relationship rules)'을 잘 학습 · 실행하여 마지막 단계까지 진행해온 변화를 잘 유지하도록 도와준다.

각 가족치료이론의 특징을 정리하면 〈표 3-1〉과 같다.

〈표 3-1〉 가족치료이론 및 기법의 비교

학자 명	이론적 기저	가족 집단 여부	치료자의 역할	치료 대상	치료
애커먼	정신분석학, 사회심리학, 아동정신의학	사용	능동적, 촉매작용, 자기개방	전체가족	보다 분명한 역할의 분화, 역할 상보성의 증대
보웬	정신분석, 체계	불사용	능동적, 자제적, 직접적, 코치(지도)	三者(치료자와 두 성인)	융해의 감소, 자아분화 수준의 향상
사티어	커뮤니케이션	사용, 가족생활연대기	분명한 커뮤니케이션의 교사 및 모델, 촉진자	부부와 4세 이상의 자녀, 전체가족	성장경험, 개방적 케뮤니케이션 체계의 발달
헤일리	커뮤니케이션, 행동주의	불사용	지시적, 변화 조성의 책임, 조작적, 역설의 사용	전체가족	현재의 문제 또는 증상을 제거하기 위한 행동의 변화
미누친	체계, 행동주의	사용 (관찰에 의해)	단계지도자, 능동적 개입자, 조작적	전체가족	가족조직의 재구조화
스튜어트	행동주의	사용	새로운 행동 유형의 교사 또는 훈련가	부부	'관계규칙'의 학습, 바람직한 행동의 상호교환
리베르만	행동주의, 체계	사용	교사, 행동형성자, 계약협상자	전체가족	강화를 주는 유관 반응의 재구조화
주크	체계	불사용	중개자	三者 또는 그 이상의 가족 성원	병리적 관계의 개선
벨	사회심리학	불사용	촉진자, 활동조사자, 과정지도자	부부와 9세 이상의 자녀	보다 효과적인 가족 기능

출처: 장혁표 외 공역, 상게서: 252.

3. 가족 상담의 과정과 운영

가족 상담자는 그때그때의 상황에 따라 융통성 있게 상담 목표를 정할 수 있어야 하며 한 가지 기법만이 정답이라는 생각도 버리고 자신의 목표만이 최선이라는 고집(편견)에서 탈피해야 한다. 이 같은 자세를 가지고 가족 상담에 임할 경우 다음과 같은 단계별로 상담을 진행해야 한다.

1) 상담의 신청과 접수: 제1단계

상담의 신청 · 접수의 계기는 몇 가지 유형으로 분류할 수 있다.

첫째, 내담자가 갈등과 혼란, 좌절과 불안에 휩싸인 상태에서 상담자를 찾아오는 경우가 있다.

둘째, 지목된 환자(문제아) 때문에 어려움을 겪고 있다는 가족원(불평자)이 전화를 해서 상담신청이 이루어지는 경우가 있다.

셋째, 부모 또는 가족원이 문제가 된다고 생각하는 내담자를 데리고 상담실로 찾아옴으로써 상담신청이 이루어지는 경우 등이 있다.

2) 예비면접(intaking interview): 제2단계

이 단계에서는 확인 · 이해해야 할 것이 있고 보완해야 할 조항과 결정해야 될 사항이 있다.

확인 · 이해해야 될 사항으로는 다음과 같다.

첫째, 무엇이 문제인가를 밝혀야 한다.

둘째, 가족들이 지니고 있는 구조상의 문제는 없는지, 미누친의 구조적 접근(structural approaches)을 시도한다.

셋째, 가족들이 지니고 있는 정서 표현상의 문제는 없는지, 사티어의 경험적 접근(experiential approaches)도 시도한다.

넷째, 내담자가 지닌 문제가 언제 어떻게 발생되었고, 왜 그러한 문제가 해결되지 못하고 악화, 지속되었는지를 이해해야 한다.

다섯째, 내담자 또는 주변인(가족)들이 지금까지 그 문제를 해결하기 위하여 어떤 해결책을 사용해 왔는가? 그리고 왜 문제가 해소 · 해결되지를 않고 점점 더 복잡하게 악화되어 왔는지, 문제의 상태와 그 심각성을 파악하기 위하여 헤일리의 전략적 접근(strategic approaches)을 시도한다.

이와 같은 활동을 통해 문제의 핵심에 대한 정확한 진단과 이해를 할 수 있게 된다.

다음, 보완해야 될 내용으로는 다음과 같다.

첫째, 가족의 규칙, 가정문화, 가족원들의 특성, 가정의 화목도와 불화 긴장도, 가족원 간의 대인관계의 패턴 등에 관련된 정보를 입수해야 한다.

둘째, 내담자의 신체적 · 정신적 · 정서적 · 성격적 · 사회적 · 도덕적인 건강상태 등에 관한 정보를 입수해서 내담자의 문제 진단과 상담과정에 있어서의 전문성・객관성을 향상한다.

끝으로 결정해야 될 사항으로는 상담 목표 결정과 그에 따른 상담전략의 확정 문제이다.

상담 목표는 다음과 같다.

① 내담자의 문제나 증상을 제거해준다.

② 문제를 의식하고 바라보는 시각을 변화시킨다.

③ 가족원 간의 의사소통 관계를 원활하게 이루어지도록 그 양상을 변화시킨다.

④ 정서적 표현력을 보다 성숙하도록 변화시킨다.

⑤ 전체 가족체계를 발전적으로 변화시킨다.

⑥ 상담전략에서 어떻게 개입할 것인지(새로운 의미부여와 역설적인 개입문제), 일차원적인 변화(first-order)에 만족할 것인지, 이차원적 변화(second-order)까지 동원할 것인지를 결정한다.

⑦ 상담자와 가족은 정기적으로 1주일에 한번, 60~90분 정도 만나기로 하고 총 상담기간(10회)을 정한다.

3) 상담의 본격적 진행: 제3단계

첫째, 가정 내의 문제 또는 증상에 관하여 관심을 가지고 고민하며 문제가 해결되어야 한다고 생각하는 가족과의 상담이 이루어져야 한다.

둘째, 문제를 가진 내담자를 만나 상담이 이루어져야 한다.

셋째, 첫 상담에서부터 가족들을 어느 정도까지 참여시킬 것인지가 고려대상이 되어야 한다.

왜냐하면 가정 내에 문제가 있고 가정에서 그 문제가 파생・악화되었기 때문이다. 때문에 전 가족을 다 참여하도록 해야 한다거나(Kempler & Bell) 처음 2회까지는 부부(부모)만 참여시키되 4세 이상의 어린이도 필요하면 참여시킨다든지(Satir), 먼저 부모를 참여시키고 그 다음에 전체가족을 면담하되 9세 이하의 어린이는 제외시키는 것이 좋다(Bell)는 등의 학자들의 견해를 유념하면서 상담자가 최종적으로 선택해야 한다.

따라서 본 단계에서의 상담은 문제의 증상과 역기능적인 가족체계를 변화시킬 체계적인 상담계획을 미리 수립한 다음 다음과 같은 사항을 고려해야 한다.

① 가족원 간의 상호작용을 관찰한다(가정방문을 통한 전 가족 참여).

② 어색하고 서먹서먹한 분위기, 침체된 분위기가 있으면 이를 해소시킨다.

③ 상담의 목적(왜 가족들이 모였으며 상담자가 이곳에 왔는지)을 설명해 준다.
④ 모든 참가자들에게 어떤 변화를 바라는지 구체적으로 말하게 한다.
⑤ 가족끼리 서로 이야기를 나누도록 분위기를 조성한다.
⑥ 가족 성원들에게 어떤 변화를 기대하고 있는지를 말하게 한다(Haley).

4) 상담의 핵심적 진행: 제4단계

핵심적 부분인 제4단계에서는 상담이 진행되면서 가족 성원들의 태도 변화에 따른 대응을 해야 한다.

첫째, 가족이 상담에 대해 적극적으로 저항적・부정적인 태도를 가지고 있는 것이 지속된다면, 처음에 약속하였다 하더라도 가족 상담의 계속 진행 여부를 다시 결정해야 한다(Haley).

둘째, 상담에 마지못해 억지로 끌려 다니는 기분으로 온다든지, 상담 도중 여러 가지 이유나 핑계거리를 만들어 상담을 거부하는 태도가 지속된다면 가족 상담 횟수를 조정해서 단기상담(6회)으로의 전환을 검토해야 한다.

셋째, 상담에 적극적으로 참여・협조해 온 가족들은 이 4단계에서 가족들 간의 병리적인 관계가 해소되기 시작하고 건전한 관계가 형성되기 시작한다는 것을 지각하게 된다.

넷째, 가족 상담이 성공적으로 진행되고 있다는 조짐들이 나타나게 되면 문제에 대한 재정의(재정의)가 일어나야 하고 가족체제(가족구조)의 재편성이 이루어지기 시작하게 된다.

다섯째, 이 같은 2차원적 변화가 일어나게 되면, 자주성이 증대되고 서로의 역할분배가 융통성 있게 이루어지며 가족들이 지닌 비밀・약점이 드러나서 모두가 수용하려는 태도의 변화가 나타난다.

5) 상담의 종결단계: 제5단계

가족 상담을 진행하는 동안 지목된 환자(내담자)뿐만 아니라 그를 둘러싸고 있는 여러 가족들을 함께 모아 상담을 진행하는 동안 다음과 같은 증후를 감지하게 되면 종결단계에 이르렀음을 느끼게 된다.

첫째, 불평이나 증상이 사라진다.

둘째, 가족들의 표정이 밝아지고 보다 만족하는 것 같은 태도를 취한다.

셋째, 가정 밖에서의 생활도 독립적인 활동으로 만족감을 느낀다고 토로한다.

넷째, 스스로의 노력을 통해 자기들의 문제를 해결하려는 의욕이 확연하게 발견된다.

다섯째, 가족 성원들은 상담과정을 통해서 자신들의 가족 문제를 다 같이 해결하는 훈련을 받았기 때문에 스스로 문제를 해결할 수 있다는 자신감을 갖게 되었음을 직감하게 된다.

여섯째, 가족 구성원 간에 새로운 관계가 형성되고 가족 내부에서 새로운 권력구조나 역할의 재분배, 새로운 의사소통의 패턴이 이루어지고 있음이 감지된다.

이 같은 증후들이 발견되면 상담이 종결단계에 이르렀음을 알게 된다.

제2절 위기 상담의 특징과 기법

1. 위기 상담의 의미와 특징

1) 위기 상담의 의미

위기 상담이란 엄청난 문제로 위험한 상태에 직면해 있거나 심각한 문제로 위기상태에 처한 사람을 도와주는 전문적・임상적 봉사활동이라고 정의할 수 있다.

우선 위기(crisis)라는 용어는 그리스어의 'krisis'에서 나온 것으로 결정(decision) 혹은 '전환점(turnning point)'이라는 의미를 내포하고 있으며, 한자의 위기(危機)는 위험(危險)과 기회(機會)의 뜻을 나타내고 있다.

또한 웹스터(Webster) 사전에 의하면 '인간생활에 있어서의 상태의 급격한 변화', '정신적으로 중요한 사건', '결정적인 순간', '불안정한 중대한 시기' 등으로 정의되고 있다.

따라서 위기라는 말이 풍기는 뉘앙스는 반드시 나쁜 것이며 부정적인 뜻만을 상징하는 용어는 아니다.

블룸(Bloom, 1963)은 위기개념에 관해 다음의 다섯 가지 요인들을 밝히고 있다.

① 본인이 의지하든 못하든 간에 어떤 위협을 주는 사건의 존재

② 혼란한 상태의 급속한 진전

③ 내면적 불안의 존재 혹은 비존재

④ 위기에 의해 희생된 사람의 행동에 혼란이 나타남을 외부적으로 관찰 가능

⑤ 갈등해결의 급진전을 나타낼 때라고 하였다.

아길레라와 메식(Aguilera & Messick, 1978) 역시 "지금까지 자신에게 도움이 되어 왔던 행동기제(mechanism)로는 해결할 수 없는 문제에 직면할 경우"라고 했다. 그 결과 "긴장과 불안의 강도는 높아지는데, 해결책을 강구하는 자구능력은 저하되고, 무력감을 갖게 되며, 심각하게 정서적으로 혼란상태에 빠지게 되어 자신의 문제를 스스로 해결할 수 없다고 생각하는 경지에 다다르게 된다"고 하였다.

이러한 관점에서 본다면, ① 위기는 위험을 내포한 말이다. ② 하나의 '극적 전환점'을 이룰 수 있는 기회가 될 수 있다는 의미를 가지고 있다. ③ 위기는 절박한 상황에 처해 있음을 의미한다. ④ 위기는 개인에게 있어서 '약한 상태'를 의미한다.

그렇다면 위기의 특성은 무엇인가?

대부분의 위기는 다음의 다섯 가지 특성으로 분류하고 있다(하상훈, 1996).

① 위기는 병리적 사건이 아니라는 것이다.

② 위기의 기간은 무한히 지속되는 것이 아니고 시간적으로 제한된다는 점이다.

③ 위기는 발생으로부터 회복까지 확인할 수 있는 일정한 단계와 과정이 있다는 점이다.

④ 위기상태는 불안정한 시기이고 변화하기 쉬운 상태이다.

⑤ 위기는 인간의 성숙과 발전을 위한 좋은 기회이다.

그 동안 잠재되어 있던 어떤 심층적인 문제가 위기상황에서 표출되어 이전의 어떤 갈등 문제를 처리할 수 있는 기회가 될 수 있다. 그리고 다른 한편 현재의 위기를 극복한다는 새로운 학습체험을 통해서 문제해결능력이 증대되어 앞으로 발생될 위기에 보다 잘 대처할 수가 있다. 즉, 이전의 갈등처리와 새로운 학습기회를 통해 성장과 발달의 기회를 갖게 된다.

2) 위기 상담의 특징

위기의 유형과 단계는 무엇인가? 그리고 문제발생의 징후와 그들의 대응에서 발견되는 공

통점과 특징은 어떤 것들인지를 정리해 보면 다음과 같다.

(1) 위기의 유형

위기의 유형에 대한 분류는 학자들에 따라 다양하다.

정상의 위기, 상황적 위기, 과도기적 위기의 세 가지로 분류하기도 하고, 상황적 위기, 예상되는 생활 변화의 위기, 외상적 스트레스에 의한 위기, 성숙성 혹은 발달과정상의 위기, 정신 병리에 의한 위기 등 다섯 가지로 분류하기도 한다.

그러나 그 같은 구체적인 사항을 정리하면 일반적으로 발달적 위기(developmental crisis)와 상황적 위기(situational crisis)의 두 가지로 분류한다.

① 발달적 위기

이 위기는 성숙의 결과로서 성장・발달하는 과정 중에 일어나는 것으로 이해된다. 그래서 정상적인 위기라고 보는 견해가 많으며, 이 위기들은 프로이트(Freud)의 정신성적(psychosexual) 발달이론과 에릭슨(Erickson)의 아동으로부터 노년까지의 인간생활주기에 대한 8단계의 계통적 설명에 근거한다.

오츠(Oates, 1966)는 발달과정상의 위기로서 다음과 같은 것이 위기가 될 수 있다고 하였다.

즉, 출생, 이유(離乳), 용변 가리기, 오이디푸스 갈등, 입학, 청소년기, 직업 선택, 가정을 떠남, 학교 졸업, 약혼, 결혼에의 적응, 임신, 어버이가 되는 것, 중년기의 위기, 부모 상실, 폐경기, 퇴직, 배우자의 사망, 친구의 사망 등이다.

② 상황적 위기

이 위기는 우발적 위기라고도 한다. 사람들이 욕구충족의 본질적인 자원이라고 믿고 있는 것을 비정상적으로, 또 일반적으로 예기치 않은 가운데 상실됨으로써 유발되는 위기이다.

오츠(1966)는 상황적 위기로서 실직, 금전의 상실, 도움을 받는 사람의 상실, 질병 혹은 외과적 수술, 자녀 사망, 결혼생활에서의 부정과 이혼, 정신병 혹은 알코올 중독, 신체장애, 원하지 않는 임신, 혹은 결혼 외 임신, 안정된 장소로부터 이동, 전쟁이나 불경기 같은 거대한 사회적 재난 등을 들고 있다.

(2) 위기의 단계

위기는 충격 · 방어적 후퇴 · 승인 · 적응의 4단계를 거치며, 보통은 문제해결이나 재정의(redefinition) 또는 부정(denial)에 의해서 종결된다.

① 첫 번째 단계: 충격

위기에 처하면 충격으로 인하여 일단 우울상태로 된다.

자존심은 위협당하고 사고와 행동은 분열된다. 계획을 세우거나 논리적으로 이유를 대거나 상황을 이해하는 능력이 저하된다.

이 단계는 대개 몇 시간이나 1～2일간에 끝나게 되어 자신을 인식하게 되고, 무슨 일이 일어나고 있는지 다른 사람으로부터 들음에 따라 제2단계인 방어적 후퇴를 통하여 적응하게 된다.

② 두 번째 단계: 방어적 후퇴

이전에 성공적으로 적응했거나 문제해결됐던 방법을 이용하려고 노력한다.

그러나 긴장과 불편은 줄어들지 않고 상황이 경감되지 않는다. 그는 점차 당황하며 쓸모없게 느낀다. 처음에는 그 문제에 직접적으로 접근하려고 할 것이나 행동에 옮겨지지 않는다. 그러나 흔히 비현실적인 방법으로 문제를 회피하거나 타인의 도움을 찾는다.

현실을 회피하여 부정하고 환상적이 된다. 무관심해지거나 오히려 기분이 상승할 수도 있다. 이 시기에 쓰이는 방어기제로는 부정, 합리화, 투사 등이다.

이와 같은 기제를 쓰는 목적은 고통스런 상황으로부터 자신을 보호하는 데 있다. 이 단계에서 대처하기 전에 실패하면 불안과 왜곡현상이 증가된다.

3단계로 넘어가면서 전문가의 도움을 구하려는 때이다.

③ 세 번째 단계: 승인

승인 단계로서, 그 상황이 객관적인 현실을 깨닫기 시작하면서 긴장과 불안이 다시 올라가고 현실이 가혹하게 보인다.

그러나 내적 · 외적 자원을 동원하여 새로운 방법으로 문제를 해결하거나 이전 방법으로 해결할 수 있는지를 위해 그 위협을 재정리해 본다.

만일 이 시기에 새로운 방법이든 이전 방법이든 문제해결방법이 적용되어 효과가 있을 경우에 4단계로 넘어가서 위기를 해결한다.

④ 마지막 단계: 적응

위기상황을 긍정적인 면으로 인정하여 낡은 자아는 죽고, 새로운 자아로 통합될 때 일어난다.

바람직한 문제해결을 할 수 있게 되고 그 사건에 대한 감정을 표현할 수 있게 된다. 새로운 가치관을 느끼고 정체감은 더욱 확고하게 되며 불안은 점차 감소된다. 적당한 자원과 능력을 이용하여 사고와 계획을 조직하고 신체적으로는 쾌적한 상태에서 가능하게 된다. 사회적으로 자신의 지위와 역할을 회복하고 적응하기 위하여 자기행동을 재구조화함으로써 앞으로 유사한 위기를 피한다. 이 때에 처음보다 더 성숙되고 적응을 잘하게 되며, 새로운 적응기제도 배우게 된다.

문제해결이 비효율적으로 되거나 위기상태에 대한 감정표현이 부족했을 때는 문제가 억압되고, 계속 부정되어서 해결되지 못하면 신경증, 정신증, 사회적으로 부적응 행동 등이 일어날 수 있다.

만일 부정이 계속되면, 기질적・병리적 변화를 일으킬 수도 있고, 자살기도로 나타날 수도 있다. 그리고 격리감, 무가치감, 절망감, 죄책감 등으로 자살기도에 이를 수도 있고 긴장해소의 부적당한 방법으로 술이나 약물을 사용하기도 한다.

2. 위기 상담을 요구하는 사람들의 유형

인간이 위기상태에 직면하게 되면 그 위기에서 탈출하기 위해 도움을 요청하게 되는데, 몇 가지 특징이 있다.

첫째, 너무 급하게 도움을 요청한다.

둘째, 너무나 많은 것과 기적을 요구한다.

셋째, 그들의 기대는 지나치며 비현실적일 수 있다.

넷째, 그들은 쉽게 실망하거나 엉뚱한 당신에게 화를 낸다.

그러나 이 같은 경우 위기 상담에 임하는 사람(카운슬러) 입장에서는 당황해 하거나 놀라워할 필요가 없다. 왜냐하면 위기에 처한 그들에게는 마지막 희망이기 때문이다.

그렇다면 어떤 유형의 사람들이 위기 상담을 요구하는가?

아론 라자레(Aaron Lazare)는 정신과 의사를 찾는 환자들의 유형을 다음과 같이 14가지로 정리한 바 있다(Norman wright. H., 하상훈 역, 1990).

1) 위기 상담자의 유형

① "제발 내 대신 처리해 주세요"형

자신을 통제하고 지도할 수 있는 강한 사람을 원하는 내담자가 이에 해당된다.

② "내가 지금 어떤 상황에 처해 있는지 알고 싶어요"형

현실을 바로 볼 수 있도록 도와줄 사람을 필요로 하는 내담자가 이들 유형에 속한다.

③ "날 좀 돌봐 주세요"형

매우 공허해서 사랑이 필요하다고 느끼는 내담자가 여기에 해당된다.

④ "항상 거기 계시죠"형

안정을 찾기 위해 도움을 받을 수 있는 상담자를 필요로 하는 내담자가 이들 유형에 속한다.

⑤ "내 죄를 용서해 주세요"형

강박관념적인 죄의식을 가지고 있는 내담자가 이에 해당된다.

⑥ "털어놓고 이야기 하고 싶어요"형

무엇인가 당장 말할 것이 있고 말해 버려야 한다는 내담자가 이에 해당된다.

⑦ "어떻게 해야 할지 알고 싶어요"형

자신을 억누르고 있는 사건에 대해 충고를 바라는 내담자가 그들이다.

⑧ "정신이 맑아지게 도와주세"형

복잡해진 생각을 정리하고 싶은 내담자가 이에 속한다.

⑨ "상담을 원합니다"형

자신을 자각하고 사물에 대한 통찰력을 갖기 원하는 내담자가 여기에 해당된다.

⑩ "전 의사가 필요해요"형

자신의 불안함이 의사의 도움이 필요한 의학적 문제인지를 아는 내담자가 이들 유형에 해당된다.

⑪ "전 좀 특별한 도움이 필요해요"형

경제적 도움 또는 함께 있어 주는 등 실제적인 특별도움을 원하는 내담자가 이들 유형

에 속한다.

⑫ "날 위해 그렇게 해 주세요" 형

현재 대인관계의 어려움이 있어 상담자가 개입해 주기를 원하는 내담자가 이들 유형에 속한다.

⑬ "제가 필요로 하는 것을 얻을 수 있는 곳을 가르쳐 주세요"형

다양한 요구를 만족시켜 줄 수 있는 기관이나, 실제로 참여할 수 있는 공동체에 관한 정보를 얻기 원하는 내담자가 이들 유형에 속한다.

⑭ "전 원하는 게 없어요"형

타인에 의해 상담자에게 온 비활동적이거나 정신병리적 현상이 있는 내담자를 일컫는다.

2) 위기상황에 잘 대응하지 못하는 사람의 특징

① 위기에 거의 압도당한다.

위기가 오기 전에 그 위기에 가장 효과적으로 대처한다는 것이 위기를 자초·악화시킴으로써 정서·심리적으로 이미 상처를 입고 있고 결과적으로 그들은 감정적으로 약한 상태였다.

② 허약한 신체조건을 들 수 있다.

신체적 질병이나 만성질환 또는 질병이 없더라도 허약한 신체는 어려운 때를 당해 대응능력도, 자신감도 떨어진다.

③ 현실을 부정하는 타입이다.

현실을 부정하는 사람은 위기에 대응하는 데 있어 어려움이 많다.

④ 수다를 떠는 다변주의자(多辯主義者)이다.

잠시도 입을 쉬지 않고 먹고 마시고 흡연하고 수다를 떠는 사람들이 위기에 잘 대응할 수 없다는 것은 상식이다. 말하자면 입으로 무엇인가를 하지 않으면 불안해지는 구강 성격자(oral character)로서 하버드 대학의 심리학자인 랠프 히르쇼비츠(Ralph Hirschowitz)는 '입의 마술(magic of the mouth)'이라고 칭했다.

⑤ 문제에 대한 대처시기를 놓치는 타입이다.

말하자면, 문제에 대처함에 있어 '타이밍'이 문제라는 것이다. 그래서 대처해야 될 시기를 자꾸 미루고 지체시킨다.

⑥ 지나친 죄의식과 싸우는 사람들이다.

그들은 지나친 죄의식을 가지고 자책하는 경향성이 있는 사람들이므로 감정이 예민해지고 악화되면 될수록 행동이 더욱더 위축되기 때문에 위기상황에 대처하기가 그만큼 힘들다.

⑦ 남을 비난하는 사람들이다.

그들은 문제의 성격과 정도를 직시하지 않고 '누가 문제를 일으켰는가'에 관심을 갖는다. 그리고 상상에 의해서든 실제로이든 몇 사람을 적을 만들어서 그들을 비난하다보니 문제를 해결하고 대응하는 데 문제점이 있을 수밖에 없다.

⑧ 매우 의존적이거나 독립적인 사람이다.

그들은 도움을 주려는 사람에게 지나치게 달라붙거나 아니면 도망쳐 버린다.

⑨ 신학과 관련된 종교적 입장에서 설명하려 한다.

위기상황이 되면 종교적 차원에서 접근, 해석하며, 하나님의 구원과 돌보심을 믿는다는 점이다.

3. 위기 상담의 목표와 단계별 기법

1) 위기 상담의 목표와 접근방법

위기 상담의 목표는 '위기를 겪고 있는 사람을 도와서 위기 이전 수준의 기능을 회복하도록 신속하게 개입하는 것이며, 더 나아가 이전보다 더 높은 수준으로 성장하게 하는 것'이다.

이러한 목표를 달성하기 위한 위기개입의 과정 및 절차에 관한 여러 학자들의 견해가 있지만, 지면관계상 골란(Golan)의 이론만 소개한다.

골란(1978)은 위기개입의 단계를 초기단계, 중기단계, 종결단계로 나누고 있다.

초기단계는 ① 접촉을 확립하고, ② 위기가 있는지 없는지 확인하며, ③ 현재 상태가 어떤지 파악하고, ④ 상담자와 내담자가 이행할 작업계약을 세운다.

중간단계는 계약을 이행하는 데 전념한다. 즉, ① 현재 생활상황에서 구체적인 문제해결을 위하여 계획된 과업을 확인하고, ② 이행하고, ③ 과거의 부적절한 방법으로 가능했던 것을 수정하고, ④ 새로운 대처 유형을 습득하도록 한다.

종결단계는 시작단계부터 현재까지의 개입 상황을 자세히 검토하는 것을 포함한 종결과업을 수행한다. 이 단계에서 강조되는 것은 ① 개인과 자원을 새로이 결속시키거나, ② 개발된 대처 유형과 성취한 과업, ③ 그리고 가까운 장래 등에 대한 계획이다.

스위처(Switzer, 1975)는 위기 상담의 과정을 〈표 3-2〉와 같이 3가지 표제하에 10가지 단계로 기술하고 있다.

〈표 3-2〉 위기 상담 과정

접촉기(contact)	초점기(focus)	행동기(action)
1. 신뢰관계를 만든다. 2. 제시된 문제와 그로 인해 초래된 일들을 확인한다. 3. 위기에서 벗어날 수 있는 기대감을 갖게 한다. 4. 카타르시스 할 수 있게 돕는다.	5. 상황을 자세히 탐색한다. 6. 위협의 소재(所在)를 확인한다.	7. 문제해결에 도움이 될 자원의 목록을 만든다. 8. 여러 가능성을 함께 평가, 생각한다. 9. 결단하도록 돕는다. 10. 전 과정을 돌이켜 보며 새로 배운 것을 정리한다.

2) 위기개입 상담의 단계와 요령

이기춘(1991)은 여러 학자들의 이론을 종합하여 전화를 통한 위기개입의 단계와 요령(방법)을 다섯 가지 과정으로 요약하고 있다.

첫째, 위기상황에 대한 진단적 평가이다.

전화 상담에 있어서 위기개입은 면접상담과는 달리 시간의 제한성 속에서 진행된다. 그러므로 상담자는 수화기를 들고 상담을 시작할 때 위기의 심각성에 따라 '나는 이 문제에 얼마만큼의 시간을 할애해야 하는가'라는 개략적인 시간의 측정을 해놓아야 한다.

만일 내담자가 자살에 대한 언급을 적극적으로 시사한다면 이는 긴급하게 대처해야 할 상담이다.

대부분의 경우 자살 충동은 순간적으로 오며 몇 시간 정도만 이 충동이 지속된다. 그러므로 내담자의 언어표현, 감정, 의도, 위기의 심도 등을 빨리 파악하여 적절한 시간의 구조 속에서 문제에 대한 진단적 평가를 내려야 한다.

둘째, 위기를 맞고 있는 내담자와의 관계를 발전시키는 것이다.

이 단계는 정서적인 '조율 잡기'(tuning in)이다.

투베싱과 투베싱(Tubesing & Tubesing, 1973)은 조율 잡기란 '타인의 정서적 상태에서 발신되는 신호를 수신하고 파악하는 것이다'라고 하였다. 이는 곧 경청과 공감의 단계이다.

험블리(Hambly, 1984)는 전화 상담에 있어 경청은 말하는 이와 듣는 이 사이에 걸쳐 있는 상황(context) 속에서 정보, 언어, 감정 및 태도의 총체적 메시지(total message)가 원활하게 투여되고 수용될 때 목소리를 통해 내담자가 의미하는 원래의 의미를 파악하는 것이라고 한다. 그러므로 경청은 음악을 감상하듯 목소리의 높낮이와 미세한 감정과 끊어지고 이어지는 호흡의 박자까지 섬세하게 점검하면서 이루어져야 한다. 경청의 과정에 있어서 문제가 분초(分秒)를 다툴 경우는 직접적으로 문제를 언급하고 다소 여유가 있는 경우에는 정서적인 지원을 공급하는 것이 더욱 유효하다.

셋째, 내담자로 하여금 대면하고 있는 문제의 성격을 파악하게 하는 것이다.

위기에 직면한 사람들은 혼란에 빠져 있기 때문에 즉각적인 해결책을 찾아내려는 데 몰두한 나머지 문제의 성격을 파악하지 못한다.

문제의 성격을 핵심적으로 파악하게 도우려면 상담자는 내담자의 문제 발생의 전반적인 배경을 빨리 파악하도록 도와야 한다.

넷째, 내담자 속에 남아 있는 잔여능력과 자원을 가동시키도록 돕는 것이다.

위기에 노출된 사람은 '자신을 도울 만한 친구나 유용한 자원이 주변에 없다'는 식의 극단적인 생각을 한다.

전화 상담은 바로 이 같은 위기를 당한 사람에게 도움의 자원들을 일러 주고 또한 찾아내도록 격려하여야 한다.

다섯째, 내담자의 행동은 내담자의 상황에서 실천이 가능한 것이어야 하며 부담 없이 자신을 추진할 수 있는 전망이 보여야 한다.

앞 단계에서 권유한 입원이나 위탁 상담을 실천하도록 도와야 한다.

지금까지 고찰한 위기개입과 위기 상담의 이론, 그리고 존스(Jones, 1968)와 이광자(1996)의 이론을 바탕으로 위기전화 상담은 〈표 3-3〉처럼 3단계로 나누어 볼 수 있다(하상훈, 전게 논문).

〈표 3-3〉 위기전환 상담과정

단계	목표	방법
1. 위기를 당한 사람과의 접촉	신뢰관계 수립(rapport)	관심 있는 행동 경청
2. 문제의 핵심 파악	위기의 확인	반응 초점 맞추기
3. 문제에 대한 적극적 대응	행동하도록 도움	목표 수립 자원 조사 대안 확정 행동착수 반성과 재검토

문제는 〈표 3-3〉의 과정이 1 · 2 · 3순으로 진행되는 것은 아니고 흔히 동시에 일어난다는 점이다.

■ 1단계: 위기를 당한 사람과의 접촉

위기를 겪는 사람과 접촉하여 신뢰에 찬 치유적 관계를 형성하는 단계이다.

긴장을 풀게 하고, 감정을 안정시켜, 행동화 단계로 이끌어 갈 터전을 만들어 주는 것이다.

(1) 관심 있는 행동

관심 있는 행동을 통해서 안정되고 평안한 분위기를 조성해 주고, 비밀 보장의 신뢰감과 솔직한 개방성을 느끼게 해주어야 한다.

(2) 경청

적극적 경청을 통해서 상대에 대한 배려와 관심을 전달해야 한다. 적극적인 자세로 내담자의 감정을 표출하도록 경청하는 것은 신뢰관계를 형성하는 데 매우 중요하다. 또한 당면문제를 이해하고 도울 수 있다는 자신의 능력에 대한 자신감을 통해서 전화자에게 희망을 줄 수도 있다. 결국 다른 사람을 돕되 그들이 할 수 없는 것을 도와야 한다. 결코 그 이상을 도와서는 안 된다.

■ 2단계: 문제의 핵심 파악

두 번째 단계는 위기의 본질을 구체적으로 확인하고 명확히 하는 것이다.

(1) 반응

상담자는 내담자의 감정과 생각의 영역에 대해 반응해야 한다.

상담자는 내담자의 생각과 감정에 대한 상담자의 이해를 표현해 줌으로써 상담자가 자신을 이해하고 공감하고 있다는 것을 보여 준다. 상담자의 궁극적 관심은 위기를 겪고 있는 내담자가 그 위기에 대해 어떤 의미와 느낌을 가지고 있는지를 파악해야 한다.

(2) 초점 맞추기

위기 촉발 사건이 무엇이며, 문제를 해결할 수 있는 그의 능력에 영향을 주는 요인이 무엇인지 발견하는 데 초점을 맞춘다.

만일 위기가 명확히 정의되고 위협의 성격이 분명해 질 수 있다면 그 위기에 대한 해결책이 마련될 수 있다.

위기를 경험한 내담자는 사실을 회피하고 고통에 대하여 자신을 방어하고 있기 때문에 상담자가 할 일은 내담자가 사실에 직면하도록 돕는 것이다.

초점을 맞추는 과정에서 상담자는 ① 위기자극사건, ② 내담자가 중시하는 관계, ③ 내담자의 대응책, ④ 내담자의 대응책을 무효화시킬지 모르는 새로운 요소들 내지 조건들에 집중한다. ⑤ 관련성이 없는 지식이나 사실들을 걸러 내는 것도 포함된다.

■ 3단계: 문제에 대한 적극적 대응

마지막 단계의 경우, 상담자는 위기 가운데 있는 내담자가 그들의 자원을 평가하고, 동원하여, 행동계획을 세우고, 위기 해결을 위한 주체적 변화를 이룩하도록 돕는다.

(1) 목표 수립

내담자의 문제 상황이 분명해지면 문제해결을 위한 목표를 수립한다.

목표는 가능한 한 구체적이고 측정될 수 있도록 관찰 가능한 것이 좋다. 장기적인 목표보다 작고 단기적인 모표를 수립하여 그것을 성취하는 것이 더 유익하다.

(2) 자원 조사

목표 수립 후에 목표 달성을 위한 내적 자원과 외적 자원을 파악한다.

내적 자원은 우리 모두가 자기 안에 지니고 있는 대처 방법들로서 매일 부딪치는 문제들에 직면할 때 의지하는 것이다. 한 가지 중요한 내적 자원은 과거에 위기들을 처리했던 경험을 환기시켜 주는 것이다.

외적 자원은 내담자의 친구들, 가족들, 교회, 정신적 자원, 그리고 재정능력 등을 포함한다. 위기 가운데 있는 내담자는 자신들을 대인관계로부터 단절시키고 혼자뿐이라고 느낀다.

(3) 대안 확정

상담자와 내담자는 함께 가능한 행동방법을 강구하고 여러 열거된 목록으로부터 관련성이 깊고 구체적인 행동으로 옮길 수 있는 것들을 모두 선택한다.

행동화할 수 있는 대안들을 내담자의 가치에 비추어 심사숙고한 후에 그들이 지닌 잠재적 효과를 평가한 후 내담자가 한두 가지 대안을 선택하게 한다. 그리고 선택된 대안을 실천하겠다고 약속을 한다.

(4) 행동착수

약속 후에 행동이 뒤따라야 한다. 이 단계는 내담자의 의존경향을 역전시키는 단계이며, 스스로 행동화할 수 있도록 격려해 준다.

(5) 반성 및 재검토

이 과정은 상담의 전 과정에 걸쳐 계속된다.

전화 상담의 짧은 시간 동안 상담자와 내담자 사이에 위기해결이라는 목표에 도달하기까지 효과적인가를 끊임없이 평가하면서, 수립된 목표가 현재 목표가 될 수 없다면 바꾸어야 할 필요가 있다.

제3절 전화 상담의 특징과 기법

만일 자신이 감당할 수 없는 문제나 위기 상황에 직면하여 자살을 시도하려는 순간에 나도 의식하지 못한 채 수화기를 손에 들면서 '누군가와 이야기하고 싶다'는 생각이 들 것이다. 뿐만 아니라 자신의 문제를 해결하기 위해 누군가와 상담하고 싶지만, 남 앞에 나서기를 꺼려하는 사람은 전화를 통한 상담이 효과적(이장호, 1989)이라고 할 수 있다.

이렇듯 시간적인 응급성과 경제성, 편이성 그리고 익명성(匿名性) 존중으로서의 전화 상담(telephone counseling)의 필요성과 가치는 크다.

1. 전화 상담의 의미

원래 전화 상담이 태동하게 된 계기는 영국 일포드(Ilford)에 있는 '크레멘츠우드 침례교회(Clementswood Baptist Church)'의 피터 웨스트(W. Peter West) 목사와 런던의 '성 스테판 월부룩교회(St.Stephen's Walbrook Church)'의 차드 바라(Chad Varah) 목사에 의해 주도되었다.

그들은 1953년 자신들의 사무실 전화번호를 각각 홍보하면서 심리적 문제(고독, 자살충동 등)로 도움을 필요로 할 경우, 전화를 하면 도와줄 수 있다는 것을 광고하였다.

이 같은 전화를 통한 지역사회봉사는 순수한 목회적 차원에서 선교적인 사회봉사활동의 의도였지만 전 세계적인 자원봉사운동으로 전개되었으며, 그 결과 10년 후인 1963년에는 호주 시드니(Sydney)에서 알랜 워커(Alan Walker) 목사에 의해 '생명의 전화(Life Line)'를 시작(Humbly, 이광자 역, 1992)하여 전 세계로 파급, 확대된 것이 전화 상담의 출발이라고 할 수 있다.

만약 자신이 감당할 수 없는 문제에 직면하여 순간적으로 '누군가와 이야기하고 싶다'는 상황에 직면했을 때 일반적인 상담으로는 도움을 줄 수 없게 된다.

왜냐하면, 상담을 신청・접수한 후 시간을 약속해서 상담자와 만나는 방법은 타이밍 면에서나 효과 면에서 전혀 무의미하기 때문이다.

특히, 자신의 문제가 반드시 해결하고는 싶지만 체면을 중시하는 우리 사회에서 문제의 성격상 상대방에게 노출시키기 어려운 문제이거나 내담자의 성격이 부끄러움이 심하고 남과 면담하기를 꺼려하는 사람이라면 더욱더 일반적 상담으로는 곤란하다.

여기에 시간적인 신속성 문제와 사건의 응급성, 경제성과 편이성 그리고 익명성 존중으로서의 전화 상담의 필요성과 가치가 대두되는 것이다.

그렇다면 전화 상담의 성격과 의미는 어떻게 규정할 수 있는가?

박경석과 김계현(1993)은 '전화 상담은 익명성(匿名性)을 지키면서 신속하게 접근할 수 있는 전화매체를 빌어 내담자가 호소하는 일련의 문제들을 내담자가 상담자와 함께 신뢰로운 분위기 속에서 당면 문제의 해결로 향한다는 목적을 띠고 음성언어로만 진행되는 단회상담의 한 형태'라고 하였다.

하상훈(1998)은 '전화 상담이란, 상담자가 전화매체를 활용하여, 전화를 걸어오는 내담자의 당면 문제의 해결과 인간적 성장을 도와주는 것을 목적으로 진행되는 상담의 한 형태'라고 전제하면서 '신속성과 편이성, 익명성과 단회성, 그리고 전화자 주도성 등의 특징을 가진다'(신을진, 1995; 하상훈, 재인용)고 하였다.

이상의 의견들을 종합해 볼 때, '전화 상담이란, 현대인의 생활 속에 널리 보급된 전화를 통하여 위급상황에서의 구급서비스와 다양한 개인의 당면 문제 그리고 그로 인한 심리・행동적 문제를 완화・해결・수정하게 함으로써 삶의 질을 향상시키고 인생의 불필요한 실수와 상실을 예방하기 위한 언어적・임상적 봉사활동'이라고 할 수 있겠다.

2. 전화 상담의 특징

상담의 대상, 적용 범위, 실용성, 상담의 운영방법 등에 영향을 미치는 전화 상담의 특징은 장점으로서의 접근, 간편성, 응급・신속성, 편의성, 익명성, 자율선택권, 친밀성, 내담자 주도성 등이 있으며, 단점으로서는 단회성(일회성) 음성정보에의 의존성, 침묵성, 유희성, 음란성, 습관중독성, 분열성 등으로 나누어 볼 수 있다.

1) 전화 상담의 장점

(1) 접근 · 간편성(接近 · 簡便性)

전화는 어디에나 있고 이동전화시대이므로 누구나 쉽게 휴대할 수 있으며 조작도 간단하다.

신체장애자 노인 등 기동성이 부족한 사람들에게도 쉽게 이용할 수 있다. 따라서 개인적, 지역적, 공간적 장벽을 해소할 수 있어서 더욱 접근이 용이하다.

(2) 응급 · 신속성(응급 · 신속성)

개인이 감당할 수 없는 위기상황에 직면하거나 피해감정과 박탈감정의 누적, 심각한 열등감과 우울감정, 그로 인한 극심한 좌절감과 자포자기의 상태에서, 자살의 유혹 속에 마지막으로 전화를 들고 누군가에게 도움을 청하고자 하는 긴박한 상태에서 전화 상담은 그 진가를 발휘하게 된다.

(3) 편의성(便宜性)

전술한 접근 · 간편성과 관련이 있는 것으로 전화 상담은 '전화가 있고 상담을 하고 싶은 의사'만 있으면 자신이 원하는 시간과 장소에서 누구나 편리하게 이용할 수 있는 것이다. 동시에 전화 상담은 24시간 이용 가능한 장점이 있다.

위기의 순간이 예고되지도 않는다. 고통받는 순간도 스스로 선택할 수도 없다. 감정의 침체와 극심한 우울, 그로 인한 자살의 유혹도 어느 날 갑자기 치명적으로 닥칠 수 있다.

이 같은 위기적 상황에서 시간적 지체 없이 긴급하게 개입(상담)하게 되고 24시간 상담 · 조력할 준비가 되어 있는 전화 상담의 편의성은 많은 사람들의 희망과 삶의 의욕을 북돋아 줄 수 있을 것이라고 할 수 있다.

(4) 익명성

상담자와 내담자 모두 서로의 얼굴을 노출시키지 않는다.

내담자의 경우, 자신의 정체(正体)를 감출 수 있다는 것은 상담에서 심리적 불안과 긴장이 감소될 수 있고, 자신의 문제와 추함을 토로한다 하더라도 자신의 신분이 노출되지 않기 때문에 사회적 체면이나 명예가 실추될 가능성도 없다.

따라서 익명성이 보장되는 전화 상담에서는 내담자가 죄책감이나 불안감에서 벗어나 안전감을 갖고 자신의 솔직한 개방이 가능해진다.

또한 상담자의 익명성도 긍정적인 면과 부정적인 면이 있을 수 있다.

(5) 자율선택권

전화 상담은 불특정 다수의 내담자를 대상으로 한다.

상담자는 내담자를 선택할 수도 없고 사전에 내담자에 대한 정보나 지식도 가질 수 없다.

그러나 내담자는 자기에 관한 정보를 의도적으로 공개하지 않을 수도 있고, 자신이 원하는 상담자를 마음대로 선택할 수 있으며, 상담자가 마음에 안들면 언제든지 전화를 끊어버릴 수 있다. 따라서 내담자는 불안과 위축감, 거리낌과 부담감도 느끼지 않은 채 상담자와 거의 대등하게 대화의 자율선택권을 발휘할 수 있다.

(6) 친밀성

대인관계에서의 효과적인 커뮤니케이션은 전 능력과 모든 감각을 다 동원해야 한다.

말뿐만 아니라 얼굴표정, 손발의 움직임 등 모든 제스처가 의미전달의 상징성이 있기 때문이다. 따라서 상담에서의 대화도 얼굴과 몸 전체의 움직임을 종합적으로 사용하게 되어 있고 상대방의 제스처가 갖는 의미를 파악해야 효과적인 상담이 이루어지게 된다.

예컨대, "눈썹은 양쪽 혹은 한쪽이 움직이면 슬픔이나 기쁨, 부드러움이나 엄숙함을 표현한다. 동시에 눈썹은 동의(同意)와 이의(異議)를 표시하고 모멸과 거만을 고도로 나타낼 때 눈썹이 움직인다. 급히 입술을 굳게 다무는 것은 완고한 거부를 나타내는 것이고, 어깨를 움츠림은 무관심을, 얼굴을 찡그림은 혐오와 모멸 등 일종의 불쾌의 표현이다"(전영우, 1982).

그래서 "눈썹은 감정표현을 하는 중요한 파트라고도 하는 바, 양 미간에 힘을 넣어 눈썹을 모으면 불쾌함, 눈썹의 경사가 얼굴의 안쪽으로 향해서 내려가면 분노, 올라가 있으면 미소 등, 눈썹은 여러 가지 감정을 연출한다"(마츠오 도오루, 홍영의 역, 1998). 때문에 얼굴은 '개인정보의 기지'라고 한다.

그런데 전화 상담에서는 이 같은 정보를 얻을 수 없기 때문에 '전화 상담은 비인격적이다'라고 말한다. 그 대신 전화는 입에서 귀로 직접 말하게 됨으로써 심리적인 밀착감, 숨소리마저 들려오는 친밀감을 맛보게 한다.

이 같은 전화 상담의 특징은 좌절감과 소외감, 고뇌와 불안감에 젖어 있는 내담자에게는 그 의미가 커서 상담자와 쉽게 신뢰관계 · 친화관계의 형성(rapport)이 가능해지게 된다.

(7) 내담자의 주도성

일반 상담에서는 상담자가 모든 통제력과 주도권을 갖고 있다. 예컨대, 상담기관에 찾아와서 상담신청서를 제출하는 접수과정에서부터 내담자는 위축감을 느껴 주눅이 들게 되며 상담기관이 지시하는 데로 신청서 접수 → 예비면접(Intaking) → 심리검사 → 상담자와 상담일시 결정 · 통보 등을 따라야 한다.

상담기관의 분위기와 상담자의 권위적 풍모 때문에 자신의 느낌과 문제를 제대로 표현할 수가 없게 된다.

때문에 굴욕감을 자극하는 문제이거나 절박한 상황에 처하지 않는 이상 도움을 구하러 상담기관에 오지를 않게 된다.

이에 반해 전화 상담은 내담자가 불안과 위축감, 굴욕감을 느낄 필요가 없으며 상담에 있어서 주도권을 갖게 됨으로써 내담자들에게 유익한 면이 많다.

2) 전화 상담의 단점

전화 상담은 이 같은 장점 이외에 단점도 적지 않다고 본다.

(1) 단회성

전화 상담은 연속 상담도 있지만 여러 가지 이유에 따른 특성상 대부분 일회성(단회)으로 끝나는 경우가 많기 때문에 단타성의 성격이 짙다.

이 단회성은 전화 상담의 운영방법, 즉 상담의 목표, 원리, 기법, 상담자의 자격과 자세 등에 직접적인 영향을 주는 요인이다. 따라서 상담시간이 짧기 때문에 상담의 효과를 거두기 위해서는 내담자가 상담에서 '원하는 것이 무엇인지'를 재빨리 간파하고 이에 맞는 상담 목표를 수립할 수 있어야 한다.

(2) 신뢰성과 일관성의 결여

전화 상담에서는 내담자와 상담자 쌍방이 서로 누구인지를 모르는 익명성이 보장되어 있고, 상담 자체가 단회성적인 동시에 교대로 상담자가 바뀌게 됨으로써 상담에서의 일관성과 신뢰성이 떨어지고 상담 내용에서의 항상성과 정체성도 약해질 수밖에 없다.

(3) 전화공해(电话公害)의 우려

전화 상담의 특징으로 인해 침묵전화(沈默电话), 장난 전화, 음란전화(淫乱电话), 분열증 환자(分裂症 患者)의 전화 등 여러 가지의 문제가 발생할 수 있다.

그래서 1990년대 초만 하여도 전화공해로 인해 서울에서 평균 한 달 3,500여 건이 번호 변경을 신청하였다.

전화공해의 유형은 크게 협박테러형, 침묵형, 텔레폰 섹스형, 보복형, 호소형 등 다섯 가지로 분류할 수 있다.

하여간 이동전화의 폭증으로 인해 전화는 공해로까지 받아들여지는 현실이다.

(4) 효율성과 생산성의 결여

현실적으로 전화 상담은 자원봉사자로 구성되어 있고 단기간의 연수과정을 이수했기 때문에 전문성에도 문제가 있다. 전문성을 갖추지 못한 상태에서의 상담 경험의 축적은 잘못하면 전문성을 무시하고 자신의 경험만을 중시한다든지 아니면 내담자의 고충을 들어주는 것만이 최선의 상담이라는 오해를 낳을 수 있게 된다.

3. 전화 상담의 특수 사례에 대한 대응기법

전화 상담은 기본적인 상담의 기법을 전화라는 특수상황에 적용한 것이기 때문에 접근방법 역시 상담의 기본적인 기법이 그대로 적용된다.

다만, 전술했듯이 전화 상담의 특징(장 · 단점)이 있기 때문에 예상 외의 문제와 가변성에 대해 충분한 배려와 마음가짐을 갖고 대처해야 한다.

위급한 상황의 발생이나 당혹스러운 전화 내용, 그리고 판단과 답변의 성급한 강요 등은 상담자로 하여금 어리둥절하게 만든다.

이럴 때 상담자가 전문가라면 문제가 없겠지만, 전화 상담의 경우 대부분이 자원봉사자로 구성되어 있어서 전문성에 문제가 있다. 전문성이 갖추어지지 않은 상태에서의 상담 경험의 누적은 두 가지의 문제를 야기시킬 수 있다.

하나는 사람 중심이 아닌 사건 중심으로 자기의 주관적 견해(편견)를 쉽게 토로하는 경우이고 다른 하나는 당황한 나머지 현재 처한 순간의 어려움을 모면하기 위해서 "오후 7시에 그 분야 상담원이 나옵니다. 그때 전화하세요"라면서 다른 상담원에게로 과제를 넘겨버리는 경우 등이다.

예컨대, 결혼생활에 불만을 호소하는 주부가 통화 첫마디에서 "아무래도 이혼을 해야 될 것 같은데 어떻게 생각하시나요?"라고 질문했다고 하자.

이럴 경우 전화 상담원의 반응은 두 가지로 생각해 볼 수 있겠다.

- A 상담원 : "결혼한 지 얼마나 되시나요, 자녀는 있습니까, 하기야 오죽했으면 이혼을 생각하시겠어요?"
- B 상담원 : "제가 당신에 대해서 아는 것이 전혀 없는데 어떻게 해서 이혼 문제까지 생각하게 되었는지 나에게 이야기 좀 해주실 수 있나요?"

위의 두 상담원의 반응은 현저한 차이가 있다.

A 상담원은 전화자의 사람 중심보다는 이혼이라는 사건을 중심으로 접근하려는 것이라면, B 상담원은 개방적인 대화분위기를 조성・유도해서 전화자로 하여금 품고 있는 마음속의 이야기를 하도록 사람 중심의 상담으로, 수용적 자세를 취한 것이다.

전화 상담의 특성이 어려움에 처한 전화자가 자신의 문제를 호소할 때 그 문제에 초점을 두는 것이 아니고, 문제를 가진 사람 중심으로 상담을 해야 한다는 점을 주목할 때 후자(B 상담원)의 자세는 바람직하다.

이제 전화 상담에서 나타나는 7가지의 특수사례에 대해 고찰하고 그에 대한 대응기법을 생각해 보고자 한다.

1) 침묵형 전화(silent calls)

침묵형 전화는 최초에 전화자가 전화를 걸고는 아무말 없이 호흡소리만 느끼게 되는 경우와 상담 도중에 침묵을 하는 두 가지 경우가 있다.

그렇다면 최초에 전화를 해 놓고 왜 침묵하고 있는 것일까?

그 이유는 다음과 같이 제시할 수 있다.

첫째, 자신감과 용기가 부족하기 때문일 수 있다.

둘째, 막상 전화를 걸었으나 효과가 있을지 확신이 서지 않기 때문일 수 있다.

셋째, 거절을 당하지 않을까 불안하기 때문일 수 있다.

넷째, 양가감정(兩価感情: ambivalence)이 있는 경우가 많다.

다섯째, 무슨 말부터 어떻게 해야 할지 몰라서 망설일 때이다.

여섯째, 상대방이 어떻게 나올 것인지를 의도적으로 떠보기 위해 침묵한다.

일곱째, 상담자에 대한 거부 · 저항의 뜻일 수 있다.

여덟째, 문제가 일단락되어 잠시 안심하고 있음의 표현이다.

아홉째, 자신의 마음의 움직임에 대해 자기성찰하고 있다는 것을 뜻한다.

따라서 통화 중 침묵이 생기면 다음과 같은 사항에 대해 마음의 여유를 가지고 적절히 대응해야 한다.

① 왜 침묵하는가?

② 침묵이 일어난 상황은 무엇인가?

③ 이 침묵이 어떠한 의미(message)를 갖는 것인가?

그 대응 및 처리방안으로 생각해 볼 수 있는 것은 다음과 같다.

첫째, 침묵의 전화가 걸려올 경우, 잠시 기다린 후 상담자는 “지금 말씀하시기 힘드시나 보군요, 좀 더 말씀하시기를 기다리겠습니다”라고 말을 함으로써 침묵 전화자에게 자극과 함께 여유를 주는 것이 좋다.

그래도 1 · 2분의 시간이 흘러도 여전히 침묵이 계속되면, “이거 어쩌지요, 많은 사람들이 전화를 기다리고 있는 관계로 사정상 전화를 끊어야겠습니다. 언제든 마음이 내킬 때 전화를 주세요, 도움이 되어 드리고 싶습니다”라며 끊는 것이 좋다.

둘째, ‘안심의 뜻으로서’와 ‘자기성찰의 뜻’으로서의 침묵이라면 전화자의 입장에 보조를 맞추어 준다는 자세로 전화자가 말할 때까지 기다려 봐야 한다.

셋째, '무슨 말부터 할지 몰라 망설이는 의미'로서의 침묵이라면 전화자의 말이 멈추었을 때까지의 감정상태와 이야기의 내용을 면밀히 되새겨 보아야 한다.

넷째, '상담자에게 거부 · 저항의 뜻'으로서의 침묵이라면 "내가 말한 것 때문에 기분이 언짢게 되었나요?", "내가 말한 것 때문에 말하기 어려울 정도로 기분이 나쁘신가요?"하면서 전화자가 자기감정을 표출할 수 있도록 자극해 보아야 한다.

2) 못된 장난 전화(prank calls)

전화 상담은 익명성(匿名性)이 보장되기 때문에 의외로 장난 전화가 많다. 때문에 어떤 전화가 진솔한 전화(real caller)이며 못된 장난 전화(prank caller)인지를 변별하기란 쉬운 문제가 아니다.

따라서 무엇보다도 상담자가 갖추어야 할 자세와 사항은 다음과 같다.

첫째, 전화 상담자는 모든 전화에 대해서 성실하고 솔직한 자세로 전화 상담에 임해야 한다.

둘째, 전화 상담을 진행하다 보면 어떤 전화가 순수한 전화인지, 솔직하지 못한 장난 전화인지를 알 수 있다. 중요한 것은 상담자가 성급하게 먼저 속단해서는 안 된다는 점이다.

셋째, '못된 장난 전화'라는 생각보다는 '덜 심각하게 생각하고 덜 진지하게 문제를 취급하는 전화' 정도로 이해하는 자세가 필요하다.

넷째, 장난 전화라는 판단이 서면 조심스럽게 경청(listen carefully)하고 침착 · 진지하게 반응한다.

다섯째, 전화자가 이야기하는 '사실'과 전화자의 '느낌'이 일치하는지에 대해 정확하게 비교 · 파악한다(compare the stories and feeling).

여섯째, 진솔하지 않고 장난 전화임이 판명되면 '상담자의 솔직한 느낌'을 말해준 다음, "다음에 고통스러운 문제가 생기면 전화주세요, 그때 도와 드리겠습니다"라고 말하면서 전화를 끊는 것이 바람직하다.

3) 음란성 전화(obscene calls)

전화를 한 다음 상담자가 전화를 받으면, '실수로 전화를 잘 못 걸었다'는 식의 제스처를 취하면서 "이왕 전화가 됐는데, 아무 문제라도 이야기해도 됩니까?"로 시작한다.

"참 이렇게 당황스러운 문제도 있을까요? 당신은 이해할 수 없을 겁니다"로 시작하는 전화, "당신하고는 탁 까놓고 솔직하게 대화하기를 원합니다. 도와주실 수 있습니까?"

"한 번도 이런 전화를 해 본 적이 없습니다. 또 어떻게 이런 문제에 대해 말할 수 있을지 자신도 없습니다만…"으로 시작되는 음란성 전화는 시작부터 이렇듯 상투적이다.

이렇게 전화 접촉을 한 다음, "성적인 호기심이 많은데, 도와주실 수 있습니까?", "성문제로 걱정이 되는데, 도와주십시오", "성적인 지식이 필요하니 도움 말씀 좀 주시지요"의 투로 말을 잇는다.

그래서 상담자는 '자신의 실제 문제를 감당하지 못해서' 전화를 했거나, 자기 자신의 '외로움을 달래려는 의도'에서 전화를 한 것으로 이해하고 상담이 진행되는데, 진행이 되어 가면서 이성 상담원의 음성이나 도움말을 통해 성적 충동을 느끼게 되고 성적 만족을 위해 전화를 하고 있음을 인식하게 된다.

이 같은 음란성 전화는 다음과 같은 유형으로 구분된다.

(1) 음탕한 자 : 음탕성 전화

음탕한 소재의 말을 하기 때문에 상담자는 흥분되고 화를 참기가 어려운 지경에 이르게 되지만, 자제하면서 대화를 나누되 인내에 한계점을 느끼게 되면 상담을 중지해야 한다.

(2) 자위행위자 : 자위행위 중의 전화

자위행위를 하기 위해 전화를 건 다음, 이성 상담자의 목소리(자극)를 자극제로 하여 자위행위를 하는 경우이다. 이들은 아무리 빈틈 없이 전화를 한다고 하여도 전화할 때의 여러 가지 정황으로 볼 때 자위행위를 하고 있다는 것을 짐작하게 한다.

물론 초보 상담자들이 자위행위 중임을 알게 되었을 때는 이미 깊은 상태에 들어가 있을 때이지만….

경험 많은 상담자인 경우, 자위 행위 중임을 알아서 그에 대한 대응을 하게 되지만, 전화자 역시 스스로 고백하거나 상담자의 질문에 '자위행위 중'임을 시인하게 된다.

요컨대, 이러한 상황에 직면하게 되면 상담자는 "더 이상 대화할 수 없군요. 당신의 문제에 대해 좀 더 진지하게 대화하고 싶을 때 다시 전화 주십시오"

"지금은 당신을 도울 수 없을 것 같군요. 당신은 전문적인 상담이 필요한 것 같은데, 원하신다면 연결해 드리겠습니다"라고 말하면서 전화를 끊는 것이 현명하다.

(3) 성적 환상가

전화 통화가 되면 자신만의 성적 환상을 즐기면서 일방적으로 자기 얘기만 늘어놓는 사람들이 이에 속한다. 이들은 상담자와 전화자 사이에 대화를 원하지 않을 뿐만 아니라 상담자의 개입을 허용하지 않는다. 그들이 말하는 내용이 성적 환상을 이야기한다고 느껴지면 상담자는 자신의 느낌을 있는 그대로 얘기하는 것이 좋다. 즉, "부인 이야기 같아요", "성적 환상을 이야기하고 있다는 생각이 들어요"라고.

그런데도 전화자는 부인하면서 계속적으로 성적 묘사를 노골적으로 말한다면 "당신에게 도움이 안 되는군요. 나는 더 이상 당신과의 전화 대화를 계속할 수 없군요"라며 끊을 수 밖에 없다.

4) 병적 거짓말쟁이

파렴치하며 낯간지러운 말을 아무런 거리낌 없이 말하고, 남의 입장은 안중에도 없는 듯 지껄인다. 신빙성이 없는 소재를 만들고 그럴싸한 이야기로 꾸며 만들어 내서 상담자의 성적 느낌이나 의견을 말하도록 시도하는 사람들이다.

이들과는 긴 얘기가 필요 없다.

상담자는 "당신과 더 이상 대화를 계속할 수가 없습니다. 다음 걸려올 전화 이용자를 위해서 이만 끊겠습니다"라며 즉시 중단하는 것이 옳다.

하여간 음란성 전화자들은 몇 가지 특기할 특징이 있다.

① 대화를 주저하는 듯한 제스처를 한다.

② 대화 도중 가끔 침묵을 한다.

③ 얘기에 윤기가 없고 감정 없는 어조로 얘기한다.

④ 남자 상담자와 얘기할 마음이 없으면서도, 또 상담자가 통화 즉시 바뀔 수가 없다는 것을 알면서도 여자 상담자가 받으면 "아이, 여자분이시네, 혹시 남자 상담자가 안계십니까?"라며 찾는 제스처를 취한다.

⑤ 대화 즉시 성적인 문제에 대해 의견을 묻는다. 부부간의 성관계, 근친가족 간의 문제, 원조교제, 집단혼음, 아내나 여자 친구들을 서로 빌려주는 행위 등에 이르기까지 반윤리·도덕적, 패륜적 소재를 거론한다.

5) 반복되는 전화(chronic calls)

하루에도 여러 번 일상생활에서 일어나는 크고 작은 문제나 특수한 문제를 가지고 전화를 하는 경우를 말한다.

이들은 매번 새로운 전화를 할 때마다 이야기를 그럴듯하게 꾸미거나 변경하거나 왜곡하면서 '같은 이야기'를 반복한다. 이들 반복 전화자들은 몇 가지 특징이 있다.

첫째, 회피적 성격자(avoident personality)로서의 특성이 있다.

쉽게 대인관계에서 상처받고 절친한 교우관계가 없으며 타인과 잘 어울리지 못하고 사회적 상황에서 불안·두려움을 느끼고 침소봉대하며 허풍을 떤다는 점이다.

둘째, 의존적 성격자(dependent personality)로서의 특성이 있다.

타인의 도움을 필요로 하고 자신의 일을 타인이 결성해 주기를 기대하며, 쉽게 타인에게 동조하고 남들을 의식해서 불쾌하거나 품위를 떨어뜨리는 일까지 스스로 함으로써 시선을 집중시키려 한다. 뿐만 아니라 홀로 있을 때 무능력감, 황폐·무력감에 젖고 버림받는 두려움과 타인의 비난(비평)에 쉽게 상처를 입는 타입이다.

셋째, 이들은 상담자가 자기들에게 던지는 질문에 대해 응답을 회피하려고 한다.

넷째, 자기들의 문제에 대해 집중적으로 논의하는 것도 거절한다.

다섯째, 상담자에게는 자기들의 말하는 것을 들어주기만을 바란다. 이런 타입의 사람과 전화하게 되면 상담자는 의욕을 잃고 분노감이 촉발하게 되지만, 다음과 같은 자세와 마음가짐으로 대응하는 것이 좋다.

① '오늘, 지금 여기에'라는 입장을 견지하여야 한다.

과거와 지나간 경험에 관한 대화 주제를 선택함으로써 지루하고 비생산적 상담이 되어서는 안 된다.

철저하게 현재와 여기에 초점을 맞추어서 "오늘 어떤 일이 있었습니까?", "오늘 무슨 일을 할 생각인가요?", "오늘 기분은 어떠하십니까?", "오늘 하고 싶은 일은 무엇인가요?"등의 질문을 통해 상담의 주도권을 잡아야 한다.

② 사전에 상담시간을 제한하여야 한다.

상담 도중 되풀이식 '반복 전화'라는 느낌이 있을 경우, "우리는 3분 정도 이야기할 수 있습니다. 대기 중인 다른 전화자들에게도 기회를 주어야 되거든요"라고 말해야 한다.

만약 이 같은 반복 전화자들과 계속 전화를 하게 되면, '자기의 환상이나 거짓사연'을 되풀이하는 그의 증세는 더욱 강화 · 악화될 것이다.

③ 자신이 자기의 삶을 책임져야 한다는 것을 강조하여야 한다.

전술한 바와 같이 이들은 자기 얘기만을 일방적으로 들어주기를 바라기 때문에 때로는 상담자가 '질문을 하고 당면 문제 중심으로 논의하자'고 상담을 이끌려고 하면 신경질적으로 나오기도 하며, 자기들의 물음에 만족할 만한 답변이 없을 경우에 신경질적이며 상담자에게 책임 추궁식 태도로 죄책감을 느끼도록 공격한다.

이럴 때 상담자는 "내가 당신의 삶을 대신 살아주기를 원하시나요?", "당신은 지금 무엇을 하려고 하고 있습니까?" 식으로 말해야 한다. 왜냐하면 상담자가 무조건 친절히 해주고 봉사자의 이미지만에 집착하게 된다면 이들은 '이야기를 만들어 기만 · 희롱'을 하려 하기 때문이다.

④ 필요한 경우 전문가의 도움을 받도록 권면한다.

문제의 영역과 정도에 따라 상담전문가, 정신과 의사, 심리학자, 종교지도자 등을 소개시켜 준다.

6) 장시간 전화(long-time calls)

전화 상담 시간은 일반적으로 20~40분이면 족한데, 경우에 따라서는 그 이상의 시간이 소요될 수도 있다. 주어진 시간 동안 전화자와 상담자 간에 친화적 관계를 형성해야 하며 당면한 문제에 대한 탐색과 원인 진단 그리고 마무리(대책)라는 3단계 과정을 거치면서 생산적 · 효율적인 상담을 하기란 간단치 않다. 특히, 상담에 진전이 없는 상태에서 통화시간이 길어지게 되는 경우는 다음과 같다.

첫째, 전화자가 병적인 반복 전화를 하는 사람이어서 남의 말을 듣지도 않고 자기 이야기만 계속하는 경우

둘째, 전화자의 전술한 성격적 특성(의존적 성격, 회피적 성격 등)으로 인해 그때 그때의 일상적인 문제가 있을 때마다 자기 만족을 위한 수단으로 전화를 이용하는 경우

셋째, 전화자의 상담 내용이 상담자가 직면하고 있는 문제와 일치한 때 양자 간에 의기투합현상이 형성되어 상담자가 오히려 말을 많이 하게 되는 경우

넷째, 전화자의 상담 내용이 평소 상담자가 특별히 관심이 많은 문제일 경우 상담자는 자기의 영향력을 과시・행사하려고 할 경우 상담자가 말을 많이 하게 되는 경우

다섯째, 상담자가 문제의 핵심을 재빨리 파악하지 못하는 관계로 상담과정의 초보단계에서 진척이 안 되는 경우 등이다.

이 같은 여러 가지 이유 때문에 시간만 많이 소요되고 진전이 없게 되면 상담자는 어떻게 할 것인가?

① 전화자가 같은 이야기를 되풀이 할 때

"그 이야기는 벌써 3번이나 들었는데요"라고 주의를 환기시키면서 반복되는 말을 막아야 한다.

② 과거의 일이나 한 가지 일에 집착해서 헤어나오지 못할 때

지나친 피해의식이나 정당성 없는 타인에 대한 의심, 왜곡과 편견, 과민반응과 원한감정에 쌓여 고소・고발・법정 투쟁한 경험 등을 자랑삼아 긴 이야기를 할 경우, 상담자는 전화자가 편집・망상적 성격자라는 것을 생각해야 한다.

따라서 상담자는 물리적 방법을 피하고 심리적 친화 관계를 유지하며 간접적인 우회방법으로 대화(전화)하면서 '현재와 이 시점(here and now)'에서 무엇이 중요하고 어떻게 할 것인가에 초점을 두고 상담자 자신이 '사고, 판단, 행동' 하도록 권장(현실화)해야 한다.

③ 상담자의 노력에도 불구하고 진전이 없을 때

상담자와 전화자 누구에게도 도움이 안 된다는 확신이 서게 되면 부드러운 음성으로 "오늘은 이만 얘기하고 더 생각해 보신 다음에 마음이 내키면 전화주세요", "오랜 시간 많은 이야기를 나누었습니다. 피곤하시지요. 다음에 문제가 생기면 다시 전화해 주시지요"라고 단호한 태도로 끊어야 한다.

7) 특수・전문성의 전화

의료 상담・법률 상담・종교 상담・정신건강과 관련된 상담 등 전문적 지식・정보를 필요로 하는 상담이 절실해서 전화를 해 왔을 경우

첫째, 당황해서는 안 된다.

고도의 전문적 지식을 필요로 하는 전화를 받을 경우, 대부분의 상담자는 당황하게 되고 '무슨 말이든 해주어야 하는데' 라는 강박감에 젖다보면 전화 내용을 경청하는 데도 문제가 생겨서 상담을 그르치게 된다. 그 결과 "아, 그 문제라면 이곳에 전화를 할 것이 아니라…"라면서 대응을 하면 문제가 심각하다.

둘째, 성실하게 경청해야 한다.

전화자가 특수 문제를 가지고 전화할 경우, 그 문제에 대한 전문적 진단과 처방에 대해서는 도움이 안 되더라도 그가 처해 있는 상황의 어려움, 누구에겐가 하소연하고 싶은 마음에 대해서는 경청하면서 공감해 줄 때는 공감해 주고 수용할 때는 수용해 주는 자세가 필요하다.

셋째, 전문기관에 의뢰한다.

상담자가 성실하게 경청해 주는 것만으로 전화자는 '전화를 잘 했구나', ' 내 말을 들어 줄 마음이 있구나'하는 안도감에 젖게 될 것이다. 성의껏 경청을 해 준 다음, 상담자는 의뢰할 전문기관에 대해서 면밀하게 검토를 해야 한다.

그런 후에 전화자에게 "전문기관의 도움을 청할 생각을 해 보셨나요?", "전화번호를 드릴까요?"라고 안내하면서 타 기관으로 의뢰하는 것이 좋다.

제4절 영화요법의 특징과 기법

1. 영화를 통한 상담·치유법의 등장

총 인구의 1/3을 차지하는 청소년기는 인생의 황금기요 생애 주기에 있어서 클라이맥스(頂點)인 동시에 인생의 주요 변곡점(變曲點)이다. 그런 면에서 이 시기는 인간의 존엄성을 파괴하는 일탈행위와는 거리가 멀어야 하며, 발랄함과 행복감을 만끽하면서 미래의 꿈을 설계하고 자신의 역량을 개발 · 연마해야 한다.

그런데 1990년대 말 우리 사회의 현실은 무척 혼란스러웠다. 우여곡절(迂餘曲折)의 3수(修) 끝에 대통령이 된 김대중은 치욕적인 IMF사태를 극복하기도 버거운데, 청소년들의 문제까지 악화되고 있었기 때문이다. 매스컴들은 청소년들이 직접 가해자 또는 피해자로서 관련이 된 학원폭력이 저연령화 · 여학생 난폭화, 조직화 · 성인 범죄화, 일상 보편화 · 만연화 · 흉포화(凶暴化)되어 가는 것 같은 불길한 조짐을 보인다며 자극적 용어를 구사하며 지속적으로 보도했다.

급기야 '이제 학원폭력은 더 이상 교내 문제가 아니다'라며 정부가 나서서 소탕대책을 밝혔고, 대통령(DJ) 자신이 "관계 장관회의를 주재해야겠다"고 밝힐 정도로 학원폭력은 우리 사회를 불안하게 하는 주요 범죄로 악화되고 있다고 언급하였다. 결국 교육권이 아닌 공권력으로 처리하겠다는 것이다.

참으로 안타깝고 아쉬운 느낌이다. 왜냐하면, 청소년 문제는 교육적으로 다루어야 하는 것이 정도(正道)이기 때문이다. 그리고 청소년들이 당하는 문제, 청소년들이 느끼는 문제, 청소년들이 생각하는 문제, 청소년들이 저지르는 문제들에 대해 접근할 때는 원시적 안목과 미시적 시각으로 접근해야 하기 때문이다.

그런데 정부가 나서서 '학원폭력은 교내 문제가 아니다'라고 단정하고, 대통령이 '학원폭력은 주요 범죄'라고 규정한 것은, 학원폭력 가해자들인 청소년 범죄자를 지도나 선도(善導) 대상이 아니라 관리 · 처벌 · 소탕의 대상으로 간주한 것이다. 따라서 학원폭력 관련 청소년 학생들을 교육자에게 맡기지 않고 경찰, 보호관찰관, 검사, 교도관에 넘기겠다는 발상이다.

그 당시 본 저자는 농촌 출신인 관계로 농작물과 과수원 생각을 하면서 '저건 청소년 지도의 올바른 대책은 아닌데!'라는 생각을 했다.

'콩 심은 데 콩 나고, 팥 심은 데 팥 난다'는 속담이 있듯이 쌀 · 보리 · 오이 · 참외 · 고추 · 가지 · 옥수수 · 땅콩 등의 농작물은 모두 그 심은 자리에 그대로 다시 태어난다. 그러나 과실나무들은 다르다. 어른 주먹만 한 크기의 배와 사과 속에 든 씨앗을 심는다고 그 자리의 나무에 같은 크기의 사과가 열리지 않는다. 배 · 복숭아 · 자두 역시 그렇다. 아무리 큰 과실 속의 씨앗을 심어도 그 나무에 열리는 과실은 작고 초라하다. 그래서 큰 과실을 얻기 위해 그 나무에 좋은 과실나무 가지를 다시 접 붙여야(椄木) 한다. 특히, 처음 씨를 심은 과실과 전혀 다른 나무로 태어나는 대표적 식물이 감나무이다. 아무리 큰 감의 감 씨를 심어도 그 씨앗에서는 고욤나무 싹이 나올 뿐이다. 잎도 다르고 달리는 열매의 모습과 크기는 완전 돌연변이다. 그 고욤나무에 감나무 가지를 접 붙여야 비로소 감나무가 되고 과실인 감을 수확하게 된다.

그래서 '감나무는 줄기와 가지로만 존재하지, 감나무 본래 성질의 뿌리가 없다. 이 세상 모든 감나무의 뿌리가 바로 고욤나무이다'(이순원, 한국일보, 2005. 9. 27)라고 했다.

인간도 마찬가지다. 특히, 일탈 청소년(고염나무)은 잘라 버릴 것이 아니라 좋은 교육자(감나무 가지)에 의해 패자 부활전(접목)을 거쳐 역전승을 거두게 하는 것이 교육적 대책이고 정답이다.

국가 사회적 발전의 계주봉(繼走棒: baton)을 넘겨 줄 그들을 그냥 내버려두거나 처벌(정학, 퇴학)의 카드에 맡겨둘 수는 없다. 왜냐하면 역기능적 가정에서 받지 못한 심리 · 정서적 갈증, 불건강한 부모에게서 받은 심각한 상처, 가정과 부모가 감당하기엔 한계가 있는 미래의 설계와 준비 등을 위해 국가는 학교를 세우고 교육자들이 전담하도록 했기 때문이다. 따라서 국가로부터 위임받은 책무를 성실히 수행하기 위해 학교는 이들을 보듬어 주면서 결핍된 부분을 채워주는 곳이고, 교사는 치유 · 지도의 책무를 성실히 수행하기 위해 전문성으로 무장해야 한다.

여기서 전문성으로 무장해야 한다는 것은 '교육자는 모든 경우에 부모 입장에서 생각하고 대행 역할을 하는 것은 필수이고, 가르치는 아동 · 학생들의 수준과 지도 내용에 따라 때론 의사의 입장에서, 또는 성직자의 마음으로, 교육자의 자세로 그때 그때 운신의 폭을 조절할 줄 알아야 한다'(김흥규, 인천일보, 2015. 1. 28)는 것을 의미한다.

전학과 자진 퇴교를 강권하고 퇴학 조치를 함부로 남용하는 사람들의 말을 들으면 언필칭 '최대한의 지도를 했지만 불가능하다. 그래서 학칙에 따라 처리했다'는 입장이며, '오죽하면 퇴학 조치를 취하겠는가, 선량한 대다수 학생을 보호하기 위한 불가피한 결단이다'라며 읍참마속(泣斬馬謖)의 심정을 이해해 달라는 식이다.

그러나 학교가 교육과 지도를 포기한다면 누가 그 역할을 맡아서 할 것인가? 경찰과 보호관찰관들이? 아니면 검사와 교도관들이 한단 말인가.

이 같은 현실을 주목한 저자는 1999년부터 '새로운 밀레니엄시대에 걸맞는 패러다임은?', '시대를 앞서 가는 카운슬링 전문화는?', '정보화시대 카운슬링의 방향과 새로운 기법은?' 어떤 것이어야 하는가에 대해 모색하던 중 정보사회와 청소년 세대의 특성에 착안하게 되었다.

즉, 청소년들이 1970년대의 TV 수상기 보급의 급증과 1980년대 컬러TV 방영, 그리고 컴퓨터의 보급과 AFKN을 통한 미국문화의 상업적 · 오락적 성향을 많이 흡수한 TV세대, 매스컴 세대, 영상세대라는 점에 주목하고, 평소 영화에 관심이 많아서 전문가 수준의 관련 문헌을 갖고 있었기에 이들 자료에 기초해서 '영상 카운슬링(cinema counseling)', '영화를 통한 치유(healing cinema)' 이론을 정립하게 되었다. 용어를 '영화요법'으로 할 것이냐 아니면, '영화

치유'로 할 것이냐 생각도 많이 했다. 치료라고 하면 의학적 이미지가 떠오르고, 솔직히 말해 '치유'라는 말이 더욱 적절하다는 생각이었지만 우선 '영화요법'이란 말을 쓰기로 결정했다.

그 다음 문제가 이 이론을 어디서 발표할 것이냐가 관심사였다. 관련 학회나 한국카운슬러협회에서 할 것인가를 생각하다가 '생활지도 현장을 중시하고, 이론의 파급성과 효과'를 고려해서 본인이 책임(원장)을 맡고 있는 인하대학교 교육대학원생을 대상으로 하기로 했다. 상담심리전공은 전공 설치(1991~) 때부터 필요성을 절감하여 본인이 전공과정 설치를 주도했고(후에 심리치료 전공과 특수아 상담 전공도 동일) 주임교수직을 맡고 있으며, 이미 164명의 졸업생이 학교에서 상담 업무를 맡고 있는 상태였고 재학생은 55명이었다. 특히, 상담심리 전공은 하계 및 동계 방학을 이용한 1박 2일 일정으로 1992년(1. 15~16; 속리산 관광호텔)의 '제1회 상담심리 세미나'를 시행하기 시작하여 18회 세미나(2000. 8. 12~13)를 마친 상태였다. 이 세미나의 특징은 재학생과 졸업생 전원이 참석하여 '양질의 지식 정보를 접하고, 선 · 후배 간의 친목 도모'가 목적이므로 각계 저명인사 2명을 초청하여 명강의를 듣게 되어 항상 성공적이었다. 그리고 그 밖의 심리치료 전공과 특수아 상담 전공도 주임교수직을 맡고 있기에 이들을 대상으로 '제19회 상담심리세미나'(2001. 1. 6~7; 가천인력개발원)에서 발표하기로 했다. 새로운 이론 발표인 관계로 경향신문과 국민일보는 2001년 1월 5일, 조선일보, 한국경제, 경인일보는 2001년 1월 6일자로 보도하는 등 관심을 보였고, 당시 문화면에서 강점을 보였던 경향신문은 세미나 장소에서 직접 취재하여 2001년 1월 13일자 22면에 큰 지면을 할애하여 이론 전반에 대해 상세히 보도해 주었다. 이어서 'The Korea Herald'에서는 인터뷰 기사를 2001년 2월 1일자 22면(CULTURE) 지면 전체에 보도해 주었다. 이것이 우리나라에서 '영화를 통한 상담 요법'으로서 '영상카운슬링'이 처음 등장하게 된 배경이다.

그 후 각계의 호응과 제자(교육대학원 및 일반대학원의 졸업생과 재학생)들의 요청을 감안, 지역 주민들에게도 문호를 개방하여 매월 1, 3째주 토요일에 '지역사회인을 위한 영상카운슬링 토요 워크숍'을 본인이 원장으로 있는 (사)한국삶의질연구원에서 실시하였다. 한 번은 "동아일보 보도를 통해 알았다. 부평에 사는 주부인데, 친구 5명과 함께 그 워크숍에 참여해도 되느냐?"고 전화가 왔다. 그들이 참석하여 영화도 보지 않고 관련 세미나 자료만 가지고 갔다. 얼마 후 제자가 와서 "남편이 00그룹에 다니는데, '이번 그룹연수에서 영화감상도 잘 했고, 영상카운슬링 기법'에 대한 강의를 감명 깊게 들었다면서 '당신 가끔 영상카운슬링 워크숍에 간다'고 했는데, 당신 생각해서 가지고 왔으니 이 자료 참고하라"며 회사에서 가져 온 자료를 넘겨

주더라는 것이었다. 그것은 우리의 자료였으며, 그때 그 아주머니들 중 누군가의 가족이 그 그룹 연수원 근무자였음을 알 수 있는 대목이다.

뿐만 아니라 너도 나도 매스컴에 출연하여 혹자는 라디오 프로에서, 어떤 사람은 주간 잡지에 영상카운슬링에 대해 말하면서 '자신이 최초 제창자'라는 식의 보도 내용도 접하게 되었다. 제자들은 그때마다 '정정보도 요구' 등을 거론했지만 교수는 '지식 정보를 남에게 주는 직업'이라며 일축하곤 했다.

2. 영화의 특성과 기능

"영화는 단순한 매체가 아니라 인간을 변혁시키고 새로운 문화를 창조한다"는 말은 시각문화로서의 영화를 논하면서 '베라 바르즈'가 한 말이다(김정옥, 1990: 72).

실제로 영화는 인간과 상호문제를 영상문화적 시각에서 진단하기 위한 작업으로서 사회, 경제, 문화예술, 인류의 정신사와 총체적으로 얽혀 있는 문화현상이라고 할 수 있다.

건축과 시, 조각과 회화, 그리고 음악이나 무용 등과 분리해서 '영화를 제7의 예술'이라고 '리치오토 카누노'(Ricciotto Canudo)도 명명(이현아, 2001: 9~10)했듯이 영화는 미학적 보편성의 토대 위에 다른 예술과 마찬가지로 존재하는 것, 인식하는 것, 그리고 상상하는 것을 때로는 재현(reproduction)하려 하는 예술매체이다. 때문에 가능성과 현실성을 동일한 차원에서 연출하는 빛의 예술, 움직임의 예술, 시간의 예술로 이해된다.

따라서 20세기 문명사에 있어서 '읽는 문화'에서 '보는 문화'로의 획기적인 전환점을 가져온 영화는 '테크놀로지의 산물이며 산업사회의 현상을 반영하고 있는 대중매체이다. 그리고 독점자본의 산물이며, 대중의 여가시간을 위한 오락이며, 소비되는 상품이고, 고도의 기호체계를 가진 의미들의 복합체적 예술(임정택, 2001: 286)이라고도 할 수 있다.

영화는 대중을 대상으로 만들어지고 대중과 함께 한다는 점에서 교양증진과 여가선용 기능이 있으며, 대중은 자신의 관심사와 일치하는 내용의 영화를 선호하는 성향이 있다는 점에서 대중심리를 필연적으로 반영하고, 사회의 정신문화 사조를 그대로 노출시켜 주는 기능을 가지고 있다(김은주, 1990: 116).

뿐만 아니라 대중의 희・노・애・락과 함께 하는 예술작품으로서의 오락적 기능이 있고,

'사회를 비춰주는 거울'로서 표현의 다양성과 풍부한 메시지(message)를 전달하는 특성이 있다(민병록, 1990: 116).

이 같은 영화를 어떤 매체로 보느냐에 따라 관점과 시책이 달라진다. 또한 영화는 내용과 형식으로 나누어 생각해 볼 수 있다.

내용이 의미의 문제이고, 목적의 문제라면 형식은 표현의 문제이다. 일반적으로 영화를 예술・기업・오락・교화 그리고 정치 활용의 입장에서 바라보고 있는데 이 가운데 기업과 오락, 교회와 정치활동을 같은 속성으로 묶어 〈표 3-4〉와 같이 요약하고 있다(이규임, 1990: 396~397). 그렇다면 영화의 특성은 무엇인가?

첫째, 예술성(artistic value)이다.

영화 제작에 참여하는 사람들의 다양성과 그들에게 주어지는 임무와 다양성 때문에 집단예술(岩琦昶, 1954: 63; 이영일, 1964: 54, 86)이라고도 하며, 흔히 제7의 예술(이영일, 1964: 47)이라고도 한다.

〈표 3-4〉 영화를 보는 시각

분류	주체	호소점	비고
arts	artist	emotion	※ 예술가는 감동(emotion)에 호소하고, 사업가는 흥미(interest)에, 그리고 정치가는 교화(teaching)에 호소한다.
business	businessman	interest	
politics	politician	teaching	

이는 인간이 창조한 예술 형태를 발전 순서로 볼 때 건축, 시, 조각, 회화, 음악, 무용 다음에 7번째로 출현했다 하여 붙여진 이름이다.

영화는 관객을 전제조건으로 하기 때문에 관객이 없는 영화는 존재가치가 없고, 무엇인가 전달해 주는 메시지가 있어야 하며, 아무리 오락성과 흥행성이 중시된다 하여도 예술창작에 기본을 두어야 한다.

둘째, 빛의 예술이요 시각 제일의 영상매체이다.

빛(조명)이 없으면 상(像)을 잡을 수도 없고 바꿀 수도 없는 예술이며(이영일, 1964: 47), 영상을 통해 현상을 바로 보여 주는 시각 제일(visual primacy)의 매체이다(Madesn, 1973: 6).

셋째, 대중에 호소하는 매체로서의 사회적 성격을 갖는다.

유・무식, 성별, 남녀노소에 차별 없이 모든 계층의 대중에게 호소(mass appeal)하는 작품이기 때문에 누구든 어려움 없이 감상할 수 있으며(이상용, 1974: 39), 예술과 오락 차원을 넘어 교육・홍보 매체로서의 기능과 역할, 여가선용과 오락으로서의 사회에 미치는 영향은 크다(Littejohn, 1978: 252).

넷째, 정책 PR 및 정치 목적에 이용된다.

정치적으로 특정여론을 형성할 필요가 있거나 오도하려 할 때, 국가정책이나 문화시행을 PR하거나 정치적 활용(Lerbinger, 1972: 60)의 목적으로 영화를 이용한 예는 독일의 나치와 이탈리아의 무솔리니가 대표적이다(Littejon, op. cit.: 252).

또한 기록영화, 다큐멘터리 필름의 경우, 국가적인 어떤 발견이나 찬미를 위해, 시사계몽성을 목적으로 문화영화란 이름으로 제작한다든지, 현실고발, 시사고발적 내지는 보도적 주제의 문화영화 등이 이에 해당된다고 본다(최재복, 1990: 35~36).

다섯째, 시대적・국가 사회적인 이념의 영향을 받는다.

그 시대, 그 국가 사회를 지배하는 철학과 이념, 그리고 의식과 가치관이 영화의 내용을 결정하는 데 영향을 주는 요인이 된다(Fiske, 1982: 141~151). 1990년대 중반부터 2000년대 초에 이르기까지 시대적인 특징으로 여권의 신장과 여성의 사회진출의 급증, 그에 따른 개인적 자아실현의 욕구 증대와 결혼관의 변화 등으로 인해 '화려한 싱글'을 꿈꾸는 사람들이 증가한다.

가족으로부터 자유, 관습으로부터 자유, 그리고 자기로부터의 자유, 남의 눈치를 보지 않고 자유를 누리는 신가족 풍속도로서의 독신이 늘고 있다(김지영, 2001: 36~40).

그 결과 싱글족의 일상과 고민을 취급한 영화 차이밍량 감독의 '구멍', 마린 고리스 감독의 '안토니아스 라인', 스티븐 소더버그 감독의 '에린 브로크비치', 그리고 '장미의 전쟁' 등의 작품들이 다투어 제작된다.

여섯째, 오락성과 흥행성이 중요하다.

관객의 입장에서 볼 때, 영화는 우선 재미가 있어야 한다. 영화에서의 재미는 두 가지 문제를 해결해 준다.

즉, 작가(director) 입장에서는 자신의 메시지(작가정신)를 많은 사람들(mass)에게 전달한다는 뜻이 있고, 제작자(producer)입장에서는 많은 이윤(기업가 정신)을 추구한다는 뜻이 있다(이규임, 1990). 따라서 거대한 자본이 투입되고 많은 사람이 참여한 영화는 재미가 있어야 관객이 모여들고 결국 흥행이 된다(Hagemann, 1974: 41).

작가나 영화 제작자는 ① 확고한 사상과 철학, ② 비판정신, ③ 다양성을 수렴하는 적극적 노력, ④ 새로움을 부단히 추구하면서 진실성과 일관성을 유지할 때 관객을 감화시키고 흥행에 성공할 수 있다(이규임, 1990).

1910~1922년까지의 독일 현대예술의 특수한 경향으로서의 '독일 표현주의 영화'라든지, 충격적인 전쟁의 현실을 충실하게 재현한 이탈리아의 '네오리얼리즘(Neo-Realism)영화'인 '무방비 도시'(유현옥, 2001: 108), 그리고 미국의 1930~1945년대의 고전적 할리우드 영화(classical Hollywood cinema)(Bordwell 외, 1985: 4)라든지, 1950년대 후반 프랑스의 젊은 영화인들이 과거와는 다른 영화양식과 영화언어를 추구하기 위해 제작했던 새로운 영화운동 물결인 '누벨바그(Nouvelle Vague)영화'(김성태, 2001: 159~161), 그리고 1960년대 초반부터 1980년대 초까지 20여 년간 영화부흥을 가져왔던 서독에서의 '뉴저먼 시네마'(New German Cinema) 작품들(이상면, 2001: 189~197), 1960년대 미국의 '뉴 아메리칸 시네마' 작품들은 시대적인 특수성, 국가 사회적인 분위기와 젊은 영화인들이 주축이 되어 그들의 제작자 정신이 만들어 낸 영화들이다.

그렇다면, 영화의 기능에는 어떤 점들이 있는가?

첫째, 교육적 기능이 있다.

좋은 영화를 통해 감동과 감화를 받게 된다. 이 감흥 속에서 새로운 사실을 알게 되고, 영상을 통하여 사고하고 무엇인가를 느끼고 교양도 증진하면서 배우게 된다.

둘째, 오락적 기능이 있다.

영화는 오락적 요인을 통해서 대중들을 감동시키고 감화시킨다. 따라서 영화감상은 하나의 즐거움이며 오락이다. 영화라는 오락을 통해 감동과 흥취를 맛보고 긴장과 스트레스를 풀게 된다.

셋째, 문제해결 및 심리적 치료의 기능이 있다.

영화 내용이란 인간의 생각을 표현했거나 인간행위의 결과를 묘사한 것이다. 즉, 현재 당면하고 있거나 일어나고 있는 문제, 그리고 일어날 수 있는 개연성의 문제를 영상화한 것이다. 따라서 영화는 감동을 주고 그 감동은 설득을 의미하여 문제해결의 단서 제공이나 방향 제시가 되기도 한다.

결국 영화감상을 통해 일상생활에서 야기된 긴장과 스트레스를 해소하는 한편 당면 문제의 해결방안을 시사받는 등 상담 및 심리치료의 효과를 얻게 된다.

넷째, 영화는 대중설득과 대중조작의 기능이 있다.

영화는 동일공간과 동일시간에 대중을 상대로 상영되기 때문에 설득을 통한 대중들의 태도 변화가 용이하고 커뮤니케이션의 누적적·장기적인 효과가 강력하다. 따라서 영화는 좋은 목적으로 작용할 때에는 좋은 결과를 가져오는 순기능이 있지만, 그 반대의 입장에서 대중을 설득하고 조작하려 할 때는 역기능적인 사회적 부적응이 심각하게 된다.

다섯째, 영화는 현실을 대변하고 시대를 반영한다.

전술한 영화의 특성에서도 언급한 바 있지만, 영화는 한 시대를 반영하는 그 시대의 산물인 관계로 영화를 통해서 그 당시의 사회상과 시대상, 구성원들의 의식과 가치관을 도출할 수 있다.

여섯째, 가치관 형성과 통찰력을 길러준다.

인간은 영향을 받고 교육을 받은 대로 생각하며 행동하는 존재이다. 영화를 감상하며 생각하고 영상을 통해 특정 사안에 대해 개념을 정립·확대해 가며 그 같은 영상을 통한 개념 정립은 이념을 낳고 사상과 통찰력을 형성·확대해 가게 되는 것이다. 따라서 새롭고 다양한 영화감상을 통해 가치관 형성과 통찰력을 길러주게 된다.

일곱째, 환경 조성의 기능이 있다.

영화가 환경 조성의 기능이 있다(홍기선, 1987: 134, 194~141)는 것은 영화를 매개로 해서 환경은 인간을, 인간은 환경을 상호 자극(Fraser, 1978: 303)하고 지배해 나간다는 것이다. 따라서 영화는 사회를 관망하고 환경을 감시하며 시대를 반영할 뿐만 아니라 인간의 사고와 행동을 대중에게 전달해 줌으로써 새로운 환경을 조성(agenda setting)해 나간다(Ibid.: 25; Bormann, 1980: 35).

여덟째, 휴식과 안정, 여가선용의 기능이 있다.

"멜로영화를 보면서 쉽게 웃고 많이 울게 된다. 삶의 어느 길목에서 쉬고 싶을 때 속속들이 나를 위무해주는 것은 신의 섭리, 인간의 실존을 이야기하는 먼 나라의 영화가 아니라 우리의 신파조 영화들이다."

영화 속 주인공들의 삶에 대해 아무런 부담 없이 내 방식대로, 나의 지식과 가치관, 능력의 범위 내에서 자문자답하면서 휴식과 안정을 취하고 여가의 선용을 기대할 수 있게 된다.

3. 영화치유법의 이론과 실제

최근 문제의 청소년과 환자들의 상담치료에 있어서 다양한 접근법이 적용되고 소개·추천되기도 한다. 통찰요법, 미술요법, 음악요법, 향기요법 등이 그것이다.

특히, 영국의 〈더 타임스〉에 소개된 영화요법(cinema therapy)의 소개를 계기로 하여 영화가 환자들의 심리치료에 활용되는 분위기가 점차 확산되어가고 있다.

〈더 타임스〉지가 소개한 바(2001. 1. 11)에 따르면 미국 캘리포니아 주의 병원들은 최근 정신질환자들의 심리치료에 영화를 적극 활용하고 있다고 한다. 즉, 부정적인 사고방식에 빠진 환자, 비합리적 사고의 소유자, 우울증 환자, 위축·회피성 인격장애자, 대인공포증 환자, 신체적 열등감과 심한 무력감 환자, 이혼 후유증에 시달리는 환자들에게 영화감상치료법이 효과가 있다는 것이다.

그렇다면 영화치료법은 어떤 절차와 방법으로 치료하는 것인가?

첫째, 카운슬러는 환자와의 상담을 통해 내담자(환자)의 심리상태, 당면 문제를 파악한다.

둘째, 적당한 영화를 추천해 주고 감상하게 한다.

셋째, 영화를 감상한 뒤, 영화의 전체적인 줄거리를 요약하여 기록하게 한다.

넷째, 영화 속에서 인상 깊은 장면은 어떤 것이며, 왜 그렇게 생각하는지를 기록하게 한다.

다섯째, 영화가 관객에게 전하고자 하는 메시지는 무엇이라고 생각하는지 기록하게 한다.

여섯째, 그 영화를 통해 당신이 받은 메시지는 무엇인가?

일곱째, 이 영화를 만든 제작자의 의도는 무엇이라고 생각하는가?

여덟째, 주인공의 언행에 대한 당신의 생각은 어떠한가? 즉, 공감이 가는 장면과 그 이유는 무엇이며, 공감할 수 없는 장면과 그 이유는 어떤 것인가?

아홉째, 내가 만일 제작자가 된다면 바꾸고 싶은 것은 어떤 것인가? 바꾸고 싶은 장면은? 바꾼다면 어떻게 바꿀 것인가? 그리고 그 이유는 무엇인가?

이상의 내용에 대해 보고서를 작성하여 제출하게 한다.

열째, 제출된 보고서에 의거하여 실제 구두보고(oral report)를 하게 한다. 발표인원은 다양한 반응이 나올 수 있는 상황을 고려해서 선정한다.

열한째, 카운슬러와 내담자(환자 또는 집단상담 참가자) 간에 토론케 한다.

이런 과정과 활동을 통해 서로 다른 가치관과 다양한 시각차를 인지하게 되고, 편견과 선입관을 수정하는 기회가 되며, 문제해결을 위한 새로운 안목과 시사(단서)를 얻게 된다.

〈표 3-5〉, 〈표 3-6〉에 소개된 '영화카운슬링 워크숍' 사례는 본 저자가 운영하던 (사)한국 삶의 질 연구원과 목요포럼에서 매월 1회씩 실시했던 프로그램이다. 중복되는 것도 원안대로 소개한다.

〈표 3-5〉 영상카운슬링 워크숍 1

상담 문제·영역(주제)		감상할 영화명	비고
성격 장애	회피적 성격 강박적 성격 경계성 성격	• 네 번의 결혼식, 한번의 장례식 • 이보다 더 좋을 수 없다 • 얼굴 없는 미녀: 뷰티풀	• 오스틴 파워
가정 갈등	가정갈등 사랑위해 가정폭력	• 크레이머 대 크레이머 • 카드로 만든 집 • 스텐 바이 미 • 똥파리	• 허공에의 질주 • 길버트 그레이프 • 스트레이트 스토리
삶의 의미 의미	인생이란 존재의미 삶의 위기	• 길 • 13층 • 로스트 앤 파운드	• 굿 윌 헌팅 • 쉐드와 투루미
일탈과 좌절	방황 문제 일탈 문제 낙오 문제	• 우리에게 내일은 없다 • 인생은 아름다워 • 사토라레	• 이지라이더
정서와 행동	정서 문제 행동 문제 상처 문제	• 데이비드 앤 리사 • 박스터 • 앤드윈 피셔	• 더 캐어 데이커스

〈표 3-6〉 영상카운슬링 워크숍 2

상담문제	주제 영역	감상영화명	비고
가정문제	가정갈등 가정화목	카드로 만든 집 스텐바이 미 컬러플 웨딩	길버트 그레이프 스트레이트 스토리 허공에의 질주
반사회적 성격장애	죄책감, 양심 부재	히치콕의 사이코, 세븐 사이코패스	나를 찾아줘, 세븐 별에서 온 그대(드라마)
여성이 원하는 사랑/여자/ 심리이해	남성들이여 1 정신 차려라	왓 위민 원트	여성들이 생각하는 연애담 (여성의 욕망과 시선)
여성의 눈에 비친 남자	나는 어떤 유형의 남자인가?	러브 앤드 섹스	사랑과 섹스가 어울리는 파트너이어야
성격장애	회피적 성격	네 번의 결혼식, 한번의 장례식	오스틴 파워

상담문제	주제 영역	감상영화명	비고
사랑의 가치	첫사랑 부부애 부모/자식 간	건축학개론 사랑 후에 남겨진 것들	님아, 그 강을 건너지 마오 이터널 선샤인, 필로미나
집단 따돌림	집단 따돌림으로 고통받는 아이의 지도	인형의 집으로 오세요. 컬러풀(애니)	집단 따돌림으로 꿋꿋하게 자신을 지키는 사춘기 소녀
분리성 정체 및 다중 인격 장애	성장과정에서의 사랑의 상처	아이덴티티	아이들에 대한 부모와 사회의 무관심과 상처의 결과
성정체성 장애	성정체성의 혼란을 겪는 병리학적 접근	소년은 울지 않는다	남장 여인의 성정체성 혼란을 겪는 스토리
일탈과 좌절	방황 문제	우리에게 내일은 없다	이지 라이더
청소년과 꿈	꿈꾸는 삶	라스트 홀리데이, 프랭크	월터의 상상은 현실이 되다. 보이후드
가치관 차이	나와 다른 생각을 받아들이는 심리학적 접근	타인의 취향	서로 취향을 달리하는 부부의 갈등(부부관계를 돌아보게 하는 영화)
콤플렉스 치료	소형물건 열등감 치료	성질 죽이기	정신적 외상을 입은 사람의 대인관계 문제
말썽꾸러기 범죄자의 상담치료	성장과정에서의 상처	굿 윌 헌팅	말썽꾸러기 범죄자가 아홉 번째 사람과의 상담에서 호전
중년의 위기	이혼 및 재혼가정 문제	스텝 맘	이자벨은 남편과 전처 사이에서 낳은 두 아이에서 골치를 앓는다.
사랑에 대한 회의	다양한 사랑이야기	러브 액추얼리	사랑의 7가지 스토리
중년의 잘못된 애욕	불륜으로 인한 가정과 행복의 상실	언 페이스풀	11년의 결혼생활이 불륜에서 살인까지

4. 영화치유법의 순기능과 유의점

지금은 시대적으로 영상매체의 영향력이 절대적이며 현대인들은 활자매체보다는 영상매체의 성향에 따라 많은 영향을 받는다. 특히, 지금의 40~50대는 영상매체의 제1세대라고 할 수 있으며 20~30대를 비롯하여 자라나는 세대들은 더욱더 영상매체에 크게 영향을 받고 있다. 이 같은 현실을 감안할 때 영화치유법의 등장은 다소 늦은 감이 없지 않다.

영화가 '제7의 예술'(이현아, 2001)이라고 불릴 만큼 '존재 · 인식 · 상상 · 연출 · 표현'하는 데 있어 종합적이며 시나리오에서 연출에 이르기까지 그리고 영화 제작에 이르기까지 많은 전문가들이 참여・동원되기 때문에 그 용도나 효과, 활용과 교육적인 기능을 과소평가해서는 안 된다.

앞에서도 고찰한 바와 같이 영화치유법(cinema therapy, movie therapy, film therapy)의 대표적인 주창자는 제이콥스(Walter E. jacobs) 박사(Northridge Hospital Medical Center, 미국)이다.

그는 정신질환자들의 심리치료를 위해 환자의 심리상태를 파악한 후 그들에게 적절한 영화를 추천・감상하게 했고, 환자는 영화 속의 인상적인 장면이나 메시지 등에 대한 리포트를 간단히 제출하고 의사와 토론 및 상담을 한 것이 계기가 되었다.

캘리포니아 주립대학교의 심리학과 피스코프(Stuart P. Fischoff) 교수, 영국의 우더(Bernie Wooder), 핀란드의 정신보건 간호사인 마키파(Pekka Makipaa), Karin Leonard & Associates 재단의 레너드(Karin Leonard) 등이 영화요법에 대해 지지하는 사람들이라면, 캘리포니아 대학교의 가족심리학자인 골덴버그(Irene Goldenberg) 박사는 영화요법에 부정적 입장을 취하는 대표적 학자이다.

어찌되었던 영화치유법이 가지고 있는 다음과 같은 순기능을 주목해야 한다.

첫째, 영화를 통해 클라이언트들의 심리상태와 문제를 쉽고 정확하게 파악할 수 있다.

둘째, 클라이언트들이 영화 속의 주인공(인물)들과 자신을 동일시하면서 유사한 자기 상황을 이해하고 치유・극복하는 데 도움을 받게 된다.

셋째, 클라이언트가 가지고 있던 콤플렉스를 털어놓게 된다.

영화를 볼 때 클라이언트들은 제3의 입장에서 보는 것이기 때문에 자기도 모르게 자신이 가지고 있던 무의식적이고 억눌렸던 감정들을 털어놓게 된다.

넷째, 클라이언트는 영화 속에서 주인공들이 어려운 상황을 극복해 나가는 과정을 보면서 자신도 난관 극복의 의욕과 용기, 그리고 힘을 갖게 된다.

다섯째, 등장인물을 자신과 동일시함으로써 영화 속에서의 주인공의 언행이 클라이언트에게 영감과 영향을 주어 결과적으로 삶의 새로운 가치와 의미를 깨우치게 된다.

여섯째, 등장인물을 자신과 동일시하면서 왜 실패했는지, 그리고 유사한 환경에서 어떻게 문제를 해결했는지를 경험하게 됨으로써 실패의 원인과 성공의 간접 경험을 하게 된다.

일곱째, 영화를 통해서 어느 누구도 다 문제가 있다는 것을 깨닫게 된다.

다른 점이 있다면 포기하고 용기가 없는 사람은 낙오하는 것이고 용기와 희망, 목적의식이 뚜렷한 사람은 어떤 문제라도 극복할 수 있다는 교훈을 받아 희망을 갖게 한다.

여덟째, 자기지도(self-guide), 자기치료(self-cure), 자기회복(self-healing), 자가요법(self-therapy)의 능력을 함양하게 된다.

이 같은 장점이 있지만 "특별한 지침이 없이 영화를 보여 준 뒤 이들 환자가 영화의 함축된 뜻을 깨닫고 마침내 효과를 나타내리라고 기대하는 것은 무리이며 미숙한 심리학자들이 자신의 한계를 드러내는 수단일 뿐"이라며 영화치유법의 효과에 의문을 표시하는 골덴버그 박사의 지적에 유념해야 한다.

따라서 다음과 같은 사항을 특히, 유의해야 한다.

첫째, 영화요법을 전담하는 사람은 반드시 상담전문가인 동시에 영화에 대해서도 전문성이 인정되는 수준의 인사이어야 한다. 그렇지 않으면 상담전문가와 영화평론 전문가가 합동으로 진행해야 한다.

둘째, 직면한 문제, 심리상태, 해결되기를 기대하는 문제를 정확히 파악해야 한다.

셋째, 적절한 영화를 선정・감상한 후의 처리는 전술한 내용대로 진행하면 된다.

넷째, 각급 학교에서는 교양증진과 건전한 인성 함양, 문화적 소양과 문제해결능력의 배양, 영화감상능력과 토론문화의 수준 향상, 학생의 일탈 예방과 선도 차원에서 '영화감상 동아리', '영상 카운슬링 프로그램'을 활성화시키는 것이 바람직하다.

PART **2**

상담의 실제

Chapter

04 인격장애자, 이런 사람들이다

제1절 인격장애자의 유형 분류

미국정신의학회(American psychiatric Association)는 '정신질환 진단 및 통계편람, 제3판 개정증보판: DSM-Ⅲ-R'(1988)에서 인격장애의 유형을 크게 A・B・C 등 3개 군(群)으로 분류한 바 있다.

A군에는 편집・망상적 인격장애, 정신분열성 인격장애, 정신분열형 인격장애 등 3개 유형을, B군에는 반사회적 인격장애, 경계선적 인격장애, 히스테리성 인격장애, 자기애적 인격장애 등 4개 유형을, C군에는 회피적 인격장애, 의존적 인격장애, 강박적 인격장애, 수동-공격적 인격장애 등 4개 유형을 각각 포함시켜서 분류한 바 있다(APA, DSM-Ⅲ-R, 1988: 337~358).

그리고 6년 후(1994)에 동 학회(미국정신의학회)에서 편찬한 '정신질환 진단 및 통계 편람'(제4판: DSM-Ⅳ)에서는 인격장애의 유형을 A・B・C군(群)으로 분류한 것은 먼저의 경우(DSM-Ⅲ-R)와 같으나 C군에 포함시켰던 수동-공격적 인격장애(Passive-aggressive personality disorder)를 빼내어 우울성 인격장애(depressive personality disorder)와 함께 기타군(其他群)으로 묶은 점이 다르다(APA., DSM-Ⅳ. 1994: 634~673; 高橋三朗 外 譯1996: 226~233; WHO, 融 道南 外譯, 1966: 41~42).

그러나 DSM-5(2013)에서는 A군에 편집・망상, 조현성, 조현형 인격장애를, B군에는 반사회적, 경계선적, 히스테리성, 자기애적 인격장애를, C군에는 회피성, 의존성, 강박성 인격장애를 포함시켜 분류하였다(APA, 2013. DSM-5: 645~684).

제2절 인격장애자의 진단 기준

① 일반적인 인격장애자의 진단 기준(DSM-5: 646~647; 高橋三朗 外譯, 1996: 225)
개인이 속한 집단사회의 문화적 기대에서 심하게 벗어난 행동 양상(현저하게 편향됨)을 보이되 다음의 영역 가운데 2개(혹은 2 이상) 항목에 해당될 경우 인격장애자로 진단하게 된다.

- 인지 영역면: 자신과 타인, 그리고 사건을 지각하고 해석하는 방식에서 자기가 속한 사회의 문화적 기대에서 심하게 벗어나고 편향된 행동을 한다.
- 정동 영역면: 정서(감정)반응의 범위와 양상 및 강도(强度), 불안정과 적절성 면에서 자기가 속한 사회의 문화적 기대에서 크게 벗어난 반응을 한다.
- 대인관계 영역면: 대인관계의 기능 면에서 볼 때 지나치게 미숙하고 부적절하게 처신함으로써 집단사회의 문화적 기대에서 크게 벗어나는 사람을 취급받는다.
- 충동 조절면: 감정이나 욕구를 시간과 장소에 따라, 대상과 분위기에 따라 조절하지 못하고 즉흥적 · 충동적으로 발산함으로써 미숙하고 부적절한 경우가 많다.

② 고정된 행동양식 때문에 융통성이 없고 개인생활과 사회생활 전반에 걸쳐 융통성이 없이 경직되어 있다.

③ 고정된 행동양식이 사회생활의 영역(사회적 · 직업적 등)에서 임상적으로 심각한 기능장애(손상)나 문제(고통)를 초래한다.

④ 최소한 청소년기 또는 성인기 초기에 행동양식에 문제가 있음이 밝혀졌으며 그 후 변하지 않고 오랜 기간 지속되어 왔다.

⑤ 지속적인 유형의 행동 양식(고정된 행동양식)을 다른 정신질환의 증상이나 결과로 설명할 수 없다.

⑥ 고정된 행동양식(지속적 유형의 행동)이 약물남용이나 약물치료의 후유증(생리적 결과) 또는 두부외상(손상) 등 의학적 상태의 결과로 나타난 것이 아니어야 한다.

제3절 인격장애자의 정의

성격이란 '생각하고, 느끼고, 행동하고, 주변 사람들과 관계를 맺고, 주어진 환경에 대처해 나가는 일관적인 패턴'을 말한다. 즉, 같은 상황과 행동에서 특정 개인이 가지는 비교적 '독특하고 지속적인 사고, 감정, 행동의 양식'(Morris, 1986: 579)이라고 할 수 있다. 이것을 기초적인 자질로 하여 각자는 다양하고 상이한 환경에 적응하기 위해 정상적인 사람은 자신의 행동을 잘 조절하는데, 그렇지 못한 사람들이 우리 주변에서 많이 목격된다. 병원에 강제로 입원시켜야 할 정도는 못되고, 법규에 저촉될 만큼 악화된 것도 아니며, 저능(低能)으로 진단될 만큼 비정상도 아닌 사람이 눈에 띄기도 한다.

그러나 사회에 그대로 방치될 수 있을 만큼 이들은 안정되어 있지도 못하지만, 그렇다고 정신병원에 입원·격리되어야 할 만큼 악화되는 일도 없고, 여러 번 교도소 출입을 했어도 자신의 병적 행동과 성격이 쉽게 고쳐지지 않는다는 데 문제가 있다.

따라서 "너무 과장되거나 엄격하여 심한 고통과 사회적인 문제를 야기할 정도로 융통성이 없고 부적응적인 사고방식과 행동양식"을 나타내는 자를 인격장애자로 규정한 모리스(Morris, 1986)는 이들 인격장애자들은 무해(無害)하지만 괴이한 행동을 하는 사람으로부터 냉혈적인 살인자의 범위까지 다양하다고 했다.

한편, 이들 인격장애는 흔히 청년 초기에 나타나서 성인기 동안 지속된다고 말한 앳킨슨(Atkinson) 등은 "부적응 행동(maladaptive behavior)이 지속화된 유형(類型)"(Atkinson et al., 1983: 479)을 인격장애라고 규정하고 있다.

위의 두 견해를 통해서 시사받게 되는 것은 부적응적인 사고방식과 행동으로 사회적인 문제를 끊임없이 야기하는 사람들이 인격장애자라는 것이다. 그들은 스트레스에 대처하고 또는 문제를 해결하는 데 있어서 미숙하고 부적당한 방법으로 하기 때문에 주목을 받게 된다. 이들은 불안정하고 불건강한 가정에서 태어나 각 통제집단(가정, 학교, 교우관계, 직장 등)에서 사람들의 속을 썩이고 그 환경에 적응하지 못한 채 사회의 낙오자가 되기 마련이다.

이 같은 미치지도 않고 바보도 아닌 이런 인격장애자를 프리처드(Prichard)는 '도덕적 정신병(moral insanity)'이라 명명했고, 코치(Koch)는 '정신병적 열등(psychopathic inferior)'으로 소개한 데 반해, 크레펠린(Emil Kraepelin)은 정신병질자의 범주에 포함시키는 점에서는 코치와 같으나 주된 증상별로 구분하여 '흥분형, 충동형, 이기형, 사기형, 반사회형, 도전형'(한동세, 1974: 213)으로 명명하였다.

모리스는 그의 저서 《An Introduction to Psychology》에서 "융통성 없고 부적응적인 사고 및 행동방식, 기괴하고 괴이한 행동특징 등이 고통과 갈등을 일으키는 장애"가 인격장애라고 규정한 다음 조현성(분열성) 인격장애, 편집성(망상형) 인격장애, 자기애적 인격장애, 반사회적 인격장애 등으로 구분했다.

다음으로, 인격장애자를 '특질 면에 있어서 정신병적 증후와 신경증적 증상과는 다른 행동상의 부적응 형태'로 정의한 데이비슨(Davison)과 닐(Neale)은 그 유형 분류에서 편집 · 망상적 인격, 순환적 인격, 분열적 인격, 폭발적 인격, 강박적 인격, 히스테리 인격, 무기력 인격, 수동-공격적 인격, 부적 인격(inadequate personality), 그리고 반사회적 인격 등 10개 유형을 제시하고 있다(Davison & Neale, 1978: 222~225).

힐가드(Hilgard)와 앳킨슨(Atkinson) 부부는 인격장애를 정서장애와 불안장애, 그리고 정신분열증과 차이가 나는 점을 지적하면서 인격장애의 대표적 케이스로 반사회적 인격과 정신병적 인격을 들고 있다. 즉, 부적응 행동이 수반되는 우울증, 조울증 등의 정서장애나 공포증, 강박관념 및 강박행동증 등의 정서장애와는 달리 인격장애자는 보통 혼란감이나 불안감을 느끼지 않으며, 자기의 행동을 고칠(교정) 생각도 없다. 뿐만 아니라 정신분열증 환자와는 달리 현실과의 접촉을 상실하지도 않고 행동의 뚜렷한 해체(와해; disorganization)도 보이지 않는 것이 이들 성격자라고 규정한다.

끝으로 인간의 성격구조는 "습관적 태도, 가치관 그리고 인간관계에 대한 반응으로서의 산물이며, 그 구조의 기초는 물론 어릴 때 형성된 후 오랜 기간 확대된다"고 말한 짐바르도(Zimbardo)는 "성격장애를 분류한다는 것은 쉽지 않으며, 일반적으로 개인의 독특한 면, 다른 사람과의 관계에 대한 스테레오 타입적 스타일 등을 보고 분류한다"는 것이다. 그는 성격장애자의 분류를 부적 성격, 폭발적 성격, 수동적 성격, 강박 성격, 반사회적 성격 등으로 구분하였다(Zimbardo, 1979: 568~569).

즉, 인격장애는 비합리적 사고(思考) · 비논리적 사고(Williamsion, E. G, 1950; 1970: 335)와 비합리적인 신념(Ellis Albert; 김홍규 · 원애경, 2012: 98~99). 왜곡된 인지 및 인지적 왜곡(Aaron Beck & Burns, D., 김영진, 2004: 240), 정신적 불건강 및 성격장애(APA, 2013: 645~649), 철학적 병(김영진, 2000: 149~311; 2004:11~228), 사상적 · 이념적 병(정경연구소, 1986: 214~269) 등에

의해 언행에서 다음과 같은 증후를 보이는 사람이다.

① 흑백 논리 · 극단적 사고(polarized thinking)에 의존하는 자

② 한두 개의 자료에 근거해서 관계없는 상황에까지 확대 · 적용하려고 주장하고 군중에 호소(대중 선동)하기를 즐기는 과잉 일반화(overgeneralization)를 일삼은 자

③ 증거가 없거나 그 증거가 결론에 위배되는데도 자의적 · 임의적으로 억지를 부리며 결론을 내리는 임의적 추론(arbitary inference)의 장본인들

④ '당신이 내 삶을 망쳐 놓았다'는 '과장 파국화(magnification & catastrophization)'적 사고와 정서적 경험에 근거해서 추리를 하는 정서적 추론(emotional reasoning)에 빠진 자

⑤ 부정적 측면에 초점을 맞추고 그것만을 강조하여 전체 상황을 부정적으로 몰고 가는 선택적 추상(selective abstraction)의 노예가 되어, '어느 하나의 단일사건에 기초하여 완전히 부정적으로 생각'하고 '낙인찍기(labelling)'와 '잘못된 명명(mislabelling)'에 급급하는 자들이다.

따라서 이들은 "보고 싶은 것만 보고, 믿고 싶은 것만 믿는 선택적 지각, 자신이 좋아하는 사람의 말만 믿고 따르는 자기 동조화(끼리끼리의 근친화, 지역감정), 내 생각과 같은 정보만 받아들이는 편향 · 편집성의 성향, '내 편'과 '네 편'을 적과 동지로 구분하는 극단적 집단주의 사고방식, 내 생각과 판단만이 정답이요 진리라고 생각하는 외골수 사고 · 인지 협착(tunnel vision)에 빠진다. 그래서 마르크스 레닌, 쿠티에레스 · 레오나르도의 해방신학, 라틴 아메리카의 종속이론, 마르크시즘에 바탕을 둔 뉴레프트 사상, 나치즘, 파시즘, 공산주의, 좌경 급진사상(정경연구소, 1986: 214~265, 김영진: 140) 등에 매력을 느끼고 쉽게 말려들기도 한다.

요컨대, 행동이 지나치게 수동적(overly passive)이고, 정상인과는 다르게 부적절(inadequate)하며 미숙(immature)해서 반사회적이거나 비사회적인 사람을 인격장애자로 정의하게 된다.

Chapter

05 괴상하고 편벽된 특성을 보이는 인격장애자의 상담·지도

제1절 편집·망상적 인격장애자 상담 및 지도방향

1. 편집·망상적 인격장애자의 이해 및 특징

편집·망상적 인격장애(paranoid personality disorder)의 특징은 다음과 같다(DSM-5: 649~652; Davison & Neale, 1978: 222~225).

① 지나치게 민감하고 완고하다, ② 정당하지 못한 의심을 품고 있다, ③ 타인에게 질투 또는 시기심이 강하다, ④ 지나치게 자신이 중요하다고 믿는다, ⑤ 다른 사람의 실수를 비난한다, ⑥ 다른 사람의 동기와 의도를 믿지 않는다,

스피처(Spitzer) 등은 편집·망상적 인격장애자들은 우선 정상인이 볼 때 기괴해 보인다고 전제한 다음 "그럴 만한 이유가 전혀 없을 때에도 그들은 의심하고 불신에 가득 차 있으며, 어떤 있을 수 있는 위협이나 또는 속임수에도 과도하게 긴장해 있고, 마땅히 그래야 할 경우에도 그들은 책임이나 비판을 받아들이기를 강력히 거부한다. 이들은 경계하며, 비밀스럽고, 일탈적이며, 교활하고 따지기 좋아한다"고 하였다.

지나치게 수줍어하고 과민하여 의심이 많으므로 항상 남을 의심하는 표정을 지은 채 삐뚤게 생각하는 스타일의 성격자가 곧 편집·망상적 인격장애자인 것이다.

이런 형의 사람은 성장하여 사회생활을 해 가면서 고집불통이 되고, 음침하게 행동하며, 비밀이 많은 경향을 띠게 된다. 결국 편견이 많아지고 타인과의 대화에서 도전적인 자세를 취하게 되며, 유머적인 감각의 미발달로 그것을 이해하지도 못하고, 대인관계에 있어서도 타협이나 절충의 기교를 활용하지 못하는 인간으로 되어 간다. 뿐만 아니라 자기를 에워싸듯 너무

자신을 내세우고, 자신만만하며, 왜곡하고 비꼬는 태도를 보이게 된다.

일차적으로 가정과 친구관계에서 증후(문제점)가 발생하게 된다. 즉, 이들의 바람직하지 못한 태도나 언행은 일차적으로 가족이나 부모와 사이를 갈라놓게 되며, 친구들과의 관계에서도 점차 소외당하는 입장이 됨은 물론 친구와 이웃을 멀리해서 주위에 적을 많이 만들게 된다. 이 같은 현상은 모두를 적으로 간주하는 망상을 고착하기에 이른다.

또한 과도한 목적을 향해 수단방법을 가리지 않고 도전하며, 세심한 계획하에 수행해 나간다는 점도 이들 망상적 인격장애자들의 특징이다.

그런데 문제는 자기의 계획을 성취하지 못하거나 계산착오의 결과가 주어지면 곧 남을 욕하고 중상모략하기를 일삼는다는 점이다.

그 결과 주변인들에게 비쳐진 이들의 인상은 항상 경계와 질투, 시비와 시기가 그득하며 자기의 우월감을 과시하려고 노력하는 존재로 낙인찍히기 마련이며, 만약 자기와 경쟁상대가 된다고 생각할 때는 상급자, 하급자를 고려하지 않고 무자비하게 처치하든지 못살게 구는 것도 이들 성격자들에게 발견할 수 있는 특징의 하나이다.

이상과 같은 성격특징을 가진 망상적 인격장애자들에게 하나의 자극으로서 실망과 패배, 기분 나쁜 일을 체험하게 하면 발병의 도화선 구실을 하게 되는 것이다. 그렇다고 편집・망상적 인격장애자 모두가 발병하고 정신병으로 악화되는 것은 물론 아니다.

가령, 우리의 생활주변에서 그것을 입증해 주고 있기 때문이다. 예컨대, 사실상 자기 능력의 부족이며 자신의 결함 때문인데도 '주변(가족, 친구, 사회, 직장 상관)에서 자기를 알아주지 않는다거나 무시한다'는 편견에 사로잡히게 되니 자연 공격적이고 도전적인 자세를 취하게 되는 것이 이에 해당되며, "왜 나만 갖고 야단들이냐", "모두가 나를 적대시한다", "내가 우월하니까 나를 깎아 내리기 위해 못마땅하게 여긴다", "때를 잘못타고 태어난 사람의 대표적 케이스가 나다"라는 등의 말과 그런 자세를 빈번히 취하는 장본인들이 일단 편집・망상적 인격장애의 범주에 속한다고 볼 수 있다.

요컨대, 편집・망상적 인격장애자는 자폐적인 성격에다 대인관계에 과민하고 의심과 시기, 질투와 시비 그리고 완고, 아전인수식의 합리화와 투사의 기제를 항상 많이 사용하는 경향의 사람이라고 이해할 수 있다.

극단적으로 지치고 우울해지며 비관한 나머지 자살하는 경우도 있으나 악화되지 않는 경우는 현실사회에 원한을 품고 독설을 해대며 사회를 어지럽히는 인간공해적 존재가 되는가 하면, 사소한 일에도 '시비 · 고소광, 투서 · 고발장' 남발의 장본인이 되는가 하면 한 가지 일에만 전념하는 '발명왕' 또는 '도색광'도 이들에게서 흔히 볼 수 있는 예들이다.

2. 편집 · 망상적 인격장애자의 진단 기준

타인의 동기를 악의가 있는 것으로 해석하고, 전반적으로 타인을 불신하고 의심한다. 즉, 인간의 행동을 의도적으로 깎아내리거나(품위실추시킴) 사소한 일을 위협적인 것으로 확대 해석 · 왜곡하려는 부당한 성향이 성인기 초기에 시작하여 다양하게 표출되며, 다음 사항 중 최소한 네 가지 항목에 관련이 되면 편집 · 망상적 인격장애자로 진단하게 된다(APA, DSM-5: 649).

① 피해의식: 충분한 근거도 없이 타인에 의해 이용당한다든지 또는 피해를 받고 있다는 생각

② 부당한 의심: 정당성 없이 친구나 동료들의 성실성이나 신뢰상태에 대한 의심

③ 왜곡과 편견: 친절한 비판이나 가벼운 의견, 사건 등을 품위손상(hidden demeaning)이나 위협적인 의미로 확대 해석한다.

④ 원한감정: 모욕이나 경멸에 대해 지속적으로 원한을 품거나 상처받은 것에 대해 깊은 앙심을 가진다.

⑤ 타인에 대한 신뢰 기피: 부당한 두려움 때문에 타인을 신뢰하기를 꺼린다.

⑥ 과민반응: 쉽게 모욕감을 느끼고 신속히 분노반응이나 반격을 가한다.

⑦ 이성 상대자에 대한 회의: 정당성 없이 애인, 부인 등 상대자의 정절에 대해 의심한다.

※ 조현병, 정신병적 양상을 동반한 양극성 장애 또는 우울장애, 다른 정신병적 장애의 경과 중 발생한 것은 포함되지 않는다(DSM-5: 649).

3. 편집 · 망상적 인격장애자의 상담 및 지도방향

성격 유형을 뜯어고친다는 것은 쉽지 않다. 더구나 망상형 성격의 경우는 더욱더 그렇다.

다만 그들의 성격특성(병적 증상)이 보다 더 악화되는 것을 방지하고 계속되는 고소, 투서, 법정투쟁, 완고, 왜곡된 시각과 편견, 의심과 불신하는 경향성을 약화·감소시켜 보자는 것이다.

주목할 두 가지 사항이 있다. 하나는 성격형성이론에 대한 전문적 소양으로 접근해야 한다는 점이고, 다른 하나는 이들의 특징을 이해해야 한다는 점이다.

우선 편집·망상적 성격의 형성 배경을 이해하기 위해 인지행동적 이론, 정신역동적 이론, 발달과정적 접근, 성장과정에서의 부모 및 주변인의 태도와 상처 문제, 사회문화적 요인 등의 종합적 안목과 소양이 필요하다. 편집·망상 성격자의 특징은 다음과 같다.

① 누구도 믿지 않고, 모든 의무·규범에 저항한다.

② 선택적으로 사건을 지각·조작하고 망상적 사고(포장과 위장)를 한다.

③ 방어적 경계와 감추어진 적대감으로 초조하고 적개심과 증오감을 나타낸다.

④ 힘 있고 돈 많은 사람들은 부정과 비리로 달성한 장본인들이며(부정적 시각), 높고 권력 있는 사람들은 탈법과 도둑질에 의한 자들이므로 '치가 떨린다'며 증오감을 나타낸다.

⑤ 항상 못마땅한 표정, 잘 싸우고 까다롭게 굴며, 논쟁을 잘 하며 화(火)를 돋우는 행동(분노 폭발)을 일삼고 모두 남의 탓이며 화해나 타협을 하지 않으려 한다.

⑥ 최악의 경우, '털을 헤쳐가며 흠집을 잡는 데 여력이 없다'는 취모멱자(吹毛覓疵)형 타입으로 어디서든 속임수와 기만(欺瞞)의 흔적을 찾으려 하고, 미미한 '사이드 스토리'를 가지고 "단서를 찾았다"며 호들갑 떨고, 침소봉대·왜곡·각색 ⇒ 최악의 시나리오(확증)를 작성·유포하여 증오심을 고취하며 공격하는 장본인이다.

⑦ 인상은 늘 차갑고 뾰로통하며 심술 궂고, 정서가 메마르고 딱딱하며 화를 잘 낸다.

⑧ 온화한 감정 표현을 못하며 유머가 안 통하고 권위자(부모와 교사, 연장자와 직장 상사, 조직 대표와 사장 등)에게 반복적 갈등 조장과 증오심을 고취한다.

⑨ 과도한 불신·경계·의심·병리적 질투심 등 비합리적 사고와 신념이 그들의 생각과 행동의 '키워드'이다.

그 구체적인 지도방안으로서 생각해 볼 수 있는 것은 다음과 같다.

첫째, 꾸중이나 충고, 물리적 힘에 의존하는 태도는 절대로 안 된다.

클라이언트의 주장이나 이야기를 아무런 비판이나 해석함이 없이 들어주기만 해야 하는 것이다. 그래서 환자로 하여금 "이분이 나를 돌보아 주는 사람이로구나!"하는 느낌이 들게 해야 한다.

둘째, 클라이언트의 편을 들거나 그를 반대하는 것도 삼가야 된다.

옳은 주장을 하면 그의 편을 드는 것이 마땅하며, 타당하지 않은 말을 하면 정면으로 반대하는 것이 지도자로서의 도리이지만, 그러나 모든 것은 때가 있는 것이다. 그저 이 단계에서는 클라이언트의 주장이 옳든 그르든 간에 우선은 그대로 믿게 내버려 두었다가 더 좋은 기회를 기다리는 것이 효과적이다. 그래서 클라이언트로 하여금 인사를 하고 밝은 표정을 지으며, 시간약속을 잘 지키며 솔직하게 이야기할 것 등을 지도하면 된다. 그리고 만일 병원에 다닌다면 치료비를 지불하게 하는 것 등에 이상이 없으면 되는 것이다.

셋째, 대안 제시의 시기를 잘 포착해야 한다. 인간관계에서 소외당해 우울해 있든지, 상황에 부적응하고 실망과 좌절감에 빠져 있을 때 카운슬러가 접근하는 것이 좋다. 이 같은 좋은 시기가 포착되면, 그에게 접근해서 그가 생각했던 것과는 다른 방법으로 넌지시 일깨워 주는 것이다. 예컨대, "그 방법은 여러 가지가 있지 않을는지?", "또 다른 대안이 있을 수 있을까?" 하고 말을 꺼낸 후 대화가 열리면 보다 간접적인 방법으로 문제를 풀어보려 시도해 보는 것이다.

넷째, 부담 없는 일상적인 주변 이야기를 대화의 소재로 삼는 것이 좋다.

클라이언트의 대화 내용에 대해 진위를 가릴 필요도 없고 그의 생각이 옳으냐 그르냐에 대해 논쟁하는 것은 무의미하다. 왜냐하면 논쟁하다 보면 클라이언트에 대해 거부할 수도 있고 동조하게도 되기 때문이다. 따라서 "요즘 생활(가정, 학교, 직장)은 재미가 있느냐?", "집안식구들은 어떠하며 과거에는 또 어떠했는가?" 등에 대해 얘기하는 것이 좋다.

다섯째, 상호 간 명백하고 솔직한 대화를 해야 한다. 앞에서의 4단계까지 대화가 잘 진행되고 친화적 분위기가 조성되었다면 클라이언트로 하여금 카운슬러에 대한 소감과 감정을 기탄 없이, 숨김 없이 말하도록 해야 하는 동시에 카운슬러 역시 명백한 자기의사를 나타내야 할 때가 된 것이다. 더구나 클라이언트 자신이 자기가 말한 내용, 생각하는 내용에 대해 카운슬러로 하여금 찬 · 부를 강요하는 입장에 이르게 되면 "… 당신의 기분과 입장이 어떠하다는 것을 충분히 알 수 있을 것 같습니다. 그러나 나는 그렇게 생각하지 않습니다"라는 식의 명백한 태도 표명이 필요하다.

여섯째, 간접적인 우회방법으로 대화를 할 필요도 있다. 전술했듯이 이들 성격자에게 동성애적 경향이 발견되면 이를 직접적으로 언급하기는 곤란하므로 간접적으로 이성관계에 관하여 질문하는 것이 바람직하다.

일곱째, 클라이언트 자신의 판단, 사고, 행동을 적극 권장해야 한다.

환자의 언행이 위험수준에 이르면 물론 입원조치를 해야 하지만, 이 경우에 있어서도 입원을 권하게 되는 배경설명을 충분히 해서 클라이언트로 하여금 납득을 하고 스스로 입원결정에 따르는 것이 좋은데, 그렇지 않고 강제적으로 입원시키면 효과도 부정적일 뿐 아니라 더욱 불신과 적의감을 확대시켜 법정투쟁으로까지 비화될 가능성이 큰 것이다.

이들이 입원하여 정신치료를 잘 설명해서 스스로 약을 찾아 먹도록 하는 것도 이 같은 점에 대한 배려인 것이다. 하여간 부모-자식 간, 클라이언트와 카운슬러 간, 환자와 의사 간에 바람직한 관계가 형성되고, 망상적 성격자가 상대방을 믿게 되면 좋은 결과를 기대할 수 있다.

결국 그들의 비합리적 신념과 사고를 바꾸기 위해 그들과의 친화관계 조성 후 협력관계를 만들어야 하며, 낮은 자존감과 높은 열등감을 치유하기 위해 합리적 사고와 '자신을 사랑하고 존중하기', '작은 것도 칭찬하기', '마음을 열고 공감하며 진솔한 대화하기 훈련', '먼저 믿고 자신을 돌아보기' 훈련을 해야 한다.

제2절 조현성 인격장애자 상담 및 지도방향

1. 조현성 인격장애자의 이해 및 특징

뷰이러는 조현성(정신분열성) 인격장애(Schizoid personality disorder)에 대해 '감정생활의 부조화와 비사교성의 특징을 가진 자'로 보았다. 여기서 말하는 감정생활의 부조화란 'ambivalence 증후', 즉 양가감정을 말하는 것으로 이해된다.

이들 성격자는 대인관계를 피하고 고독을 즐기며, 사회현상에 대해 편견과 곡해가 심하고 완고하며 타협을 하지 않는 특성에다 자기 불만감과 질투적 견해가 엿보인다. 그러나 부지런하며 일의 끝장을 보는 완벽주의적이고 자기주장을 관철하려 들며, 인정이나 세속에는 냉정한 한편 내성적이고 감수성이 예민한 타입으로 간주되고 있다(김흥규, 2003: 373).

그래서 데이비슨(Divison)과 닐(Neale) 역시 분열적 성격을 "…지나치게 신경과민이고 수줍어하며, 사람과의 접촉을 피하는 은둔적 사람이다. 일상적인 공격심과 적대감을 느끼고, 스트레스나 불행에 직면했을 때 초연하게 되는 사람"(Davison & Neale, op.cit.: 222~223)이라고 정리하고 있다.

또한 "…이들은 사회적 관계를 형성하는 능력 또는 욕구가 부족하며, 다른 사람들에 대한 따뜻하거나 다정다감한 감정이 전혀 없다. 다른 사람들에게 냉정하고 거리감이 있으며 무정한 사람으로 지각된다. 또한 애매모호하고 얼이 빠져 있으며, 우유부단하거나, '오리무중'으로 보인다. 그들은 거의 결혼을 하지 않으며, 다른 사람들과 함께 일하거나 유대관계를 가져야 하는 직업을 유지하는 것은 어렵다."(APA, 1980: 699)고 지적하기도 한다.

이상과 같은 이들의 성격 특징을 정리하면 다음과 같다(DSM-5: 653~655).

① 어느 누구와도 깊이 있게, 그리고 오래도록 인간관계를 가지지 못한다.
② 사회적인 자극에 대한 반응의 양상과 범위가 극히 제한되어 있다.
③ 그들의 적응방법은 가능한 한 혼자만의 세계에 살려고 한다.
④ 주변인의 시각에서 볼 때 '괴짜'라는 인상을 주는 생활태도를 나타낸다.
⑤ 현실을 외면, 무시하고 내적 세계인 공상에 빠져드는 경향이 강하다.
⑥ 분노와 증오심을 표현하지 못하거나 표출하는 데 있어서 미숙하다.
⑦ 주위 사람들의 자기에 대한 반응에 대해서는 지나치게 예민한 경우가 많다.
⑧ 어울리지 않으려 할수록 고독감과 소외감, 자기불만 속에 고통을 받는다.
⑨ 절친한 친구가 없고 이성에 대해서도 관심이 없고 냉담하다.
⑩ 그가 무엇을 생각하고 의도하는지 알 수 없다.
⑪ 설사 결혼을 한다고 해도 결혼생활의 모든 것을 부담(짐)으로 생각한다.
⑫ 자연을 좋아하거나 독서에 몰입하여 고독감과 자기불만을 해소하려고 한다.
⑬ 분노를 공상 속에서 보복하거나, 불만을 가상적으로 출세한 자기모습을 연상함으로써 해결하려고 한다.
⑭ 항상 열등감과 우월감 사이를 시계추처럼 오락가락하면서 괴로워한다.
⑮ 우주, 국가, 인생에 대해 고매한 사랑을 생각하는 경우도 있으나 대개 공상으로 끝난다.
⑯ 진로 및 대학의 전공학문 선택은 추상적인 것을 즐겨 택하는 경우가 많다.
⑰ 내성적 · 무기력 · 이기적이고 의심이 많고, 짜증을 잘 내며 앓기를 잘한다.
⑱ 배타적 · 비사교적인 독불장군형이며 외골수(serious)이다.

이 같은 특성을 가진 사람들은 과민해지고 의심이 점점 더 증가하여 급기야는 타인들이 자기 이야기를 하고 있는 것으로 인식하게 되고, 신문이나 잡지의 기사가 자기와 관련이 있다고 생각하게 된다. 이들 외톨박이 마음속을 면밀히 살펴보면 '외로움과 실망, 두려움과 미움'이 가득한 경우가 많다.

2. 조현성 인격장애자의 진단 기준

다양한 형태의 사회적 유대관계로부터 반복적으로 유리되고, 대인관계에서 제한된 범위의 감정 표현이 전반적으로 나타난다. 즉, 사회적 관계에 냉담・무관심하고 희노애락의 정서적 체험과 표현에 있어서 제한된 범위의 양상을 나타낸다. 이 같은 전반적 양상이 초기 성인기에 시작하여 다양하게 전후관계에서 나타나게 된다.

다음 중 최소한 네 가지 항목(기준)에 해당되면 조현성 인격장애자로 진단하게 된다(APA. DSM-5, 2013: 652~653).

① 친밀한 가족관계의 부재: 가족과의 관계를 포함해서 친밀한 관계를 바라지도 않고 즐기지도 않는다.

② 독자적 활동의 선호: 항상 거의 혼자만의 행동을 선호한다.

③ 이성에 대한 냉담: 이성과의 성적 경험에 대한 관심이나 욕구가 거의 없다.

④ 거의 모든 분야에서 즐거움을 취하려 하지 않는다.

⑤ 절친한 교우관계의 부재: 직계 친족 이외의 어느 누구와도 절친하지 않다.

⑥ 타인의 견해에 무관심: 다른 사람의 칭찬과 비평에 무관심하다.

⑦ 감정표현의 인색과 미숙: 분노, 기쁨 같은 강한 감정의 표현에 인색하고 감정적 냉담, 단조로운 정동의 표현을 보인다.

이상의 기준들은 조현병(schizophrenia), 정신병적 양상을 동반한 양극성 장애 또는 우울장애, 다른 정신병적 장애 혹은 자폐스펙트럼 장애의 경과 중 발생한 경우는 제외된다.

3. 조현성 인격장애자의 상담 및 지도방향

조현성 인격장애자로 느껴지는 사람은 주변에서 흔하게 만나게 된다.

① 물건을 사기 위해 슈퍼마켓에 들어갔는데, 주인은 '꿀 먹은 000' 같이 멍하니 쳐다 보고만 있다(돈 좀 벌었나? '배짱 장사라' 이거구만!).

② 택시를 타면서 "안녕하세요"하고 인사를 건네도 기사는 아무 대꾸도 없다. "인하대학 갑니다"하고 목적지를 말해도 입 다문 채 핸들만 돌린다(기사 저 친구, 어디 심하게 아픈감?).

③ 병원에 갔다. 순서가 되어 간호사가 호명하기에 50대 초반의 의사방에 들어가며 "안녕하세요?"했더니 의사 역시 컴퓨터 자판만 들여다 본다. 겸연쩍어하며 한참 동안 기다렸더니 환자 얼굴 쳐다보기는커녕, 검사 결과 설명도 없이 "3개월 후 PCT 찍으시죠" 한다. 곧 이어 간호사가 "나오세요" 하기에 따라 나왔다(저 친구 의과대학서 무얼 배웠나? 가운도 풀어 헤치고 … 심한 부부싸움을 하고 출근했나?). 별 생각이 다 순간적으로 머리를 스치고 지나간다.

이러한 상황은 누구나 많이 경험했을 것이다. 이렇듯 대인관계에서 최소한의 예의를 갖추고 접근했지만, 정작 상대방은 '사람을 만나도 소 닭 보듯 무반응'을 보이는 경우를 당하면 당혹감을 느끼게 된다.

이들은 아자(啞者)도 아니며, 배짱 장사는 더욱 아니다. 물론 몸이 아픈 것도 아니고 심한 부부싸움을 하고 출근한 것도 아니며, 많이 배워 도도하게 구는 것도 아니다. 이들이 정신분열성 성격장애 환자들인 것이다.

그렇다면, 조현성 인격장애자에 대한 지도 및 치료방향은 무엇인가?

전술한 내용을 통해 분열성 성격자들에 대한 어느 정도의 윤곽이 잡히지만, 좀 더 이들 성격자에 대한 임상적 특징, 성격적 징후, 그리고 성격의 핵심 특성을 명확히 이해하는 것이 중요하다. 임상적 특징은 다음과 같다.

① 타인에게 부드럽고 따뜻하게 대할 줄 몰라 정서적으로 '차갑다'는 느낌을 준다.

② 세상사에 무관심하기 때문에 취업해도 인간관계 문제로 중도에 퇴사한다.

③ 친절하고 부드럽게 대할 줄 모르고 타인의 호의적 칭찬에도 무반응한다.

④ 혼자 생활을 즐기고 물에 물 탄 듯, 술에 술 탄 듯 감정 표현이 미숙하다.

성격적 징후는 다음과 같다.

① 정서적 애착을 가지고 있지 않으므로 친한 친구가 없다.
② 유머를 들어도 잘 웃지를 않고, 우스갯 소리로 남을 웃기지도 않는다.
③ 타인과의 대화나 세상 이야기에 흥미가 없고 능숙하지도 않다.
④ 결혼을 하지 않거나 하더라도 극히 드문 일이다.
⑤ 열정과 의욕을 가질 만한 그 무엇도, 아무 생각도 없는 것 같다.
⑥ 교제 욕구, 자극추구 욕구, 성적 욕구 등이 빈약해서 생활 속에 무관심과 고립이 엿보인다.
⑦ 주변인들의 시각에는 '별로 말이 없고 수줍음을 잘 타는 사람' 또는 '냉담하고 가까이 하기 어려운 사람'으로 인식된다.
⑧ 결혼했을 경우, 가족생활에서 '자녀에 관심이 없고, 메마른 감정, 가족활동 참여 기피, 부부관계에서의 성적 욕구 실종' 등의 문제를 나타낸다.
⑨ 사교모임에 거의 불참하고 '잠재적인 동성애적 성향'을 보인다.
⑩ 여자인 경우, 별명으로 '얼음 같은 여자', '얼음 공주'로 일컬어진다.
⑪ 이성 간 데이트를 해도 몇 번으로 끝난다. 별로 말이 없고, 딱딱한 얘기에다 모호하고 막연한 말만 되풀이하기 때문이다.

조현성 성격의 핵심특성은 다음과 같다.

① 말이 느리며 단조롭고 활력이 저하되어 로봇 같은 모습을 보인다.
② 말이 길지 않고 간결·무미·건조하여 단조로운 타입의 사람으로 인식된다.
③ 성적 욕구 저하로 인해 성적 관계에 불편을 느낀다.
④ 대화 내용이 불분명하고 정서가 실린 대화를 잘 하지 못한다.
⑤ 정서적 민감성이 결여되어 풍요한 희·노·애·락의 표출이 드물다보니 냉담하고 정서가 메마르다는 평을 듣는다.

이상과 같은 점에 유의하면서 이들 성격자를 지도하려면 다음과 같은 절차가 필요하다.
첫째, 지도 목표의 설정

① 첫 번째 목표: 사회적 장면으로부터 철수하려는 경향성을 감소시킨다.

② 두 번째 목표: 어떤 것에서든 이들이 즐거움을 경험할 수 있게 한다.

③ 세 번째 목표: 정서적 경험의 폭과 깊이를 확대·심화시킨다.

④ 네 번째 목표: 인간관계 형성·유지기술을 습득시킨다.

둘째, 치유전략 및 방법

① 심리치료

- 정신분석적 치유는 별로 효과가 없기 때문에 긍정적·안정적 관계형성 경험을 갖도록 지도해야 한다.
- 행동치료를 통해 행동 수정에 도움이 되므로 적절한 대인관계 행동 프로그램을 적극적으로 교육하고 훈련시키는 것이 좋다.
- 인간 중심적 치유는 큰 도움이 된다. 그러므로 신뢰로운 치유환경을 제공하여 협력·친화적 치유관계를 형성하고, 점차적으로 타인과의 인간관계로 확장하여 일상적 생활장면에서 다양한 사건들에 직면하게 한다.

② 가족치유: 가족들의 태도와 동기, 역기능적 가족체계, 가족 분위기, 개별 가족들의 평가 등에 관련한 가족치료를 병행한다.

③ 집단 치유: 건설적인 사회적 태도와 기능 습득 기회를 제공하여 사회적 성숙을 도모함으로써 치유에 도움이 된다.

그 밖에 조현성(정신분열성) 성격장애자들의 지도에 있어서 유의할 사항은 다음과 같다.

첫째, 환경요법(milieu therapy)이다. 클라이언트의 일상생활에 뛰어들어서 그들과 같이 대화하고 관람도 하면서 진심에서 우러나는 관심과 애정을 쏟아주는 카운슬러가 필요하다. 이렇게 인간적 접촉을 하면서 환자의 공격성에 대해 냉정하고도 이치에 합당한 설명과 이해로서 대해주는 것이 절대적으로 필요하다.

그 다음 직업요법(작업활동)과 오락요법을 활용해서 생활에서의 보람과 다정한 인간관계를 체험하게 하는 것이다. 즉, 타인과의 접촉을 즐기는 이들이기 때문에 카운슬러와 함께 무엇을 만든다든지, 그림을 그리며(직업요법), 오락에 참여(오락요법)시킨다는 것은 클라이언트로 하여금 메마른 인정을 재생시키게 되고 인간관계에서의 필수 요소인 상호이해와 의사소통의 활성화에 직접적으로 기여하게 되는 것이다.

이 같은 직업요법과 오락요법은 발전적으로 수준을 높여 나가고 다양성을 추구하여 클라이언트에게 베풀면서 시의에 맞게 칭찬 · 격려를 해준다면 그의 자존심도 함양될 것이다. 경우에 따라서는 카운슬러의 취미활동에 참여시켜서 등산이나 낚시, 사진촬영, 스포츠관람 등을 시키고 돌아오는 길에 목욕이나 사우나탕에도 데려가서 개인위생이나 청결 · 단정한 용의를 갖추도록 배려 · 지도하는 것이 좋다.

또한 취미활동에 의도적으로 남녀혼성 또는 다양한 연령집단을 참여시켜서 폭넓은 인간접촉을 갖도록 배려한다면 사회성도 발달함은 물론 무관심하던 외모에 대해서도 신경을 쓰면서 깨끗이 하려는 움직임이 현저하게 나타나게 될 것이다.

둘째, 정신요법(psychotherapy)의 활용이다. 카운슬러가 클라이언트에게 무엇인가를 찾아내려는 듯이 자꾸 캐묻고 실토를 강요하는 자세는 오히려 클라이언트로 하여금 더 멀리 피하도록 작용할 따름이다. 때문에 카운슬러는 인내와 성의를 가지고 우선은 클라이언트의 이야기를 경청해 주고 이해하려고 노력하는 자세를 취해야 한다. 그렇게 될 때 쌍방 간에 신뢰의 관계가 형성되는 것이며, 이 신뢰의 형성은 클라이언트로 하여금 진정한 대화의 상대로서 카운슬러를 인정하게 될 것이고, 나아가 모든 사람에게 품고 있는 불신을 씻고 속을 털어놓는 대화를 하게 될 것이다.

요컨대, 클라이언트의 '심한 편견과 고개, 타협의 거부와 완고, 자기불만감과 질투적 견해' 등으로 꽉찬 자아를 도와주는 지지적인 정신치료(supportive psychotherapy)는 클라이언트를 다루기를 '사랑하는 자녀를 대하듯이 장점을 보고 잘한 점을 칭찬해서 건전한 부분을 키워나간다'는 입장을 취해주어야 한다는 것이다.

재교육시킬 것은 하고 칭찬과 충고, 격려를 하여 항상 건전한 사고방식과 언행을 갖도록 노력하는 것이 최선의 길이 된다고 하겠다.

제3절 조현형 인격장애자 상담 및 지도방향

1. 조현형 인격장애자의 이해 및 특징

인격장애 가운데 대인관계가 특히, 어려운 인격장애의 집단을 조현형 인격장애(Schizotypal personality disorder)(이현수, 1985: 343)라 한다.

이 분류에는 특이한 지각과 사고과정, 뚜렷한 조현증으로 생각할 수 없는 행동장애(behavioral disorders)를 특징으로 하는 사람들이 속한다. 그들은 기괴한 상상이나 어린 시절의 선입관 또는 마술적 사고관계, 또는 피해적 사고 등으로 인해 구별된다(이근후, 1988: 552). 그러나 조현증에서 나타나는 것과 같은 심각한 증후는 발견되지 않지만 마법적 사고, 이인증(depersonalization), 비현실성(derealization), 착각 그리고 관계망상이 두드러지게 나타나는데, 스트레스를 심하게 받게 되면 정신병자같이 보이기도 한다. 조현형 인격장애자의 특징은 다음과 같다(APA DSM-5: 656~657; 1987; Othmer & Othmer, 1989: 358~388; 이근후・박경화 공역, 1995: 126~127).

① 때때로 심한 사고의 장애나 지각의 장애가 나타난다. 즉,
- '천리안(千里眼) 같은 것'으로 마음을 읽을 수 있다고 느낀다(마술적 사고).
- 텔레파시
- '우주에 있는 것 같다'는 느낌과 '세상이 비현실적으로 느껴진다'는 현실감 상실
- 스스로 '격리되어 있는 느낌', 매일 몇 시간씩 '자기가 세상 가운데서 움직이고 있는 자기 모습을 관찰하고 있는 듯한 느낌과 격리감(離人症)을 경험하게 된다.

② 이들의 언어는 이상하며(기묘한 언어 형태), 단어 사용이 정상적이 아니다.

③ 관계염려, 관계망상, 착각의 현상이 나타난다.

④ 의심이 많고 비판의 대상이 되어 있지 않나 두려워하고 있는 듯이 보인다.

⑤ 임상적 양상을 볼 때, 분열성 인격장애와 정신분열증의 중간쯤의 모습이다.

⑥ 분열성 인격장애자들처럼 사회적으로 고립되어 있으며 위축되어 있다. 고독하여 외톨박이로 매일 많은 시간을 공상하는 데 소비하거나 텔레비전의 멜로 드라마를 보면서 시간을 보낸다.

⑦ 가끔 부적절한 정서의 표현과 부자연스런 대인관계, 적합하지 않은 감정의 교류 때문에 대인관계에서 문제를 일으키기도 한다.

⑧ 불안 · 우울 · 불쾌한 감정, 즉 정동장애(affective disorders)의 증후를 나타낸다.

⑨ 경계성 인격장애에서 볼 수 있는 특징도 흔히 발견된다.

⑩ 사고의 장애 때문에 미신이나 유사 종교 같은 것을 신봉하거나 사로잡혀 있는 경우가 있다. 이들은 '세상에서 특별한 사명을 띠고 있다'고 하는 생각에 사로 잡혀 있는데, 그것이 무엇인가를 잘 알지 못한다.

⑪ 때로는 자신이 사고나 통찰력을 지닌 초능력자라고 믿는 경우도 있다.

⑫ 심한 정신적 부담에 일시적인 정신병적 증상을 나타내기도 하며(일과성 정신병적 증후), 반응성 정신병이 나타나기도 한다.

⑬ 사회적 기능과 직업적 기능 모두에 한계를 가져온다.

이상 DSM-Ⅲ-R과 DSM-5에서 열거한 내용들을 통해 이들 성격장애자들에 대해 어느 정도 이해할 수 있다.

전술한 내용들을 참고하면서 조현형 인격장애자의 임상적 특징을 5개 영역으로 정리해 보면 다음과 같다.

1) 사고장애

① "남들이 나를 모함하고 흉을 본다"(피해망상적 사고).

② "깊은 도를 닦았다", "종교에 심취해 신통한 은사를 받았다", "천리안이 생겼다".

③ "텔레파시를 통해 타인의 생각을 알아낼 수 있고, 나를 돕는 신이 있어 모든 것을 알아맞힐 수 있다"(큰소리 친다).

④ 일상생활을 정리하고 유사종교에 입문하거나 엉터리 종교 창립(교주 행세).

2) 지각장애

① "초능력이 있기 때문에 내 몸을 허공에 띄울 수 있다"(큰소리).

② "키도 늘렸다 줄였다 맘대로 할 수 있다."

③ 다른 사람들은 아무 것도 보이지 않는데 “그들이 보인다”, “신(神)이 강림했다”, “내가 ○○○님을 불러왔다”고 말한다.

3) **이인증**(異人症)

① 항상 보는 사람을 마치 처음보는 사람처럼 착각한다.
② 늘 다니던 길인데, 초행길인 양 낯설게 행동한다.
③ 항상 다니던 아파트, 상가 건물에 와서도 처음 온 것처럼 “이상하다”는 느낌을 혼잣말처럼 한다.
④ 모두가 “아니다”, “틀렸다”, “비현실적이다”라고 하는데, 이들 성격장애자만 “그게 정상”이라고 고집을 한다.

4) **언어적 이상 징후**

정신병처럼 뚜렷하게 횡설수설(橫說竪說)하거나 지리멸렬(支離滅裂)할 정도의 헛소리는 하지 않지만

① 이따금 비상식적인 소리를 한다.
② 기괴한 소리도 한다.

5) **감정상태**

① 감정상태가 불안정하고 평온하지 못하다.
② 우울증을 보인다.
③ 빈번하게 불안감을 표출한다.
④ 사고와 행동이 온전하지 못해 정상적 인간관계의 형성 및 유지가 곤란하다.
⑤ 잘못하면서도 항상 ‘자기가 옳다’고 주장(항변)하여 귀찮고 대하기 힘들다.

6) 기타(참고사항)

① 자기 세계 속에 칩거하면서 학업을 멀리한다.

② 위생을 소홀히 해서 더럽다.

③ 우울증을 앓고 있는 것 같다.

④ 가족과도 접촉을 끊고 자기만의 세계에 틀어박혀 지낸다.

⑤ 누군가와 말다툼하는 것처럼 말한다(내면의 목소리, 환청을 듣고 있다는 생각).

⑥ 문장 하나도 제대로 완성해서 말하지 못한다.

⑦ 계속 주의가 흐트러지고 있다.

- 조현증: 장애 증상이 6개월 이상 표출, 핵심 증상(망상, 환각 등)이 1개월 이상 존재
- 조현형 장애: 증상 지속시간이 1~6개월 이하
- 단기 정신병적 장애: 증상 지속시간이 하루 이상~1개월 미만

2. 조현형 인격장애자의 진단 기준

친분관계를 갑자기 불편해 하고 친분관계 능력의 감퇴 및 인지(認知), 그리고 지각(知覺)의 왜곡, 행동의 괴이성으로 인해 사회적 및 대인관계의 결함이 광범위하게 나타난다. 대인관계(interpersonal relatedness), 관념(ideation), 외양(appearance), 행동 등의 특이성이 전반적인 결손양상(pervasive pattern of deficits)을 초기 성인기에 시작하여 다양하게 나타내는데, 다음 사항 중 최소한 다섯 가지 항목에 해당되면 조현형 인격장애자로 진단(APA, DSM-5: 655~656)하게 되는 것이다.

① 관계사고(idea of reference): 관계망상까지는 이르지 않더라도 주위 사람들의 언행이 모두 자신과 관련된 것이라고 생각한다.

② 극도의 사회적 불안: 편집증적인 공포, 친한 관계에서도 불안이 감소되지 않으며, 낯선 사람과 직면해야 되는 사회적 상황에선 과도하고 극도의 불안을 느낀다.

③ 괴기한 신념 · 사고 · 행동: 기괴한 신념(odd beliefs), 마술적 사고(magical thinking), 영향을 미치는 행동 그리고 현존하는 부분, 하위문화 규범(subcultural norms)과의 불일치하고 모순된 양태를 나타낸다.

예를 들면, 미신적이고 비상한 투시력의 천리안적 신념, 텔레파시 또는 육감, "타인이 나의 감정을 느낄 것"이라는 생각 등이다. 그리고 아동, 청소년에서는 이상야릇한 공상 또는 믿음 등이 있다.

④ 신체적 착각을 포함한 비정상적인 지각 경험: 작고한 어머니가 자기와 함께 방에 계신 것으로 느끼는 착각과 같이 실제로 없는 힘이나 사람의 존재를 있는 것처럼 느낀다.

⑤ 괴이한 행동과 외양: 빗질을 하지 않은 머리, 비정상적인 매너리즘, 혼자만의 절친한 관계나 교우를 갖지 못한다.

⑥ 절친한 교우관계의 부재: 직계친족(first-degree relatives) 이외의 누구와도 절친한 관계나 교우를 갖지 못한다.

⑦ 이상한 생각이나 기괴한 언어: 연상의 이완(loosening of associations)이나 지리멸렬(incoherence)이 없는 기괴한 언어양상(odd speech)이 눈에 띄는데, 예컨대 흥미를 잃고 메마른 듯한(impoverished) 언어 구사, 부적절한 발췌·요약(inappraopriately abstract)의 언어 양태가 그 단적인 예들이다. 즉, 모호하고 우회적, 은유적, 과장적으로 수식된 말, 상동적인 말 등이다.

⑧ 부적절하고 제한된 감정표현: 어리석어 보이고(silly), 초연해 보이며(aloof), 웃음과 끄덕임(nods) 같은 주고받는 제스처나 얼굴표현이 거의 없다.

⑨ 의심: 의심과 편집, 망상적 관념이 있다.

그러나 이상의 경우들은 조현병, 정신병적 양상을 동반한 양극성 장애 또는 우울장애, 다른 정신병적 장애, 혹은 자폐스팩트럼장애의 경과 중 발생한 것은 제외된다(DSM-5: 656).

3. 조현형 인격장애자의 상담 및 지도방향

우리 주변에 자칭 '도사·박사·초능력자·교주' 등을 눈여겨 볼 필요가 있다. 왜냐하면 관련이 있기 때문이다. 우선 지도에 앞서서 조현형 인격장애의 원인부터 고찰하는 것이 도움이 된다.

1) 조현형 인격장애의 원인

① 생화학적 · 신경해부학적 원인

뇌에는 약 10억 개의 뇌신경세포가 있다. 이들 세포들이 연결망을 통해 적절한 생각과 느낌, 말하기와 행동을 하는 것인데, 이 연결망을 연결해 주는 신경전달물질인 도파민(dopamine)이 과다하기 때문이라는 것이다.

② 유전적 요인

- 가계(家系)에 정신분열병 환자가 많다(정신분열병에 걸릴 위험성 높다).
- 부모가 정신분열증을 앓거나, 부모 모두 정신분열증이 있다면 다른 집에 살아도 50%의 발병률이 있다.
- 가족 중 정신분열증이 있거나 편집 · 망상증 같은 정신질환이 있으면 발병률이 높다.

③ 뇌 손상이 원인

- 산모 신생아에게 바이러스 감염 위험이 높을 때, 미세한 뇌 손상이 원인이다(프랑스 연구진).

④ 가족생활 요인

어머니의 문제성격이 정신분열증을 형성시킨다는 것으로 공격적이며 자녀에게 냉랭하면서도 가까이 두고 싶어하는 모순형, 지나치게 과잉보호적이며 적대적 태도, 의식적 · 무의식적으로 거부하는 심리상태, 불안하고 냉정하며 자녀와 항상 거리감을 갖게 하는 어머니, 아이들이 하는 말을 도중에 끊고 신경질적으로 야단만 치는 어머니, 자주 한숨과 울음을 터뜨리며 격한 감정 반응으로 자녀들에게 스트레스를 가중시키는 어머니를 '조현병을 길러내는 어머니(schizophrenogenic mother)'라고 칭한다(김홍규, 1989: 244).

2) 상담 및 지도상 유의사항

① 이들 성격자는 정서적으로 무너지기기 쉬운 '모래성'과 같다.
② 작은 충격이나 자극에도 쉽게 무너진다.
③ 약간의 어려운 상황이 생기면, 괴기한 사고나 행동이 심해진다.
④ 일시적으로 정신병이 생겼다가 사라지곤 한다.
⑤ 치료가 매우 어려운 질환이다.

3) 상담 및 지도방향

전술한 바와 같이 정신분열증, 경계성 인격장애 등과 관련이 있기 때문에 거기에서 활용되는 지도방법이 고려될 수도 있다. 그러나 이 분열형 인격장애자에 대한 지도 내지 치료방향은 분열성 인격장애자의 것과 비슷하다는 것이 대체적인 전문가들의 견해이다.

그 구체적인 내용은 다음과 같다.

첫째, 다정다감한 인간관계를 체험하게 하는 것이 우선적 과제이다. 이들은 성격특성상, 사회적으로 고립되어 있고 위축되어 있다. 늘 외톨박이로 소일하며 많은 시간을 공상으로 소비하는가 하면, 부적절한 정서의 표현과 적합하지 않은 감정의 교류, 부자연스러운 대인관계 등이 문제가 되기 때문에 메마른 감정을 재생시키고 인간관계에서의 다정다감함을 체험시키는 프로그램의 마련이 중요하다.

따라서 그 구체적인 전략으로 작업활동, 직업요법, 오락요법 등을 통해서 생활에서의 보람과 다정한 인간관계를 체험하게 하는 것이다. 클라이언트와 카운슬러가 무엇인가를 같이 만들고, 오락에 참여한다든지 그림을 그리고 목각과 공예활동을 함께 하는 과정에서 보람과 상호이해, 의사소통의 활성화가 자연스럽게 이루어지게 될 것이다.

이 같은 각종 활동과 프로그램은 수준을 높여 나가고 다양성을 추구하면서 범위를 확대하고 여러 사람이 어울리는 취미활동(등산, 낚시, 촬영, 스포츠)으로 발전적으로 이행시키면서 여러 사람과 어울리게 되고 시의적절하게 칭찬, 격려해 주면서 진행이 된다면 많이 개선될 것이다.

둘째, 가족치료를 통해 가족체제의 문제, 가족들의 대화 훈련, 가족원들에게 질환에 대한 정보 제공과 조력 부탁, 문제해결능력의 훈련에 협조 등을 부탁한다.

셋째, 전문가에 의한 환경요법(milieu therapy)적 접근이다. 클라이언트의 일상생활에 동참하여 식사하고 대화하며 같이 운동도 하고, 영화관, 목욕탕에도 같이 가면서 진심에서 우러나는 관심과 애정을 쏟아 부어주는 카운슬러가 필요하다.

이렇게 인간적 접촉, 친화적 유대관계를 맺으면서 클라이언트의 마술적 사고, 비현실감, 관계염려와 착각현상 등에 대한 합당한 설명과 이해를 시켜주고, 사회적 격리감과 공격성에 대해서는 이치에 맞는 해석과 설명, 이해로서 대해주는 것이 효과적일 것이다.

넷째, 정신요법(psychotherapy)의 적용이다.

사랑하는 자녀를 조심스럽게 다루듯이 장점을 보고 칭찬, 격려해 줌으로써 '편견과 곡해,

부끄러움을 잘 타고 의심이 많으며 두려워하는 듯한 클라이언트'의 모습이 개선될 수 있는 것이다.

클라이언트에게 자꾸 캐묻고, 무엇인가를 빨리 실토하라는 듯이 위협, 유도, 윽박지르는 것은 절대 금물이며, 인내와 성의를 가지고 카운슬러는 클라이언트의 이야기를 경청해 주고 이해하려고 노력하는 자세를 취함으로써 상호 간의 신뢰관계가 형성되어야 한다. 그렇게 되면 아무리 문제가 있는 클라이언트라도 상대를 진정한 대화의 상대로 인정하고 신뢰하게 되니까 모든 사람에게 품고 있던 불신, 불안, 격리감 등의 부정적인 요소를 토로·발산하게 되는 것이다.

그 결과 문제투성이의 약한 자아가 건전한 자아로 바뀌게 될 것이다.

Chapter 06 극적·감정적·변덕스러운 특성을 보이는 인격장애자의 상담·지도

제1절 반사회적 인격장애자의 상담 및 지도방향

1. 반사회적 인격장애자의 이해 및 특징

반사회적 인격장애(antisocial personality disorder)를 전에는 정신병질적 성격(psychopathic personality), 선천적 정신병질적 성격(constitutional psychopathic personality), 사회병질자(sociopaths) 또는 정신병질자(psychopaths)(Spitzer, et al., op. cit.: 34)라고 일컬었다. 왜냐하면 반사회적 성격의 근본원인은 자기행동을 조절하는 정신기능의 장애에 있기 때문이다.

이는 사회적 용어로 양심 또는 도덕, 철학적으로는 윤리, 정신분석학적으로는 초자아의 기능에 장애가 있는 경우이다. 때문에 이들은 항상 감정의 미숙성을 보이고 책임감과 판단의 결여현상을 나타낸다. 또한 집단이나 조직의 제반규정이나 사회규율을 어기고 경험을 통해서 배우지 못하며(학습의 전이곤란) 반사회적 행동을 반복한다.

그래서 데이비슨(Davison)과 닐(Neale)은 DSM-Ⅱ에 소개된 반사회적 성격을 정리하기를 "…그들은 근본적으로 사회화되지 않았고, 그들의 행동 패턴은 되풀이하여 사회와의 갈등을 가져다준다. 그들은 개인, 그룹, 사회적인 가치에 대해 성실성을 나타내는 일이 없고 심히 이기적이며, 무정하고, 책임감이 없고, 충동적이고 죄를 느끼거나, 경험과 벌로부터 배우지를 못한다. 욕구불만을 견디어 내는 힘도 낮다. 자기들의 행동을 그럴듯하게 합리화시키거나 다른 사람을 비난한다. 이들은 분열적이고 자기 파괴적이며 도덕적, 윤리적인 부적응이 자주 사회와의 심각한 갈등을 초래한다(Davison & Neale, op.cit.: 224)고 지적하였다.

앳킨슨(Atkinson)과 힐가드(Hilgard) 등 역시 반사회적 성격자의 특징으로 다음과 같이 기술하였다.

① 자신의 욕망뿐 타인을 의식하지도, 그 외 다른 것을 고려하지도 않는다.

② 책임감, 도덕, 타인에 대한 관심이 없다.

③ 자신의 행동이 타인에게 얼마나 큰 고통을 주든지 간에 죄책감, 양심의 가책을 전혀 느끼지 않는다(비양심적).

④ 자신의 욕구를 즉각적으로 만족시키려고 충동적으로 행동한다.

⑤ 좌절을 감당할 수 없다.

⑥ 자기 이외의 그 누구에 대해서도 감정을 느끼지 않는다.

⑦ 거짓말 솜씨가 아주 능란하다.

⑧ 스릴과 흥분을 추구하기 때문에 상해의 가능성은 항상 존재한다.

⑨ 벌을 받고도 행동이 달라지거나 교정할 능력이 없다.

⑩ 매혹적이고 간교하며 사람을 조정하는 능력이 탁월한 천재적 사기꾼이다.

⑪ 외견상 장점(능력과 성실성)으로 직업을 가질 수 있으나 지구력이 약하다.

⑫ 불안정하고 충동적이므로 곧 탈선적 행위에 빠져들어 본성이 드러난다.

⑬ 체포되면 참회하는 진술이 설득력 있어서 처벌을 모면, 재기의 기회를 얻는다.

⑭ 주변의 기대에 맞는 생활을 좀처럼 하지 않는다.

⑮ 말하는 것과 느끼고 행동하는 것 사이에는 관련이 적다(Atkinson, Atkinson & Hilgard. op. cit.: 479~480).

맥코드(McCord and McCord)는 "…공격적이고 매우 충동적인 사람, 죄의식을 전혀 느끼지 못하거나 약간 느끼고 다른 사람과 지속적으로 정서 · 감정을 조화(결합)시키지 못하는 사람이라고 했다(Davison & Neale. op. cit.: 255).

요컨대, 반사회적 인격장애자의 가장 두드러진 성격특징을 애정결핍과 무죄책감이라고 앳킨슨 등은 요약했다. 즉, 타인에 대해 동정심과 충성심이 없는 것은 사랑의 부족이며, 크게 비난받을 짓을 하고서도 양심의 가책을 느끼지 못하는 것은 죄의식의 결여이다.

마허(Maher) 역시 반사회적 성격자의 특징을 '통찰의 부족과 충동성' 그리고 '외견상 우수해 보이고 특출한 달변가'(Maher, 1966: 214~215)라고 하였다.

정신과적 시각에서 반사회적 성격의 증상을 지적한 한동세의 견해(한동세, 1974: 215~217)는 다음과 같다.

① 어려서부터 때때로 예측할 수 없는 난폭한 행동의 폭발, 거짓, 가출 등 말썽을 일으켰고 어른들을 걱정시켰다.

② 이 같은 문제행동은 성장해 가면서 도둑질, 아첨과 사기, 협박공갈과 폭력, 성적 변태 등 각종 범죄로 그 형태를 성인화해 간다.

③ 사소한 욕구좌절에도 참지 못하여 비상(非常)하면서도 큰 반사회적 반응으로 나타난다.

④ 눈에 띄는 유발계기가 될 만한 좌절이 없이 발작적으로 자살, 살인, 음주, 약물중독, 변태성 행위를 보이는 때도 있다.

⑤ 자신의 행위에 대해 일시적이나마 뉘우치거나, 표면상으로 병식(病識)이 있는 듯 말을 하기도 한다.

⑥ 전형적인 정신병질자는 어려서 동일시를 못해 본 성격적 결함이 끝까지 남아 청년이 되어서도 아무에게도 공감을 느끼지 못하며, 누구에게도 충성을 못하고, 어느 단체나 직장에도 충실하지 못하다. 이렇듯 무책임하고 자기가 바라는 것만 무조건 이루어지기를 원하다가 뜻대로 안 되면 아부·공갈 등 갖은 수단을 써서 자기 손아귀에 넣고야 말겠다고 한다.

⑦ 상대방을 멋대로 조정하려고만 할 뿐, 동정하거나 아껴주지도 않고, 주지도 않는다.

⑧ 반항하고 미워하며 상대에게서 받으려고만 한다.

⑨ 파렴치하며 낯간지러운 짓을 거리낌 없이 하며, 남의 입장은 안중에도 없을 뿐 아니라 반성·창피·죄책감·명예·체면은 조금도 없는 듯이 행동한다. 그래서 자기가 하는 행동(일)에 대해 어떤 충고나 모욕, 벌을 받아도 개선하지 않는 것이 특징이다.

⑩ 지능은 정상인데, 감정이 미숙하므로 대인관계는 항상 겉돈다. 일시적으로는 좋은 인상을 주지만 신빙성은 전혀 없다. 그의 인정에는 깊이가 전혀 없고 학업이나 직장에서 일시적인 재주를 부리기도 하지만 결코 오래가지 못한다. 왜냐하면 같을 일을 계속한다는 것은 초자아의 기능에 장애가 있는 정신병자에게는 가장 싫어하는 것이므로 그 고통을 인내할 수 없기 때문이다.

⑪ 이들의 또 다른 특징은 능변이어서 그럴듯하게 상대방을 현혹시킨다. 말이 유창하며 그럴싸한 이야기를 꾸민다. 그것이 결국 병적 거짓말쟁이로 발전되며, 끝내 환상적 거짓말을 반복하게 되고 결국 병적인 사기꾼으로 진전되는 것이다.

⑫ 자기 잘못을 남에게 투사하여 욕하며 독불장군처럼 자기를 과시하고 남이야 뭐라든 자기 하고 싶은 대로 언행한다.

⑬ 권위에 대한 존경과 감사가 없이 반항으로 일관하며, 항상 타인과 다투므로 사소한 견해 차가 언쟁을, 그것이 원한으로 발전, 법정투쟁으로 비화되어서 '싸움과 고소쟁이'가 된다.

이상 반사회적 성격의 특성에 대한 여러 가지 견해를 고찰함으로써 반사회적 성격은 어떤 것이며, 그 특성은 무엇이고 임상적인 증상은 어떠한지를 알 수 있었다.

이제, 반사회적 성격과 비사회적 성격은 어떻게 다르며, 반사회적 성격과 신경증(neurotic)과는 특징 면에서 어떤 점이 다른가를 고찰함으로써 보다 정확하게 반사회적 성격을 이해하고자 한다. 먼저 비사회적 성격과 구별해 볼 필요가 있다. 즉, 정신병질의 공격적이고 위법적·파괴적인 형을 반사회적 성격이라 한다면, 보다 수동적이고 좀 더 법의 테두리 안에서 사회규범에 어긋나는 형을 비사회적 성격이라 할 수 있을 것이다. 뿐만 아니라 반사회적 반응이 아무에게도 인정을 느끼지 못하고 외톨이인 데 반해, 비사회적 반응은 자기가 속해 있는 집단에는 충성심을 보이며 서로 돕고 살아간다. 예컨대, 자기패의 일원을 돕는 '깡패의 의리'가 그것이다.

비사회적인 성격장애는 우범사회에서 성장해서 생활 경험이 그 특정 사회에 국한된 사람에게서 많이 볼 수 있는 바, 도벽(kleptomania)·소매치기·방화광(pyromania) 같은 비사회적 행위의 반복이 그 예이다.

다음 반사회적 성격과 신경증과의 비교는 로젠(Rosen) 등의 견해를 참고로 〈표 6-1〉에 소개한다(Rosen, Fox, & Gregory, 1972: 257).

또한 반사회적인 성격을 사회병질자(sociopaths)로 칭하기도 한다. 사회병질에 대한 견해 중 오래된 클렉클리(Cleckley, 1964)의 견해(Davison, Neale, op. cit.: 227)는 다음과 같다.

① 피상적 매력과 보통 또는 그 이상의 지적 수준이다.
② 보통 사람이라면 불안해 할 상황에서도 마음이 편하다.
③ 책임감과 수치심이 없고 순수한 통찰력이 부족하다.
④ 거짓말이 발각되어도 전혀 흐트러지지 않는다.
⑤ 아무런 후회도 없는 반사회적 행동을 반복한다.
⑥ 판단력이 부족하고, 경험으로부터 정확하게 배우지 못한다.
⑦ 20대 초반이 되기 전에 사회병질적 특성이 시작된다.
⑧ 무정하고 불성실하며 사랑과 애착의 무능력자이다.
⑨ 특별한 배려와 친절에 대해서도 거의 반응이 없다.

⑩ 순수하게 자살기도를 한 적이 없다.
⑪ 무절제하고 관습에 따르지 않는 난잡한 성생활을 한다.
⑫ 생활계획을 세우고 질서 있는 생활을 하는 데 실패한다.

다음은 검사와 변호사를 거쳐 법학 교수가 된 토마스(Thomas)가 "나는 소시오패스다"라며 도발적인 고백으로 시작되는 저서인 《나, 소시오패스》에서 그들의 실체(특징)를 정리한 바는 다음과 같다.

① 반사회적이다, ② 자기중심적이다, ③ 감각추구적 성향이 있다, ④ 대인관계에서 지배욕구가 높다, ⑤ 언어적 공격성이 높다, ⑥ 자만심이 매우 높다, ⑦ 정상인의 가면을 쓴 뱀파이어(vampire), 천사의 얼굴을 한 악마, ⑧ 공감능력이 없는 냉정한 성격, ⑨ 자아 도취, ⑩ 강한 자존감, ⑪ 약한 공감능력, ⑫ 죄책감이 의사결정을 좌우하지 않는다, ⑬ 공감능력과 죄책감이 없는데다가 냉정한 성격자이므로 회사에서 모두가 피하는 업무인 감원, 인원 감축, 구조조정 등의 업무를 척척 해냄으로써 악역 전문가로 인정을 받는다, ⑭ 친구가 자신을 가장 필요로 할 때 냉정하게 외면한다, ⑮ 동료와 친구, 심지어 가족을 조정하고 굴복시킨다(Thomas, 2014) 등이다.

또한 양심 없는 그들은 누구인가? 사이코패스 옆의 또 다른 이름인 소시오패스에 대해 마타 스타우트(Martha Stout)는 "양심이 거의 또는 전혀 없는 상태를 일컬어 '반사회적 성격장애'라고 부르는데, 이 교정 불가능한 성격손상(성격장애)은 전체 인구의 약 4%, 즉 25명당 1명에 이른다. 양심이 실종된 상태의 또 다른 이름으로 가장 자주 쓰이는 '소시오패시(sociopathy)'와 약간 더 친숙한 '사이코패시(psychopathy)'가 있다. 양심 실종, 무죄의식(죄의식 실종)은 정신의학이 인지한 최초의 성격장애로서 그간 '사고장애', '정신병적 열등(psychopathic inferiority)', '도덕적 정신이상(moral insanity)', '도덕적 저능(moral imbecility)'으로 사용되어 오다가 '사이코패스', '소시오패스'로 통용되고 있다"(Barry et al., 1997; Samuels et al., 1994; Bland, Newman, & Orn, 1988: 24~32).

바비악과 하레(Babiak & Hare)는 사이코패스들은 "자신만 생각하는 극히 이기적이고, 공정성·형평성 따위는 거들떠보지도 않는다. 청소년기부터 반사회적 행동, 대인관계에서 허풍을 떨고 남을 속인다. 능숙한 거짓말과 교묘한 조종 기술, 냉정함과 잠재적 파괴성, 터무니 없을 만큼 스스로 대단한 존재로 착각한다. 상사 및 동료들과의 부단한 마찰, 주어진 권력을 남용하고 속임수로 경제 범죄나 화이트 칼라 범죄로 수감된다. 결혼 후 사기와 학대 및 고통의 거미줄로 배우자를 꼼짝못하게 한다. 규칙과 규제를 무시하고 속임수와 조작의 탁월한 재능, 교활한 사기꾼이다. 양심이란 없고 기본적으로 동정심이나 죄의식을 느낄 줄 모르며, 책임감과 삶의 목표가 없는 충동적 인간"(Babiak & Hare, 이경식 역, 2007: 13~22, 46~62)이다.

표창원은 '희대의 살인마'인 한국의 연쇄 살인범의 일반적인 모습으로

① 일정한 직업이 없거나 있더라도 인정받는 실적이 없다.

② 20대 후반~40대 후반일 가능성이 높고 대개 남성들이다.

③ 미혼이거나 결혼에 실패한 독신일 가능성 높다.

④ 평소 속을 잘 드러내지 않고, 조용한 편으로 눈에 띄지 않는다.

⑤ 사소한 일로 '무시한다'고 화를 내며 싸늘하게 돌변하여 주위를 놀라게 한다.

⑥ 거처나 개인의 물건 등 사생활을 철저하게 감춘다.

⑦ 진지하게 대화하거나 남의 말을 듣지 않아 친하게 지내는 사람이 없다.

⑧ 때로 '멍'하게 공상에 잠기거나 다른 세상 사람처럼 느껴진다.

⑨ 과묵하고 반항적인 모습이 때로는 매력적으로 보이기도 한다.

⑩ 이성관계에 서툴지만 좋아하는 사람에겐 집착이 심하고 과할 정도로 잘 한다.

⑪ 이성관계에서 마음을 나누려 하지 않고 일방적인 태도로 상대방에게 부담을 준다.

⑫ 부담스러워 헤어지려고 하면 폭력을 휘두르거나 섬뜩할 정도로 차가와진다.

⑬ 좋아하는 일이나 취미, 대상에는 대단한 집중력과 인내심을 보인다.

⑭ 폭력 · 절도 · 성범죄 등의 전과가 있거나, 사건 관련 경찰조사를 받은 적이 있다.

⑮ 거짓말을 아주 능숙하게 한다(표창원, 2006: 87~89)고 함으로써 사이코패스, 소시오패스의 특징을 잘 정리해 주고 있다.

끝으로, "사이코패스는 양심이란 게 없고 동정심이나 죄의식도 느낄 줄 모른다. 소시오패스들은 공식적인 심리학 용어는 아니다. 그러나 소시오패스들은 나름대로 양심을 가지고 있고, 동정심과 죄의식 그리고 충성심도 느낀다. 하지만 문제는 이들이 가지고 있는 '선악의 기준'은 자기가 속한 특정집단의 기준과 자신의 기대치(이기적 욕구와 충동적 본능)에 따라 결정된다"(Babiak, & Hare, 상게서: 48)는 점이다. 그래서 지난 200여 년간 소시오패스는 서구사회에서 다양하게 개면화되고 다양한 명칭으로 사용되어 왔지만 '사이코패시(psychopathy)'라는 말에는 공통적으로 '반사회적(antisocial) · 범죄적(criminal) · 난폭한(violent) 행동'(Millon, Simonsen, & Birket-Smith, 1998)이란 말이 따라 붙는다. 결국 반사회적 성격이든, 사이코패스 또는 소시오패스든

간에 이들과 관련되는 것은 '정성결여자(gemutlose)'라는 점이다. 동정심, 수치, 명예심, 회한, 책임감, 죄의식, 양심, 윤리도덕성 등 소위 인간적인 본성과 인정이 부족한 사람이기 때문이다. 이런 인성에 거역하는 행위가 범죄이기 때문에 이 정성 결여자들은 음울, 냉담, 충동적, 잔혹한 행위를 예사로 하기 때문에 가장 위험한 존재들이다.

〈표 6-1〉 반사회적 성격 및 신경증의 특성

반사회적 성격(antisocial personality)	신경증(neurotic)
① 남성에게 현저함(약 3 : 1) ② 청소년기 또는 성인 초기에 처음으로 정신병리치료를 받음 ③ 사회경제적 배경이 하류인 계층에 집중 ④ 결함이 있거나 초자아 결핍 ⑤ 심각한 반사회적 행동에 대하여 최소의 반응 또는 죄의식을 나타내지 않거나 억압한다. ⑥ 장래 보상의 만족을 위해 욕구를 지연시키지 못하고 무모한 비순응성, 충동을 억제하지 못하는 행동을 함 ⑦ 비도덕적이고 신뢰성 및 책임감이 결여된 사람, 병적 거짓말쟁이, 부정을 하고, 사기꾼, 도둑, 무분별하고 격렬하며 알코올이나 약물에 중독되는 경우도 있음 자신만만해 하며 태평스럽고 종교에 무관심하다. ⑧ 장기적 계획이나 노력이 없고 걱정이나 염려를 하지 않음 ⑨ 이들의 직접 요구가 좌절될 때를 제외하고 타인의 의견에 대해 무관심하다. ⑩ 진실한 사랑을 할 수 없고 피상적 매력이 있고 말재주가 있어 타인을 교묘하게 조종한다. ⑪ 다양한 상대와 일시적이고 무절제한 성관계를 맺는다. ⑫ 직접 표현이 순간적 목표를 방해하는 경우 외에는 적개심을 직접적이고 격렬하게 표현하는 경향이 있다. ⑬ 빈번한 비정상적 뇌파도(electro enceph-alogram) 증상 ⑭ 투사형 체격 ⑮ 부모, 형제(자매)에게서 빈번히 반사회적인 병력이 있음 ⑯ 부모결손 · 불화 · 부실 · 감독소홀, 종종 지나친 방임적 태도 ⑰ 불량배들이나 형제들과 교제 ⑱ 무단결석, 불안정한 직업, 떠돌아다님(병적 방황), 경찰, 군대 등의 공권력과 충돌한 기록 보유	① 여성에게 현저함(약 3 : 2) ② 성년기 중에 처음으로 정신병리치료 받음 ③ 모든 사회경제적 계층에서 높은 빈도를 보이나 중상류 계층에 치료사례 집중 ④ 경직된 초자아 ⑤ 경미한 비행이나 가상 범죄에도 빈번히 죄의식과 의기소침함을 나타낸다. ⑥ 장기적 이익을 예상하고 성적 또는 공격적 충동의 지나친 억제, 사회 규범에 순응 ⑦ 도덕적이고 신뢰성 및 책임감이 있으나 자기확신이 부족하고 종종 우유부단함. 신앙이 있거나 종교에 대해 갈등을 느낌 ⑧ 의심, 두려움, 불안, 염려를 많이 하며 불가해한 공상에 젖으면서도 장래 목적을 위해 야심적인 계획을 세우고 노력함 ⑨ 타인의 비판에 불안해하고 민감함. 빈번하게 자기부적절감(무능감)에 젖음 ⑩ (감정표현 가능하고 사랑을 할 수 있고) 애정에 대한 강한 욕구를 지니고 있으나 종종 깊은 관계를 깨뜨리는 잠재적 · 무의식적 적개심을 지닌다. ⑪ 성적 충동과 행동은 위험하고 추한 것(구역질이 날 정도로 질색)으로 인식, 성적 무기력 불감증이 있음 ⑫ 적개심을 직접 표현하지는 않으나 간접 표현하거나 치환(置換)함 ⑬ 자동적 불안정성(autonomic lability): 자발적으로 불안해 한다) ⑭ 허약체격(전환반응을 보일 때는 예외) ⑮ 부모 · 형제(자매)에게 빈번히 신경증 사례가 있음 ⑯ 부모결손, 불화, 부모의 지배적 태도 ⑰ 형제 또래들과의 한정된 인간관계 ⑱ 종종 학교와 직업에서 크게 성공하기도 한다.

2. 반사회적 인격장애자의 진단 기준

타인의 권리를 무시하고 침해하는 행동이 15세 이후에 광범위하게 발생하며 다음 중 세 가지 이상의 항목에 해당되면 반사회적 인격장애자로 진단한다. 그 진단 기준(DSM-5, 2013: 659)은 다음과 같다.

① 사회적 규범위반과 범법행동 자행: 법에서 정한 사회적 규범을 지키지 못 하고, 체포의 원인이 되는 행위를 반복한다.

② 반복적 거짓말과 사기: 자신의 이익과 쾌락을 위하여 반복적으로 거짓말을 하고 가명(假名)을 사용하거나 타인들을 속인다.

③ 충동성과 무계획성: 미리 계획을 세우지 못하고 충동성을 나타낸다.

④ 자극과민성과 공격성: 쉽게 흥분하거나 화를 잘 내며 공격적이다. 때문에 자주 신체적 싸움이나 폭력을 행사한다.

⑤ 무모성: 자신이나 타인의 안전을 생각하지 않고 무모하게 행동한다.

⑥ 지속적인 무책임성: 일정한 직업을 갖지 못해 경제적 의무를 다하지 못 하거나 채무를 청산하지 못하는 등 일관된 무책임성을 나타낸다.

⑦ 자책감의 결여: 타인을 괴롭히고 상해를 입히며 절도행위를 하고도 양심의 가책은커녕 합리화하거나 무관심을 나타낸다.

1) 연령이 적어도 18세 이상이어야 한다.

2) 15세 이전에 발생했던 품행장애(conduct disorder)의 증거가 있어야 한다.

3) 반사회적 행동이 조현병(schizophrenia)이나 양극성장애의 경과 중에만 나타나는 것이 아니어야 한다.

3. 반사회적 인격장애자의 상담 및 지도방향

우선 반사회적 인격장애자들은 신경심리학적 이상을 보이고(91%), 공격성은 호르몬이나 신경생화학적 요인과 관계가 있으며, 신경계통의 조절장애의 발생으로 공격성을 나타낸다는 것이다.

1) 반사회적 인격장애의 원인

① 유전적 요인

쌍생아의 연구나 입양아의 연구를 통해 유전적 요인이 있음이 밝혀졌다.

② 생물학적 요인

느린 뇌파 활동에 따른 뇌파 이상과 스트레스에 대한 정서반응을 안하는 낮은 각성 수준과 관련이 있다.

③ 가정환경적 요인

- 부모로부터 무시 · 거부 · 비난 · 학대받은 경험
- 성장과정에서 받은 안정감, 신뢰감의 상처가 욕구좌절과 타인 불신 및 저항으로 악화
- 반사회적 성격의 아버지에 의해 영향받음(공격성 모델링)
- 부모에 의해 양육과 훈육을 받지 않음(32%의 반사회적 성격)
- 심리적 · 사회적 성숙과 성적 · 정신적 건강의 기초를 가정에서 함양시키지 못함

④ 사회문화적 요인

- '힘으로 밀어붙이면 안 되는 일이 없다'는 탈법적 집단시위 행태의 만연
- '작든 크든 모든 불만과 불평을 집단 시위행동에 의해 표출'하는 탈선적, 반사회적 언행의 일상 보편화
- 폭력과 탈법을 자행하면서도 민주 · 정의의 투사인 양 착각하는 데모 주동자들이 주목받는 세태
- 부도덕 · 반문화적 행태의 학원폭력이 학생운동이란 이름으로, 비합법적 · 탈규범적 집단행동이 노조투쟁이란 명분으로, 각종 이해관계의 집단행동이 민주화란 기치 아래 도시 게릴라식 시위로 이어지는 것 등은 반사회적 성격자를 양산하는 교과서이다.

그 밖에 또래집단의 영향, 학교환경의 영향, 대중매체 및 영상 매체, SNS와 인터넷 및 스마트폰의 영향도 크다.

2) 반사회적 인격장애자의 지도방향

반사회적 성격자를 일컬어 정신병질적 성격이나, 사회병질자 또는 정신병질자라고 전술한 바 있다.

정신질병은 단순한 정신의학적인 문제가 아니고 의학적이면서도 법적이고, 교육적이면서 가정적인 복잡 · 다단한 문제이다. 따라서 정신질병자가 사회에 있든, 병원 또는 교화시설에 수감되어 있든 그의 문제는 법이나 정신의학 어느 한 분야의 것이 아니고 사회의학적인 문제라 하겠다. 그러므로 이 문제야말로 가정과 학교 그리고 사회가 합심 · 협력할 때 그 성과를 거둘 수 있을 것이다.

인지행동치료, 사회적 성숙기능 훈련 및 폭력예방 훈련, 대인관계 심리치료 집단치료, 영상카운슬링 등이 고려될 수 있다. 그 구체적인 방안과 절차로 다음과 같은 사항들이 활용될 수 있겠다.

첫째, 지도방향 및 치료의 목표이다. 이 반사회적 성격자는 정신병질자로서 자기행동을 조절하는 정신기능상 장애가 있는 자들이기 때문에 환자로 하여금 마음속의 조절기능을 회복하도록 조력(조언)하는 데 그 목적이 있는 것이다.

둘째, 인도주의적 입장에서 꾸준한 인내를 가지고 대해야 한다. 이들을 대할 때 재래식의 이치를 따지고 훈계를 하며 지시 · 명령하는 것만으로는 부족하다. 개인의 가치와 존엄성을 인정하고 개성존중과 개인차를 인정하며 지도의 방법, 치료의 내용에 있어서 융통성을 살린다는 것이 중요하다.

반사회적인 사람의 행동이 비교적 순탄한 사회적 적응을 하게 될 때까지는 상당한 시간이 소요될 것이며, 더구나 그 대상자가 참을성이 없고, 충동적 · 즉흥적인 정신병질자이기 때문에 견딜 수 없는 고통이 쌍방 간에 체험되리라고 본다. 인내심을 가지고 피넬(Pinel)의 인도주의적인 치료법이 효과를 거두었음을 상기할 필요가 있겠다.

셋째, 바람직한 상담자, 건전한 심리치료자이어야 한다. 매사에 참을성이 없고 반사회적이며 난폭한 이들은 한편으로는 타인이 자신에 대해 자세를 견지하는 한편, 보통 생각하는 것과는 상반되게 많은 반사회적 성격자들이 누군가의 도움을 바라고 있다는 데 착안할 필요가 있는 것이다.

그들을 치료하고 지도함에 있어서 그가 부모에게서 받지 못했던 사랑을 주고 어른을 믿고 의지할 수 있게 하며, 동일시할 대상으로서 따뜻하면서도 엄정한 아버지(부모) 역할을 해주어야 한다. 때로는 실수(문제행동)도 생기고 그 결과 실망도 거듭되겠지만, 그래도 희망을 가지고 좌절함이 없이 계속한다면 상호 간에 신뢰가 생기고 대화·접촉의 수준도 심화되는 등 긍정적인 조짐이 형성될 것으로 기대된다.

그러자면 학교이든 국가사회 또는 회사(직장)이든 간 에 이들의 성격 상담이나 심리치료를 위한 제도적 장치(상담실)가 필요하다고 본다. 예컨대, 선진 서양사회에서 소년원(교도소) 대신 치료적인 소년원의 시설의 확장을 도모하는 것 등이 좋은 예가 될 것이다.

넷째, 단체 및 조직·집단활동을 통해서 사회성 훈련, 규범감각을 일깨워 주어야 한다. 예를 들면, '걸 스카웃', '보이 스카웃' 등의 조직단체활동을 통해서 사회규범을 배우고 이웃을 의식하며 각자의 역할과 책임을 충실히 수행함으로써 품행이 방정해지는 등 결과적으로 건강한 인격형성이 도모되리라고 여겨진다. 또한 최악의 경우 클라이언트가 교도소에 수감되었다고 하자. 가족들 입장에서야 물론 '억울하다'며 '무죄를 주장'할 것이라고, 그가 그렇게 된 것은 다른 데 원인이 있다고 그를 옹호하면서 거기서 빼내려 하겠지만 빼낸다고 최선은 아닐 것이다. 문제는 그로 하여금 '왜 교도소에 와야 했는가?', '왜 그런 행동을 저질렀는가?', '그 당시 꼭 그 같은 행동을 저지르지 않을 수는 없었을 것인가?', '다른 사람이라면 그 같은 여건에서 어떤 행동을 했을 것인가?'를 생각해 보고 이해하도록 하는 것이 근본적인 치료(지도)가 되는 것이다.

다섯째, 결함 있는 초자아의 발달·성숙을 위해서 응분의 보상과 교육적 처치(제한)가 따라야 한다. 제반 규범을 잘 지키면 그에 대한 응당한 보답, 위반할 때는 경우와 정도에 따라 주의와 지도, 무관심한 벌, 또는 함축성 있는 냉정으로 대하여야 한다. 가령, 군 입대나 병원에 입원하였다고 하자. 그러면 그 집단의 규율에 따라 엄격하게, 그리고 제반 규칙을 지킬 줄 알게 하고 지키지 않으면 안 되도록 해야 한다.

이 같은 교육적 처치를 하면서 동시에 전술한 방법(3항의 심리치료)을 겸용함으로써 클라이언트로 하여금 자신의 문제를 깨닫게 해주면서 서서히 자기 행동을 조절하려고 할 것이다.

여섯째, 지도자(치료자)는 '클라이언트를 이해하고 그를 좋아해야 한다'는 자세를 가져야 한다. 따라서 신경증(neurotic)환자를 치료하는 방식대로 '…모든 것을 이해하고 받아들이고 허용하는 자세'로 접근해서는 곤란하다. 클라이언트의 언행에 대해 해석은 하되 좋은 사람이 되라고 강요하는 것은 피해야 하며, 클라이언트에게 자금을 대주거나 용돈을 꾸어주고, '봐 준다'는 식의 운신은 치료에 도움이 안 된다.

일곱째, 정신병질은 나이를 먹어가면서 호전・치유되므로 반사회적 성격도 완화된다는 것을 유념할 필요가 있다. 40대에 접어들면서 많은 우여곡절 끝에 자연스러운 정서적 성숙이 되고 사회적 상응이 이루어짐으로써 종래와 같은 충동성과 난폭성이 완화되게 된다. 그래서 결과적으로는 반사회적 행동을 삼가게 되는 것이다.

제2절 경계선적 인격장애자의 상담 및 지도방향

1. 경계선적 인격장애자의 이해와 특징

1) 경계선적 인격장애자 이해

블로일러(Bleuler)나 메이어(Meyer)는 이 경계선적 인격장애자(borderline personality disorder)에게서 '강박적인 면과 히스테리적인 면'이 가장 흔하게 인식된다면서 '조현병적 반응의 시작이 가끔 신경증처럼 보이는 증상에 가려져 있는 사람'으로 파악하고 있다.

호흐(Hoch)와 폴라틴(Polatin)은 "개인 생활에서 흔히 발견되고 때로는 정신병원에서 볼 수 있는 가성신경증적 정신분열증(pseudoneurotic schizophrenia)상태"라고 기술하였다.

이 인격장애의 특성에 대해 이현수는 다음과 같이 제시하였다.

① 친구들과 가깝게 지내다가 곧 사이가 멀어져 버린다.

② 행동에서 일관성이 없다.

③ 자제력이 크게 부족하다(친구에게 '만나자'고 전화했을 때 친구가 '사정이 있어서 안 된다'고 하면 그것을 못 참는다).

④ 감정이나 기분의 변화가 매우 심하다.

⑤ 자기 주체성, 인생의 목표를 찾으려고 노력하지만 뜻을 이루지 못한다.

⑥ 인생에 대한 허무감과 권태를 느낀다.

⑦ 일에 대한 계획성이 없기 때문에 도박을 하고 먹기를 좋아하며 낭비한다.

⑧ 혼자 있는 것을 참지 못하므로 도박을 하고 먹기를 좋아하며 낭비한다.

⑨ 정신분열형 인격장애자와 같이 스트레스 받으면 정신병자처럼 보이기도 한다.

이에 대해 데이비슨(Davison)과 닐(Neale)은 경계선적 인격장애자의 특징을 다음과 같이 제시하였다.

① 타인에 대한 태도, 감정들이 짧은 시간 동안에도 자주 그리고 많이 불가해(不可解)하게 변할 수 있다. 즉, 대인관계, 무드, 자아상(self-image) 면에서 일관성이 부족하다.

② 정서도 변덕스러울 정도로 갑작스럽게 바뀌는 등 불안정하다.

③ 논쟁적이고 불끈 화를 잘 내며 비꼬기를 잘 한다.

④ 도박, 재물낭비, 성적 문란, 그리고 무제한의 술 퍼먹기 같이 예측할 수 없고 충동적 행동으로 자해적인 행동을 한다.

⑤ 자신에 대해 명확하면서도 일관성 있는 자기정의를 하지 못함으로써 자신의 가치관, 성실성, 진로선택에 대해 확고하지 못하다.

⑥ 고독을 견디어 낼 수 없다.

⑦ 일반적으로 격렬하고 일시적이며 단기간의 열렬한 1: 1 관계를 반복하는 경향이 있다.

⑧ 타인에 대해 진실된 관심을 가지고 있지 않다(친한 친구에게 아무 때나 전화해서 '나오라'고 명령한다. '근무 중이라 안 된다'고 하면 마구 화를 내고 전화를 계속 걸면서 비난한다).

⑨ 다른 사람을 평가할 능력을 거의 가지고 있지 않다.

⑩ 심한 우울감정과 공허감에 빠지면 치밀하게 자살을 시도하기도 한다.

⑪ 정서적 스트레스를 받게 되면 정신병적 상태를 나타낼 수 있다.

또한 포프(Pope)와 그의 동료들은(1983) 경계선적 인격장애자들에 대한 그들의 연구를 통해 두 가지의 주목할 만한 현상을 발견했음을 지적하고 있는 바, 하나는, 대부분의 경계선적 인격장애자들이 히스테리성, 자기애적, 반사회적 인격장애를 가지고 있다는 점이고, 다른 하나는 경계선적 인격장애자들의 절반가량이 주요 우울증이나 양극성 장애를 가지고 있음을 발견했다는 것이다.

콜브(Kolb)와 브로디(Brodie)는 그의 공저인 《최신 임상정신의학》에서 경계선적 인격장애를 다음과 같이 기술하였다.

① 초기단계에선 신경증처럼 보이나 그 정신역동은 성격적인 면에서 정신증인 것이다.
② 전반적인 불안이 모든 생활 경험에 퍼져 있어서, 비록 즐겁게 지내려고 노력한다 할지라도 어떤 것에서도 기쁨을 느낄 수 없다.
③ 이들의 대화, 설명 등의 언어구사는 모호하고 불분명하며 가끔은 모순되고 자세한 설명이 없이 상동증(stereotypy)적 방법으로 반복된다.
④ 다른 사람들을 '전적으로 좋고' 혹은 '전적으로 나쁜' 이분법적 부류로 구분한다.
⑤ 성숙한 대인관계의 지각 면에서 지속성이 없이 쉽게 변화한다.
⑥ 자신의 적대감정을 나타내는 데 문제가 있다, 즉, 적대감정을 유아적으로 표현하고 두려워하고 가치를 낮추는 투사방법을 통해 나타낸다.
⑦ 대상관계에서 한 면 또는 다른 면을 부정하는 것이 흔하다.
⑧ 다른 사람 평가에 대해서 제한된 수용력을 보이며, 다른 사람과 공감하지 못한다.
⑨ 관계는 매우 양가적(兩價的)으로 이루어진다.
⑩ 대인관계는 깊이가 없다. 왜냐하면 그들 자신의 적대감이나 타인에 대한 긍정적인 감정 욕구로부터 자신을 보호해야 하기 때문이다.
⑪ 다른 사람의 감정적 가능성을 파악하는 능력도 없다.
⑫ 타인을 유아적으로 이상화시키든가 지나친 요구가 좌절되면 화를 낸다.

끝으로 관련 자료들(DSM-Ⅲ-R, DSM-Ⅳ, DSM-5: 663~666)을 종합 정리하면, 경계선적 인격장애의 특징은 다음과 같다.

① 이들은 위기상황에 직면할 때 대단한 분노를 느낀다.
② 논쟁적이고 요구가 많다.
③ 문제가 생길 때 책임 전가를 하려고 한다.
④ 계속적으로 불안정한 모습을 나타낸다.
⑤ 쉽게 분노하고 우울감에 젖는 등의 기분의 동요가 심하다.
⑥ 심한 불안과 자극 과민성을 나타낸다.
⑦ 기분의 동요나 정서불안정 상태는 지속시간이 길지 않다(1~2시간에서 며칠 정도)
⑧ 혼자 있는 것을 두려워하고 그 같은 상황에서 벗어나려는 광적 노력(franticefforts)을 하는 등 만성적인 공허감과 권태감에 시달린다.

⑨ 무분별한 충동적 쇼핑, 성적 문란, 도박, 무모한 운전, 흥청망청 먹어치우기, 향정신성 물질남용, 도둑질 등과 같은 자해적(self-damaging) 행위 및 예측 곤란한 충동적 행동을 일삼는다.

⑩ 대인관계가 원만치 못하다. 왜냐하면 그들의 내면에 강한 의존성과 적개심이 내재되어 있기 때문이다.

⑪ 쉽게 남을 좋아하게 되고 쉽게 헤어지게 된다.

이들 인격장애자는 전술한 바와 같이 대개 불안정하고 과격하기 때문에 상대방을 극도로 이상화(extremes of over idealization)하거나 평가절하(devaluation)하는 등 합리적인 평가를 못한다.

⑫ 고독감과 공허감을 견디지 못하으로 친구를 갈구하고, 또 다시 이상화할 대상을 찾기 위해 헤맨다.

⑬ 이들은 자아정체감(identity)의 안정된 느낌이 없음을 호소하기도 한다.

이상 여러 사람들의 지적과 설명의 고찰을 통해 경계선적 인격장애란 어떤 것인지 이해할 수 있었다.

콜브와 브로디의 지적처럼 이들은 초기단계에서 신경증처럼 보이지만 성격 면에서는 정신증적 증후를 보인다. 대인관계는 매우 양가적(兩価的)으로 이루어져 '흑'과 '백', '내편'과 '적대세력'의 이분법적 사고로 '무조건 좋고 무조건 싫다'는 식의 태도를 취한다. 오늘날 우리 사회의 병리를 악화시키고 있는 자들이 이에 해당되므로 그 특징을 다방면에서 정리해 본다.

2) 경계선적 인격장애자의 특징

이들 인격장애자들의 임상적 특징은 다음과 같다.

(1) 언행면(言行面)에서의 임상특징

① 빈번한 부부싸움으로 가재도구 부서지는 소리, 얻어 맞고 "그래, 죽여라"라는 고함소리에 이웃들은 소음공해에 시달린다.

② 기분이나 행동의 변화기복이 심해 '칠면조', '럭비 공'이란 별명을 갖는다.

③ 온몸에 문신과 칼자국 등 흉터가 있다.

④ 기분 좋을 때는 '싹싹한 기분파'로 매우 사교적이고, 신바람이 들면 술이나 한턱내기를 즐긴다.

⑤ 집에서 가족에겐 야단치는 일이 많지만, 밖에선 갑부인 양 돈을 함부로 쓰고 다닌다(허풍쟁이, 졸부).

⑥ 여자만 보면 정신적 혼란상태에 돌입, 여자관계가 찬란하기 때문에, 대개 부인은 '신경성 위장병'으로 내과의원과 약방 단골 손님이다.

⑦ 별다른 계기 없이 갑자기 사람이 급변하여 잘 지내던 사람과 까닭 없이 단절한다(인간관계 일관성 부재).

⑧ 별일 아닌 것을 트집 잡으며 시비, 싸움으로 확대시키고 평상시 기분상태도 우울 또는 분노에 찬듯한 표정을 보인다.

⑨ 때로는 아주 명랑해서 감정상태가 장마철 날씨 변하듯 변덕스럽기 때문에 술자리를 같이 하기를 모두가 꺼리는 타입이다.

⑩ 하는 일이 뜻대로 안 되거나 기분이 나쁜 상태에 직면하면, "대통령이 글러 먹었다", "법 제도가 틀려 먹었다", "모두 다 도둑놈 세상이다"라며 사회에 대해 비난과 욕설을 퍼부어 댄다.

⑪ 만성적 허무감과 권태를 주된 감정으로 가지고 있으면서 행동 양상이 돌변하다보니 자해, 성적 문란, 도박, 절도, 과식 등의 행동장애를 보인다.

⑫ 정상과 이상(異常)의 양 극단을 시계추 모양으로 왔다 갔다 하고, 사람에 따라 만난 장소와 시간에 따라 사람들의 평가가 '아주 미친 놈', '그 사람 기분파던데', '참 좋은 사람' 등으로 제 각각이다.

(2) 영화 속 주인공 특징

1986년 몬트리올 영화제 대상 작품인 영화 '베티 블루(Betty Blue)'의 주인공 베티가 경계성 인격장애자이다. 영화 속 베티의 행동 및 성격특성을 정리해 보면 이 성격의 이해에 도움이 된다.

① 한 가지 일에 지속적으로 집중을 못한다.

② 직장을 전전(轉轉) 되풀이 옮겨다니며 상황 판단을 제대로 하지 못한다.

③ 진정으로 이해・사랑해 주는 남자 이외에는 친밀한 관계를 못 맺는다.

④ 그녀의 시각엔 '남자들이란 섹스만 추구하는 존재'일 뿐이다.

⑤ 여러 남자와 만나고 헤어지기를 반복한다.

⑥ 세상 모든 것을 다 얻은 양 행복해 하고 의기양양 생기 발랄하다. 그러나 어떤 때는 우울과 공허감에 빠져 마치 '정신나간 상태'를 보인다.

⑦ 집에 불을 지르고, 고용주에게 폭언을 하며 자주 이성(理性)을 잃은 듯한 행동을 한다.

⑧ 분노의 감정이 생기면 '미쳤다'고 할 정도로 예상 밖의 '섬뜩한 행동'들을 한다.

⑨ 화가 날 때마다 살림살이를 부숴버리고 난장판을 만든다.

⑩ 까다로운 손님에게는 포크로 팔을 찔러 버린다.

⑪ 자기 뜻을 받아들이지 않는 자(출판 거부한 편집장)에게 얼굴에 상처를 입힌다.

⑫ 남자에 대한 불만을 '손으로 유리창을 깨버리는 행동'으로 표현한다.

⑬ 분노를 표출할 대상이 분명하지 않을 때에는 자신에게 분노를 표출한다. 자신의 얼굴과 머리카락을 거칠게 다루고 포크로 눈을 찌른다.

이상과 같은 베티의 행동들은 경계선 인격장애자들의 전형적 증상이다. 이들은 이같이 성격이나 행동방식이 특이해서 사회에 잘 적응하지 못한다.

(3) 언론 보도 등 실제 사례

① 사례 1: 무직의 20대 후반, 그는 고교 3학년 때 명상에 심취(영적인 상태 몰입), 대학생활 적응 곤란 상태 직면, 때때로 설명할 수 없는 강한 불안감과 깊은 공허감에 휩싸임, 그럴 때마다 동맥을 살짝 그어 피를 흘리면 불안과 공허감이 사라지는 경험 체험, 두 번의 자살 시도로 정신과병원 응급실행(Sperry & Carlson, 1996).

② 사례 2: 자살 시도로 신경정신과에 입원한 대학교 3학년 여대생, '공부는 안 되고 남자 친구와는 헤어지고 우울증'으로 힘들었다는 것. 동성 및 이성 친구 사귀는 것이 극적이다. 한두 번 만나 '필이 통한다' 싶으면 떨어질 줄 모르고 계속 며칠 동안 만나다가 하루 아침에 관계 단절, 그때마다 기분이 하늘과 땅을 오가고 몇 주씩 무기력하게 지내다가 강박적이고 완벽주의적 활동을 한다. 입원 후 몇몇 대학생 환자들과 항상 붙어다니며 친밀하게 지내다가 3, 4일도 안 되어 냉담하게 혼자 지낸다. 상담자를 처음에는 신

뢰하지 않다가 일단 믿기 시작하면 '팥으로 메주를 쑨다'해도 믿고, 어떤 때는 의사를 최고 권위자로 인정하다가도 또 다른 시기에는 '돌팔이'로 취급한다(원호택, 1997).

③ 사례 3: 고등학생 때까지는 평범했던 여대생, 대학 진학 후 삶의 목표를 잃고 자주 '이렇게 살아서 무엇하나'라는 생각, 자주 싫증을 느끼고 이성 친구를 수시로 교체하며 충동적으로 남자 친구에게 먼저 동침을 요구하고 관계 후 곧 자책. 학교가는 도중 갑자기 우울해져 청평호수로 직행하여 자살 기도(동아일보, 1998. 9. 22)

이상의 실례들을 통해 경계선적 인격장애자들이 '불규칙 · 예측 불가능의 행동, 모순된 행동(역설적 인간관계), 변덕스런 사고 및 행동 패턴(일상생활 및 인간관계에서의 극단적 생각과 감정, 자신과 타인에 대한 양가적 태도 표출), 불확실한 자기상(自己像)과 정체감 혼란, 불안정한 정서상태'를 특징으로 가지고 있음을 이해하게 되었다.

2. 경계선적 인격장애자의 진단 기준

1) 진단 기준

정감(情感), 대인관계, 자아상에서의 전반적인 불안정한 양상(pattern of instability)이 성인기 초기에 시작하여 다양하게 나타나는 경우로서 다음의 조건 중 최소한 5가지에 해당되면 경계선적 인격장애자로 진단하게 된다.

① 자포자기를 피하려는 안간힘: 실제적이든 또는 상상적이든 자포자기를 회피하려고 필사적인 노력을 한다. 단, ⑤항에서 지적한 자살이나 자해행동은 포함되지 않는다.

② 불안정한 대인관계: 이들에게서 나타나는 불안정하고 과격한 대인관계의 양상은 이들이 상대방을 지나치게 이상화하거나 과소평가하는 등의 양극적 행동 성향에 의해서 특징지워지기 때문이다.

③ 정체감 장애: 자아상(self-image), 성적 적응 및 방향감(sexual orientation), 장기적 목표나 직업선택, 선호하는 교우, 가치관 등에서 최소한 두 가지 이상의 현저하면서도 지속적인 정체감 장애(identity disturbance)를 나타낸다.

④ 자해적인 충동성: 낭비, 성(sex) 물질 사용, 절도, 무모한 운전, 먹자판 파티 등의 영역

중에서 최소한 두 가지 종류에서 잠재적으로 자해적인 충동성 행동이 발견된다.

⑤ 반복적인 자살위협: 몸짓이나 행동으로 반복적인 자살위협을 하거나 자해 행동을 한다.

⑥ 정동(情動)의 불안정성: 정상적 기분상태에서 우울로, 또는 흥분성을 나타내는가 하면 불안으로 쉽게 변하며 보통 몇 시간 지속된다.

⑦ 공허・공복・권태감: 만성적인 공허・공복감이나 권태감을 느낀다.

⑧ 부적절하고 격렬한 분노: 자주 노여움을 표출한다든지, 끊임없는 분노, 되풀이되는 신체적 싸움 등과 같이 부적절하고 격렬한 분노와 분노의 조절 결여 등이 자주 발견된다.

⑨ 일시적이고 스트레스와 연관된 피해적(편협적) 사고, 혹은 심한 해리증상(dissociative symptoms)(DSM-5: 663) 등이 발견된다.

2) 경계선적 인격장애자의 유형

경계선적 인격장애자의 유형은 보통 네 가지로 분류한다.

(1) 제1 유형: 위축・우울・순종형·경계선 인격장애(위축형)

① 타인과의 마찰을 피하고 만성적 우울, 온순하고 순종적

② 한두 사람의 인물에 강한 애착(집착과 관심)

③ 의지가 될 만한 사람이면 누구든 끈질기게 매달린다.

④ 쉽게 낙담하고 우울해 하며, 쉽게 절망과 무력감을 느낀다.

⑤ 사소한 책임과 의무도 기피(큰 부담감)

⑥ 인생은 '공허하고 힘겨우며 외롭다'고 생각

⑦ 혼자서는 아무것도 해낼 수 없고 자신은 무익한 존재라는 생각(우울감과 위축감)

⑧ 경계성 인격장애의 특징 중 하나인 '강한 분노와 적개심'은 억제・억압되는 경향을 갖는다.

(2) 제2 유형: 변덕・충동형 경계선 인격장애(충동형)

① 변덕스럽고 종잡을 수 없다.

② 타인의 관심을 끌기 위해 수단・방법을 가리지 않는다(연극성 인격장애와 유사).

③ 타인과 접촉하고 관심 얻고자 쉴사이 없이 행동한다.

④ 현란한 치장과 행동, 극단적 쾌활성 표출, 자신을 부풀리는 행동을 한다.

⑤ 행동에 계획성이 없고, 행동의 결과를 생각하지 않으며 무책임하다.

(3) 제3 유형: 분노 · 공격형 경계선 인격장애(분개형)

① 분노나 공격적 행동이 빈번하고 그 수위도 강렬하다.

② 화를 잘내고 비판적이며 반항적이다.

③ 불만과 불평이 언제 터질지 예측이 안 된다.

④ 끊임없이 표출되는 분노와 불평, 불만으로 주변인은 항상 불안하다.

⑤ 고집이 세고 완고하며, 무뚝뚝하고 비관적이다.

⑥ 타인의 인정과 관심을 갈망하고, 거부 또는 버림받는 것을 두려워한다.

⑦ 그러나 겉으로 드러나는 것은 정반대이다. 즉, 타인의 관심과 인정을 받기 위해 자신을 굽히는 것은 참을 수 없는 굴욕으로 생각한다.

⑧ 모순적, 이중적 행동을 한다. 즉, 의존하고자 하는 대상에게 분노를 표출하고 관심과 사랑, 인정과 존중을 구하려는 대상을 매우 싫어하는 모순적 행동을 보인다.

(4) 제4 유형: 자벌형(自罰型) 경계선 인격장애(자기 공격형)

① 불만과 분노를 자신에게로 향한다.

② 타인의 인정과 관심에 대해 이중적 · 모순적 태도를 취한다(분개형과 동일).

③ 타인에게 설득당하고 굴복하는 것은 자신의 독립성과 자율성을 훼손당하는 것으로 생각한다.

④ 타인으로부터 완전히 분리되는 것은 고립을 뜻한다고 생각한다.

⑤ 자신이 타인에게 의존할 필요를 느끼는 것 자체에 분노를 느낀다.

⑥ 인정과 애정을 구하고자 했던 대상을 오히려 증오하는 것이 반복된다.

⑦ 내면적으로 경험되는 분노와 불만을 좀처럼 겉으로 드러내지 않는다.

⑧ 엉뚱한 방식으로 불만이 표출되기도 하지만, 자신을 향해 내면적으로 표출하는 경향(自罰的 방식)이다.

⑨ 겉으로 보기에는 순응적 사교적으로 보이지만, 그 이면에는 드러나지 않을 뿐 분노와

적개심이 들끓고 있다.

⑩ 자신이 가진 모순적 · 이중적 내면의 결함을 의식하지 않으려 한다.

⑪ 분노가 증가 · 누적되는 것이 느껴지면, 그것을 노출시키지 않으려고 자책하며 그 결과 다양한 신체 증상을 호소한다.

3. 경계선적 인격장애자의 상담 및 지도방향

1) 경계선적 인격장애의 원인

(1) 성장과정의 상처

① 부모를 비롯한 중요한 타인들로부터의 정서적 지지의 철수, 무시와 언어적 · 신체적 학대, 부모의 사별 등 부모의 돌봄을 제대로 받지 못하고 성장, 다양한 형태의 성적 학대 등 아동기에 경험한 외상적 사건이 경계성 인격장애로 이어지는 경우가 많다(Marziali, 1992).

특히, 학대가 이루어지는 상황, 아동에 대한 철저한 무시와 유린이 되풀이되면 그 후유증은 매우 심각하다.

② 학대자에 대한 분노와 적개심의 누적은 다른 중립적 대상자인 타인에게로 확산되어 타인에 대한 불신과 경계심이 증폭된다. 그러나 학대 상황을 벗어날 수 없다는 무력감으로 건전한 자기 정체감 형성에 상처를 입어 결과적으로 자율성과 독립성에 큰 멍에를 지우게 된다. 아동기 성장과정에서의 학대 경험은 극심한 불안과 공포감을 느낀다.

(2) 중요한 사람의 상실

① 엄마(중요한 사람의 대표적 존재)의 돌봄이 필수인데, 애착 대상을 상실할 경우, 애착 대상으로부터 '거부당했다', '내가 애착 대상을 없애 버렸다'고 상상하고 상실된 대상에 대한 미움과 분노, 적개심이 야기된다.

② 애착 대상의 상실이 '자기 자신의 잘못으로 초래되었을지도 모른다'며 죄책감을 갖는다. 애착 대상의 상실은 결국 아동이 결핍된 정서적 환경에 홀로 남겨지게 된 것을 의미하

는 것으로 건전한 자아 성장에 문제(자아 존중감, 수용과 사랑의 결손)를 초래한다.

(3) 부정적 비일관적인 양육태도

① 부모가 아동에게 필요한 정서적 지지와 보살핌을 제공하지 못했을 경우가 문제

② 윽박지르고, 꾸짖기만 하며, 학대하고, 분노를 폭발시키는 등 거부 학대적 성격의 양육태도가 문제

③ 부모의 정서적 지원이 안정적이지 못하고 일관성이 없는 경우

(4) 사회병리적 분위기

① 저질 정치문화, 저질 선동꾼들이 범법하며 큰소리치는 사회분위기

② 침묵하는 다수의 온건파는 무시하고 소수의 '강경 데모꾼'들이 폭력과 폭언을 자행하며 민주화를 고창(高唱)하는 정치 · 사회 분위기

③ 다른 의견을 말하면 공적(公敵)으로 몰아 침묵시키는 양극화 사회

④ 난동 증후군, 폭력 · 범법 · 불순세력들이 선명성과 민주세력으로 미화되고 추앙되는 사회병리

⑤ '나쁜 사람 전성시대', '독한 여자 신드롬'이 사회적 · 시대적 키워드가 되는 사회적 분위기

이 같은 분위기에서는 경계선적 인격장애자들이 키워지고 그네들이 스타로 활개치게 된다.

2) 경계성 인격장애자의 지도방향

우선 상담 · 치유기법으로서 지지적 심리치료와 통찰지향적 치료기법을 적용하는 것이 좋겠다.

(1) 지지적 심리치료

내담자가 호소하는 성격적 증상을 빨리 경감시켜 정서적 균형을 회복하고 현실생활에 적절히 적응할 수 있도록 돕는 기법이다.

① 치료 목표는 성격 자체를 근본적으로 변화시키기는 것은 거의 불가능하므로 그에 대한

노력은 하지 않는 대신, 생각하는 방식, 어떤 현상에 접근하는 태도, 그것을 보는 시각과 느낌 그리고 언행으로 표출하는 방식을 일깨워주는 데 역점을 둔다.

따라서 내담자가 보유하고 있는 기존의 방어들을 강화해 주면서 스트레스로 작용하는 환경적 요인들을 제거・감소시키는 것이 상담의 초점이다.

② 지지적 상담 치료의 우선적 고려 대상은 정서상태가 극히 혼란스러운 자, 자살이나 자해(自害)의 위험성이 높은 자, 인간관계의 극심한 갈등을 겪는 자로서 그들 성격자들이 주로 호소하는 매우 현실적이고 실제적인 문제들이 집중적으로 다루어진다.

(2) 통찰 지향적 치료(재구성적 치료)

이는 장기적 치료를 통해 표면적 변화만이 아니라 근본적인 변화까지 시도한다는 점에서 '뿌리 치료(root therapy)'라고 부른다.

① 일반적 목표는 내담자의 성격을 근본적으로 재구성함으로써 당면한 심리적 문제의 해결과 현실에의 원만한 적응을 돕고, 내담자로 하여금 자신의 잠재력과 가능성을 발휘하게 하여 인간적 발달과 심리사회적 성숙을 이루도록 하는 것이다.

② 통찰치료에서 고려할 사항은 치료자의 전문적 자질과 치료 경험이 중요하며, 장기 치료(4~10년) 가능성 때문에 내담자의 강한 동기는 필수이고, 자신의 문제해결과정에서 경험되는 고통을 얼마나 감내(堪耐)하느냐가 핵심적 요인이다.

③ 내담자의 다음과 같은 다섯 가지 심리적 자원이 상담 치유 성공의 관건이다. 즉,

- 내담자가 상담자와 건설적 치유관계를 맺을 수 있는 최소한의 능력이 있는가의 여부
- 치료자의 개입을 내담자가 얼마나 받아들일 수 있는지
- 치료자의 노력에 내담자가 얼마나 협조할 수 있는지
- 치료의 진행과정에서 경험되는 고통과 좌절을 얼마나 인내할 수 있는지
- 내담자의 자아 기능(현실검증능력, 현실에 대한 왜곡 정도, 부인이나 투사를 많이 쓰는지, 논리력, 판단력, 예상능력)이 얼마나 온전한지 등이다.

이상과 같은 점에 유의하면서 구체적 지도방향을 정리해 보면 다음과 같다.

이 경계성 인격장애자에게서 분열형 인격장애, 히스테리성 인격장애, 반사회적 인격장애, 주요 우울증, 양극성 장애의 증후를 발견할 수 있으며 상호 간의 진단 기준에도 어느 정도 일치한다는 것을 알 수 있다.

첫째, 이와 같은 현상은 이 인격장애자의 상담과 치료, 지도에 있어서 관련된 인격장애 유형의 지도방향을 참고하여야 한다는 언질을 시사받게 된다.

원래 임상가 및 연구자들은 경계선적 인격장애라는 용어 속에 '신경증과 정신분열증 사이의 경계선상에 있다'는 뜻이 함축되어 있었지만 최근의 연구 결과들은 그 같은 입장에 대해 지지하지도 공감하지도 않고 있다. 이 장애는 다양한 인격장애의 요소를 가지고 있는 관계로 대단히 이질적인(heterogeneous)집단을 구성하므로 획일적인 지도・치료방법보다는 다양한 접근방법이 효과적이다.

둘째, 경계성 인격장애는 장기간에 걸친 부적응 행동방식에 의해 나타나는 것이므로 적응훈련, 사회성 훈련에 의한 지도(치료)가 요구된다. 즉, 그들의 행동에서 쉽게 발견되는 것은 삶의 과정에서 오랜 기간 분노를 느낀다든지(정서불안정), 실제적이든 상상적이든 간에 사소한 문제로 분노를 느껴 자신에 대해서까지 화를 내며 욕설을 퍼붓는다든지(부적절한 분노의 표출), 갑자기 사랑에 빠졌다가 쉽게 상대방 이성에 대해 조소・증오한다든지(이상화와 경멸을 수반하는 불안정한 대인관계), 혼자 있는 것이 참을 수 없을 정도의 두려움을 느끼게 되고(공황상태), 자신이 진실로 누구인지를 알 수 없고(자기 동일성의 장애), 가슴이 텅 빈 것 같고 따분해 하는 감정(만성적인 공허감과 권태감), 또는 신체적으로 자기를 상처 입히는 행위(자살기도 및 물질의 과량섭취, 과음, 자해행위) 등이 문제이기 때문이다.

셋째, 지지적 정신치료법을 통해 지도해야 한다. 정신치료가 적용되는 범위는 신경증적 장애, 정신병, 정신생리장애, 인격장애 같은 심인성(心因性)장애와 약물 오・남용, 비행 등 행동장애가 주가 되고 이 밖에도 삶의 과정에서 겪을 수 있는 여러 가지 심인성장애와 신체질환을 가지고 있는 사람에 심인성 질환이 동반・발병했을 때 적용되는 접근법이다.

이 정신치료 중에서도 지지적 정신치료(supportive psychotherapy)는 병식(病識)의 이해보다 증상의 해소와 감소에 중점을 두는 치료법으로 클라이언트를 안심시키기, 암시, 격려, 충고, 환기, 설득, 최면, 설명, 환경조절 등의 기법을 사용하여 전의식의 표현과 내용을 탐구하여 얻고, 클라이언트의 고통스러운 생각과 감정을 억제하며 억압과 다른 방어기제를 강화시켜 약해진 자아기능을 강화시켜 주어 현실생활의 곤란한 문제에 접하게 하는 치료법인 것이다.

특히, 급성 인격장애의 조정에 가장 중요한 치료기법이기도 한 지지적 정신치료는,

① 병전(病前)성격이 건전한 사람이 감당 못할 스트레스를 받아 일시적으로 마음의 동요가 일어났을 때 단기 응급조치의 수단으로,

② 경계선적 상태(borderline state)와 의존성 인격장애 환자의 균형을 바로 잡기 위해,
③ 보다 더 적절한 치료방법의 선택과 추가조사의 시간을 얻기 위해,
④ 정신치료 중 극심한 불안이 생길 때 잠정적 치료수단으로 잘 활용되고 있다.

제3절 히스테리성 인격장애자 상담 및 지도방향

1. 히스테리성 인격장애자의 이해 및 특징

히스테리성 인격장애(histrionic personality disorder)를 논하기에 앞서 '히스테리'란 어떤 개념이며, 무엇인가에 대해 이해하는 것이 순서라 하겠다. 히스테리(hystery)란 말은 원래 희랍어의 'hysteron(자궁)'에서 유래된 것이다. 다시 말해서 그 어원이 가리키듯이 히포크라테스(hippocrates)는 여자의 자궁이 몸 안에서 습기를 찾아 왔다갔다 돌아다니기 때문에 생기는 것이 히스테리라고 하였던 것이다.

히스테리의 병리를 현대적으로 설명한 것은 샤르코(Charcot)에 이르러서였다. 비록 그는 히스테리를 신경학적으로 설명하고 유전적인 병질이 히스테리성 현상의 필수조건으로 인식하고 있었지만, 주목할 것은 그가 최면술을 써서 극적인 히스테리 증상을 일으켰다는 사실이다. 즉, 심리적 영향(최면술)으로 신체적 현상(히스테리 증상)을 보여준 것은 획기적인 일로서 주목된다.

샤르코의 제자인 재닛(Janet, 1911)은 "히스테리는 성격의 합성의 병"이라 정의한 데 대해 베른하임(Bernheim)은 "히스테리 증상은 암시의 결과"라 했다. 바빈스키(Babinski)는 "히스테리적 현상은 암시로 나타낼 수 있을 뿐만 아니라 설득으로 모두 없앨 수도 있는 것"이라고 주장함으로써 심리와 신체와의 관련성을 중시했음을 알 수 있다. 그러나 프로이트(Freud)는 히스테리를 설명함에 있어서 구체성을 나타냈을 뿐만 아니라 성(sex)과 관련지었다. 즉, "히스테리 증상은 성적인 상처의 기억의 흔적"이라고 했다. 그는 또한 "이러한 실제 또한 공상 속의 성적 상처가 오이디푸스 콤플렉스였으며, 그것은 어려서 억압되었다"고 하였다. 그러면서 그는 "히스테리 증상은 초자아와 초자아에 용납될 수 없는 욕구 간의 갈등의 결과"라고 했다.

하여간 히스테리는 정신의 해리(解離)를 일으키기 쉬운 소질을 가지고 있는 자들에게 주로 일어나는 것이라고 이해하면 틀림이 없다.

나타난 증상, 일어난 증후는 클라이언트에게 어떤 특수한 의미가 있다는 점에서 상징적인 것이다. 즉, 증상 그 자체는 일종의 불안에 대한 해결이 되며 문제에 대한 해결이라는 점, 그리고 클라이언트의 의식에 의해서 오해되고 있다는 점에서 그러하다.

허영심이 강하고 자기중심적이며, 감정의 동요가 심하고 남의 관심을 끌려는 연극적 행동을 한다. 인간관계에서 감정의 동요가 심하고 쉽게 흥분할 뿐만 아니라, 감정적인 유대가 얄팍하기 때문에 '인간관계의 변덕이 심하다'는 지적을 받게 된다. 그러나 성(sex)에 대해서는 지나칠 정도로 관심이 많은 편이어서 자극적이고 유혹적인 교태성(coquetry)을 나타내기 일수이며, 그 결과 담담한 내용의 의사교환에서조차 언어・동작에 성적인 냄새를 물씬 풍겨주는 타입이 이들이다.

이들은 또한 타인의 관심을 끌려는 연극적인 제스처나 공상이 과도한 나머지 근거도 없는 자아도취적인 허무한 얘기를 꾸며서 하는 경우도 간혹 있게 된다.

데이비슨(Davison)과 닐(Neale) 역시 히스테리 성격자들은 "정서적인 불안정(emotional lability)과 과도하게 극적인 행동(over dramatic behavior)을 한다. 쉽게 흥분하고, 미숙하며, 허영심이 강하고, 자기중심적이며, 유혹하는 성향이 있다. 이 같은 사람들은 관심의 초점, 즉 주의집중을 추구한다"고 요약하였다.

이상과 같은 히스테리 성격의 정의들은 직접 '히스테리 환자'들을 치료한 정신과 의사의 지적을 통해서 더욱 확실히 이해가 된다고 하겠다. 즉, 한동세는 '히스테리 환자'들의 성격특성을 논하기에 앞서 보통 정상인과는 다른 특징적인 면이 있다고 전제한 다음,

① 미숙하고 이기적인 경향이 있다.
② 외모나 말하는 것도 자기중심적이다.
③ 주위 사람들에게 자기에의 관심을 강요한다.
④ 눈에 띄게 행동한다.
⑤ 생활은 언제나 연극성을 띤다.
⑥ 남의 동정을 사고 남에게 어떤 인상을 심어 주려는 언행을 일삼는다.
⑦ 정말로 느끼는 것은 천박하면서 감정표현은 격심하게 한다.
⑧ 겉으로는 수줍은 것 같으면서도 속으로는 색정(色情)에 대단한 호기심을 가지고 있다.

⑨ 표면상으로는 유혹적이며 선정적이면서도 사실은 불감증과 같은 성기능의 장애가 있다.

⑩ 공상을 많이 한다.

⑪ 히스테리 환자는 여자인 경우가 많고 어른이면서도 부모에게 의지하는 타입이다.

⑫ 불감증을 호소하는 경우가 많다.

⑬ 갑작스럽게 화를 내거나 악의로 반응하기 쉽다.

⑭ 성미를 부리거나 자살의 위협으로 남을 조정하려 든다.

⑮ 사랑과 관심을 독점하려는 어린이적인 욕심을 성인생활까지 끄집어들여 놓은 것처럼 언행한다.

⑯ 대인관계에서는 요구가 많은 의존적인 성격자이다.

이현수는 이 성격을 '연기성 성격장애로 번역 · 명명한 후 이 성격장애의 특징을 여러 가지로 지적하고 있는 바', 그것을 요약해 보면 다음과 같다.

① 매우 지적으로 행동하며 항상 자신에 대해서 주의를 한다.

② 지나칠 정도로 정서표현이 많다.

③ 사소한 일에 지나치게 화를 낸다.

④ 일상생활에서 쉽게 싫증을 내는 경향이 있다.

⑤ 남을 속이고 남에게 의존하려 하며 남에게 요구하는 것이 많으므로 대인관계에서는 항상 문제를 안고 있다.

⑥ 때로는 남의 눈에 매력이 넘쳐 보이기도 한다.

⑦ 때로는 진실성이 결여되고 인정이 메마른 사람같이 보이기도 한다.

⑧ 남의 관심을 끌기 위해 자신을 과시하려 하고 지나칠 정도의 표현을 한다.

⑨ 일처리를 감정적으로 하며 상대방의 의사를 자기 환상에 따라 해석하기도 한다.

⑩ 불만이 있거나 뜻대로 안 될 경우 최악의 카드(자살운운)를 제시하면서 상대방을 괴롭힌다.

⑪ 외면적으로 감정이 풍부하고 매력이 있어서 사귀기가 쉽지만, 그 관계가 오래 지속되지 못한다(쉽게 마음이 변한다).

⑫ 여러 사람과 쉽게 사귀다가 쉽게 헤어지는 경향이 있다.

⑬ 대인관계에 있어서 자기의 요구만 관철시키려 하고 뜻대로 안되면 상대방을 원망한 나머지 헤어지게 된다.

⑭ 사소한 환경 변화에도 적응을 못한 끝에 우울해지기 쉽다.

⑮ 예술적 재능이나 소질이 상대적으로 높다.

⑯ 타인의 제스처, 행동, 복장 등을 모방하는 데 강점이 있다.

⑰ 유행에 대해 민감하게 반응한다.

⑱ 피암시성이 강하고 다른 사람을 맹신하는 경향이 있기 때문에 유명인사를 맹종하는 경향이 있다.

⑲ 항상 건강에 자신이 없기 때문에, 사소한 자극에 대해서도 예민하게 반응한 나머지 이인증(dispersonalization)으로 발전한다.

⑳ 심한 자극을 받게 되면 일시적인 착각이나 환상 같은 것을 경험한다.

㉑ 이들 성격 중에 약물 오・남용 중독자나 자살 기도자가 많다

㉒ 전환성 장애(conversion disorder), 신체적 장애(somatization disorder), 해리성 장애(dissociative disorder)를 일으키는 사람도 이 성격에 많이 있다.

이상과 같은 성격특성을 가지고 있기 때문에 그들은 활약하고 조직하기를 좋아하며, 질투와 허영심이 강하고, 용돈이나 물건을 친구나 이웃에게 나누어주기 좋아하며 독점욕이 강할 뿐만 아니라, 시기하고 눈물을 잘 흘리며 자기성격에 못 이기면 까무러치기를 잘 한다.

이 같은 특유의 성격이 바탕이 되어 거기에 어떤 불안을 일으킬 계기가 될 만한 유발 요소가 겹칠 때 전환증으로서의 '히스테리'가 생기는 것이다. 즉, 억압된 욕구, 감정에서 생기는 심리, 정신적인 불안이 신체적인 증상으로 전환될 때 이를 히스테리(전환증)라 하게 되는 것이다.

2. 히스테리성 인격장애자의 진단 기준

과도하게 감정적(excessive emotionality)이며 관심추구(attention seeking)의 전반적 양상이 성인기 초기에 시작하여 다양하게 나타나는 이 인격장애는 다음 중 최소한 4가지 항목에 해당되면 히스테리성 인격장애자로 진단된다.

① 주의집중 대상 희구: 항상 자신이 관심과 주의집중의 대상이어야지 관심의 초점이 아닌 상황이 되면 불안해 한다. 때문에 항상 인정과 칭찬을 추구하며 재보증, 찬성, 칭찬을

지속적으로 요구·추구한다.

② 성적인 유혹: 외모와 행동에서 부적절하게 성적인 유혹을 한다.

③ 변덕이 심함: 감정의 표현이 빠르게 변하고, 피상적(shallow)이다.

④ 신체적 외모(매력)에 치중: 타인의 마음을 끌기 위해 지나칠 정도로 신체적 매력에 관심을 갖는다.

⑤ 내용이 부실한 언어구사: 언어구사에 있어서 지나칠 정도의 인상적(excessively impressionistic)인 말을 쓰지만 그 세부적인 내용이 부실한 말씨를 쓴다. 예컨대, 어머니를 설명해 보라고 한다면 "아름다운 여성이다"라는 말 이상의 특징적 설명이 없다.

⑥ 과장된 감정표현: 우연히 알게 된 사람과 지나치게 열정적으로 포옹하며 절친한 친구를 만난 듯 처신한다든지, 사소한 감상적인 일에 억제할 수 없는 흐느낌, 노여움 등의 부적절하고 과장된 감정표현을 일삼는다.

⑦ 피암시적: 다른 사람이나 상황에 의해 쉽게 영향을 받는다.

⑧ 자기 중심적: 어떤 일의 추진과 성취에 있어서 우물쭈물 시간을 끌면서 뒤늦은 만족의 지연에 인내할 줄 모르기 때문에 자기중심적이고 즉각적인 만족을 취하는 방향으로 행동을 한다.

⑨ 자기 중심적 생각: 실제보다도 더 가까운 관계로 생각한다. 어떤 일의 추진과 성취에 있어서 인내심이 부족하기 때문에 자기 중심적으로 생각하고 즉각적인 만족을 취하는 방향으로 행동한다(DSM-5: 667).

3. 히스테리성 인격장애자의 상담 및 지도방향

먼저 히스테리성 인격장애자가 어떻게 해서 형성되는지 그 요인부터 살펴보기로 한다.

① 구강기(oral stage) 때 심한 좌절과 부모의 거부 또는 지나친 방목, 방종으로 키워진 성격이다(정신분석학적 해석).

② 3세 이전의 발달 초기에 보살펴 주는 사람의 상실 혹은 '모성 결핍'이 히스테리 성격을 형성한다. 엄마 대신 아빠의 칭찬과 보살핌, 보호받음과 의지하고 싶은 욕구 충족 때문에 극적 행동(연출)이 반복되어 학습되었을 것이란 분석이다(김정옥·한수정, 2000:

93~102).

③ 오이디프스 시기(3~6세)에 부모와의 관계에서 생겨나는 갈등을 극복하지 못했거나 동성 부모와의 상징적인 동일시 과정을 경험하지 못해서 생긴다. 그래서 히스테리성 성격자가 여성인 경우는 마음속에 남녀 양성에 대한 통합된 표상을 갖지 못해서 우왕좌왕한 결과 자신을 여성으로도 남성으로도 정의할 수 없게 되거나 자신을 항상 칭찬만 해주고 영원한 사랑을 줄 수 있는 이상화된 대상에 병적으로 의존하려 한다. 반대로 남성이 히스테리성 인격장애자일 경우는 엄마를 모방해서 수동적이고 여성적인 정체감을 발달시키거나, 독신으로 살면서 엄마에 대한 충실성을 무의식적으로 유지하거나 또는 성적인 부적절감을 방어 내지 보완하기 위해 보디 빌딩 같은 남성적인 활동에 빠져 들기도 한다(상게서, 104~107). 이들 증상이 생긴 이유는 정신적인 것이지만, 그 과정은 심리적 기제를 거쳐서 형성된 것임을 알 수 있다.

다음, 히스테리성 인격장애자의 지도방향은 세 가지 면에서 살펴볼 수 있다.

첫째, 전술한 바 있지만, 이들 성격자는 '어렸을 때, 특히 구강기(oralstage)에 심한 좌절과 부모로부터 거부당했거나, 반대로 지나친 방종으로 키워졌을 경우에 잘 형성되는 성격'이라는 것이 정신분석학적 해석이라는 데 주목해야 한다. 그래서 우선 그를 이해하고 설득과 대화를 통해 장애현상 등을 감약・소멸시키도록 노력해야 한다.

둘째, 암시기법을 활용해 볼 수 있다. 왜냐하면, 히스테리 치료에 있어서 클라이언트의 피암시성을 치료적으로 이용하여 암시의 방법을 많이 쓰기 때문이다. 또 히스테리의 증상이 생긴 이유가 정신적인 것이고, 그 과정도 심리적인 기세를 거쳐서 된 것이므로, 그 문제의 해결이나 지도도 정신적인 방법, 즉 정신・심리치료를 해야 한다. 모든 정신치료, 심리치료에 널리 암시가 적용되는 것은 그 때문인 것이다. 그렇다고 전적으로 암시에만 의존하게 되면, 성격상의 특정현상이 없어진 후에 또 다른 증상이 생길 우려도 있기 때문에 결과적으로 암시와 설득 그리고 재교육의 병행이 효과적일 수 있다.

셋째, 직접적으로 클라이언트의 행동을 비난하고 허위성을 공개적으로 거론하거나, 자신의 '행동을 고치려는 생각이 없다'고 시비하는 일이 있어서는 안 된다. 왜냐하면 '감정의 동요가 심하고 연극적 행동을 잘 꾸미며 쉽게 흥분'하는 것 등이 특성인 이들 성격자에게는 그 같은 접근법이 실효를 거둘 수 없기 때문이다. 오히려 치료상담자는 여유와 자신감을 갖고 느긋하게 클라이언트와의 신뢰관계를 형성·유지해 가면서 점진적으로 접근하여야 한다.

제4절 자기애적 인격장애자의 상담 및 지도방향

1. 자기애적 인격장애자의 이해 및 특징

1) 자기애적 인격장애자를 양산

급격한 경제성장에 따른 여성의 사회활동 증가, 과거의 강력한 인구억제정책, 여권신장에 따른 가정권력의 이동과 가정문화의 변화, 젊은 세대의 이기주의 성향과 결혼 및 자녀 가치관의 변화 등 여러 가지 요인들이 상호 연계, 상승작용을 함에 따라 결혼하더라도 한두 명의 자녀만 출산하였다(김흥규·이상란, 2014). 그리고 '사랑스런 존재'라는 이유로 제멋대로의 무질서를 방관하고, 어릴 때는 '철부지'라는 명분으로 방종을 용인하며, '귀엽다'는 의식 때문에 일탈과 무분별을 허용·조장하면서 키운 것이 결과적으로 자기애적 성격자를 양산했다는 생각이다. 특히, '버릇은 없어도 공부만 잘하면 최고 자녀'라는 의식하에 모유로 양육하는 대신 우유로 사육(飼育)했으며, 어릴 때부터 자녀 보육을 아웃 소싱(outsourcing)으로 시설에 맡기는 세태이니 부모 역할을 제대로 하는 것은 그만큼 어려운 현실이다.

어려서부터 인간으로서 지켜야 될 기본 자질인 대인관계의 예절, 바른 생활 습관, 양질의 언어 구사, 품위 있는 처신, 때와 장소 그리고 대상에 따른 욕구·충동·본능·호기심의 자제 훈련, 선(善)·악(惡)·정(正)·사(邪), 선후(先後)·경중(輕重)에 대한 분별력과 가치관 교육은 경시한 채 과잉보호의 울타리속에서 캥거루족·왕자병·공주병 주인공들을 길러냈고, 이 같은 가정교육의 왜곡이 그 자녀들을 심리적·사회적 미성숙자로, 성적·정신적 건강에 취약성을 드러내게 키웠다. 그 결과 학교생활과 직장생활, 심지어 군 생활에서의 부적응 문제가 심각한 수준에 이르게 된 것이다.

특히, 자기애는 양면성이 있어서 어느 정도의 자기애는 필요하지만 그 수준이 지나칠 때

장애자로 정의된다. 즉, 어느 정도의 자기애가 중요시되는 것은

① 자기를 존중하고 사랑하는 마음은 필요하다.

② 자기애가 강한 사람이 스트레스를 덜 받는다(연구 결과).

③ 자기애가 강한 사람은 우울증에 덜 걸린다(연구 결과).

④ 자기애는 어렸을 때 자신감과 용기를 갖게 한다.

⑤ 다른 사람에게 매력적으로 보이게 한다는 것 등이다.

또한 텍사스 주 휴스턴 경찰국에서 발표한 '자녀를 타락의 길로 들어서게 하는 열 가지 조건'을 음미해 보면 교육적 시사점을 발견하게 된다. 즉,

① 자녀가 갖고 싶어 하는 것은 무엇이든 다 주어라.

② 아이가 나쁜 말을 할 때도 그냥 웃어 넘겨라.

③ 그 어떤 형태의 교훈적인 훈련과 교육도 가정에서 시키지 말라.

④ 잘못된 품행이라도 책망하지 말고 그냥 두어라.

⑤ 텔레비전이나 비디오를 자녀들 마음대로 볼 수 있게 해 주어라.

⑥ 아이가 어질러 놓은 침대, 방, 옷가지, 신발 등을 모두 정리 정돈해 주어라.

⑦ 아이들 앞에서 부부나 가족들이 싸우는 모습을 자주 보여라.

⑧ 달라고 하는 대로 용돈을 얼마든지 주어라.

⑨ 마시고 싶은 대로 마시고 먹고 싶다는 대로 다 먹이고, 좋다는 것은 다 해 주어라.

⑩ 아이가 이웃과 대립되는 사태가 발생하거나, 그런 자세와 마음을 가질 때는 언제나 자식 편이 되어 주어라.

2) 자기애적 인격장애자의 특징

자기 자신에 대한 과대망상이 주축을 이루고 있는 성격장애인 자기애적 인격장애(Narcissistic personality disorder)를 컨버그(Kernberg) 등은 "이 집단으로 분류된 사람들이 경계선 정신증과 연관된 인격구조를 가지고 있다"고 생각하였다.

이들은 자기와 관련된 모든 것들에 대해 그 중요성이나 가치를 과장할 뿐만 아니라 상대방으로부터 도움을 받는 것이 당연한 권리 주장인 양 도와달라고 요구하며, 상대방에 대한 이상화가 지나치고 또 반대로 상대방을 경멸한다든지, 끊임없이 자기선전을 하고 남을 조금도 생

각하지 않는 것이 이들 성격자의 특징이기도 하다.

이제 몇몇 학자가 주장하는 이 인격장애자의 특성을 고찰함으로써 이해에 도움이 되고자 한다.

콜프(Kolb)와 브로디(Brodie)는 그의 저서 《최신 임상 정신의학(Modern Clinical Psychiatry)》에서 이 성격의 특성을 구체적으로 설명하고 있는 바, 그 내용을 요약하면 다음과 같다.

① 타인과의 대인관계에 있어서 지나치게 자기참조를 크게 요구한다.

② 그들의 주 관심사는 타인들로부터 사랑받고 존경받는 것이다. 즉, 다른 사람들로부터 존경과 찬사를 받고자 하는 과대 망상적 요구가 있다.

③ 다른 사람들의 생각과 느낌에 대해 거의 공감하지 못한다.

④ 이들 성격자는 타인의 존경으로부터 만족을 얻거나 그들 내부의 과대적인 환상에서 만족을 얻는다. 이러한 만족의 요소가 없을 때 이들 성격자들은 싫증을 내고 안절부절 못하게 된다.

⑤ 대인관계에서의 상호작용은 모순을 들어낸다. 즉, 타인에게서는 관심과 칭찬, 존경받기만을 요구하면서, 정작 자신의 대인관계에서의 상호작용은 다른 사람에 대한 질투로 표현되고, 자신을 칭찬해 줄 것 같은 사람에게는 이들 성격자들은 모욕을 주는 경향이 있다는 것이다.

⑥ 이 성격집단을 반사회적 인격장애의 이집단이라고 생각한 컨버그는 이들 성격자의 대인관계는 착취적이고 기생적이라고 하였다.

⑦ 남을 조종하고 소유하려는 자기애적 소원은 종종 매력적이고 애교 있는 행동으로 나타나기도 한다.

⑧ 외면적으로는 의존적으로 보이는 반면, 실제로 다른 사람을 믿지 못하고 비난하고자 하는 욕구를 가지고 있다.

이러한 현상은 편집·망상증적 경향에 대한 방어방법으로서, 자신의 정신병리의 핵심인 분노를 투사하는 경향의 방어라고 이해할 수 있다.

⑨ 정신역동학적으로 말하면, 타인과의 인간관계는 불안으로 가득 차 있고, 만족하고 양호하게 느껴지는 관계를 내면화시키지 못하는 결점이 강화된 환상적 관계라고 할 수 있다.

데이비슨과 닐은 이들 성격자의 특징을 다음과 같이 제시하였다.

① 자신의 독특성과 능력을 과장되게 지각한다.

② 이들은 크게 성공하는 선입견적 환상을 가지고 있다.

③ 다른 사람들의 찬사와 주의집중을 갈망한다.

④ 자기도취적이고 자기중심적인 이들의 성향 때문에 대인관계가 좋지 않다. 즉, 대인관계에 있어서 감정이입(empathy)의 부족, 타인을 이용하려는 것, 자격지심, 남들이 자기에게만 특별한 호의를 무조건 베풀어 주기를 기대하는 것 등이 인간관계를 그르친다는 것이다.

이현수는 이 성격의 특성을 다음과 같이 제시하였다.

① 자기만을 위하고 자기만을 생각하는 자기중심성이 농후하므로 대인관계에 큰 결함(지장)이 있다.

② 지나치게 성공이나 소유에 대한 욕망이 강하다.

③ 타인으로부터 존경과 관심을 받으려고 노력한다.

④ 자기능력을 비현실적으로 높이 평가한다.

⑤ 실현 가능성이 없는 지나친 욕심을 부리며 성취되기를 갈망한다.

⑥ 계속적으로 더 큰 욕망을 성취하려다가 후회하고 실망한다.

⑦ 내적인 충실보다는 겉치레에 관심이 더 크다.

⑧ 일이 뜻대로 안 되면 상대방에게 무관심하게 대하기도 하고 분노 감정을 표출하는 것이 보통이다.

⑨ 또한 일의 성취가 안 되면 자기 자신에 대한 열등의식, 수치감, 허무감에 휩싸이게 되며 우울한 기분에 사로잡히는 경우가 많다.

⑩ 자기중심적으로 생각하기 때문에 남의 입장을 전혀 이해하지 못한다.

⑪ 남을 존경할 줄도 모르고 책임감도 없다.

⑫ 자기의 욕망을 달성하기 위해 남을 속이기도 하고 이용하기도 한다.

⑬ 히스테리 인격장애나 반사회적 인격장애와 유사한 점이 많다.

⑭ 만성적인 경쟁심이 있고, 신체적 징후 같은 것이 현저하게 나타나게 되는 경우도 있다.

⑮ 자신의 패배와 부책임감을 합리화시키기 위해 거짓말을 잘한다.

⑯ 남의 관심을 끌기 위해 자기의 감정을 위장하기도 한다.

참고로 'DSM-Ⅲ-R'에서 기술하고 있는 자기애적 인격의 특성을 정리 요약하면 다음과 같다.

① 이들은 자기만 중요하게 생각한다.

② 모든 것을 자기 위주로 생각하고 해석하며 받아들인다.

③ 자신을 지나치게 과대평가한다.

④ 자신에 대한 부적절한 평가는 무한한 성취욕의 추구로 이행된다.

⑤ 상대방을 지나치게 이상화(idealization)하거나 평가절하(devaluation)함으로써 대인관계에서도 장애의 모습을 보여 준다.

⑥ 상대방으로부터 비판을 받으면 심한 분노반응을 보인다.

⑦ 무슨 일에 실패, 좌절하게 되면, 분노와 함께 상대방을 모독하고 스스로는 열등의식, 수치감, 허무감에 사로잡히기도 한다.

⑧ 이들의 자존심(self-esteem)은 매우 저하되어 있다. 때문에 자신의 어떤 일을 '얼마나 잘 해낼 수 있을까', '남들이 나를 얼마나 좋게 평가해 줄 수 있을까'하는 문제에 대해 몰두할 때가 많다.

이상의 여러 사람들의 지적을 통해 자기애적 인격장애가 어떤 것인지 어느 정도 감을 잡을 수 있다.

2. 자기애적 인격장애자의 진단 기준

1) 자기애적 인격장애자의 임상적 증후

전술한 내용을 통해 이들 인격장애자에 대해서는 어느 정도 파악이 되었다. 좀 더 명확히 이해하기 위하여 주요 임상적 증후를 정리해 보면 다음과 같다.

① '나는 특별한 존재'이니 다른 사람들이 이를 인정해 주어야 한다면서 타인의 감정을 무시한다.

② '귀하신 나'를 인정 안해주면 주변 사람들을 무시하고 증오한다.

③ 자신의 허상(虛像)을 만들기 위해 타인을 이용하므로 다른 사람과 좋은 관계를 유지하기 어렵다.

④ 직장에서 높은 자리에 오르면, 자신의 출세를 위해 하급자를 심하게 채근(採根)한다.

⑤ 자신의 능력보다 높은 목표를 정해 허송 세월(재수 및 고시 응시)을 보낸다.

⑥ 정한 목표 달성에 실패하면 쉽게 우울증에 걸려 의욕과 흥미 상실로 극단적 행동(자살 시도)을 한다.

⑦ 실패와 망신당할지 모른다는 생각에 모험을 싫어한다.

⑧ '모 아니면 도'식의 성격이어서 한 번 안되면 쉽게 포기한다.

⑨ '나'만 있고 남은 없는 '자기 도취병'의 장본인이다.

⑩ '조그만 일'을 극복하려 하거나 참지 못하고 자살을 생각한다.

⑪ 항상 주변으로부터 "젠 체한다"는 비아냥을 들으며, '왕따'를 당하면서도 다른 아이들보다 자신이 낫다고 생각한다.

⑫ 자신의 출세와 명예를 위해 직장동료들을 지나치게 이용하고, 동료들에게 많은 피해를 주는 것에 대해 미안해하는 의식이 전혀 없다.

⑬ 특정인을 쫓아다니며 괴롭힌다(stoker).

이 같은 증후를 보이는 사람들은 우리 주변에 너무 많다.

2) 자기애적 인격장애자 진단 기준

과장성(grandiosity), 숭배에의 요구, 감정이입의 결여, 타인의 평가에 대한 과민성 등이 이들 성격자들의 일상생활에서의 전반적 양상인데, 이 같은 행동의 전반적 양상이 성인 초기에 시작해서 다양하게 나타나고 있다.

다음 사항 중 최소한 다섯 가지 사항에 해당되면 자기애적 인격장애자로 진단하게 된다(DSM-5: 669~670).

① 자기과장적: 성취의 과장, 재능의 과장 그리고 적절한 성공도 없이 특수한 존재로 보려는 소위 자신의 중요성에 대해 과장된 느낌을 갖는다.

② 비평에 대한 부정적 정서: 비록 표현은 되지 않았더라도 타인의 비평에 대해분노감, 수치감, 굴욕감으로 반응한다.

③ 공상적 집착: 무제한의 성공, 막강한 권력, 특출한 재능, 빼어난 미모, 이상적 사랑 등의 공상에 몰두한다.

④ 특권의식: 다른 사람들은 모두 줄을 서서 기다리는데, 자기는 그렇게 할 필요가 없다고 주제넘게 나서면서, 특별하게 호의적인 대우를 분별 없이 기대하는 특권의식을 가지고

있다.

⑤ 찬사의 부단한 요구: 지속적인 관심, 칭찬, 찬사, 과도한 숭배 등을 요구한다.

⑥ 특수・유일성: 자신의 문제는 유일하기 때문에 특수한 사람만이 이해할 수 있다는 신념을 가지고 있다. 특별히 자격이 있는 것 같은 느낌을 갖고, 특별 대접 받기를 기대한다.

⑦ 착취적: 자신의 목적을 달성하기 위해 다른 사람을 이용하므로 대인관계에 있어서 착취적(exploitative)이다.

⑧ 감정이입의 결여: 다른 사람의 입장, 기분, 느낌 등을 이해하지 못하는 소위 공감의 결여를 보인다. 예컨대, 심하게 아픈 친구가 약속을 취소할 때 위로하고 동정해 주기는커녕 약이 오르고 놀라는 반응을 보이는 것이 그것이다.

⑨ 타인에 대한 오해: 다른 사람을 자주 부러워하거나 다른 사람이 자신을 시기하고 있다는 믿음을 가진다.

⑩ 질투감: 질투심에 몰두・집착한다. 오만하고 건방진 행동이나 태도를 보인다.

특히, 비평에 대한 부정적 정서를 가지고 있어서 타인의 비평에 대해 분노감, 수치감, 굴욕감으로 반응한다.

3. 자기애적 인격장애자의 상담 및 지도방향

1) 자기애적 인격장애자 형성 원인

① 유아기 때의 자기애 성향이 부모 및 외부세계의 대상애(object love)로 발전하지 못하고 사랑의 대상이 계속 유아기적 단계인 자기에게만 고착되어 성숙하지 못한 데 원인이 있다(정신역동적 이론의 측면, Freud).

② 아이가 유아적 자기애 상태에서 제멋대로 행동하는 것에 대해 부모가 적절하게 제지하고 훈육하지 않으면(적절한 좌절 체험을 못할 경우) 자기중심적인 행동을 하게 된다. 그리고 부모로부터 갑자기 심한 구박과 학대, 또는 어린 시절 시끄럽게 운다는 이유로 자신을 소파 위로 던지거나 빰을 여러 차례 때리는 등 충격적인 경험(과도한 좌절 경험)을 하게 되면 '중요하고 당당한 자기(grandiose self)'를 방어적으로 경직시켜 자기애적 성격

자로 형성하게 된다(정신역동적 이론의 측면, Kohut, 1968).

③ 개인이 어떤 사고방식과 신념을 지니고 있느냐에 따라 행동과 정서 패턴이 달라진다. 그것은 특정 개인이 주변 자극을 선택적으로 받아들이고, 그 자극의 의미를 해석하며, 자신의 경험을 나름대로 체계화하는 인지적인 틀인 '인지도식(schema)' 때문이다. 이 인지도식의 기저(基底)에는 개인의 뿌리 깊은 한 가지 '핵심 신념'이 있다.

그런데 인지도식이 부적응적인 성격인 '흑백 사고', 보고 싶은 것만 보는 '선택적 지각', 좋아하는 사람의 의견에는 무조건 맹신하는 '자기 동조화 의식', 내 생각과 같은 정보만 받아들이는 '확증현상', 내편 네편 구분하는 '집단 극대화 의식'(김흥규 · 이만표, 2013: 380) 등을 가질 경우 문제가 되는데, 이것을 '인지적 오류(誤謬)'라 한다. 이렇듯 인지도식의 내용이 부정적인 것으로 채워지게 되면, '왜곡된 인지도식'이라는 색안경을 끼고 상황을 바라보게 되고, 상황에 대한 해석이 왜곡될 뿐만 아니라 언행이 더욱 강팍해지고 경직되며 융통성을 상실하게 된다.

자기애성 성격자의 경우도 같다. 이들은 인지도식 속에 '나는 매우 소중하고 특별한 존재이다'라는 자기애성 성격 특성을 핵심 신념으로 갖게 되는데, 자기애성 성격장애자들이 자주 범하는 인지적 오류가 개인화(personalzing)의 오류와 파국적 해석(catastrophizing)의 오류, 그리고 이분법적 사고의 오류이다.

즉, 자기애적 성격장애자들은 다른 사람의 언행을 자신과 관련된 것으로 지나치게 해석하는 오류를 범하고, 사소한 충고나 조언을 자신을 공격 · 비난 · 시비하는 것으로 극단적인 해석의 실수를 하며, 누군가 한 번 잘 대해주면 '내 편', 한 번 자기 의사에 반대하면 '나의 적'으로 생각한다. 이러한 특성을 갖는 자기애적 인격장애자들이 형성되는 중요한 요인은 부모와의 관계로서 두 가지 과정이 있다(인지행동적 이론의 측면, Beck).

하나는, 어린 시절 성장과정에서 부모가 "너는 보배다", "네가 최고다", "너무 잘 생겼다", "너무 예쁘다" 등의 지속적인 칭찬과 찬사, 특별한 존재로 떠받들어 키웠을 경우 자기 중심적이고 자기 도취적인 인지도식을 형성하게 되고 결국 자기애적 인격장애자가 된다는 것이다.

다른 하나는, 어린 시절 부모나 주변인들부터 인정과 사랑을 못 받고 거부와 따돌림, 학대와 구타, 부당한 차별과 무시 등 역경에서 성장했을 경우, 열등감과 분노감을 느끼게 되고 그 같은 부정적 정서는 성공해서 특권을 누리는 계층에게 복수와 동경의 양가

감정으로 표출되며 '나도 특별한 존재로 성공해서 복수하겠다'는 강렬한 집념이 자기중심적, 자기애적 행동특성으로 키워졌다는 것이다(권석만 · 한수정, 2000: 113~119).

④ 밀론(Millon, T.)은 자기애적 성격장애는 '개인과 환경의 상호작용의 결과'라며 사회심리적 요인에 주목한 사람이다. 그에 의하면 이들은 자신에 대한 관심과 애착이 비정상 수준으로 증대되어 있는 반면에 타인의 입장이나 감정에 무관심하고 자기중심적 행동이 나타난다. 이는 부모가 아이를 너무 과대 평가하고, 떠받들어 주며, 어떤 잘못을 하든지 눈감아 주고 과잉보호하고 아이에게 행동의 한계를 정해 주지도 않고, 아이의 행동에 대해 적절히 개입을 하지 않은 채 방임하거나 용인함으로써 키워진 성격이라고 하였다(생물사회적 학습이론의 측면에서, Millon, 1996).

2) 자기애적 인격장애자의 지도방향

이들 자기애적 인격장애가 히스테리성 인격장애, 반사회적 인격장애, 경계성 인격장애와 부분적으로 일치하고 있음은 앞에서의 진단 기준에서도 이미 지적한 바 있다. 따라서 이 성격자의 지도방향 역시 그들 인격장애자의 지도방법을 참고하는 것이 좋다. 그리고 '심리치료'(인지적 · 정의적 · 행동적 · 실존적 · 집단적 상담)의 부분을 참조하는 것도 좋고, 특히 영화요법이 좋다. 다만, 지적하고 싶은 것은 모든 인격장애자들의 대부분은,

① 그들은 자신의 행동을 '자연스러운 것'으로 여기고 있다는 점이다.

② 그들은 자신의 성격이 '비정상적 성격'이라고 생각하지 않는다.

③ 따라서 그들의 성격장애가 일상생활 면에서 그들을 불편하게 하지 않는다고 생각하기 때문에 전문가의 관심과 주목, 치료자의 치료에 대해 필요성을 못 느끼고 있으며, 노력도 하지 않는다는 점이다.

이 같은 점에 유의하면서 지도 면에서 몇 가지 유의점을 정리하고자 한다.

① 인격장애자는 일반적으로 다루기 어렵다는 사실을 사전에 고려해야 한다.

② 체계적인 둔화법 또는 합리적 · 정의적 치료(rational-emotivetherapy), 즉 지정(知情)요법에 의해 이 성격자를 지도 · 치료하면 효과가 있다.

가령, 자기애적 인격장애자가 가지고 있는 과장성, 과민성, 공감의 결여, 타인의 비평에 대

한 분노 · 굴욕감의 표출을 예로 들어 보자.

사소한 주변 사람들의 비평에 대한 강한 부정적 감정표시는 다른 사람들로 하여금 당혹감과 반감을 불러일으키게 될 것이다. 이 경우 행동치료자는 자기애적 인격자에게

① 같은 입장과 상황하에서 다른 사람들의 반응은 어떨 것인가? 자신과 일치할 것인가, 불일치할 것인가를 생각하게 한다.

② 일치하지 않는다면 그 이유는 무엇이라고 생각하는가? 이러한 과정을 통해 자신의 반응, 행동의 부적절성을 깨우쳐 준다.

③ 그 다음에 상황과 환경, 자극에 대해 보다 적절하게 자신의 감정을 표현하는 방법을 연습시키고 가르쳐 주면 된다.

셋째, 내담자의 한 가지 측면에 주목하는 한편, 그의 문제가 갖는 광범위한 함축성을 아울러 고려하여야 치료의 효과가 있다.

행동치료자이든 다른 방면의 전문가이든 간에 인격장애자를 치료 · 지도할 경우, 그 문제가 뿌리가 깊고 장기적이며 전반적인 점이라는 데 착안해야 하며, 그 문제가 갖는 다양한 함축성, 자기애적 인격장애의 전반적이고 광범위한 속성에 초점을 맞추어야 한다.

그래서 특권의식에 젖어 있고 대인관계에 있어서 착취적인 속성이 없어지려면 카운슬러는 내담자의 인간관과 일반적인 생활방식을 크게 변화시키는 데 역점을 두고 치료하지 않으면 안 된다.

이 같은 점에 유의하면서 정신역동적 치료와 인지행동적 치료기법을 정리해 본다.

첫째, 정신역동적 측면에서의 코헛(Kohut, H)과 컨버그(Kernberg, O)의 치유법이다.

같은 정신역동적 이론의 측면이지만 이들은 자기애적 인격장애가 형성되는 것에서부터 약간의 견해 차를 보인다. '유아적 자기애의 좌절 체험이 결여됐거나 또는 좌절 체험이 너무 충격적인 경우에 생겨난다'(Kohut)는 입장과 '어린 아이가 엄마(대행모)로부터 충분하고도 지속적인 사랑과 이해, 그리고 공감을 받지 못하고 냉정하고 애정 결핍적인 양육을 받아 형성된다'(Kernberg, 1975)고 본 것이 그것이다.

그리고 치료과정의 진행과정에서는 차이가 확연하게 드러난다.

코헛은 '부모가 어린 시절에 아이를 제대로 공감해 주지 못했고 적정한 좌절 체험을 제공하지 못해서 형성된 성격장애'이기 때문에 치료과정에서 나타나는 '부모에게 인정받고 싶어하는 요구'를 치료자에게 나타내는 반사 전이(mirror transference) 현상, 과거에 가졌던 부모를 이

상적인 사람으로 보려는 욕구가 '치료자를 이상적인 사람'으로 생각하려는 이상화 전이(idealization transference) 현상, 그리고 '치료자와 같은 사람'이 되고자 하는 욕구인 쌍둥이 전이(twinship transference) 현상을 중요시하면서 내담자의 욕구와 감정을 공감해 주어야 하며, 부모와는 다른 방식으로 반응해 줌으로써 어린 시절에 받은 자존감의 상처를 회복할 수 있도록 해야 한다는 것이다.

이에 반해 컨버그는 치료자는 내담자의 이상화 욕구를 공감해 주기보다는 계속적으로 짚어 주고 깨우쳐 주어야 한다는 입장이다. 그리고 치료과정에서 치료자를 이상화하는 것도 일종의 병리적 방어로 보아 직면시키고 해석해야 하며, 내담자의 긍정적 경험과 부정적 경험 모두를 다루어야 한다는 입장이다.

둘째, 자기애적 인격장애자들이 가지고 있는 핵심적인 신념체계와 독특한 행동양식을 찾아내어 행동을 수정하는 인지행동적 치료법이다.

① 스스로 성격 문제 때문에 치료기관을 찾는 일이 거의 없다. 대부분 성격 문제로 파생된 우울증, 대인관계 문제, 부부관계 문제, 직장생활 적응 문제 등을 해결하기 위해 찾아온다.

② 심리치료자를 경쟁자로 보거나 치료에 비협조적 태도를 취한다.

③ 치료자를 무시하거나 오만한 행동을 취해 자신의 우월성을 입증하려 한다.

④ 치료자가 자신에 대해 부정적 평가를 한다고 느끼거나 열등한 존재로 보는 것 같은 생각이 들면 분노감 표출과 진료 포기로 이어진다.

따라서 인지행동적 치료과정에서는

① 우선 내담자와의 협력적·친화적 치료관계를 형성해야 한다.

② 내담자의 문제를 해결하기 위해 협력하는 동반자 관계, 평등적 관계 유지가 중요하다.

③ 내담자의 심리적 특성을 잘 이해하고, 그들이 겪고 있는 문제들을 같이 탐색하며 수용해 주어야 한다.

④ 과대평가된 자아상의 현실적 수정, 타인의 평가에 대한 과도한 예민성의 완화, 실종된 공감능력의 향상 문제 중 어떤 문제부터 다루어 나갈 것인지를 함께 논의하면서 치료의 단기 목표, 중기 목표, 장기 목표를 합의하에 진행해야 한다.

⑤ 타인과의 비교 속에서 이분법적 흑백사고로 평가하는 태도를 수정하기 위해 타인과의 차이점보다는 공통점에 주안점을 두면서 남들과의 동질감을 느끼도록 해야 한다.

⑥ 이들은 타인의 평가에 예민할 뿐만 아니라 파국적 사고(catastrophic thinking)나 이분법적 논거(dichotomous reasoning)에 의해 현상을 왜곡하거나 확대 해석하여 감정적 반응을 보이는 타입이기 때문에 인지치료기법을 통해 자신의 인지적 왜곡을 자각하게 하고, 타인의 평가를 현실적으로 해석해 보며, 자신의 극단적 정서적 반응이 과도한 것임을 인지하게 함으로써 행동 수정을 하도록 도와야 한다.

⑦ 역할 연습(role play)이나 역할 교환(role reversal) 기법을 통해서 실종된 공감능력을 함양시켜야 한다.

전술한 바 있지만, 타인의 감정에 관심을 갖도록 하기 위해 "그 당시 상대방의 기분은 어땠을까?", "상대방은 자네의 행동에 대해 어떻게 생각했을까?"라는 질문을 던진다. 그 다음 그 감정을 체험하기 위해 역할 연습과 역할 교환활동을 한다.

⑧ 자기애적 인격장애자를 치료하는 과정에는, 특히 '나' 또는 '네가', '당신'이라는 용어 사용은 피하고 '우리', '함께', '상호 간', '협동'이라는 용어를 사용해야 한다.

특히, 역할 연습이나 역할 교환 그리고 인지 왜곡과 파국적 사고 및 이분법적 준거에 따른 행동 문제의 수준을 완화시키고 행동수정의 효과를 극대화하기 위해 영화 요법(cinema therapy)(김흥규 외, 2007: 234~267; 경향신문, 2001. 1. 13; Korea Herald, 2001. 2. 1)의 적용이 가장 효과적 치료기법이 될 것이다.

Chapter 07 불안하고 겁이 많은 특성을 보이는 인격장애자의 상담·지도

제1절 회피성 인격장애자 상담 및 지도방향

1. 회피성 인격장애자의 이해 및 특징

1) 회피성 인격장애자의 이해

우리 주변에서 이들 성격자들은 많이 목격된다. 잘 알지 못하는 사람의 시각에서 볼 때는 '차갑고 냉정한 사람'이라는 인상을 받는데, 친해질수록 다정다감하여 '따뜻한 사람'으로 이미지가 바뀌게 된다. 뿐만 아니라 처음 보는 사람 앞에서는 말 수가 적고 시선조차 교차 안 하므로 타인에게 무관심한 사람으로 생각했는데, 가족이나 친한 사람과 어울리니까 잘 웃고, 재미있게 대화를 나누며 편안한 모습으로 바뀐다. 이들 회피적 인격장애자들의 임상적인 일반 특성은 다음과 같다.

① 친숙한 사이에서만 활기를 나타낸다.
② 가족, 친구 등 친숙하고 작은 활동무대에서만 정서적 안정감을 유지한다.
③ 낯설고 친숙하지 않은 사람을 만나면, 정중, 무관심, 차가운 사람이 된다.
④ 친숙하지 않은 상황에 처하면, 잠시 미소 지으며 인사 나눈 후 다른 약속을 핑계대며 그 자리를 피한다.
⑤ 낯선 사람이나 친숙하지 않은 사람은 접촉 자체를 기피한다.
⑥ 대인관계 상황에서 냉정한 거리를 유지한다.

주위의 사람들로부터 버림받게 되지나 않을까 하는 두려움 때문에 확실한 보장이 없이는 대인관계나 사회적 관계를 형성할 수 없는 성격장애를 회피성 인격장애(avoidant personality disorder)라고 한다.

이 인격장애자는 사회적 배척과 모욕의 가능성에 매우 민감하여 다른 사람들이 자기를 수용해 주기를 기대하며, 타인의 애정과 친밀감을 절실히 바라면서도 대인관계를 맺는 데 있어 회피하려 한다. 뿐만 아니라 이들은 자존심이 낮아서 자신의 개인적 약점에 당황해하며 자신이 이루어 놓은 모든 일들을 스스로 평가절하하는 태도를 취한다.

이현수(1985)는 이러한 인격장애자의 특징을 다음과 같이 제시하였다.

① 다른 인격장애와는 달리 자기 스스로는 친밀한 대인관계를 가지고 싶으나 그것이 뜻대로 되지 않는다.
② 남들이 자기를 어떻게 평가하고 있는지에 큰 관심을 쏟는다.
③ 자존심은 매우 낮다.
④ 남들이 자기를 조금이라도 싫어하는 것같이 생각되면 그들과 대인관계를 가질 수 없을 뿐만 아니라 크게 실망하고 모욕감을 느낀다.
⑤ 극히 소수의 친구가 있으나 그들과는 전혀 이해관계가 없다.
⑥ 우울증과 불안장애가 있어 사회생활이 쉽지 않다.
⑦ 대인관계가 많은 직업에 종사할 수 없다.

이근후 등(1995)도 회피성 인격장애자들은 사회적 철수경향 때문에 종종 분열성 인격과 혼동되기도 한다면서 그 특징을 다음과 같이 기술하였다.

① 타인에 대한 애정과 인정을 바라지만 사회적으로 철수되어 있다.
② 남들에게 모욕을 당하거나 수치, 거절당할 것같이 예상되는 사회적 상황에서는 과민해진다.
③ 일반적으로 자존심이 낮다.
④ 지속적이고 무조건적으로 자신을 인정해 주는 소수의 친구를 가지고 있다.
⑤ 자기비하적인 느낌과 연관된 불안, 우울증을 겪고 있다.
⑥ 소아기 때는 사회공포증과 유사한 장애를 보였으며, 이것이 성인기 장애의 소인(素因)이 된다.
⑦ 사회관계에 장애를 가져온다.

2) 회피성 인격장애자의 임상적 특징

미국정신의학회에서 발간한 DSM-Ⅲ-R(1988), DSM-Ⅳ(1994), DSM-5(2013)에서 이 성격자의 특징을 어떻게 정리하고 있는가의 고찰을 통해 이해의 폭을 넓혀 보자.

'DSM-Ⅲ-R(1988)에서는 회피성 인격장애의 특징을 다음과 같이 기술하고 있다.

① 타인이 자신을 '거부하지나 않을까'하는 두려움과 불안 때문에 사회적으로 은둔적인 생활을 한다.

② 수줍음이 많다고 하나 그렇다고 반드시 비사회적이라고 말할 수 없다.

③ 친분관계를 마음속으로 열망하고 있지만, 문제는 상대방이 자신에 대하여 무조건 받아들여줄 수 있다는 보장을 강하게 희구한다.

④ 자신감이 대단히 결여되어 있다.

⑤ 자존심의 수준이 낮다.

⑥ 상대방이 자신에 대하여 어떻게 생각하고 있는가에 대해 너무 예민하다.

⑦ 다른 사람이 자신에 대해 언급하면, 자신을 비판하거나 업신여기고 바보스럽게 생각한다고 속단해 버린다.

⑧ 말할 때 불안감이 매우 심하다는 것이 임상적 특징으로 발견된다.

⑨ 자신의 문제를 명료화 또는 해석해 주면 그것을 비판이라고 생각한다.

DSM-Ⅳ(1994)에서의 내용은 다음과 같이 정리했다(DSM-Ⅳ: 662~665).

첫째, 외현적 행동의 측면에서 나타나는 특징

① 자신의 감정과 생각, 내면의 불안과 부적절감을 표출하지 않는다.

② 타인에게 관심이 없고 냉정한 사람이라는 인상을 보인다.

③ 말수가 적고 잘 나서지 않으며 일정한 거리를 유지하기 때문에 은둔적 타입으로 느낀다.

④ 사소한 일에 과민 반응을 보이며 안절부절 불안해 하는 모습이 관찰된다.

⑤ 건조하고 느린 말투, 말이 자주 끊기며 어색함을 느끼게 한다.

⑥ 수줍음을 많이 타는 편이며 자세도 긴장되고 경직되어 보인다.

둘째, 대인관계 양상의 측면에서 발견되는 특징

① 대인관계의 특징은 '거리 두기'이며, '나를 좋아한다'는 충분한 확신이 없는 한 인간관계를 회피한다.

② 타인을 불신하거나 대인관계를 불안하게 느낀다.

③ 개인적 이유를 핑계로 사회적 책임을 맡지 않으려 한다.

④ 일대일 상황을 만들려 하지 않는다.

⑤ 다른 사람이 자신을 무시하는 것은 아닌지 은근히 떠 본다.

⑥ 타인으로부터 상처받을까 두려워 불편한 대인관계를 회피한다.

⑦ '사람들이 절대로 나를 좋아하지 않을 것이다'라는 생각으로 사람들과 거리를 둔다.

⑧ 일반사람들로부터 '대인관계를 원치 않는 사람'으로 인식된다.

셋째, 지각 · 인지적 측면에서의 특징

① 주변의 변화나 미묘한 차이에 민감하다.

② 주변 환경 내에 존재하는 '잠재적 위험'에 대해 훑어보는 능력이 탁월하다.

③ 한 번의 짧은 시선으로 부정적 · 위협적 단서(무시, 경멸, 멸시)를 재빠르게 포착한다.

④ 매 순간 상대방의 움직임과 표현을 훑어보고 평가한다.

⑤ 타인의 은밀한 감정 변화나 의도에 매우 민감하다.

⑥ 상대의 말투나 감정 표현에 미묘한 부분, 순간적 표정 등 사소한 부분까지 예민하게 포착한다.

⑦ 위험과 관련된 내면적 사고(思考)가 아무 때나 떠 올라 예민해지고 정서적으로 혼란스러워지는 것 같다.

넷째, 자아상의 측면에서의 특징

① 사람이 많을수록, 특히, 친숙하지 않은 사람이 많을수록 자신감이 저하된다.

② 잘 알지 못하는 사람들 속에서는 '이상한 나라의 엘리스'처럼 위축되고 작아져 보임을 느낀다.

③ 스스로 사회적 부적격자이고 못난 사람이라고 느끼는 부정적 자아의식이 있다.

④ 스스로 매력이 없다고 생각하고, 성공적인 결과를 거두어도 별것 아니라고 평가 절하한다.

⑤ 전형적으로 자신을 '불편하고, 불안하며, 슬프다'고 표현한다.

⑥ 아무도 나를 반기지 않는 것 같고, 외롭고 고독하며, 다른 사람이 두렵고 믿을 수 없다고 말한다.

⑦ 사람들은 대개 비판적이고 배신을 잘 하며 모욕과 수치심을 안겨준다고 말한다.

⑧ 남들을 훑어보기를 잘 하는데, 타인의 특성을 보는 것이 아니라 남들이 자신에 대해 '어떤 시선과 어떤 반응을 보이는가'에 주목하는 것이다.

⑨ 이들은 남들을 의심하는데, 주된 관심은 '남들이 자신을 사랑하고 수용할지'에 대해 의심하는 것이다.

다섯째, 사회적 직업적 영역에서의 특징

① 낯선 상황이나 새로운 일을 두려워한다.

② 가보지 않은 새로운 여행지를 기피한다.

③ 고정된 업무와 일과에서 벗어난 일을 맡게 될까봐 두려워한다.

④ 흔히 비중심적인 일을 맡는 것, 비핵심적인 부서에서 근무하는 곳을 선호한다.

⑤ 업무상 거의 권위를 내세우지 않고, 수동적 범위 내에서 주어진 업무를 수행한다.

⑥ 기존의 업무 이상의 책임과 적극성이 요구되는 직무를 감당하는 것을 회피한다.

여섯째, 대상표상의 측면에서의 특징

우선 회피성 인격장애를 정신분석적 관점에서 볼 때, 그들의 성격적 장애가 갈등 모형에 따른 신경증의 성격적 표현인지, 아니면 결핍 모형에 따라 심리구조적 취약성을 동반한 성격구조의 일원인지 아직도 논란이 있다. 그러나 밀론(Millon & Davis, 1996)은 회피성 장애는 심리 구조적 취약성을 보다 더 동반한다는 입장을 취하고 있다. 그는 이 성격장애자의 대상표상(object-representation)에 대해 다음과 같이 기술하였다.

① 이들 성격자들은 어릴 때의 긍정적인 성질의 기억들은 매우 제한적이지만, 불행했거나 섭섭한 것 등 문제에 관한 기억은 대상표상에 내재화된 경우가 많아서 관련된 최소한의 자극에도 즉시 민감한 반응을 보인다.

② 갈등상황이나 스트레스 상황에 직면하면 자신감을 갖고 문제의 성격을 평가·정의하고 통제력을 발휘하면서 문제 중심적으로 대처하지 못하고 막연한 불안과 좌절감에 휘둘리기 쉽다. 왜냐하면 그런 상황에 직면하자마자 불행했던 과거 기억이 재활성화되어 확산되기 때문이다.

③ 내면적으로는 공허함과 성장과정의 상처가 충만하고, 외면적으로는 세상사가 다양한 스트레스로 가득찬 두 세계에 갇혀버린 것 같은 느낌이다.

④ 때문에 바깥 세상으로부터 도망쳐 내면적으로 사색과 명상을 하며 휴식과 안정을 취하

려 해도 편안하지 않다.

⑤ 이들이 어떤 성취를 해도 정상인들처럼 즐거움을 만끽하지 못하는 것은 어릴 때의 불행한 상처(멸시, 거부, 학대, 폭력, 자기 비하 등)가 내재화되어 있기 때문이다.

⑥ 그 대신 사소한 부정적 경험(타인의 비판, 질책, 타인과의 비교 문책)에도 자기 비하와 모욕의 감정이 쉽게 재점화 · 활성화된다.

⑦ 항상 자기연민(自己憐憫)과 비참함, 자기비하(自己卑下)와 좌절 · 공허감으로 인해 고통스러운 감정을 피할 수 없는 것은 이들 성격자가 건전한 자기 정체감과 자아 존중감이 결여되었기 때문이다.

일곱째, 자기조절 기제의 측면에서의 특징

이들 성격장애자들은 자신의 사고와 감정, 그리고 행동을 조절 · 통제하기 위해서 차단(遮斷), 억압, 변형 또는 왜곡, 환상 등의 기제(mechanism)를 주로 사용한다.

① 고통스러운 사고와 감정은 차단시키고 억압한다.

② 본능과 충동, 호기심과 욕구, 불안과 소망도 차단하거나 변형 또는 왜곡시킨다.

③ 전반적으로 이들의 사고와 감정 세계가 서로 조화되지 않는 불협화음과 부조화를 나타낸다. 이는 정상적인 사고나 감정, 있는 그대로의 자신을 느낌으로써 경험하게 되는 고통과 괴로움을 피하기 위한 측면도 있을 수 있고, 정상적 사고나 감정을 차단 · 혼합 · 왜곡하는 그들만의 성격적 속성의 결과인 측면도 있다.

④ 자신의 내면 세계를 통제하려는 노력(차단)에도 불구하고 고통스럽고 괴로운 생각이 주기적으로 떠올라 정서적 균형을 교란시킴으로 인해 정서 불안정상태를 보인다.

⑤ 이들 성격장애자는 환상과 상상의 자기 기제를 통해 만족을 얻고, 그 세계에서 자기 존재감과 자기 가치감을 구축 · 향유하면서 당면한 갈등을 해소한다.

⑥ 이들의 첫 인상이 무표정하고 감정이 없으며 무관심해 보이는 것이 특징임은 전술한 바 있다. 그것은 이들이 자기조절을 위해 억압 기제를 많이 사용하기 때문이며, 현실적으로 체험하고 있는 내적인 혼란과 강렬한 정서적 동요를 얼굴 표정으로 커버하고 있다는 해석도 가능하다.

끝으로 지면관계상 DSM-5에서 기술된 회피성 인격장애자 특징(DSM-5: 672~675)은 진단 기준으로 대신한다.

2. 회피성 인격장애자의 진단 기준

우선 진단에 앞서 회피성 인격장애의 형성 원인부터 접근하는 게 도움이 된다.

1) 회피성 인격장애의 형성(원인)

회피성 성격이 왜 생기는가에 대한 견해는 다양하다.

첫째, 생물학적 요인

① '워밍업이 느린 기질의 아동'(Thomas & Chrss)과 '기질적으로 억제되어 있고 수줍어 하는 경향이 있는 아동'(Kagan)이 공히 15%라고 했다. 이러한 기질은 뇌의 생물학적 구조나 기능과 일부 관련되며, 후에 불안장애나 회피성 인격장애로 발전하는 경향이 있다(민병배 · 남기숙, 2000).

② 회피의 생리적 기제가 원인으로 이 성격자들은 위험과 처벌에 대한 생리적 민감성이 지나치다(davison & Neale, 1990).

③ 변연계(뇌 심층부) 구조 및 기능이 남들과 달라 체질적으로 공포와 불안을 잘 느끼는 기질이다(Millon & Davis, 1996).

④ 뇌에서의 교감신경계(위기상황 효과적 대처)보다 부교감신경계(생명 유지를 위한 생리적 기능 활성화)의 기능이 우세하기 때문이다(김현택, 1997).

둘째, 환경적(가정환경 등) 요인

① 태어날 때부터 기질적으로 까다로운 아이에게 키우기 힘들어하는 부모가 짜증과 야단을 치며 지속적으로 화를 내는 양육태도를 취하거나 과잉보호하면 회피적 성격장애로 키운다(Gabbard, 1994; 권석만, 1997).

② 불안에 대한 과민성을 타고 태어난 아이가 세상을 위험한 곳으로 느끼는 부모에 의해 과잉보호를 받으면 더욱더 부모에게 매달리는 쪽을 선택하게 되어 회피적 성격으로 형성된다(Mahler, Pine & Bergman, 1975; Millon & Davis, 1996).

③ 아이를 둘러싼 중요한 사람들(부모, 형제, 친구)이 매우 비판적이고 거부적이면 회피적 성격이 형성된다(성장과정의 상처).

셋째, 정신분석적 요인

① 회피성 인격장애의 형성은 그들 성격자의 중심적인 감정인 수치심이 문제이다(Gabbard, 1994). 이 불쾌한 감정으로부터 숨기 위해 대인관계나 자기 노출을 피한다. 이 수치심을 키워준 것은 가정을 포함한 환경적 문제로 이해된다.

② 회피성 성격장애자의 두드러진 특징과 증상은 '요구공포 딜레마'에 빠져 있다는 점이다(Burnham, Gladstone, & Gibson, 1969). 즉, 이들은 대상에 대한 욕구가 과도하므로 누군가가 자기조절 역할을 대신해 주길 바라고, 대신해 주는 대상과 접촉할 때 안심이 된다. 그런 대상이 없으면 위험에 노출되는 것이므로 인간관계를 회피해 타인과 일정거리를 유지하며 무관심한 척 하는 것이다(Millon & Davis, 1996).

넷째, 인지적 측면

① 자신에 대한 만성적인 비합리적 시각과 부정적 자기 신념이 대인관계를 두려워하고(감정), 회피한다(행동).

② 다른 사람에 대한 왜곡된 사고(나를 좋아하지 않는다)와 시각(나를 거부할 것이다)이 신념이 되고 강화된 것이 회피적 성격이다.

③ 타인들도 부정적 방식으로 나를 거부할 것이라는 '거절에 대한 두려움'(생각)

④ 사회적 상황에 직면하면 자동적으로 떠오르는 부정적인 자기 비난적 사고가 원인이다.

⑤ 대인관계에 대한 비합리적 신념과 부정적인 가정이 상대방에게 가까운 거리를 허락하지 않는다.

⑥ 상대방의 반응 및 얼굴 표정에 대해 임의적으로 추측·해석함으로써 객관적으로 평가하는 데 문제가 있다. 즉, 무표정한 얼굴에 대해 '화난 것', '내 의견에 동의하지 않는 것', '나를 비판하고 있는 것', '나를 싫어하는 것' 등으로 해석한다.

⑦ 다양한 회피행동(주의 분산 행동, 변명과 합리화, 공상과 환상, 부정적인 정서에 대한 편향된 태도)을 하고 인내력 부족이 회피성 인격장애의 원인이다.

2) 회피성 인격장애자의 진단 기준

사회적 불쾌(사회관계의 억제), 부정적 평가(부적절감)에 대한 두려움, 부정적 평가에 대한 예민감(수줍음)의 전반적 양상이 성인기 초기에 시작하여 다양하게 나타나는데, 다음 중 최소한 네 항목에 해당되면 회피성 인격장애자로 진단하게 된다(DSM-5: 672~673).

① 쉽게 상처받음: 타인의 비평이나, 비협조, 비난, 인정받지 못함에 대해 쉽게 상처를 받아 대인관계를 회피한다.

② 절친한 교우관계의 부재: 직계 친족 이외에 자신을 좋아한다는 확신 없이는 대인관계를 피함으로써 절친한 친구나 극진한 친구가 없다.

③ 타인과 잘 어울리지 않음: 수치를 당하거나 놀림받을까 두려워서 다른 사람들과 기꺼이 어울리지 않는다.

④ 사회적 · 직업적 활동의 회피: 사회적 상황에서 비판의 대상이 되거나 거절되는 것에 대해 집착함으로써 중요한 대인관계의 접촉을 포함한 사회적 · 직업적 활동을 피한다. 예를 들면, 사회적 요구가 증대되는 승진을 피하는 것이 그 단적인 예이다.

⑤ 사회적 상황에서의 과묵: 부적절하거나 어리석게 말하지 않을까 하는 두려움과 질문에 대해 답변할 수 없을 것 같은 두려움 때문에 새로운 대인관계 상황에서 회피하며 타인 앞에서 불안한 표정과 함께 과묵한 자세를 취하는 편이다.

⑥ 부정적인 자아개념: 자신을 사회적으로 부적절하고 개인적으로 매력이 없으며, 타인에 비해 열등한 사람으로 생각한다.

⑦ 소극적 자세로 관여: 당황스러운 일, 위험한 상황을 미리 염려하여 어떤 새로운 일, 어려운 일(위험한 일)에 관여하는 것을 피한다. 그리고 어떤 일을 수행하는 데 있어서 잠재적인 어려움을 침소봉대하고 신체적 위험을 과장하며 허풍을 떠는가 하면 개인적으로 큰 모험이 수반되는 위험한 일이라며 마지못해 한다는 자세를 취한다.

3. 회피성 인격장애자의 상담 및 지도방향

1) 회피성 인격장애자의 임상적 케이스

이들은 평소에 앞에서 고찰한 바와 같은 성격특성을 나타내면서 회피성 장애의 모습을 보이다가 어떤 계기를 맞이하면 악화된다고 볼 수 있다.

임상적 예를 두 가지만 참고적으로 소개하면 다음과 같다.

평소 회피성 성격성향을 가지고 있던 J양은 두 살 위인 언니가 수개월 전에 결혼과 함께 멀리 떠나고 난 다음부터 증세가 심해졌다. 그렇지 않아도 그녀는 '점차 외톨이가 되어 버림을 받을 것이다'라는 감정을 느끼고 있었는데(불안 · 동요감) 언니가 출가해 버림으로 인해 고교시절의 친구 한 사람만이 유일한 대인관계(사회적 고립)로 남아 있게 된 것이다. 여자 친구도 없는 데다 남자들은 몹시 두려워하고 있었으며, 그녀는 항상 '나는 남에게 나누어 줄 것을 정말 조금밖에 가지고 있지 않다'고 느껴왔다(낮은 자존심의 표현). 또한 자기에게 따르는 남자가 있다고 하더라도 남자는 곧 자기의 결점을 발견하고 자기를 '버리게 될 것'이라는 생각을 하게 되며, 결혼을 해서 사랑을 받으며 살고도 싶지만 결국은 '이혼당할 것'이라고 하는 두려움 때문에 이성과의 관계는 2~3번의 데이트로 절교를 반복하게 되는 것이다.

또 다른 케이스는 회사에 입사한 지 3년이 된 모 대기업의 K대리의 경우이다. 11월에 공채시험을 통해서 1,000여 명을 뽑고 입사교육을 끝낸 후 그들 신입사원이 첫 출근하던 날 K대리의 부서 책임자인 R이사는 신입사원을 소개하면서 "대단히 우수하고 장래가 촉망되는 신입가족이 들어왔다. 이들이 장차 우리회사를 이끌어 갈 내일의 주인공"이라고 소개하면서 박수로 환영하자고 인사말을 했다.

그때부터 K대리는 괜히 불안감이 심해졌으며, 해고될 것을 걱정하면서 두려워하기 시작했다. 점심시간 때는 선배사원들이 신입사원을 앉혀 놓고 "성이 무엇이냐"며 "종씨끼리 한 잔하자", "어느 동에 사느냐? 같은 지역끼리 단합대회 하자", "육군 출신이냐, 해병대냐, 방위병 출신이냐"고 물으면서 "같은 군대 출신끼리 저녁이나 하지", "취미가 무엇이냐, 우리 등산반, 사진반, 낚시반에 들어오라"면서 야단법석을 떨지만 정작 K대리는 자기도 그와 같은 말을 하고 싶고 동참하고 싶으면서도 그들 동료사원으로부터 권유를 받지 않고서는 그들과 행동을 같이 하는 일에 주저하고 있기만 할 뿐이다. 그러면서 '내가 왜 그들에게 손을 내밀면서 애걸해, 그럴 필요가 없어'라고 생각하지만 결국은 '거절당할 것'이라는 두려움 때문에 행동화하지 못하는 것이다.

K대리는 어릴 때부터 자신에 대하여 언제나 수줍어했으며, 겁도 많고 조용한 소년이었다고 한다. 그는 두 사람 정도의 친구가 있을 뿐이며 직장에서의 인간관계도 극히 제한되어 거의 외톨이가 되어 있고, 구내식당에서는 항상 혼자 식사를 함으로 인해서 직장 내에서는 K대리를 '고독한 철학자', '언제나 자기만을 위해 일하는 친구'로 일컬어지며 '야단법석을 떠는 자리'에는 한 번도 동참해 본 일이 없다는 것이다.

2) 회피성 인격장애자의 지도방향

이와 같은 성격특성을 가진 회피성 인격장애자를 어떻게 치유하고 지도할 것인가?

첫째, 정신・심리치료를 해야 한다.

① 상담・치유적 관계 형성

상담 치유적 관계 맺기가 쉽지 않다. 왜냐하면, 이들은 치료 자체를 회피하고, 치유관계 유지도 상담 치유자에겐 도전이요 부담이 되기 때문이다. 이들은 치유자가 자기를 좋게 생각하는지, 나쁘게 생각하는지 끊임없이 테스트하려고 하기 때문에 상담 치유자는 높은 인내심과 충분한 시간을 갖고 친화관계・신뢰관계를 형성해야 한다(Millon & Davis, 1996).

성장기에 가족으로부터 받은 외상적 경험과 성장과정의 상처를 다루기 어렵고, 이들이 치료받으러 올 때는 대개 우울증, 불안, 알코올 중독, 분노 등의 문제로 오게 된다. 특히, 상담・치유관계에서의 임의적인 추측・해석과 다양한 회피행동에 대해 주의 깊게 살펴야 한다(Freeman, Pretzer, Fleming & Simon, 1990).

② 치료의 목표 설정

이들은 모욕과 배척, 거부와 비판, 배신과 수치심을 안겨 주고 실패의 모험으로 가득 찬 곳이 세상이라는 부정적 사회관을 가지고 있기 때문에, 그런 사회에 직면하게 하고 그 속으로 능동적으로 나아가도록 격려하는 것이 치료 목표이다(Kaplan, Sadock & Grebb, 1994). 즉, 적극성과 소극성, 즐거움과 괴로움의 균형을 유지하도록 하는 것이다(Millon & Davis, 1996).

그러자면 사회에 대한 회피 성향을 감소시키고, 대인관계에서 체감할 수 있는 즐거운 자극들에 대해 관심을 갖도록 자극해 주어야 한다. 또한 회피하고자 했던 사고와 감정을 감약시켜 주고, 대인관계 및 사회적 상황에 직면할 수 있도록 용기를 북돋워주어야 한다.

③ 구체적 치유 전략

대인관계 기능을 함양하는 등 사회적 성숙 훈련을 시켜야 한다. 얼굴에서는 화기(和氣), 말에서는 활기(活氣), 몸 전체에서는 생기(生氣)와 온기(溫氣)가 표출되도록 훈련해야 하며, 대화할 때는 상대방의 눈을 보고 진지하게 경청하는 연습, 적절한 때 자기 의사를 개진하고 상대방을 신뢰한다는 자세를 취하는 훈련도 필요하다.

그리고 문답법이나 역할 연습 및 역할 교환, 영화 요법을 통한 비합리적 신념, 부정적인 사고, 비현실적 왜곡된 생각 등을 수정해야 한다.

요컨대, 이들 회피성 인격장애자들은 우울증, 불안장애, 타인에 대한 분노 등이 함께 나타날 수 있으며, 합병증으로 사회적 공포증(social phobia)이 나타날 수도 있기 때문에 가장 중요한 문제는 카운슬러와 클라이언트 간의 심리・정신적인 친화관계의 형성이다. 상당기간 카운슬러는 클라이언트의 주장이나 이야기를 아무런 비판이나 해석이 없이 들어주기만 하는 '인내의 경청자세'가 요구된다. 그래서 클라이언트로 하여금 '이분이 나를 이해해 주는 사람이며, 돌보아 주려고 노력하는 믿을 수 있는 사람이구나! 하는 느낌이 들도록 해야 한다. 그러면서 전술한 편집・망상적 인격장애자의 지도방법을 참고로 하여 단계적 접근(7단계)을 하는 것이 효과적이라 하겠다.

둘째, 사회성 훈련과 함께 자기주장훈련(assertiveness training)을 단계적으로 실시해야 한다. 왜냐하면 절친한 친구가 없거나 적다든지, 타인과 어울려 사회활동을 하는 것을 피하고 쉽게 대인관계에서 상처받거나 타인 앞에서 불안 표정을 표출하는 등의 문제점을 치유하기 위해서이다. 친교 모임의 주선이나 취미서클 활동에 참가하게 하되, 처음부터 큰 규모의 모임이나 수준 높은 게임 등을 레크리에이션 프로그램으로 진행할 경우 실수하게 되면 원래의 낮은 자존심이 더욱 상처를 입어 역효과가 예상되므로 신중하게 실시되어야 한다.

셋째, 집단치료를 받도록 하는 것도 좋다. 자기이해와 자기탐색 그리고 정상인의 발달적 문제라면 집단상담의 기법을 사용하고, 교육적 정보・지적 영역에 관련된 문제라면 집단지도를 해야 하겠지만 회피적 인격장애자의 경우는 심각한 정서장애와 성격장애의 치료이므로 집단치료적 방법을 통해서 문제의 해결과 장애를 치료하는 것이 좋겠다.

넷째, 주된 증상이 불안, 공포 등 자율신경계의 과잉 흥분과 관련될 때는 이를 경감시키기 위해 전문기관에서 약물요법 치료(Kaplan et al., 상게서)를 하지만, 부차적 증후로 우울, 불안, 스트레스 증상일 경우는 근육이완 훈련, 명상, 요가 등(김현택, 1997)을 적용하기도 한다.

제2절 의존성 인격장애자 상담 및 지도방향

1. 의존성 인격장애자의 이해 및 특징

1) 의존적 인격장애자의 이해

의존성 인격장애(dependent personality disorder)는 구강성격(oral character)이나 수동 의존형(passive-dependent type)의 성격과 거의 유사한 성격으로서 다음과 같은 점이 언행 면에서 표출된다.

① 자기신뢰의 부족(자신감이 약함)

② 사소한 자신의 생활 내용까지도 스스로 결정하지 않고 결정의 책임을 타인(부모, 친구, 배우자)에게 맡기거나 남의 의견을 듣지 않고는 결정할 수 없다(자신의 생활 책임을 타인에게 전가).

③ 타인에게 요구할 줄도 모르고, 기존의 보호적 관계를 깨뜨리지 않으려고 자신의 욕구를 억제한다(자신의 욕구까지도 타인의 욕구에 맞추어 나간다).

④ 자신이 노력하지 않고 남의 도움에 의지한다(독립심 부족).

⑤ 자신감이 없기 때문에 잠시라도 혼자서는 생활해 나갈 수 없다(혼자 있게 되는 것을 두려워한다).

⑥ 자기 의사대로 행동하거나 결정하는 일이 거의 없고 남의 의사에 따른다.

⑦ 열등 콤플렉스(inferiority complex)를 가지고 있기 때문에 자기의 능력을 스스로 과소평가한다.

⑧ 도와줄 사람이 주변에 없을 때는 불안해하고 괴로워서 견디기 어렵다.

⑨ 자기에게 도움을 주는 사람하고만 좋은 대인관계가 이루어진다.

⑩ 자기 확신이 결여되어 있다.

⑪ 불안장애, 우울장애가 흔히 공존하고 광장공포증(agoraphobia)이 있을 수도 있다.

⑫ 비교적 흔하고 여성에게 상대적으로 많으며 형제 중 막내에게 많은 성격이기도 하다.

2) 의존적 인격장애자의 특징

첫째, 대인관계 양상의 측면에서의 특징은 다음과 같다.

① “당신만 좋다면 나는 항상 좋아요.”

② 주변인을 위해 자신을 희생한다.

③ 다른 사람의 생일과 기념일을 잘 기억한다.

④ 입원 등 어려운 문제에 제일 먼저 달려가고 주도적으로 앞장 선다.

⑤ 자신의 욕구, 스케줄보다는 다른 사람의 것이 우선이 된다.

⑥ 가장 싫어하는 것은 타인과의 갈등이다.

⑦ 타인의 기분을 상하지 않기 위해 자신의 개성과 자율성을 포기한다.

⑧ 상대방을 기쁘게 하고 그의 비위를 거스르지 않기 위해 신경 쓴다.

⑨ “무엇을 먹을까?”라고 식사 주문하면, 윗사람이 선택한 메뉴에 “같은 걸로”라고 답한다.

둘째, 자아상의 측면에서 다음과 같은 특징을 보인다.

① 의존적 성격자를 ‘사려깊은 사람’, ‘헌신적인 사람’, ‘예의 바르고 협조적인 사람’ 등으로 오해한다.

② 이들의 심리적 기저에는 무력감과 열등감이 있다.

③ 자기 위축감과 함께 혼자되는 것을 가장 두려워한다.

셋째, 감정 표현 양상의 측면에서 다음과 같은 특징이 있다.

① 혼자 있을 땐 우울한 표정을 드러내지만 타인들 앞에서는 대체로 명랑한 기분을 드러낸다.

② 부정적인 감정(분노, 적개심 등)을 드러내지 못한다.

③ 이들의 내면에는 억압된 부정적 감정이 내재되어 있다.

④ 누군가 애착관계가 있을 때는 편안한 모습이지만, 관계에 문제가 생기면 우울감정을 드러낸다.

넷째, 인지적 양상의 측면에서 발견되는 특징은 다음과 같다.

① 이들은 ‘모든 게 잘 될거야’라는 ‘막연한 낙관주의’ 가치관을 가지고 있다.

② 매사에 이들이 생각하는 결론은 ‘해피 엔딩’이다.

③ 사회현상의 긍정적인 면만을 보려고 하므로 세상의 부정적 측면은 외면하려 한다.
④ TV드라마에서 '울고 소리 지르고 심하게 부부싸움'하는 것을 시청하면 질색을 하면서 "저런 거 왜 보고 스트레스 받는가"라며 채널을 돌린다.
⑤ 사고방식은 한 측면만 주목하고 분리되어 통합에 실패하는 경우가 많다.

다섯째, 일과 직업의 측면에 나타난 특징은 다음과 같다.
① 윗사람(상사)의 기분을 헤아려서 기쁘게 하려 한다.
② 주도성과 자율성이 요구되는 업무에서는 윗사람을 짜증나게 한다.
③ 사소한 일이라도 스스로 하지 못하고 '어찌 하오리까?'를 반복한다.
④ 상사가 됐을 경우, 부하 직원들을 위하고 치안과 감사의 말을 잘 한다.
⑤ 중요한 결정을 할 때는 핵심 멤버들에게 은근히 의존하는 경향이 있다.
⑥ 부하 직원들의 반응에 지나치게 신경을 쓴 결과 권위행사(명령, 지시)를 못한다.
⑦ 상사로서 조직의 성과 목표 달성 추진에 있어서 곤란에 직면한다.

여섯째, 대상표상의 측면에서 나타난 특징은 다음과 같다.
① 중요한 인간관계에 있어서 아동기 때의 미분화된 감정, 사고 및 가치관을 가지고 바라본다.
② 인간관계의 참여 시 성인 대 성인의 관계가 아니라 부모와 자녀의 관계로 참여하므로, 불안하고 어딘가 안심이 안 되는 관계에서는 이 같은 내적인 틀이 더욱 노골화되고 강화된다.
③ 버려지는 것을 두려워하기 때문에 중요한 타인에게 더욱 매달리며, 의존 대상이 눈 앞에 없으면 상실감을 통감하고, 분리·이별의 상황이 전개되면 '그저 가만히 앉아서 울고만 있는 경우가 더 많다(이정태·채영래 역, 1996).

일곱째, 방어기제의 측면에서 본 특징은 다음과 같다.
① 무의식적으로 자신이 '무능하다'고 생각한다.
② 힘 있고 유능하다는 사람과 자신이 한 팀이라고 느껴 자신의 무능력에 따른 불안을 피한다.
③ 실세(상관)와의 동일시를 통해 그의 후광 효과를 얻고 있다는 일종의 환상으로 자위하

고 자존심을 지킨다.

④ 죄책감, 분노, 공격성, 증오 등의 부정적 감정은 이들 성격자들에게 감당하기 어려워서 마음의 평안을 위해 부인하고, 극단적 낙천가(pollyana)식 사고방식에 젖는다.

⑤ 이들은 이면의 불안 때문에 누군가가 돌봐주기를 바란다.

⑥ 의존하고 매달리는 행동 뒤에는 공격성이 숨겨져 있을 수 있다. 의존적 행동은 적개심에 대한 방어기제일 수 있으며, 집착 대상이 되는 사람을 은근히 괴롭힌다.

⑦ 모든 일이 순조로울 때는 부드럽고 온화하며 비경쟁적이고 수줍어하는 분위기를 나타낸다. 그러나 거절과 버림을 받으면 평소에 방어되고 있던 부정적 감정과 사고(불안감, 비관, 실망과 낙담)의 영향으로 산산조각이 나서 병원 치료를 받게 된다.

2. 의존성 인격장애자의 진단 기준

돌봄을 받고자 하는 지나친 욕구가 순종적이며 매달리는 행동(submissive and clinging behavior)의 전반적 양상이 성인 초기에 시작하여 다양하게 나타나는 경우로서 다음의 기준 중 최소한 다섯 가지에 해당되면 의존성 인격장애자로 진단하게 된다(DSM-5: 675).

① 타인의 도움 필요: 타인으로부터 지나친 충고 또는 재보증(advice orreassurance) 없이는 일상생활에서의 그 어떤 결정도 내리지 못한다.

② 자신의 일을 타인이 결정: 어디에서 살 것이며, 어떤 직업을 택할 것인가 등 자신의 중요한 결정을 대부분 남이 하도록 허락한다.

③ 타인에게 동조한다: 거부당하지 않을까 하는 두려움 때문에 잘못됐다고 믿어지는 경우라도 남들에게 동조해 버린다.

④ 자신의 일 처리에 어려움이 있다: 자기 자신이 일에 착수하고 진행하는 데 있어 어려움이 있다.

⑤ 자원해서 일을 한다: 남들이 자신을 좋아하도록 하기 위해서라면 비록 불쾌하거나 품위를 떨어뜨리는 일까지도 자원하여 한다.

⑥ 홀로 있을 때의 불편, 무능력감: 홀로 있을 때나 혼자되기를 피하기 위해 장기간이 경과했을 때 불편감 또는 제 힘으로 어찌할 수 없는 속수무책 상태를 느낀다.

⑦ 황폐 · 무력감: 절친한 관계가 끝났을 때 황폐감 또는 무력감을 느낀다.

⑧ 버림받는 두려움: 버림받는 두려움에 자주 몰입한다.

⑨ 쉽게 상처받음: 타인의 비평이나 비난에 대해 쉽게 상처를 입는다.

3. 의존성 인격장애자의 상담 및 지도방향

1) 의존적 인격장애자 형성 원인

첫째, 생물학적 요인

① 체질적 소인

온순하고 많이 울고 무서움을 많이 느끼는 어린이, 병치레가 잦은 허약한 아이는 항상 부모를 걱정하게 하여 과잉보호하게 되므로 이들 성격으로 키워진다.

② 뇌 구조의 변연계 요인

뇌의 심층부에는 변연계라는 뇌 구조물이 존재한다. 이 변연계는 정서(감정) 조절, 동기 부여 및 학습과 기억에 관여(파충류보다 진화된 동물들이 극진하게 새끼를 돌보는 것은 변연계가 있기 때문)하고, 변연계의 한 구조물인 편도체는 감정을 조절하고 공포에 대한 학습 및 기억에 관여한다. 때문에 편도체의 특정 부위를 손상시키면 공포의 여러 증상이 소실된다(김현택, 1997). 의존성 인격장애자들이 사소한 스트레스에도 과민하게 반응하여 지나친 긴장감과 공포를 경험하는 것은 변연계의 예민한 반응 때문이라는 주장이 설득력을 가진다(Millon & Davis, 1996).

③ 호르몬 불균형 요인

우리 생체는 추위와 더위, 분노와 슬픔 등에 어느 정도 참을 수 있으나 정도를 넘으면 감내할 수 있는 능력의 한계를 지나 병적 증상으로 넘어가게 된다. 예컨대, 분노의 감정을 참지 못하면 우리 체내의 에피네프린(epinephrine), 노르에피네프린(norepinephrine)과 같은 카테코라민(catecholamine)이라고 불리는 성분이 많이 배출되어 얼굴이 붉어지고 여러 가지 생리적 이상을 발생시켜 위궤양, 악성 종양 등의 무서운 질병을 발생시킨다.

즉, 스트레스를 받으면 교감신경계가 활성화되고 부신(副腎)에서 아드레날린(에피네프린), 노르아드레날린(노르에피네플린), 스테로이드성 스트레스 호르몬이 방출된다. 이는 교감신경계가 대처반응(싸움/도망)을 효율적으로 할 수 있도록 도와주는 것으로 아드레날린 호르몬도 심장의 출력을 높여 근육으로 공급되는 혈류를 증가시켜 교감신경계와 같은 도움을 준다(김현택 외 공역, 1997). 그런데 이 상황에서 호르몬의 분비가 불충분하면 스트레스 대처나 문제해결 시 효율적 대처행동을 저해하는 생리적 기반이 조성된다. 의존성 인격장애자들이 스트레스를 받으면 카테콜라민의 일종이요 에피네프린이라고도 하는 아드레날린(adrenaline)이 충분히 유지되지 않아 적절한 대처 반응이 곤란하다는 것이다.

둘째, 환경적 요인

① 부모의 과잉보호적 양육태도

② 형제 자매 간의 역학관계

다른 형제(자매)가 유난히 공격적이거나, 유능하고 똑똑하거나 말썽쟁이인 경우에 다른 아이는 상대적으로 수동적 · 소극적이 되며 고분고분 얌전한 행동 양식을 발달시킬 수밖에 없고 의존적 역할을 담당했을 것이다(Mentzos, 1984; Millon & Davis, 1996).

셋째, 인지적 요인

① 마음속의 두 가지 인지적 핵심 요인이 문제

'나는 무능력한 존재이다', '이 험한 세상에서 나를 보호해 줄 누군가가 꼭 필요하다'라는 생각과 신념을 가지고 있다. 그래서 성인이 되었는데도 자신의 권리와 요구를 포기하고 그 사람에게 맞추기 위해서는 '반항하지 말자', '얌전하게 처신하자', '친절한 모습을 보여 주자'라는 생각이 무의식에서 실천적 의식에까지 체계화된 것이다.

② 흑 · 백의 이분법적 사고

성격적 장애를 경험하기 쉬운 사람의 공통점은 매사를 흑 아니면 백으로 보는 성향이 강하고 중립 · 중간 지대를 용인하지 않는다. 이 의존성 인격장애자 역시 '내가 옳은가 옳지 않은가', '선한가 악한가', '유능한가 무능한가'의 양 측면에서만 규정한다.

③ 부정적 사건의 과장 해석

부정적 사건을 지나치게 과장하여 해석함으로써 '모든 것이 끝장'이라는 식의 재앙적 해석(인생 종말)을 하는 성향이다.

④ 자신이 '무능하고 무기력하다'는 자아상을 지니고 있다.

⑤ 대화 기술의 부족, 대인관계 친화력 문제 등의 사회적 성숙에 문제가 있다.

2) 의존성 인격장애자의 지도방향

이 인격장애자의 지도 내지 치료에 있어서는 다음과 같은 사항에 유의해야 한다.

첫째, 기존의 한쪽 극단에 치우쳐 있던 편향성에서 벗어나 새로운 균형 감각을 정립시켜 능동적으로 사고·행동하도록 해야 한다.

자신/타인, 흑/백, 독립/의존, 능동/수동에서 균형을 잡고 자율과 독립적으로 행동하고 친밀한 인간관계를 맺을 수 있도록 수련시켜야 한다. 모든 인격장애자의 지도 및 치료에서 거론되었던 정신치료, 심리치료, 행동치료 등의 방법을 종합적으로 검토·적용시킨다는 원칙을 지켜야 한다.

둘째, 대인관계에서의 적응이 문제되기 때문에 행동요법, 특히, 자기 훈련을 통해 문제행동을 지도(치료)하여야 한다.

구체적인 치료 목표는 대인관계에서 좀 더 활발하고 주도적으로 행동하는 것과 타인과 어울릴 때 자신의 생각과 의사를 분명하게 표현하는 것이기 때문이다.

셋째, 의존성 인격장애자와 수동-공격적 인격장애자와는 의존성 성향 면에서 현저하게 관련이 되어 있기 때문에 이 양 성격의 차이를 변별해야 한다.

결국 부정적 사고에서 벗어나기 위해서는 자기주장 훈련을 통해 자신감을 증진시키고 자기신뢰감을 함양해서 스스로 사고·행동하게 하는 행동의 변화가 목표이다.

넷째, 또한 경제성 인격장애, 회피성 인격장애, 히스테리성 인격장애, 만성 정신분열증과도 유사한 점이 많으므로 이들과 의존성 인격장애와의 변별성 차이를 예의·검토하고 그들 지도·치료방법을 참고하는 것도 권해 볼 만한 대처방법이 될 것이다.

다섯째, 성격장애는 장기간의 치료가 필요한데, 이 의존적 성격장애는 치료기간을 사전에 고지하고, 치료의 제반규칙을 철저히 엄수하도록 해야 하며, 치료자와 내담자와의 관계 설정도 엄밀히 해서 치료자에게 지나친 의존을 보이는 내담자에겐 가벼운 스킨십도 피하도록 해야 한다.

여섯째, 치료의 목적은 내담자의 독립이다. 그런데 내담자는 자신의 문제를 해결하기보다는 치료자와의 애착관계를 유지하기 위해 치료에 참여하고 매달리기 때문에 환자의 저항과 위험 요인을 잠시라도 잊으면 안 된다. 왜냐하면 지지를 이끌어 내려는 환자의 덫에 치료자가 걸려들 수 있기 때문이다(Beck & Freeman, 1990, Millon & Davis, 1996).

일곱째, 집단치료와 가족치료(부모/부부치료)가 자율적 기능과 사회적 성숙(대처기술) 증진에 도움이 된다.

집단 장면에서 자기 주장적 행동을 하고 피드백을 받으며, 가족치료를 통해 가족관계 변화와 내담자의 의존성을 감약시킬 수 있다.

제3절 강박적 인격장애자 상담 및 지도방향

1. 강박적 인격장애자의 이해 및 특징

강박적 인격장애(obsessive-compulsive personality disorder)는 항문적 성격(anal character)의 연장으로, 또는 소년기의 그의 언행상의 지속에 의해, 또는 스트레스의 결과로 생기는 후퇴로 나타날 수 있는 성격으로서, 융통성이 없으며 완벽주의자로 적당히 처리할 줄 모르고 쉴 줄 모르는 '고지식한 일꾼'으로 지칭받는 성격자이다. 지나치게 양심적이고 도덕적이며, 항상 어떤 기준을 어기지 않으려 심히 애를 쓴다. 느긋하게 운신(運身)할 줄 모르는 이런 타입의 인간은 언제나 긴장되어 있다는 것이 특징이기도 하다.

그래서 데이비슨(Davison)과 닐(Neale) 등은 "강박성격자들의 행동 유형은 지나치게 규칙과 기준에 얽메이고 그것들에 순응하는 데 마음을 쓴다. 지나치게 양심적이고 억제되며 의무관념이 강하고 소심하며 완고하여 긴장을 푸는 데 무척 고생한다"고 정리해 주고 있다.

이 같은 강박성격을 이해하려면 소위 항문기적 성격과 강박관념 및 강박충동을 고찰·이해하지 않으면 안 된다. 왜냐하면 정신분석학에서는 강박성 성격의 발전유래를 항문기와 결부된 '리비도(libido)'에 대한 반동형성과 승화(sublimation)에 있다고 보며, 그 결과 강박성 성격을 항문기적 성격이라고 하기 때문이다.

그렇다면 항문기성격이란 어떤 특성을 나타내는 것인가? 흔히 "3S"와 "5P"의 성격이라고 한다. 그 "3S"란 이기적(selfish)이고 인색(stinge)하며, 완고(stubborn)한 성격특성을 나타내는 단어들의 머리글자를 따서 일컫는 말이다. 이는 프로이트(Freude)에 의해서 '배설보다는 뱃속에 보관하고 내보내지 않으려는 성격'이라고 정의함으로써 인색한 성격임을 시사하고 있는데, 일상생활에서 깨끗하고, 깔끔하며 빈틈 없이 꼼꼼하고 청결과 정돈, 복종과 시간엄수, 완벽주의적 행동 패턴 등의 특성을 가져서 '틀림없는 타입', '깍쟁이'로 통하는 스타일의 성격자라고 할 수 있겠다.

또한 "5P"의 성격이란 인색(parsimony), 시간엄수(punctuality), 완벽주의(perfectionism), 성급함(petulance), 현학적(pedantic) 또는 학자연하는 점을 들기도 한다. 그리고 강박관념(obsessions)이란 어느 한 경우에 지나칠 정도로 감정상 고착하여 '무엇인가 해야겠다'고 생각은 하면서도 생각대로 잘 되지는 않고, 그렇다고 고착된 모종의 현상을 쉽게 단념할 수도 없어서 다른 일도 못하는 경우를 말한다. 말하자면 머릿속에서 지워지지 않고 맴돌아서 괴로움을 안겨다 주는 생각이 강박관념인 것이다. 즉, 질적인 면에서 볼 때 억압된 적대감, 파괴적 성향, 부적절한 성적 충동 등이 악착같이 또는 자꾸 되풀이되는 생각으로서 이것들이 위장된 형태로 다시 나타난, 용납될 수 없는 충동들이라고 이해할 수 있다. 예를 들자면, "나는 신장병을 앓고 있다"고 생각하거나, "특정의 나이가 되면 죽을 것이다"라는 생각, 문을 잠그고 나와서 퇴근차를 탔으면서도 안 잠그고 나왔다고 생각하고 도중에 하차하여 다시 사무실로 와서 확인을 한다든지, 난롯불을 끄고 전기 코드를 뽑은 후 퇴근을 했으면서도 그 같은 안전조치를 하지 않은 채 퇴근했다는 생각이 들어 불안해하는 경우들이다. 그래서 모리스(Charles G. Morris)는 "…거의 지워버릴 수 없는 생각과 공상이 순환·반복적으로 일어나는 것"을 강박관념이라고 했다.

다음으로 강박충동(compulsions)이란, "…어떤 행위를 자꾸 반복적으로 하게 만드는 불가항력적 충동"이라느니, "인간들이 의식하고 있는 의사에 반하여 자행되는 강력하고도 걷잡을 수 없는 충동"이라고 규정하고 있다. 강박관념을 가진 사람은 자기의 생각이 병적임을 잘 알면서도 그리고 그 같은 생각을 하지 않으려고 노력을 하면서도 하지 않을 수 없는 입장에 자주 처하게 된다. 때문에 그들의 강박 증상 및 강박적 행위를 분석해 보면, 금지·억제된 충동들을 취소하거나 속죄하기 위해서, 불안·공포를 감소시키기 위해서 다음과 같은 몇 가지 유형의 행동을 감행하는 것이다.

첫째, 일반적인 사실에 대한 강박적 의문을 나타내는 행동 유형을 말한다.

"해는 왜 동쪽에서 뜨고 서쪽으로 지는 것일까?", "왜 손가락의 길이는 다 다른가?", "왜 하나 더하기 하나는 둘이 되는 것일까?" 등이 그것이다.

둘째, 반윤리, 비도덕적인 괴로운 사고 유형을 말한다. "자기의 사랑하는 가족들을 해하지 나 않을까?", "근친상간을 하는 내용의 생각" 등이 이에 해당된다.

셋째, 뻔히 아는 추상적 문제에 집착하는 강박적인 심사숙고형이 있다.

"무한(無限)이란 무엇이고 영생이란 무엇이냐?", "종교란 무엇이며, 신이란 무엇인가?", "존재와 시간, 그것들의 궁극적 목표와 방법은 무엇인가?" 등과 같이 어느 누구도 해결하지 못했고, 또 자기 자신 역시 생각하고 고민해 보았자 해결되지 않으리라는 것을 알면서도 그 같은 철학적 문제에 집착하는 유형이다.

넷째, 쓸데없는 염려, 불필요한 걱정에 강박적으로 몰두하게 되는 유형이 있다. "걸어가다가 버스의 타이어가 빠져서 다치지나 않을까?", "날아다니는 비둘기의 분비물이 머리와 새 옷에 떨어지지 않을까?", "길가의 고압선 줄이나 전봇대 위의 변압기가 내 머리 위에 떨어져 죽지나 않을까?" 등의 유형이다.

다섯째, 일정한 방향과 자세, 특정의 위치와 형태를 강조·고수하고 계속적으로 확인하는 유형이 있다. "넥타이의 위치가 조금만 바뀌어도 불안해한다", "헤어스타일은 항상 일정하고 포마드도 같은 회사 제품만 쓰며, 포마드 바른 머리카락의 윤기도 항상 일정해야 한다", "길을 걸어가면서 전주 또는 가로수의 숫자를 반드시 헤아리면서 가야 한다", "승차 시에는 늘 같은 좌석에 앉아 똑같은 자세로 항상 시선을 일정한 방향에 고정시킨다", "옷 입는 순서도 늘 자기 방식에 따르며, 문을 잠그고도 미심쩍어 여러 번 확인을 해 보아야 직성이 풀리는 것" 등이다.

그래서 앳킨슨(Rita L. Atkinson)은 비공식 보고서를 통해 〈강박행위적 의식(compulsive rituals)〉에서 30세 여성의 행동특징을 다음과 같이 제시해 주고 있다.

① 잠겨 있는 창문과 문을 3회씩 확인(검사)하기 전에는 취침할 수 없었다.

② 가스레인지와 화로의 불씨, 온수 히터, 가스가 새지 않는가를 확인하는 검사를 해야만 했다.

③ 그녀는 가끔 옷을 입을 만큼 깨끗하다고 확신이 서기 전까지는 연속 3~4회 샤워 - 매번 항균세제(special antibacteriakl cleanser)로 완전히 몸을 빡빡 문지르는 정도 - 를 해야 했기 때문에 목욕과 옷 입는 시간이 많이 걸렸다.

④ '드라이 크리닝'이 모든 세균(all possible germs)을 제거할 수 있다고 믿지 않았으므로

철저하게 물세탁할 수 있는 옷만을 입었고, 그 각각의 옷을 입으려면 3차례씩 빨래해야 했다.

⑤ 음식을 준비할 때도 비슷한 위생 절차를 행하였는데, 그녀는 접시와 부엌 용품들은 사용 전·후에 반드시 끓는 물로 소독하고 직접 준비한 것이 아니면 식사를 하지 않았다.

⑥ 항상 매우 단정하고 깨끗했으나 이와 같은 '안전을 위한 지나친 행동'은 더욱 심해져서 병적인 정도에 달했다. 때때로 자신의 예방조치가 어리석음을 깨닫지만, 행동절차상에서 그 같은 행동을 줄이려고 시도를 할 때마다 심한 불안이 생겼다.

결국, 강박성 성격방향이나, 강박성을 띤 생각이나 행위 등은 현대인 누구나 다 어느 정도 가지고 있는 것이며 또 경험할 수 있는 것이지만, 문제는 그 정도가 지나쳐서 정상적인 일상생활이 방해를 받고 정신적 고통으로 인한 심리적 안정감이 깨어지게 된다면 문제는 어려워진다고 하겠다.

이상으로 지금까지 살펴본 강박관념을 긍정적인 측면과 부정적인 측면으로 나누어 정리해 보면 다음과 같다.

먼저 강박적 성격의 특징을 긍정적인 면에서 고찰해 본다면,

① 수집과 축적의 경향이 강하다. 문헌수집이나 우표수집, 골동품, 예술품 등을 수집하는 취미와 돈을 모으는 데 관심이 많다.

② 근면하고 정서적 자제의 경향이 강하다.

③ 자기반성이나 자신에 대한 비판에 있어서 가혹하다.

④ 이상이 높은 이상주의자이며 정직하다.

⑤ 꼼꼼하고 정돈을 강조한다.

⑥ 지능은 평균 이상에 속한다.

⑦ 매사에 균형과 조화를 좋아한다.

⑧ 진리에 대한 탐구욕이 강하다.

⑨ 지나치게 양심적이며 도덕적이다.

⑩ 고지식하고 결백성이 강하다.

⑪ 책임과 의무감이 강하다.

⑫ 고집이 센 편이다(소신과 신념의 강조).

⑬ 모든 면에서 법과 규칙, 사회적인 관습을 엄수하는 편이다.

⑭ 완전무결을 추구하는 완전벽(完全癖)이 있다.
⑮ 모든 일에 매우 조심, 침착하고 신중한 편이다.

결국 이상과 같은 강박성 성격의 긍정적인 경향은, 질서와 준법정신을 요구하는 현대사회에서 우리들에게 기대하는 덕목이며, 정확성과 치밀성을 요구하는 첨단과학의 시대에서 필요로 하는 행동성향으로서 현대인 누구나가 어느 정도는 가지고 있는 것이다.

따라서 이러한 강박적 성격성향이 사회적으로 용인받을 수 있는 승화된 형태로 변모되거나, 바람직한 방향으로 진전될 경우에는 지나치게 친절성을 보이고, 양심적이며, 용모가 깔끔・단정하고, 매사에 조심성이 깊으며 계획성이 투철함은 물론 탐구적인 자세와 질서정연한 행위, 시간약속의 엄수 등 사회생활에서 바람직하고 또 환영받을 수 있는 면으로 나타나기도 하는 것이다.

뿐만 아니라 때로는 자신들의 그 같은 성격특성을 최대한 활용, 발휘, 발전시킴으로써 우수한 예술가(공예가, 조각가, 화가)가 된다든가, 귀중한 가치가 있는 물건이나 작품을 모으는 수집가가 되거나, 어떤 분야의 집요한 연구(예컨대, 살바산 606호), 일생일대의 역작을 저술함으로써 국가・사회적으로 공헌하는 사람도 적지 않은 것이다.

그러나 강박성격의 단점으로 다음과 같은 사항들을 정리해 볼 수 있다.

① 감정의 양극성이 강하다. 동일한 인물에 대해 동시에 애정과 증오를 지니게 되거나, 같은 사상에 대해서도 한쪽으로는 애착과 친근감을, 다른 편에서는 혐오감과 증오심을 동시에 품게 되는 것이라든지, 동일한 대상에 대해서 한쪽으로는 선과 미의 감정을, 다른 편으로는 악과 추의 감정을 갖게 되는 것이다.
② 의문이 많으며, 지엽말단적인 일(문제)에 지나치게 집착하여 신경을 쓴다.
③ 예민하고 수줍어하는 편이며 심각하게 생각하는 편이다.
④ 인색하고 완고하며 융통성이 없다.
⑤ 규칙과 시간에 대해 까다롭다.
⑥ 가혹한 비판을 잘 하지만, 독창성이 미흡하다.
⑦ 어떤 일을 선택・결정함에 있어서 너무 지나칠 정도로 앞뒤를 모두 재기 때문에 우유부단하다.
⑧ '유머' 센스가 발달하지 않아 '유머'를 활용할 줄도 모르고 이해하지도 못한다.
⑨ 항상 자신에 대한 자신감을 갖지 못한다.

⑩ 지나치게 타인으로부터의 동의나 후원을 기대하게 된다.

⑪ 모든 면에서 변화를 싫어하는 보수적인 면이 강하다.

⑫ 상반된 행동경향을 보이는 것이 강박성격자들의 또 하나의 특징이다. 즉, 가장 깨끗하고 깔끔한 것을 좋아하는 사람이 뜻하지 않은 면에서 가장 더러움을 지니고 있는 사람, 철저하게 시간엄수를 생활신조로 하던 사람이 어떤 생활에 있어서는 전혀 시간관념에 무관심한 태도를 나타내는 장본인, 나사가 빠진 사람처럼 아무렇게나 마구 살던 사람이 느닷없이 털고, 닦고, 깨끗이 정돈하며 처신하는 경우 등이 그것이다.

⑬ 잘 웃지 않고 근엄한 인상을 보이며 무뚝뚝하다는 평을 받는다.

요컨대, 강박성격이 악화되어 극단적인 신경증으로 이행되지 않는다 하더라도 그들 성격특성인 강박적인 집착의 목표나 방향이 바람직하지 못한 방향으로 작용되어 사회의 물의를 빚거나 매스컴에 보도되는 경우가 흔하다.

예를 들면, 여가선용이나 레크리에이션의 일환으로 출발했다지만 결과적으로는 사교춤에 몰두한다든지, 마작이나 도박으로 소일한다든지, 이성에게 빠져 가정이나 처자식, 남편 등을 돌보지 않는 것 등이 그 대표적 케이스이다.

2. 강박적 인격장애자의 진단 기준

융통성, 개방성, 효율성을 희생시키더라도 정돈, 완벽, 정신적 통제 및 대인관계의 통제에 지나치게 집착하는 광범위한 양상을 나타낸다. 이 같은 완전・완벽주의(perfectionism)와 비융통・완고성(inflexibility)의 확산양상이 청년기에 시작하여 여러 상황에서 다양하게 나타나는 이 인격장애는 다음 중 최소한 4가지 항목이 해당될 때 강박적 인격장애자로 진단하게 된다(DSM-5: 678~679).

① 사소한 집착과 편견: 사소한 일(내용)의 세부 사항, 규칙, 목록, 질서(순서), 체계(조직), 스케줄 등에 지나치게 집착한 나머지 활동의 중요한 부분을 놓친다.

② 지나친 완벽주의: 일의 완성을 방해할 정도의 지나친 완전・완벽주의, 예컨대 자신의 지나친 엄격한 기준 때문에 프로젝트를 완성할 수 없다.

③ 과도한 몰두: 여가활동과 교우관계를 마다하고 일과 생산성(성과)에 과도하게 헌신・몰두한다.

④ 지나치게 양심적이고 철저함: 지나치게 양심적이고 소심하며, 철저・꼼꼼・고지식하고, 도덕, 윤리, 가치관의 문제에 대해 융통성이 없다(문화적・종교적 정체성으로 설명되지 않는다).

⑤ 버리지 못함: 감정적 가치를 갖지 않을 때라도 낡아 빠지고, 무가치한 물건들을 버릴 줄 모른다.

⑥ 자기방식에의 복종강요: 타인으로 하여금 정확하게 자기 나름의 방식에 복종하도록 분별 없이 강요하고, 타인들이 제대로 하지 못할 것이라는 신념 때문에 다른 사람이 하는 것을 변덕스러울 정도로 싫어한다.

⑦ 지나친 근검 절약: 자신과 타인에 대해 돈 쓰는 데 인색하다. 돈을 미래의 재난에 대비하는 것으로 인식한다. 어떤 일의 결과가 개인적 이득이 없을 때 바쳐진 시간, 금전, 선물 등에 대해 아량이 부족하다.

⑧ 관용성의 결핍: 경직되고 완강함을 보인다.

3. 강박적 인격장애자의 상담 및 지도방향

1) 강박적 인격장애자의 형성 원인

① 가정환경적 요인

과잉통제적인 부모의 태도, 기대에 못 미치고 규칙과 규율을 어겼을 때의 엄격한 처벌, 부모의 강박적 행동 모방, 부모의 닮기(역할 모델), 철저한 책임감과 죄책감의 훈련이 원인이다.

② 발달단계별 요인

과도한 통제로 인한 발달단계별 자율성의 저하가 원인이다.

③ 강박성 성격장애 요인

사물을 볼 때 '맞느냐 틀리냐', '좋으냐 나쁘냐', '검으냐 하야냐'식의 이분법적 흑백논리식 극단적 방식이기 때문에 중간의 회색지대는 없다. 즉, 인지적・행동적 경직성, 수많은 규칙과 그에 따른 엄격한 집착, 높은 수준의 양심의 발달에 따른 자신에 대한 과도한 자기 비판, 실수를 저지르는 것을 두려워하는 성격특성 등이 복합적으로 작용하여 이들 성격이 형성된다.

2) 강박적 인격장애자의 지도 방향

그러면 이들의 지도 및 행동수정방안은 무엇인가? 결론부터 말한다면, 강박성격자는 심리적 장애에 속하기 때문에 그 치료나 지도법 역시 심리적 치료법에 의존하는 것이 효과적이라는 점이다.

그 심리적 치료법이란 심리학적으로 그들이 가지고 있는 심리적 장애를 어떻게 보고 이론화하느냐, 즉 어떻게 개념화하느냐에 따라 다양한 접근법이 포함되는 것으로서 '심리학적 방법을 적용하여 심리적인 장애를 교정하거나 치료하는 것'이라고 할 수 있다. 그래서 그 구체적인 방법으로는, 내담자(client)의 무의식적인 요소를 취급하는 정신분석적 기법을 사용해야 하겠으나, 장애행동이 습득되고 학습된 것이라고 볼 때 행동수정기법을 적용해야 하며, 억압된 감정이나 왜곡된 정서가 어떤 개인의 행동에 있어서 중요한 문제로 인식될 때는 내담자 중심의 상담・치료를 하여야 한다.

첫째, 전반적인 상담 및 지도 방향

① 상담지도 및 치유관계를 형성해야 한다.

이들은 치유자와 시선 접촉을 회피하면서 힐끔 힐끔 쳐다보는 습성이 있다(엄격한 부모 영향), 그리고 알아듣기 어려울 정도로 웅얼거리며 말하고, 상담 치유자의 말에 집중하지 않은 탓에 '다시 얘기해 달라'고 요청한다. 즉, 상담자의 얘기를 듣는 것처럼 보이지만 듣지 않고, 속내를 털어 놓는 것 같지만 내용 없는 메시지를 전달할 뿐이다. 때론 대답 대신 침묵으로 치유에 저항한다.

② 상담・치유 초기에 금전 문제와 시간 문제를 분명하게 해야 한다.

이 두 문제는 흥정・타협의 대상이 아니므로 철저히 시간을 지키고, 치유시간이 약속시간보다 일찍 끝나면 종료시간까지 치유실에 붙잡아 두어야 한다.

③ 이들 성격자들에게 '생각'으로 겹겹이 둘러싸인 감정의 물꼬를 트는 것이 중요한 과제인데, 그때마다 '주지화된 태도(intellectualization attitude)'로 교묘하게 빠져 나가려 한다.

또한 치유자가 감정을 느끼고 표현하도록 유도하면 이들은 분노로 위장된 두려움과 위협감을 표출할 가능성도 있다.

※ 주지화된 태도: 생각과 감정을 분리하여 고통스런 감정은 차단한 채 모든 것을 지적 관점에서 처리하는 것이다. 예컨대, "폐암 말기"라고 선언하면 '곧 사망'이란 생각은 않고, 폐암의 일반 상식만 이야기해대는 현상이다.

때문에 상담 치유자는 치유의 흐름을 환자가 주도하면 치료 장면이 말싸움화될 우려가 있기 때문에 주의해야 된다. 그래서 이들이 '이분법적인 의사 결정을 요구하는 질문'을 던질 경우 치유자는 피해야 한다.

④ 이들 성격자에게 "이것에 대해 어떻게 생각하는가?"라고 물어서는 안 되고 "어떻게 느껴지는가?", "무엇을 느꼈는가?"라고 질문해야 한다. 이는 자신의 행동과 생각에 대한 확신을 갖게 하고 내담자를 존중한다는 시사를 주기 때문이다.

⑤ 말하는 핵심을 요약해 보도록 하고, "사람들이 당신 이야기를 이해하지 못하면 어쩌지요?"라고 말해 주는 것도 좋다. 또한 상담 · 치유장면에서 "어떤 얘기부터 시작하면 좋을까요?"라고 질문을 던짐으로써 '긴장에서 이완으로', '경직성에서 유연 자발성으로' 생각과 행동을 바꿔 주는 게 좋다. 그리고 실수에 대한 두려움을 극복시키기 위해서 스스로의 실수나 단점을 받아들이는 것도 배우도록 해야 한다.

⑥ 강박 성격자들은 감정표현을 '경박한 짓거리'로 폄하하며, 그들의 핵심적 특징인 완벽주의도 극복하는 노력이 필요하다.

이를 위해 유머의 장점과 필요성, 숲 전체를 보기 위해 한 발 물러나는 여유를 갖기, 높은 기준의 부과와 작은 실수나 결점에 대해 집착하는 태도의 수정, 완벽주의자의 부정적 결과(과도한 스트레스, 협소한 포용성에 따른 갈등 문제, 완벽주의자의 낮은 자존감 문제)를 직시하고 수정하도록 해야 한다.

⑦ 실수와 결점에 집착하기보다는 긍정적 측면을 바라보는 습관을 통한 자기 성숙에 관심을 갖도록 해야 한다.

실수 없이 성공하는 일이 얼마나 되는가. 시행착오를 겪지 않고 배울 수 있는 일이 있는가. 서로 배려하고 도움을 주고받는 것이 인간의 참된 삶이 아닌가, 즐겁고 유쾌했던 일과 재미있었던 유머와 대화 생각하기 등의 훈련이 중요하다.

⑧ 미진한 것을 찾으려는 흑백 논리적 사고와 실수와 결점을 찾으려는 완벽주의적 마음을

접고 그냥 '놔두는 행동'을 하기 훈련도 중요하다.

⑨ 신속히 결정하고 발빠르게 행동에 옮기는 연습과 과정 지향적 태도를 길러주어야 한다.

의사 결정에서 우유부단하고 지나치게 신중을 기하는 태도와 목표만 의식하는 태도도 문제가 된다. 왜냐하면 프로 등산가는 정상 정복이라는 목표만을 위해 등산하지 않기 때문이다.

Chapter 08 우울장애, 충동조절장애, 중독증을 어떻게 다룰 것인가

제1절 우울증의 증후와 상담 및 지도방향

1. 우울증의 성격

이는 정신과의 임상에서 가장 흔히 볼 수 있는 증상 중의 하나로서 기분이 쓸쓸하고 침울한 상태를 말한다. 충격적인 상실이나 실패·좌절 등의 환경적 영향에 의한 반응으로 생기는 현상이다. 그래서 흔히 정신질환에서의 '감기' 정도로 비유되는 우울증상은 여성의 10%와 남성의 5% 정도가 일생 동안 최소한 한 번 정도는 경험하게 된다고 한다(Davison & Neal, 1978: 189).

부모 또는 가족의 사망, 애인과의 이별, 부부간의 사별, 사업의 실패 등 어떤 현실적인 손실로 인해 마음의 상처를 받을 때 인간은 하나의 정서반응으로서 비애를 체험한다. 이 같은 비애감은 시간의 경과에 따라 약화되거나 망각되는 것이 통례이다. 그런데 어떤 사람들은 이런 일을 계기로 하여 슬픔의 정도와 우울의 감정이 더욱 심해져서 급기야는 초조·답답함, 침울·불안·허무함, 절망·염세감에 사로잡혀 이른바 자기파괴상태로 악화되기까지 하는 것이다. 즉, 우울감정이 상식적인 범위를 넘어 너무 오래 지속되거나 그 증세의 정도가 심할 때 이를 비정상으로서의 우울증이라고 칭하게 되는 것이다.

이 우울증은 크게 나누어 정신병적 우울증(major depression)과 신경증적 우울증(depressive neurosis)으로 분류되는데, 후자가 전자보다 증세가 약한 것으로 여기서는 신경증적 우울증을 중심으로 고찰해 보고자 한다.

2. 우울증의 원인

우울증이 일어나는 원인에는 크게 가정환경적 원인, 생물학적 원인, 심리적 원인, 사회적 원인으로 나누지만, 그 밖에 질환적 요인과 약물 요인도 고려해야 된다고 생각한다.

첫째, 가정환경의 요인이다.

① 바람직하지 못한 부모와 역기능적 가정환경에서 성장하면서 거부와 욕구좌절, 실패와 실의(失意), 불행감과 우울감의 누적 등 부정적인 생활사건은 결과적으로 심리적 상처가 되어 심한 열등감과 손상된 자기 존중감, 무력감과 우울감의 학습으로 이어졌을 것이다.

② 인지이론적 측면에서 볼 때 불행감과 우울감, 비참함과 초라함, 절망감과 무기력감 등 성장과정의 상처는 역기능적 신념과 부정적 사고를 키워서 다양한 인지적 오류(흑백논리적 사고, 과잉 일반화, 선택적 추상화, 의미의 확대 및 축소, 개인화, 잘못된 명명, 감정적 추리 등)(권석만, 2004: 82~107)를 배양해서 우울증의 씨앗들을 파종(播種)시켰을 것이다.

둘째, 생물학적 원인에는 유전적 소인(素因)과 신경전달물질, 뇌의 건강 문제이다.

계속된 일란성 쌍둥이의 연구 결과가 유전 요인을 주목하게 되며, 모노아민(monoamine) 특히, 카테콜아민(catecholamine), 인돌아민(indolamine) 등의 대사장애가 우울증과 관련이 있고, 고령에 따른 뇌의 노화가 감정조절 기능의 약화로 우울증이 생긴다는 것이다(와타나베 쇼스케, 2000: 29~33).

셋째, 심리적 원인으로 성격적 요인들을 생각하게 된다.

우울증에 걸리기 쉬운 성격으로 크레치머(Kretschmer, E.)는 '순환적 성격'을 지적하였다. 그리고 독일의 테렌바하(Tellenbach, H.)는 '멜랑콜리 친화형 성격'을, 일본의 시모다는 '집착성격'을 지적하였다. 그런데 이 두 가지 성격은 동일하다. 성격에서 ① 강한 의무감(책임감), ② 업무에 대한 열성(철저함), ③ 꼼꼼함, ④ 질서를 중요시, ⑤ 의리가 있고 타인에 대한 높은 배려심, ⑥ 타인과 다투지 않고 타인이 부탁하면 거절하지 못하는 것 등이 특징이기 때문에, 주변인들로부터 '착실한 사람', '모범적인 사람', '성실한 사람'으로 인정받는데, 이런 성격 특성 때문에 스트레스를 쉽게 많이 받으며 우울증에 걸릴 가능성이 높다는 것이다. 뿐만 아니라 그 밖의 성격적 특성(소심한 성격, 우울한 성격, 염세적 성격, 강박적 성격, 회피적 성격)들도 우울증에 취약함을 유념해야 한다.

그리고 우울증을 일으킨 직접적인 유발 원인(상황 원인)인 정신적 충격, 업무 부담, 가까운 가족의 사망, 질병, 가정불화, 임신과 출산 등의 요인이 전술한 성격과 연관될 때 우울증으로 진전된다.

넷째, 사회적 원인으로는 사회환경의 급변에 따른 다양한 적응장애 문제가 원인이다.

짧은 기간에 농업사회에서 공업사회로, 산업사회에서 지식정보사회로, 세계 최빈국에서 경제발전의 선진국으로 변모하는 데 따른 부적응과 갈등 문제, IMF사태와 구조조정 문제, 치열한 경쟁 분위기, 정치민주화 열풍에 따른 가정환경의 급변과 그로 인한 다양한 가정문제의 표출 등이 우울증의 증가와 관련이 깊다고 본다.

다섯째, 신체적 질환이 우울증의 원인이 된다.

간염, 만성질환(폐결핵, 암 등), 내분비 대사질환(갑상선 질환, 당뇨병 등), 중추신경질환(파킨슨병, 뇌동맥경화증, 치매), 류머티즘성 관절염, 혈액 인공 투석 등이 우울상태를 일으키기 쉬운 질병으로 분류되었다(와타나베 쇼스케, 상게서: 85~87).

여섯째, 약물로 인한 우울증도 주목해야 한다.

① 강압제(降壓劑), 레셀핀, 알파 · 메틸도파구아네티딘, 베타 차단제 등

② 항정신병 약, 파킨스 치료약, 부신피질 호르몬 등

③ 경구 피임약(프로게스테론, 에스트로겐 등)

④ 궤양 치료제, 항결핵제, 항악성종양제, 진통제(펜타조신, 인도메타신 등)

⑤ 항히스타민제, 매각제(麥角劑), 항주제(沆酒劑, 디설피람) 등이다(와타나베 쇼스케, 91~96).

일곱째, 정신의학계와 약물업체의 마케팅 전략이 우울증을 만들어 냈다는 지적도 간과해서는 안 된다.

DSM-Ⅰ(1952)이 발간된 이후 DSM-Ⅱ(1968)에서는 새로운 질병으로 112개를 발견, 추가함으로써 정신장애 유형을 180개 카테고리로 규정했고, DSM-Ⅲ-R(1988)에서는 292종의 정신장애 카테고리를, DSM-Ⅳ(1994)에서는 350개 이상의 정신장애 카테고리로 확대하였다. 이 과정에서 영향력 있는 정신의학자들, 즉 DSM을 이끌었던 로버트 스피처(Spitzer, R.), 그리고 공포전문가인 런던의 아이작 막스(Issac Marks)와 데이비드 클락(David M. Clark), 데이비드 힐리(David Healy), 사회공포증의 홍보역인 마이클 리보위츠(Michael Liebowitz), 리처드 하임버그(Richard Heimberg) 등이 수줍음, 불안, 공포심, 우울 등의 가벼운 증상을 주요 질환으로 바꾸어

놓는 데 큰 역할을 했다는 지적이다. 그리고 공포심을 교묘히 이용한 제약업계는 '약을 팔기 전에 먼저 질병을 팔아라!'라는 마케팅 전략 아래 워싱턴 로비스트들을 의원 수보다 훨씬 많이 고용해서 활동을 시켰다. 그런 한편으로 항우울제, 근육이완제, 진정제 등의 제품들을 판매하자 언론들은 앞다퉈 '신비의 약'(Time, 1954), '영혼을 위한 아스피린'(Changing Time, 1956), '행복의 알약'(Newsweek, 1956), '정신 관장제'(The Nation, 1956), '배짱 약'(Time, 1956), '마음에 평화를 주는 약'(Today's Health, 1957), '알약 속의 터키탕'(Reader's Digest, 1962), '병에 담은 웰빙'(Time, 1980)이란 유혹적 제목으로 보도를 했다. 물론 이 같은 정신의학과 약물에 대한 반론 소설로 《교정(The Corrections)》, 《진단(The Diagnosis)》, 《묵티 박사(Dr Muki)》 등이 있었고, 영화로 〈가든 스테이트(Garden state)〉, 〈콘스턴트 가드너(Constant Gardener)〉, 〈이터널 선샤인(Eternal Sunshine)〉, 〈화이트 노이즈(White Noise)〉, 〈세이프(Safe)〉 등이 있다. 어찌되었건 이 같은 사회분위기와 DSM의 파급 효과가 맞물려 미국, 캐나다, 영국 등 선진국 대학에서 불안장애를 연구하는 클리닉들이 폭증하면서 단순한 수줍음, 불안, 공포심은 심각한 정신질환인 우울증으로 만들어졌다는 것이다(Christopher Lane, 이문희 옮김, 2009: 13~19, 68~71, 80~86, 284~311).

3. 우울증의 증상과 진단 기준

1) 우울증의 증상

우울증의 증상은 일시적인 낙담, 불행감, 가벼운 좌절 및 염세감, 매사에 무관심의 감정 상태로 대하는 소위 가벼운 정도의 우울증에서부터 심한 절망상태에 빠져 자살까지 하게 되는 극심한 병적 우울증에 이르기까지 다양하다.

이제 세 가지 측면(정신면, 태도 및 신체적면, 성격적 특징면)에서 임상적 증상을 살펴보기로 한다.

첫째, 정신적 증상은 다음과 같다.

① 모든 것을 귀찮아하고 생각하기 싫어한다.

② 사람과 만나는 것조차 기피한다.

③ 모든 일에 야심과 흥미를 상실한다.

④ 희망도 자신감도 없어진다.

⑤ 인생이 허무하고 사는 것 자체가 부담이 되며 괴롭게 느껴진다.

⑥ 기운이 없고 정신집중이 안 되는 등의 신경시약 같은 증세를 보인다.

⑦ 수면장애와 악몽에 시달리는 수가 많다.

⑧ 자기 삶의 가치성에 대한 회의와 무자비한 자아비판을 한다.

⑨ 자기반성에 몰두한 나머지 자기멸시와 비난 등으로 자책감을 가진다.

⑩ 내가 한 일은 다 잘못이고, 살 가치도 없는 무능한 인간이라는 등의 죄책감이나 비애감에 빠진다.

⑪ 정신 이완감을 느끼게 된다.

둘째, 태도 및 신체적 증상은 다음과 같다.

① 얼굴 표정이 늘 어둡고 무겁다.

② 슬픔이 뚜렷한 이유 없이 지속된다.

③ 언행이 아주 느리고 움직이려 들지 않는 인상을 나타낸다.

④ 초조해서 잠시도 느긋하게 한 자리에 앉아 있지 못하고 서성거리기도 한다.

⑤ 성욕, 식욕이 감퇴되고 매사에 재미를 붙이지 못한다.

⑥ 여기 저기 아프다(소화불량, 두통, 머리의 긴장감, 근육통)고 호소하며, 건강에 대해 병적으로 염려한다.

⑦ 변비가 생긴다.

⑧ 정력, 체중, 생리가 줄어든다.

⑨ 초저녁에만 잠시 눈을 붙이게 되는 불면증에 시달린다.

⑩ 아래 눈꺼풀(하안검)이 축 늘어지고, 앞이마에 깊은 주름이 잡히며, 구각(口角)이 밑으로 처지고, 눈은 아래로 향할 때가 많다.

⑪ 목이나 동체(胴體), 사지가 굴곡위를 나타내고 있는 경우가 많다.

이상의 신체증상들이 병적인 감정변동과 망상과 결부되어 악화되면 허무망상(신체망상), 죄악망상, 피해망상 등을 갖게 된다. 그래서 우울증 환자가 중증이 되면 "제발 잘못했으니 용서해 달라"고 근거 없는 호소를 하는 것 등은 바로 대표적인 예이기도 하다.

셋째, 성격적 특징은 다음과 같다.

① 어려서부터 회피적인 성격이고 뒤로 잘 뺀다.

② 요구가 많고 쉽게 화를 낸다.

③ 매사에 지나치게 신중하고 심각하다.

④ 지나치게 양심적이다.

⑤ 잔 걱정이 많다.

⑥ 모든 역경과 혼자 떠맡은 순교자적 생활을 하는 것 같다.

⑦ 하찮은 일로 지나치게 상심한다.

⑧ 뜻대로 안 되면 지나치게 심리적 고통을 받기 쉽다.

⑨ 겸손하고 남의 말에 잘 추종하며 자기주장을 펴지 못하고 점잖은 편이다.

⑩ 너무 세심하고 융통성이 없으며 성격이 꼬장 꼬장하다든가, 사소한 일도 소홀히 하지 않고 완벽·완전을 기한다.

⑪ 진실한 자기발견이 불가능하여서 항상 삶의 공허와 허무를 느끼기 마련이다.

⑫ 자기애의 과잉요구로 인해 타인과의 인간관계가 원만히 진행되지 못한다.

⑬ 만능감에 젖어 있어서 주위로부터 칭찬과 사랑을 독차지하고 싶어 하고 상을 받는 등 정신적인 영양공급을 받으려 애쓴다는 것이다.

2) 우울증의 진단 기준

미국정신의학협회의 진단 기준(APA, 2013: DSM-5: 160~161)은 다음과 같으며, 다음 증상 중 5가지(또는 그 이상) 증상이 2주 연속으로 지속될 경우, 주요 우울장애로 진단한다.

① 하루의 대부분 우울한 기분의 지속(거의 매일 지속되는 슬픔, 공허감, 절망감 또는 눈물 흘림)

② 일상생활에서의 흥미나 즐거움 저하: 거의 매일, 하루 중 대부분 모든 일상활동에 흥미나 즐거움이 뚜렷하게 저하된다.

③ 체중 변화: 식욕의 증가나, 체중조절을 하지 않은 상태에서의 현저한 체중 증가 및 감소

④ 수면 이상: 거의 매일 불면 또는 과다한 수면

⑤ 초조 및 지연: 거의 매일 나타나는 불안과 초조 및 지체

⑥ 활력의 상실: 거의 매일 나타나는 피로감과 활력 상실의 증상

⑦ 무가치감 또는 부적절한 죄책감: 거의 매일 무가치감 또는 과도하거나 부적절한 죄책감

을 느낀다.

⑧ 집중력의 감소와 우유부단: 거의 매일 나타나는 사고력이나 집중력의 감소나 우유부단함을 나타낸다.

⑨ 반복되는 죽음에 대한 생각: 반복적인 죽음에 대한 생각, 구체적 계획 없이 반복되는 자살 사고와 자살 시도

위의 증상 중 ①항(우울한 기분)과 ②항(흥미나 즐거움의 상실)을 포함하여 5개 항의 증상이 2주 이상 반복되면 우울증으로 진단한다.

한편, '청소년 가면 우울증이 의심될 때' 나타나는 증상(서울대병원 소아청소년정신과 김붕년)을 참고로 소개하면 다음과 같다.

① 성적이 갑자기 떨어질 때

② 반항성이 심해지고 등교 거부행동을 보일 때

③ 아침 저녁으로 기분 변화가 심할 때

④ 식사량이 줄거나 수면장애현상이 나타날 때

⑤ 비행 청소년들과 어울리는 양상이 나타날 때

⑥ 술, 담배 등을 사용하는 빈도가 크게 증가할 때이다.

4. 우울증의 상담 · 지도 및 치유

1) 우울증의 상담 · 지도

첫째, 우울증후가 있는 클라이언트를 대하는 카운슬러(전문가)는 밝은 표정과 긍정적 언행이 가장 중요하다.

① 얼굴에는 미소와 화기(和氣), 말에서는 생기(生氣)가, 몸 전체에서는 활기(活氣)가 풍겨야 한다. 그래서 우울증 진단검사 결과 우울증으로 판명됐을 때도 어두운 표정과 가라앉은 음성으로 "우울증입니다. 왜 이 지경이 되도록 방치했나요?"보다는 밝은 표정과 정감어린 목소리로 "심리적 감기가 드셨군요, 왜 건강한 사람도 1년에 한 번쯤 감기가 들잖아요", "아, 참, 스포츠 얘기가 좋겠군요. 왜 유명한 프로야구 선수가 느닷없이 슬

럼프(slump) 상황에 빠지면 2군에 가서 재활훈련하고 복귀하지 않아요. 그 경우라고 생각하고 감기 고칩시다", "나는 당신이 지금 초조하고 우울하고 매사에 의기소침하고 절망적인 생각을 하고 있는 것은 아침 한 때의 안개라고 생각해요. 안개란 태양이 떠오르면 자연스럽게 없어지는 일시적 현상이죠. 그러니 마음속에 밝은 생각, 할 수 있다는 자신감의 태양을 떠오르게 하면 다 해결됩니다. 자, 우리 함께 마음의 태양을 띄워봅시다"라고 말하면 좋을 것 같다.

② 비관과 염세 그리고 심한 우울에 처해 있는 클라이언트에게 친절한 태도로서 "시간이 다소 경과되겠지만 치유될 것입니다"라는 말을 계속 반복해줌으로써 안심시켜 주는 것이 무엇보다 중요하다. 아울러 우울증인 당사자가 처해 있는 여건과 환경 등을 소재로 삼아서 대화를 나눔으로써 내담자 자신은 자기의 문제를 이해함과 동시에 치료자는 우울증의 원인을 파악할 수 있게 되는 것이다.

예를 들면, 입시에 실패한 학생이라면 학습습관이나 학습태도를 이야기해 보고 그의 적성이나 능력, 취미 등에 대해 이야기하며, 직장에서 물러난 사람이라면, 과거 직장에서의 인간관계 등에 대해 대화를 나누는 것이 효과적이다.

둘째, 긍정적인 생각, 희망적인 말을 사용하는 훈련을 통해 마음 속의 쓰레기들을 씻어내야 한다. 그러기 위해서 다음 사항을 일깨워 주어야 한다.

① 불안한 마음은 머리를 무겁게 짓누르고 우울한 마음씨는 달콤한 잠을 쫓아버린다는 점
② 공포에 싸인 마음씨는 온 몸에 진땀과 피로를 몰고 오며, 초조한 마음씨는 입맛을 제치게 한다는 점
③ 사람이 남을 시기하고 질투하면, 분노와 미움을 싹트게 해서 파괴적이 되고, 불면증과 위장병 등 건강에 해가 된다는 점(김홍규, 1989: 12~22; 1994: 388~395)

결국 분노는 혈압에 영향을 미치며, 심장질환, 두통, 출혈, 현기증 및 발성능력도 상실시키게 된다는 점을 생각해서 면역력을 키워야 한다는 생각을 갖게 해야 한다.

셋째, 일상생활에서 생각이나 감정을 적절히 표현하는 노력과 스트레스는 그때 그때 풀어서 쌓아놓지 말아야 한다. 그러자면 다양한 스트레스 대처법을 익히는 것도 중요하지만 스트레스의 원인별 대처법이 효과적이다.

① 경제적 어려움이 문제라면, '나만 힘든 것이 아니라 남들도 정도의 차이만 있을 뿐 똑같

이 겪는 일'이라는 자기 최면을 걸되, 원인 제공자가 자신이라면 '돈 때문에 건강까지 잃으면 가족이 힘든다'는 생각으로 사고의 주제를 바꿔보자.

② 승진 · 취업 · 사업실패 등이 원인이라면, 객관적 판단하에 인생 계획을 새로 짜면서 '역전 승', '패자 부활전', '7전 8기'의 정신을 되새겨 보며 극복하도록 해야 한다.

다만, 외향적인 성격자는 가까운 사람에게 자신의 입장을 털어놓고 대화하면서 위로를 받는 것이 좋고, 내성적인 사람은 산책, 음악 감상, 관련 영화의 감상 등 자기만의 시간을 가지면서 스트레스를 해소하는 것이 좋다.

③ 질병에 걸렸을 때는 질병 정보에 대해 자료를 찾아 공부하자. 정확한 질병의 이해와 완쾌한 자들의 투병기, 그리고 그들의 모임이나 인터넷 광장의 홈페이지를 찾아 대화하고 힘을 얻도록 하는 게 좋다. 혼자서 고생하지 말고 가족이나 친구, 전문가의 도움이 중요하다.

④ 가족 · 친구와의 불화, 이별과 이혼 등으로 심각한 상황에 처했다면, 좋은 추억을 떠올리면서 부정적 감정을 감약시켜야 한다. 특히, 가족이나 친구에 대해 다른 사람과 이야기할 때는 좋은 말을 해야 한다. 가족에 대한 험담이나 나쁜 말은 더 스트레스가 쌓이게 되며, 나중에 '죄책감'으로 부메랑이 되어 돌아오기 때문이다. 이혼이나 사별의 경우에는 가슴에 묻지 말고 타인에게 털어놓는 것이 좋으며, 배우자와 사별한 사람이 혼자 여행하는 것은 권할 것이 못 된다.

⑤ 우리나라는 사건 사고가 많고, 각 분야에서 인격장애자들이 목소리를 높이며 설치기 때문에 국민 모두가 '외상 후 스트레스장애'에 시달린다. 믿을 만한 사람과 대화를 통해 스트레스를 풀고, 사고피해자라면 유사한 상황에 조금씩 접근하면서 자신을 직면 · 노출시키는 것이 도움이 된다.

⑥ 직장 내에서의 스트레스 해소는 같은 스트레스를 겪는 동료와 이야기(하소연)하면서 풀어야 한다. 이때도 욕설이나 험담은 삼가야 한다. 욕설이나 폭언은 회사 밖의 친한 친구 사이에서는 괜찮지만 직장 내에서는 언젠가 악용될 소지가 있기 때문이다.

⑦ 직장 상사나 배신한 친구(이성 포함)로부터 스트레스가 심할 때는 노래방에서 '떠나간 애인을 원망'하는 노래를 부르며, 노래 중간 중간에 스트레스를 준 사람의 이름을 넣어 성량껏 노래를 부르면 효과가 있다. 그리고 야구 연습장이나 실내 골프장으로 가서 스트레스를 준 사람의 이름을 되뇌이면서 볼을 때리면 스트레스가 풀리게 된다.

2) 우울증의 치유

첫째, 다양한 스트레스 해소방안을 활용하는 것이 좋다.

① 일을 확실히 하는 훈련, '예스'와 '노'를 분명히 하는 태도의 훈련이 필요하다.

원하는 일과 원하지 않는 일, 할 수 있는 일과 할 수 없는 일을 명확히 하지 못한 데서 연유된 스트레스일 때에 반드시 필요한 대처법이다.

② 지난 일에 너무 신경쓰며 매달리지 말고 분노가 생겼으면 몸을 움직여야 한다.

'화가 나면 하다 못해 베개를 던지라'는 말이 있듯이 산책이나 운동이 효과적이다.

③ 자신의 신체적 건강수준을 높여서 스트레스에 대처능력을 키워주어야 한다.

④ 그릇된 일에 관심을 끊고 지극히 현실적이 되는 것도 바람직한 대처이다.

화가 난 탓에 그릇된 일을 저지르면 또 다른 문제가 발생되며 그것은 죄의식을 느끼게 되고 죄의식은 고통과 번민으로 이어져 스트레스가 되기 마련이다.

⑤ 지나친 경쟁 분위기에 빠져 너무 열을 올리는 것을 자제해야 한다.

억제되지 못한 열정은 결국 조급함을 불러오기 때문에 기꺼히 할 수 있는 일과 잘 할 수 있는 일에 초점을 맞추어야 한다.

⑥ 일의 순서와 환경을 바꿔보는 것도 스트레스 해소와 부정적 감정 약화에 좋다.

같은 일의 반복은 스트레스를 쌓이게 하지만 환경을 바꾼다는 것은 기분전환과 스트레스 해소에 도움이 된다.

⑦ 스트레스 상황을 노트에 적으면서 긍정적인 '자기 속말'을 한다.

'나는 의연하게 해결해 나갈 것이다', '나는 성공적으로 이 상황을 극복할 수 있다'는 생각과 의지를 자신에게 들려 주는 것이다.

둘째, 스스로 자기를 돕는 방법을 통해 극복해야 한다.

① 능력을 고려한 목표 설정, ② 일의 우선 순위 결정, ③ 과잉기대 금물, ④ 적극적 대인관계, ⑤ 운동 및 취미활동, ⑥ 전문가 및 절친한 인생 멘토 필요, ⑦ 자기 비난 및 자기 학대 금물, ⑧ 부정적 사고, 염세적 자세 수용 불가

셋째, 가족과 친구들이 돕는 방법도 다양한 것을 생각할 수 있다.

① 이해 · 인내 · 공감 · 격려의 말을 통해 진정한 도움을 주어야 한다, ② 대화하고 주의깊게 경청해야 한다, ③ 야외 산책, 영화관람에 초대(거절해도 재차 시도), ④ 즐겨 참여했던

취미, 운동, 문화활동 및 신앙생활 참여, ⑤ 너무 많은 요구나 성급한 기대 금물, ⑥ 정확한 진단과 치료받게 해야, ⑦ 진료 예약하고 치료받게 하며 약을 복용하도록 권고, ⑧ 치료로 '치유될 수 있다'는 확신을 주어야, ⑨ "네 잘못"이라는 책임 추궁적 말이나 "게으르다"는 비난적 언사는 곤란, ⑩ 치료 중 호전이 없으면, 다른 치료받게 도와야 한다, ⑪ 자살을 시사하면 즉각 의사에게 알려야 한다.

넷째, 정신치료, 행동치료, 대인관계 치료 등 다양한 기법으로 치유하게 해야 한다.

아동기에 심리적 갈등이 근원이라면 정신역동적 치료로, 우울증을 야기시킨 행동 양상의 교정은 행동치료(교정행동 습득)로, 클라이언트의 잘못된 대인관계가 우울증을 야기・악화시켰다면 대인관계적 치료로 문제해결을 도모해야 한다.

그 밖에 치유(지도)요법으로는 흔히 작업요법(운동요법)과 오락요법이 많이 활용된다. 왜냐하면 장작을 패고 화훼(花卉)농장일이나 과수원의 유실수 나무 전지 작업을 한다든지, 야구 연습장에서 타격연습을 하게 함으로써 환자에게 성취감을 맛보게 하며, 오락에 참여시킴으로써 기분전환을 꾀할 수 있기 때문이다.

다섯째, 우울증의 근본이 되고 있는 공격적인 적의(敵意)나 증오감의 배출구를 마련하여 주어야 한다. 앞에서 지적했듯이 자기 스스로 운동경기를 하게 한다든가, 아니면 운동경기를 관람하도록 하는 것이 좋다. 그것도 레슬링이나 권투, 태권도 같이 치고받는 스포츠가 더 효과적이다. 왜냐하면 자기의 공격적인 적의나 증오감을 상대방 선수에게 발산할 수가 있기 때문이다.

여섯째, 종교적인 귀의나 깊은 신앙심을 갖게 하는 것도 치료에 도움이 된다.

일곱째, 우울증이 심한 사람은 충분한 휴식이 절대 필요하므로 잠을 충분히 재워야 한다.

여덟째, 항울제는 우울증 초기에 사용하되 점차 줄이고 안정제를 낮에 써서 밤에는 스스로 잠이 들게 하는 것이 바람직하다.

아홉째, 충분한 햇빛 노출과 함께 우울증의 예방과 치유를 위한 식이요법이 중요하다.

겨울철에는 우울증이 늘어나는 이유는 충분한 햇빛을 쪼이지 못하기 때문에. 따라서 계절에 관계없이 충분한 햇빛을 쪼이기 위해 하루 한 시간 내외의 야외활동은 필수이다.

① 현미(유해한 콜레스테롤 감소), 시금치(신경 안정과 초초감 해소), 감자(스트레스・불안・초조), 양배추(기분 좋게), 표고버섯(나쁜 기분의 해소 탈피), 치즈(정신안정・항암・뼈건강・치아건강・체중조절), 우유(정신안정・마음 편안), 달래(신경안정・우울증), 달걀(긴장해소・

행복감), 상추(스트레스 · 우울), 두부(심장병 예방)

② 연어 · 고등어 · 청어 · 참치 등 붉은 살 생선(심리적 안정 · 기분 나쁠 때), 바나나(우울증과 스트레스 해소, 고혈압과 내졸중 예방, 부기 · 냉증 · 변비 · 피부미용), 초콜릿(항우울), 견과류(불안 · 짜증 · 우울 · 기분 나쁠 때), 특히 호두(우울증 예방), 맥주(우울증)가 좋다.

제2절 울화병의 증후와 상담 및 지도방향

1. 울화병의 이해와 증후

울화병(鬱火病)은 비슷한 종류의 화(火)와 한(恨)을 6개월 이상 참는 일이 반복되어 스트레스성 장애를 일으키는 신체적 · 정신적 질환을 말한다. 대부분의 분노 · 화 · 한 · 억울감정은 7~8년 이상 쌓이면 발병한다는 것이 전문가들 얘기다.

화병이란 말을 처음 사용한 장개빈(張介賓: 명나라 의사)은 '화병이란 누른 감정을 발산하지 않고 억제한 상태에서 일어나는 신경성적 울화(鬱火)로 인한 증상'이라고 했다. 즉, 스트레스를 받아 화와 분노를 일으키게 되고 그것들이 억압 · 누적되어 울화병이 된다는 것이다.

그러나 우리나라에서 화병이나 울화병의 언급은 영조의 며느리이면서 조선조 22대 정조의 생모인 혜경궁(惠慶宮) 홍씨가 남편(思悼世子)의 궁중 비극을 묘사한 '한중록(閑中錄)'에 "화(火) 곧 나시면 푸실 데 없사오니…", "화증(火症)을 덜컥 내오셔…", "그 일로 섧사오시고 울화(鬱火)가 되어시더니" 등의 기록이 나온다. 그리고 현대정신의학에서 화병만을 대상으로 체계적으로 연구한 것은 1977년부터이다. 특히, 로스앤젤레스 캘리포니아대학 의료원의 한 정신과 의사가 '자신들이 화병에 걸렸다'고 믿는 3명의 한국인 교포 여성 환자를 치료한 결과를 미국정신의학회지에 발표하면서 '화병이 한국의 문화연계증후군(culture-bound syndrome)이 아닐까'(Lin, 1983) 하는 의문을 제기한다(서울경제, 2015. 2. 14). 이 연구가 계기가 되어 미국정신의학협회는 진단분류(1995) 'DSM-Ⅲ'에 화병을 'Hwa-byung'이란 고유명칭으로 등재(위키백과)시키면서 '화병은 한국인에게 많은 분노증후군의 하나로 화를 참아 생기는 병'이라고 정의했고, 개정 증보판인 'DSM-Ⅳ'에는 '화를 참아 불면, 피로, 우울, 소화불량, 호흡 곤란,

이물감 등이 생기는 병'으로 보완·정의되어 있다. 즉, 한국인에게 많은 증후군임을 분명히 하였다. 주로 중년 이후 여성에게 많이 나타나는 신경성 질환으로 유병률이 4~5% 정도였다.

그러나 최근 여성뿐 아니라 남성, 직장인, 취업 준비생, 수험생, 청소년 학생들에게서도 발견되고 있어 주목된다(헬스조선, 2015. 3. 16).

모든 병은 마음에서 온다. 동양의학에서는 인간의 모든 정서가 오장육부(五臟六腑)의 기능과 밀접한 관계가 있다고 보고, 한방(韓方)에서는 몸의 화(火)가 제대로 풀리지 못해 뭉친 병을 울화병으로 본다. 서양의학에서도 1960년대부터 인체의 정신작용과 신체기능을 조정하는 역할을 면역계가 맡고 있다는 것이 입증되었다.

그렇다면, 울화병과 우울증은 어떤 차이가 있는가.

첫째, 울화병의 핵심증상은 다음과 같다.

6개월 이상 지속되는 ① 가슴이 답답하다, ② 상열감(上熱感)이 있다, ③ 목이나 명치에 뭉쳐진 덩어리가 느껴진다, ④ 너무 예민한 상태에서 분노와 화를 참지 못하는 경우가 많다, ⑤ 억울하고 분한 감정을 자주 느낀다, ⑥ 사소한 일에 짜증과 신경질을 낸다, ⑦ 불안함과 초조함으로 불면증을 겪는다, ⑧ 화가 나거나 분노하는 상태의 공격적 성향이 강해진다.

이어서 신체·심리·정신적 증상으로 ① 깊이 눌려 있는 분노의 감정, ②식욕 장애(식욕부진, 거식증), ③ 의욕 상실, ④ 가슴이 두근거리고 불안감, ⑤ 두통과 어지러움, ⑥ 불면증과 오한(惡寒), ⑦ 성기능 장애, ⑧ 얼굴의 화끈거림, ⑨ 화날 때 뛰쳐나가고 싶다, ⑩ 목이나 가슴이 조여와 답답하다, ⑪ 쉽게 '욱'하고 물건을 집어 던진다, ⑫ 사소한 일에도 '버럭' 열 받는다, ⑬ 잡념에 시달리고 한숨을 자주 쉰다, ⑭ 깜짝깜짝 놀라며 왠지 두렵다, ⑮ 삶이 허무하고 자신이 초라하게 생각된다, ⑯ 스스로 불쌍하다는 느낌 등을 갖는 것이 울화병의 증상이다. 따라서 울화병이란 삶의 과정에서 체험되고 누적된 돌발성·잠재적·생존적·체념성·수치성·버림받음 등으로 인한 분노,화와 증오심, 무시당함과 자존심 손상, 두려움과 질투 등의 감정이 뭉쳐서 나타난 분노(Ptter-Efron, 2007: 16~42)성 질환이다.

둘째, 우울증의 특성은 다음과 같다.

① 삶에서의 참담한 실패, 상실과 이별의 아픔, 소중한 사람으로부터의 뼈아픈 거절, 비통한 실직과 참여 거부(왕따)로 인해 1차적 반응(슬픔, 분노, 열등감, 비참, 불행감)을 느끼게 된다.

② 2차 반응(인생의 암울감, 삶이 매우 힘겹고 고통스럽게 느낌)이 나타난다.

③ 급기야 매사에 흥미와 의욕이 저하되고, 대인관계가 위축·기피하게 되며, 무기력 상태에 빠져 4가지 요구(식욕, 성욕, 수면욕, 의욕)가 실종되어 신체 증상(불면증, 소화불량, 변비, 기력 저하, 기억력 감퇴)이 나타난다.

④ 그리고 중증정신질환 증상(피해의식, 망상·환청·환각)으로 악화되어 자신의 현재 및 미래에 대한 절망적·비관적 생각에 사로잡혀 10% 정도가 극단적 생각(자살 충동)까지 하기에 이른다.

끝으로 그간 화병 연구에서 발견된 결과(최상진·이요행, 1995)가 울화병을 이해하는 데 도움이 될 것 같다.

① 화병 환자는 고령, 여성, 저학력층에 많고 신체화 증상이 많다(이시형, 1977; Lin, 1983; 민성길 등, 1986; 민성길·김진학, 1986; 민성길, 1989; 이시형 등, 1989; 민성길 등, 1990).

② 화병 환자는 교회, 절, 굿, 점 등에 의존하는 경향이 높고(이시형, 1977), 걱정을 반복하며 자기 연민이 강하고 감정 반전이 많으며 수동적 운명관을 가지고 있는 경우가 많다(민성길 등, 1993).

③ 화병에는 울기(鬱氣)와 화기(火氣)가 공존하면서 어느 한쪽이 우세하거나 번갈아 오기도 한다(이시형 등, 1989).

④ 화병 환자가 주로 호소하는 내용은 불면증, 위장장애, 피로, 공황, 급사 공포, 정동장애, 식욕부진, 불쾌·불행감(dysphoria), 심계 항진, 일반 동통(疼痛) 혹은 두통, 상복부에 무엇이 있는 듯한 느낌 등이다(Lin, 1983).

⑤ 화병 환자는 초진까지의 기간이 짧을수록 불안증이 많고, 오래될수록 우울증이 많으며(이시형, 1977), 화를 불만, 우울, 조심, 걱정, 낙심, 화, 분노 등으로 표현한다(민성길 등, 1987).

이같이 고통스런 시련을 겪을 때 찾아드는 '심리적 좌절상태', '인생의 늪', '심리적 독감'을 우울증이라고 이해하게 되는데, '우울증은 뇌졸중 발병률 2.6배로서 뇌졸중 발병에 관여'되고, "우울증은 자살에 이르는 '샛길 통로'이다"라는 윌리엄 스타이런(William Styron)의 말에 주목할 때 쉽게 생각할 문제가 아니다(김홍규, 교육대학원 종강록, 2013. 6. 12).

2. 울화병의 원인

현존하는 한의학의 의학서 중 가장 오래된 《황제내경》(皇帝; 지토 편집부, 2013)에 보면 노여움(怒; 화)이 지나치면 간(肝)이 상하고, 너무 기뻐하면 나태해져 심장활동의 활성화에 부담이 되고, 너무 생각(思: 고민)하면 비장을 상하게 하며, 슬픔이 지나치면 폐를 상하게 하며, 불안・공포가 지나치면 신장을 상하게 한다는 내용이 있다. 또한 《동의보감》에도 간이 허하면 무서움을 많이 타고 담(膽)이 허하면 결단력이 없어지고 두려움이 많아지며, 심장에 병변(病變)이 발생하면 가슴의 두근거림, 건망증, 초조・불안 등이 생긴다고 하였다. 결국 감정(七情)과 신체의 오장육부(五臟六腑) 기능 간의 깊은 연관성을 강조한 말들이다. 그 울화병의 원인은 다음과 같다.

첫째, 가정적 요인이다.

① 가정의 경제 문제와 생활고, 가족 간의 불화・이혼・사별 등의 강한 스트레스이다.

② 가족원 중에서 특이한 경향을 보이는 인격장애자(편집・망상적, 정신분열성), 감정적이고 변덕스러운 인격장애자(반사회적, 경계선적, 히스테리성), 불안해하는 경향의 인격장애자(회피성, 의존적, 수동-공격적)들로부터 삶의 과정에서 꾸준히 받는 피해와 스트레스가 가장 많다.

   특히, 가족 중 인격장애자(염세적, 폭발적, 무기력, 우울성)가 있으면 그들 때문에 받는 심리적 부담이 축적되는 것도 문제가 된다.

③ 남녀 평등사상과 민주주의, 개인주의와 능력주의로 무장한 세대들의 배우자 관계 문제, 시부모와의 갈등, 이성 문제, 자녀 문제 등이 요인이 된다.

④ 가정환경의 급변(민주화, 제도적・기능적 변화, 가정권력의 이동 등)에 따른 가정 건강성 문제, 세대차 문제, 가족 및 친족 간의 갈등 문제 등이 원인이다.

둘째, 사회적 요인이다.

① 가난, 금전관계 등 경제 문제이다.

② 직장생활 관련 취업 실패, 직장에서의 승진 실패와 업무 및 대인관계 문제, 그리고 사업의 실패와 좌절 등의 문제이다. 특히, 직장생활에서 상사나 동료 또는 부하직원들 중 전술한 인격장애자가 있다면, 그로 인한 문제가 영향력이 큰 요인이 된다.

③ 학벌사회의 분위기에 따른 문제와 성 차별 문제도 상처를 받을 수 있다.

④ 세대 간, 지역 간, 성별 간, 계층 간, 노사 간, 정당 간의 심각한 괴리감(乖離感)과 단절(斷絕)·단층(斷層)의 깊은 골이 악성 스트레스 요인으로 작용, 울분과 화를 키우고 있다.

각기 다른 성장과정과 교육·문화적 환경의 체험, 역사적 환경과 정치적 여건을 경험하면서 성장·발달·성숙했기 때문에 '성장과정의 격차', '교육관의 격차', '문화의 격차', '역사인식의 격차', '생활의 격차'로 인해 상황인식과 해석의 갈등, 가치관의 혼란, 시각과 관점의 불일치가 '화'와 '분노', '이질감과 적대감'으로 정면충돌하는 것이 우리 사회의 현실이며 심각한 문제이다(김홍규·이호정, 2009: 254~255).

셋째, 개인적 요인이다.

① 가장 우선적으로 생각할 것이 성격적 요인이다.

성격에 따라 울화병의 패턴이 다르기 때문이다. '버럭' 화를 내는 공격형이냐, 아니면 화가 났을 때 빈정거리고 투덜대며 한숨을 푹푹 내쉬는 수동-공격형이냐, 화가 났을 때 술·과식·쇼핑으로 풀면서 끙끙거리는 억압형이냐로 나타난다.

② 울화병에 취약한 성격이 '질병형 성격(A형 성격)이며, 소극적이고 내성적인 성격자이다. 뿐만 아니라 전술한 인격장애자(회피성, 의존성, 염세적, 우울성, 무기력 등)들이 문제가 된다.

③ 남녀 평등의식이 강한 여성이거나 심리적·사회적 성숙이 미흡한 사람일 경우, 울화병 노출에 취약하다.

④ 스트레스를 그날 그날 풀고 합리적으로 분노 감정을 표현하는 기법과 해소할 줄 모르는 것도 문제이다.

⑤ 개인적인 사건과 사고, 시험의 실패, 질병 등이 원인이 된다.

넷째, 한국의 문화적 요인을 생각하게 된다.

① 참는 것이 미덕이고 문제점을 애써 노출하지 않으려는 문화적 풍토 때문이다.

② 가족과 자녀를 위해 '희생'을 강요하고, 그것이 부모의 도리인 양 내려오는 전통적 사고 때문이다.

③ '사고 공화국'이란 용어가 난무할 정도로 사고가 빈발하는 나라이다. 게다가 저질정치와 저급의 언론매체, 특히, 전 분야에서 인격장애자들이 설치는 풍토 때문에 세계에서 가장 정치·경제·사회·종교·문화적인 스트레스를 많이 받으며 산다. 그로 인해 국민

들은 다양한 유형의 '외상 후 스트레스장애'에 힘들어 한다. 이것들이 모두 울화병의 직·간접적 요인들이다.

3. 울화병의 진단

울화병의 진단은 다음과 같은 세 측면에서 접근하는 것이 바람직하다.

첫째, 울화병에 대한 정확한 진단이다.

울화병의 진단 척도는 '간이 자가진단 척도'를 포함해서 몇 가지 종류가 있다. 다음에 제시한 세 개의 진단척도에서 알 수 있듯이 울화병의 증상으로 정신적·신체적·심리적 증상에 관련된 12개 문항으로 되어 있고, 각 척도의 내용이 비슷비슷하며, 2~3가지 이상에 해당되면서 그 증상이 6개월 이상 지속될 때 울화병 가능성이 있는 것으로 진단하게 된다. 세 개의 진단척도는 다음과 같다.

1) 울화병, 자가진단척도: 1

① 잠이 안 오거나 숙면을 못한다.

② 사소한 일에 과민해지고 짜증을 낸다.

③ 잦은 두통으로 진통제를 복용한다.

④ 소화가 잘 안 되고 더부룩하다.

⑤ 모든 일이 귀찮고 무기력하다.

⑥ 속이 타고 가슴에서 열이 난다.

⑦ 목 안이 차 있고 가슴 부위에 압박감을 느낀다.

⑧ 명치 끝이 무겁고 가슴에 이물감이 있다.

⑨ 얼굴로 열이 오르고 전신에 열이 퍼진다.

⑩ 혓바늘이 자주 생기고 우울하고 불안하다.

⑪ 아랫배가 아프고 쓰리다.

⑫ 이유 없이 화가 나고 분노가 치밀어 오른다.

2) 울화병, 자가진단척도: 2

① 가슴이 매우 답답함을 자주 느낀다.

② 숨이 막히거나 목, 명치에 덩어리가 느껴진다.

③ 열이 얼굴로 치밀어 오르고 얼굴이 화끈거린다.

④ 가슴이 두근거리고 가슴 부위에 압박감을 느낀다.

⑤ 자주 입이 타고 목이 마름을 느낀다.

⑥ 자주 두통과 불면증에 시달린다.

⑦ 화가 나고 억울하며 분노가 치밀어 오른다.

⑧ 마음의 응어리나 한이 뭉쳐 가슴에 남아 있는 것 같다.

⑨ 억울하고 분한 감정 때문에 신경질이 자주 난다.

⑩ 뚜렷한 이유 없이 자주 불안하고 깜짝깜짝 놀라게 된다.

⑪ 자신의 신세가 후회되고 초라하게 느껴진다.

⑫ 허무한 삶을 살았다는 느낌과 함께 자신도 모르게 한숨을 자주 쉰다.

3) 울화병, 자가진단척도: 3(헬스조선, 2015. 3. 16)

① 밤에 잠을 못 자고 자주 깨거나, 자고 나도 개운하지 않다.

② 예민하고, 사소한 일에도 짜증이 난다.

③ 머리가 아프다.

④ 소화가 잘 안 된다.

⑤ 숨찬 기운이 올라오거나 숨이 차다.

⑥ 화가 나면 얼굴에 열이 오르거나, 온몸에 열이 나면서 발끝까지 뜨거워진다.

⑦ 가슴이 두근거리거나 벌렁거린다.

⑧ 만사가 귀찮고 의욕이 없다.

⑨ 명치 끝에 돌멩이가 뭉쳐 있는 것 같다.

⑩ 혓바늘이 돋고 음식을 삼키기가 힘들다.

⑪ 아랫배가 고춧가루 뿌려진 듯 따갑고 아프다.

⑫ 목 안에 뭔가가 꽉 차 있거나 걸려 있는 것 같다.

둘째, 울화병의 원인과 내용, 그리고 심화 정도의 파악이다.

어떤 일(사건)을 누구로부터 어떻게 당했으며, 그 불행한 사태는 나에게 어느 정도의 '억울함'과 '원통함'을, '원망'스럽고 '울분의 감정'을 주고 있으며, 피해의 정도(참을 수 없을 정도의 분노, 억울하고 분함, 원통하고 후회스럽다)가 어느 수준인지 파악되어야 한다.

셋째, 불행한 일과 억울한 상황에 직면하더라도 개인에 따라 다르게 반응된다는 점에 유의해야 한다.

같은 일(사태)을 당하여도 예민하고 강하게 반응을 보이는 사람이 있는가 하면 둔감한 사람이 있다. 또한 경제적 측면을 중요시하는 사람은 경제적 사건에 민감한 반응을 보이며, 열등감과 관련된 사람은 자존감과 관련된 사건에 강한 반응을 보일 것이고, 학벌과 지방색에 대한 콤플렉스가 있는 사람은 관련된 사건에서 폭발할 것이다. 끝으로 울분의 감정이 '일과성 현상'이냐, '순환적 현상'이냐, '주기적 현상'(최상진 · 이요행, 1995)이냐에 대한 판단이 있어야 한다.

4. 울화병의 상담 · 대처 및 치유

울화병의 대처는 사전 예방, 울화병 증후 발생에 대한 자각, 울화병의 유형과 직접 원인의 이해 및 인정 · 수용하기, 고통으로부터 벗어나기 등 네 가지 측면이 있다.

1) 울화병의 예방적 대처

첫째, 평소 스트레스에서 벗어나 균형을 유지하려면 화를 쌓아두지 말고 그때 그때 스스로 풀어버리는 태도가 중요하다.

둘째, 평소 자신의 희노애락 감정을 표현하는 방법을 익혀야 한다. 좋지 않은 감정이 있을 경우, '세 걸음에 한 호흡'식으로 걸으며 리듬을 찾고, 운동기구 있는 곳에서 같은 동작 반복으로 심리적 안정감을 찾는 것이 좋다.

셋째, 혼자 또는 가족의 협조나 친구 및 동아리 활동의 멤버를 통해 화를 풀어야 한다. 물론 전문가(카운슬러)의 도움을 받는 것도 중요하다.

넷째, 평상시 자신의 마음을 감정이 아닌 이성적으로 다스리는 연습이 필요하다. 이는 감정

조절능력을 키운다는 것으로 느끼기보다는 생각하는 자세로 바꿔야 한다는 의미이다.

다섯째, 스트레스를 받아서 심신이 경직된 상태이거나, 분노와 울분이 쌓인 상태로 수면을 취하면 안 된다. 왜냐하면 그 스트레스는 쌓이게 되고 다음 날에도 영향을 주기 때문이다(도형분석상담연구소, 2013. 3. 8).

2) 울화병의 치유

첫째, 화가 치밀어 오를 때는 그 상황(자리)을 피하고 천천히 5회 정도 심호흡을 한다.

자신이 자극을 받아 화가 난다고 곧바로 화를 내면 안 된다. 왜냐하면 또 다른 스트레스에 직면하게 되기 때문이다. 우선 마음속으로 'Stop!'하고 어느 정도 진정이 된 후 문제해결을 시도해야 한다. 심한 분노라도 한 시간 정도면 풀리며, 심호흡을 여러 번 천천히 하면 혈압이 떨어지고 근육의 긴장이 풀려 분노가 가라앉는다.

둘째, 자신에게 분노조절장애가 있거나 그런 기질이 있다고 생각되면 명상이나 심리요법을 통해 평소 화를 다스리는 훈련을 해야 한다.

셋째, 화가 났을 때 자기만의 해소법이 있어야 한다.

옛날 할머니 세대들은 극심한 고부 간의 갈등과 심한 시집살이로 모두가 심각한 울화병을 앓고 있었다. 이들 동네의 며느리들은 일정한 시간에 우물가로 모여 시어머니들을 안주삼아 수다를 떨면서 스트레스를 풀었고, 약속이라도 한 듯이 모두 빨래터에 모여 시어머니 옷과 남편 옷에 빨래 방망이로 후려치면서 화를 풀었다. 그리고 밤에는 시어머니와 마주앉아 다듬이 방망이로 시어머니 옷을 내려치면서 말끔하게 해소하였다. 따라서 스트레칭이나 체조, 노래방이나 야구 배팅, 테니스와 인도어 골프장으로 가서 감정을 다스리는 것이 좋다. 그리고 직장에서 상사로부터 받은 스트레스가 문제라면, 같은 피해자 동료끼리 만나 고통을 나누며 푸는 것이 필요하다.

넷째, 자신의 감정을 글로 옮기는 행동을 취하는 것도 좋다. 감정을 글로 옮기게 되면, 문자가 감정을 객관화시켜 감정에 대한 통제력을 얻게 된다(헬스조선, 2015. 3. 16).

다섯째, 사사건건 부정적 시각을 버리고 넓은 마음으로 보자.

세상사를 흑백의 논리로, 호(好)・불호(不好)로 생각하는 태도를 버려야 한다.

여섯째, 화가 치밀어 올라올 때 자신의 분노가 어떤 성질과 유형의 분노인지 명확히 정의하고 그에 맞는 대응책을 구사해야 한다.

① 돌발성 분노가 문제라면, '고칠 수 있다'는 믿음(희망)을 갖고 오랜 시간 노력을 하겠다는 각오 ⇒ 행동을 바꾼다 ⇒ 생각을 바꾼다 ⇒ 스트레스에 반응하는 방식을 바꾼다 ⇒ 정신을 바꾼다는 5단계 절차를 거친다.

② 잠재적 분노가 문제라면, '과거의 상처는 곪은 것과 같다'는 생각하에 그것은 긁을수록 피가 더 많이 나고 오래된 것일수록 더 큰 상처를 주므로 '긁지 않겠다'는 각오 다짐 ⇒ 불평보다 마음의 평화를 위해 의식적 노력 ⇒ 분노를 키우지 않겠다 ⇒ 그 문제상황에 타인들도 나같이 분노하는가(생각) ⇒ 상황에 대한 부정적 신념과 속단 탈피 ⇒ 홧김에 저지른 지난 행동 성찰 ⇒ 느끼기보다는 생각하기로 전환하려는 노력이 중요하다. 왜냐하면 스트레스 상황에 직면하면, 강한 스트레스로 느끼는 것이 문제이다.

그러면 그 다음은 강력한 육체반응(공격) ⇒ 아드레날린 분출 ⇒ 심장의 쿵쾅, 호흡이 가빠짐 ⇒ 두뇌 응급상황 모드로 전환 ⇒ 판단능력 급격히 저하 ⇒ 욕설과 폭력이 폭발한다.

③ 생존성 분노상황에 직면하면, 먼저 위험의 수준에 대한 평가 ⇒ 자신에게 말해야 한다(천천히 생각하자, 너무 예민하지 말자, 긴장하지 말고 진정하자) ⇒ 안전한 사람들로 가득한 환경을 조성(과거 타인에게 피해 준 일 없는 사람, 최선을 다 해 나를 안전하게 지켜 줄 사람, 언행이 일치하는 사람, 안부를 묻고 힘이 되어 줄 사람, 함께 있으면 안전한 느낌)하는 것이 좋다.

④ 체념성 분노를 예방・치유하려면, 다음과 같은 절차와 내용이 필요하다.

문제상황에 대한 분석 ⇒ 자신이 통제 가능한 문제인지 명확히 한다 ⇒ 구체적 목표 설정 ⇒ 효과 없거나 비정상적 방법 과감히 탈피 ⇒ 현실을 받아들인다 ⇒ 부글거리는 증오심 내려 놓기 ⇒ 구체적 행동과 생각으로 인생의 주도권을 되찾아야 한다.

⑤ 수치심 분노에서 탈피하려면, 분노의 핵심 요소인 ⇒ '나는 쓸모없는 존재', '부족한 존재', '사랑받을 수 없는 존재', '나는 외톨이다', '죽어 마땅하다'는 의식에서 탈피해야 ⇒ 긍정적 상상을 하고 자신에게 전달해야 ⇒ '나는 필요한 존재다', '나는 충분한 능력과 남다른 자질이 있다', '사랑스러운 존재이며 사랑받고 있다', '나는 외톨이가 아니다', '나는 행복하게 살 수 있다'는 긍정적 생각을 훈련함으로써 분노의 핵심인 생각・감정・행동을 해소할 수 있다.

일곱째, 화를 참는 법과 불안한 마음을 다스리는 방법은 반응하지 않는 것도 한 가지 방법이다. 불교에서의 '무시하기 전략'이나 석가의 성자가 주는 벌(罰)인 '부라마단다'도 도움이 된다(Alubomulle Sumanasara, 2008: 117~129). 왜냐하면 화를 참아도, 화를 내도 나만 손해이기 때문이다.

제3절 폭발적 분노 증후와 상담 및 지도방향

1. 폭발적 분노의 이해

"우리는 경쟁이 격화되는 글로벌 세계에 살고 있다. 그런데 현대인들은 종종 도덕적 잣대를 상실한다. 도덕적 잣대를 지켜 나가는 것이 옳은 일이고 최고의 기업도 만들고 최고의 성과도 거두는 길"(Paul Fribourg, 2006)이며, "도덕적 결정이 전략적으로 가장 스마트한 결정"(Doug & Fred)이고, "수많은 비즈니스 사례들에게서 그 중요한 의미"(Dick Harrington, 2006)를 입증해 준다.

때문에 "도덕지능은 혼돈의 시대, 온갖 유혹과 위험이 난무하는 이 시대를 살아가는 핵심 덕목"(Michele Borba, 2004: 18~21)으로 중요시하고 있다.

따라서 "도덕적 능력은 생존의 문제이고, 전 분야에서의 도덕적 리더십이 주목받고 있으며"(Doug & Fred, 2006: 5~9), "민주사회에서 도덕의 갈증을 느끼고 있는 것은 도덕이 살아야 정의도 살 수 있고, 무너진 원칙도 다시 바로 세울 수 있기 때문이다"(Michele Sandel, 2010: 10~12, 26~166). 그런데 현실사회는 어떠한가.

'무시 당했다', '자존심을 건드렸다', '나의 앞 길에 끼어들었다', '나의 일에 반대하거나 차가 끼어들기를 방해했다', '나에게 스트레스를 주었다', '나를 건드렸다'고 느끼는 순간, "감정조절 장치의 댐이 폭파된 듯 이성적 인식의 완전 상실과 행동 통제능력의 실종상태(Potter-Efron, 2011: 17)에 빠져 '인간 시한폭탄'으로 돌변한다. 이 같은 사람들의 순간적인 분노 발작이 화풀이 범죄를 저지르고, 그 피해(후유증)가 심각하다는 것을 우리는 보도를 통해 익히 알고 있다. 소위 '공격적 분노'(Beverly Engel, 2009: 82~98), '폭발적 분노'(Ratey, J. J.) 또는 '돌발성 분노'(Potter-Efron, 2011: 24, 37), '병적 분노 발작'으로 일컬어지는 문제 행동이다.

이들은 흥분하기 잘하고 감정이 예민한데다 충동성 수준이 높기 때문에 작은 일에도 '화'와

'분노'를 일으키는 것이 특징이다. 그래서 그 개인으로 말할 때는 '사고를 낼 수 있는 사람'(troublemaker)이고, 다수를 말할 때는 '일 저지를 가능성이 있는 집단이요 민족'이라고 할 수 있다. 왜냐하면 흥분과 충동성이 발작하면 '울컥'하는 증오심리가 치솟아 험악한 폭언과 욕설이 튀어나오고, 분노 발작을 일으키는 중증 사회병질적 질환이기 때문이다. 그래서 '인간 화염병'이니 '시한폭탄' 또는 '인간 화약고'라고 부른다.

'푸대접에 대한 화풀이'의 대구 나이트 클럽 방화(1991. 10. 17), '우리 사회 난동 증후군'(한국일보, 1993. 9. 28), '화풀이로 충동살인과 방화'(박재관, 국민일보, 1994. 3. 4), '항공기 엔진 결함 출발지연, 승객 난동'(2005. 5. 24), '항공기 연발착 기내 난동(2005. 7. 10), '폭설로 경기 일정 취소, 과천 경마장 관중 난동사건'(2006. 12. 17; 일본방송보도, 2006. 12. 27), 축구장·야구장 등 '경기장 난동 사건'(2007, 2009, 2011), '툭하면 부하 직원에 욕설과 폭언'(조선일보, 2014. 7. 26), '주차 문제 시비 끝에 살인'(2014. 11. 11), '아파트 층간 소음 살인'(2014. 12. 18) 등의 사건은 모두 분노조절장애자에 의한 '홧김 범죄'요 '충동 범죄'이다.

이 같은 분노조절장애자는 2009년 3,720명에서 2013년 4,934명이 치료를 받은 것으로 집계되어 4년만에 32% 증가했고(건강보험 심사평가원)(KBS 9, 2015. 2. 6), 살인범죄의 39%가 우발적인 '홧김 범죄'(MBC, 2014. 11. 12)였으며, 경찰집계에 의하면 2014년도 전국 폭력범 36만 6,000명 중 41.5%인 15만 2,000명이 우발적으로 범죄를 저지른 것으로 밝혀져 주목하게 된다.

결국 이들은 자극(스트레스)을 받으면 ⇒ '방아쇠 생각(감정)'이라는 기폭장치(편견, 선입관, 오해, 착각, 속단)에 점화가 되고 ⇒ 부정적 생각과 감정(모멸감, 모욕감, 피해의식, 억울감정)에 휩싸이게 된다 ⇒ 흥분과 충동성 수준이 급 팽창하여 '앙갚음과 보복'이라는 공격성으로 악화된다 ⇒ 그 결과 '욱', '칵', '폭', '확'의 시한 폭탄들이 순간적으로 폭발하는 현상이 홧김 범죄요 분노 폭발 사태라고 정리할 수 있다.

2. 폭발적 분노의 진단과 유형

우리는 전철이나 비행기가 고장을 일으키거나 연·발착 사태가 발생하면 당연히 항의를 한다. 그런데 그것을 언론에서는 '집단 항의'나 '난동사건'(?)이란 용어로 보도한다. 언론의 용어

선택에 문제가 있다. 그렇다면 다른 나라는 어떠한가? 일본의 경우, 항공관제시스템 컴퓨터 고장 사태가 발생했다(2003. 3.1). 그 결과 192편의 국내・국제선 항공편이 취소되고, 1,324편이 최고 6시간 30분 지연됐다. 때문에 총 27만여 명이 여행 차질을 가져 왔다. 그런데 별다른 항의도 없었다는 데 놀라움을 금할 수 없다. 그런가 하면 미국에서는 운전 중 분노(road rage) 범죄로 2014년 1,500명이 숨졌다(MBC, 2015. 3. 24. 저녁 6시 뉴스 보도). 그들은 차에 총기가 있기 때문에 운전 중 욕설 끝에 흥분한 나머지 쉽게 총을 발사하는 것이 문제이다.

하여간, 우리나라는 워낙 국민성이 부드럽고 온화하기 때문에 폭발적 분노에 관련된 사람은 많지 않다고 본다. 정이 많아 감성적인 면이 있기는 해도 공격적・폭력적으로 화풀이를 하는 경우는 상대적으로 드물다고 생각한다.

한 대학병원의 통계자료에 의하면 우리나라 사람 일반인의 4.2%가 화병을 앓고 있다(주간동아, 2003. 제377호)는 것이며, 비벌리 엔젤은 '화가 공격으로 이어지는 경우는 10%에 불과하다(Beverly Engel, 2009: 35)고 했고, 레이테이(Ratey, J. J.)는 폭발적 분노에 대한 그의 저서에서 '평범한 사람 5명 중 1명이 통제 불가능한 분노를 경험한다'(Potter-Efron, 2011: 16)고 했다. 취업포털 사이트 인크루트의 '직장인 감정 조절' 설문조사(2010. 10. 18~25, 직장인 699명 대상) 결과에 따르면, 직장인 10명 중 4명(40.2%)은 쉽게 '욱'하는 감정을 잘 참지 못하는 것으로 나타났다. 그리고 직장에서 가장 '욱'하는 순간은

① 상사가 막말하거나 무시하는 등 비인격적으로 대할 때(26.2%)

② 상사가 부당한 지시를 할 때(18.6%)

③ 상사, 동료 등이 너무 기분에 따라 대할 때(15.9%)

④ 부하 직원이 말을 듣지 않고 대들거나 막말을 할 때(9.7%).

⑤ 업무에 대한 평가를 제대로 받지 못할 때(7.9%) 등이다(일요시사, 2010. 11. 7. 23면).

요컨대, 못돼먹은 상사, 좋지 않은 말 버릇(막 말), 욕설과 폭언, 빈정거리는 말투, 부당한 지시, 저항적인 부하 등이 분노 폭발을 일으키는 요인임을 알 수 있다.

그렇다면, 그들 폭발적 분노의 진단 기준은 무엇인가? 경희의료원 한방병원 화병클리닉의 '화병 자가진단법'과 비벌리 엔젤(Beverly Engel, 2009: 82~84)의 '공격적 분노성향 진단 기준'을 보면 다음과 같다.

〈표 8-1〉 화병 자가진단법

1. 자신의 성격은?(해당하는 항목에 ○표)

(1) 성미가 급하다. (2) 참을성이 많다. (3) 불같은 성격이다. (4) 일을 잘 하고도 인정받지 못하면 분통이 터진다. (5) 다른 사람 앞에서 비난을 받으면 격분한다. (6) 옳지 않은 일을 보면 가만히 있지 못한다. (7) 화를 잘 내는 성격이다.

2. 자신의 가정생활은 ?

(8) 결혼생활이 만족스럽지 못하다. (9) 가족들은 나를 잘 이해해주지 않는다. (10) 남편(아내)과의 관계가 좋지 않은 편이다. (11) 시댁(처가)과의 관계가 좋지 않은 편이다. (12) 자녀들과의 관계가 좋지 않은 편이다. (13) 항상 경제적인 문제를 걱정해 왔다. (14) 가족들과 일주일에 한 번도 편안한 마음으로 이야기를 나누지 못한다.

3. 화가 나면 어떤 행동을 하는가?

(15) 참는다. (16) 화를 내는 것이 좋지 않다고 생각해 가능하면 화를 내지 않는다. (17) 사람을 피한다. (18) 혼자서 운다. (19) 소리를 지른다. (20) 뛰쳐 나가거나 무엇이든 집어 던진다. (21) 사람들과 말다툼을 한다. (22) 화를 낸 후에 후회하는 경향이 있다.

4. 화가 나면 어떤 마음이 드는가?

(23) 다른 사람이 알고 있는 것보다 더 격분해 있다. (24) 짜증이 난다. (25) 불안하고 초조하다. (26) 우울하고 허무하다. (27) 외롭다. (28) 슬프다. (29) 두려운 생각이 든다. (30) 깜짝깜짝 놀란다. (31) 죽고 싶다. (32) 불쑥 똑같은 생각이 자주 떠올라 견디기 어렵다.

5. 자신은 어떤 삶을 살았다고 생각하는가?

(33) 내 삶은 불행하다. (34) 억울한 일이 많았다. (35) 세상은 너무나 야속하다. (36) 내 인생에 대해 말하기 부끄럽다. (37) 하고 싶은 것은 하나도 하지 못하고 살았다. (38) 내 인생은 나로서는 어쩔 수 없는 일이었다. (39) 나 자신이 초라하고 불쌍하다. (40) 나는 아무 능력도 없다. (41) 무시당하고 살아왔다. (42) 아무 일도 하기가 싫다. (43) 내 가슴속에는 한이 맺혀 있다.

6. 지금 어떤 증상이 있는가?

(44) 화가 나면 잠이 잘 안 온다. (45) 진땀이 난다. (46) 신체 일부분 또는 온몸이 가렵다. (47) 열이나 얼굴이 달아 오른다. (48) 온몸에 열이 난다. (49) 속에서 열이 나서 더운 물을 마실 수 없다. (50) 무언가가 치밀어 오르는 것을 느낀다. (51) 사지의 감각이 이상하고 저리다. (52) 피로하다. (53) 기분 나쁜 일이 있으면 입맛이 없고, 소화가 잘 안 돼 쉽게 체한다. (54) 머리가 아프다. (55) 어지럽다. (56) 눈이 침침하거나 쉽게 충혈된다. (57) 입이 마르고 쓰다. (58) 가슴이 답답하고 숨이 막혀서 한숨을 잘 쉰다. (59) 가슴이 뛰고 두근거린다. (60) 목이나 가슴, 상복부에 무엇인가 뭉친 것 같다.

〈진단 및 해석〉

이상의 60개 항목 중 해당하는 항목을 모두 선택한 후 항목당 1점씩 계산해 모두 합산한다. 총계가 21~30점(화병에 걸릴 위험성 높다), 31~40점(화병일 가능성 높다), 40점 이상(화병으로 진단, 전문가 치료가 필요)

〈표 8-2〉 공격성 분노성향 진단 기준(진단 및 해석)

1. 분출형 분노: 1~7번 항목에 '대부분 그렇다'고 대답할 경우
① 갑자기 화가 폭발하는 경우가 자주 있다. ② 화가 나서 했던 말이나 행동을 나중에 후회하는 경우가 자주 있다. ③ 화가 나는 이유를 도저히 알 수 없는 경우가 자주 있다. ④ 뚜렷한 이유 없이 배우자나 아이들에게 표출했던 화가 역시 알 수 없이 그냥 사그라지는 경우가 자주 있다. ⑤ 화를 낸 기억이 전혀 나지 않는데, 사람들이 무서웠다는 얘기를 해줄 때 놀란 적이 있다. ⑥ 화를 통제하지 못한 적이 있다. ⑦ 자신의 화가 자동 반응처럼 보인다.
2. 격노형 분노: 8~13번 항목에 '대부분 그렇다'고 대답할 경우
⑧ 비판에 대해 극히 예민하다. ⑨ 남들도 자신에 대해 나쁘게 생각할 것이라고 믿는다. ⑩ 사람들이 놀리거나 잘못(단점)을 지적할 때 극도로 화가 나는 경향이 있다. ⑪ 일단 화가 나면 진정하기가 어렵다. ⑫ 자신을 비판하는 사람이 있으면, 그 스스로 잔인하다는 생각이 들게 만들어야 한다. ⑬ 이따금 발동이 걸리면 상대를 몇 시간이고 계속 꾸짖는다.
3. 비난형 분노: 14~18번 항목에 '대부분 그렇다'고 대답할 경우
⑭ 사람들이 당신의 기준(기대)을 만족시키지 못하는 걸 보고 실망하는 경우가 자주 있다. ⑮ 상대가 실수를 하면 화가 난다. ⑯ 누군가가 잘못을 저지르고 있으면 그것을 지적해 줄 권리가 있다고 생각한다. ⑰ 자신의 잘못은 기꺼이 인정하겠지만, 그래야 할 경우가 드물다고 생각한다. ⑱ 자신이 실수를 저질러도 남을 비난한다.
4. 통제형 분노: 19~24번 항목에 '대부분 그렇다'고 대답할 경우
⑲ 인간관계에서 대부분의 결정을 당연히 내가 내려야 한다고 생각한다. ⑳ 내 말대로 해야 한다고 다른 사람들에게 우겨댄다. ㉑ 사람들이 내 뜻대로 하지 않아서 화가 나는 경우가 종종 있다. ㉒ 사람들이 내 뜻대로 하지 않거나 거스르면 대개 일정한 방법으로 대가를 치르게 한다. ㉓ 사람들이 내 뜻에 동의하지 않거나 나의 관점을 이해하지 못해 말다툼이 벌어지는 경우가 종종 있다. ㉔ 상대가 나의 생각에 동의하지 않으면 화제를 돌리거나 말다툼을 끝내기가 어렵다.
5. 학대형 분노: 25~30번 항목에 '대부분 그렇다'고 대답할 경우
㉕ 다른 사람의 행동을 통제하려고 협박이나 위협을 한 적이 있다. ㉖ 누군가의 소유물을 훼손하거나 망쳐놓겠다고 위협한 적이 있다. ㉗ 눈군가에게 해를 입히겠다고 위협한 적이 있다. ㉘ 분노했을 때 혹은 겁을 주려고 물건을 던지거나 깨뜨린 적이 있다. ㉙ 누군가가 화장실에 가려는 것을 허락하지 않았던 적이 있다. ㉚ 홧김에 누군가를 밀치거나 폭력을 가한 적이 있다.

3. 폭발성 분노 형성의 배경(원인)

현대인들의 폭발성 분노나 공격성 분노 성향은 어떻게 형성되었을까?

첫째, 신경학적 · 생물학적 요인을 생각할 수 있다.

① 뇌 손상, 알코올 독성에 의한 뇌기능 장애, 변연계의 이상 등이다. 그리고 높은 안드로겐(androgen) 수치와 같은 호르몬 요인이 공격적 행동의 요인이 된다.

② 공격적 행동을 할 수 있는 유전적 취약성을 타고난 경우 스트레스에 대한 통제력이 선천적으로 약해 분노를 조절할 수 없는 경우가 발생한다. '화가 났을 때 접시를 던지거나 문을 난폭하게 닫는 경향'은 40%가 유전적이며, '고함을 지르는 경향'은 28%만이 유전된다는 것을 발견한 펜실베이니아 대학의 앨리게니 연구(1995, Newsweek), 그리고 게이오 대학의 안도(安藤) 교수는 "문장의 센스 있는 논리적 구성(80% 유전율), 신경질(40%), 절도 · 기물파손 · 가출(30~50%), 술 · 담배 · 도박(30~40%), 거짓말(40%), 고집 · 완고함(30~40%)이 유전에 영향을 받고 집중력과 학력도 뇌속 신경물질수용체가 영양을 미치기 때문에 유전과 관련성 높고, 성실함도 유전의 영향을 받으며, 불륜 · 바람기는 'DRD4'란 유전자 때문"이라고 했다(安藤壽康, 2013, 주간겐다이; 일요신문, 2013. 5. 26. 제1097호에서 재인용). 결국 '질병 · 성격까지 유전자가 좌우한다'는 미국 · 일본대학의 잇따른 연구 결과가 이를 입증한다.

둘째, 가정환경적 요인이다.

① 성장과정에서의 학대와 체벌, 분노와 자존감 상처, 증오와 불만, 실망과 좌절, 모욕감과 억울감 등은 정신적 상처가 되어 감정적 응얼이로 축적되고 분노 폭발의 원인이 된다. 미국의 부모들은 거의 매일 화를 내며, 아주 평범한 부모들도 일주일에 평균 5번은 아이들에게 고함치거나 언성을 높일 만큼 화를 내고 심하게 때린다.

'미국 부모의 90%가 아이가 2살 무렵일 때 체벌을 가한다'(1985, 국가 가족폭력조사 연구)는 것이 밝혀졌고, '생후 12개월경의 아이들 절반이 체벌을 받은 것으로 밝혀졌으며, 생후 6개월 이하의 아이를 가진 엄마들의 2/3가 일주일에 3번 정도 체벌을 가할 필요가 있다고 생각한다'는 것이었다. 그렇다면 1년에 평균 150번을 때린다는 것을 의미한다(Straus, 1994). 분노에 뿌리를 둔 체벌은 학대로까지 발전할 위험성이 크며, 하루에 12명의 아이들이 학대로 뇌 손상을 입고, 아동폭력은 미국 아동 사망의 주요 원인이 될 뿐만 아니라 아이들로 하여금 육체적으로 더욱 공격적 행동을 하도록 한다(Mckay et al., 2007: 17)는 것이다.

② 폭력적인 부모, 분노 폭발성 부모가 자녀를 '화병 성격'으로 키운다.

'화를 잘 내는 가혹한 어머니의 아들도 화를 잘 내고'(Crocknberg, 1985: 361~373), 매를 맞고 자란 아이들과 정서적 · 육체적으로 학대받은 아이들이 상대적으로 더욱 공격적이며(Stassberg, 1994: 445~461; Trickett, Penelope, & Kuczynski, 1986: 115~123),

'비행과 범죄의 뿌리는 체벌이 가장 중요한 요인이다. 체벌은 비행을 저지르거나 범법자가 된 사람의 감정 · 환상과 행동의 연료인 분노, 공격성, 충동성을 생성한다'(Grevin, 1990)고 했다. 이는 부모가 가정에서 반복적으로 화를 내는 행위는 반사회적인 씨앗, 비행과 폭력 범법자의 씨앗을 심고 물을 주어 키우는 행위와 같다. 더욱이 언어폭력을 당한 아이들의 1/3이 커서 자신의 아이들에게도 언어폭력을 가한다 라는 것을 다른 많은 연구에서 입증하였다(Mckay et al,. 전게서: 21).

③ 화를 잘 내는 부모는 그 자녀들에게 분노의 기폭장치인 '방아쇠 생각'을 키워준다.

스트레스 그 자체로 분노가 폭발하지 않는다. 스트레스(불쏘시개)가 '욱'하는 분노 반응으로 폭발하려면 내재되어 있는 방아쇠 생각(라이터 불)인 '편견, 선입관, 오해, 착각, 속단'에 점화가 되어야 한다. 실제로 '부모들의 방아쇠 생각의 종류와 부모 화(火)지수'를 비교한 결과, 전형적으로 화지수가 높은 부모들이 자주 사용했던 '방아쇠 생각'은 속단(7종), 과장(6종), 편견(5종) 등 18가지로 밝혀졌다(Mckay et al,. 상게서: 59~66). 부모가 자녀에게 자주 사용한 방아쇠 생각은 프로그램이 되고 교과서가 되어 자녀들에게 배양됐을 것이다.

④ 지나치게 과잉보호받고 자란 탓에 성장과정에 따른 좌절을 경험하고 이를 견디는 힘을 기르지 못해 자기조절능력에 문제가 생길 수 있다.

⑤ 화에 대한 신념과 분노성향은 어린 시절에 부모나 사회가 주는 메시지에서 기인한다.

부모처럼 되지 않겠다고 분을 폭발시키기도 했지만, 생각 이상으로 부모를 닮게 되고, 그 밖의 다른 보호자들로부터 받은 상처가 분노 성향을 키우는 데 일조한다(Beverly Engel, 2009: 137~138).

셋째, 성격적 요인이다.

① 폭발적 분노의 주인공들은 편집 · 망상적 인격장애, 경계선적 인격장애, 반사회적 인격장애, 그리고 폭발적 성격, 충동적 · 폭풍적 성격장애(김흥규 · 원애경, 2007: 338~399)와 관련된 특성들을 가지고 있다.

② 분노는 마음의 상처가 깊다는 경고음과도 같지만, 개인의 가치관 및 의식도 분노와 관련(영향)이 깊다.

넷째, 병리적인 사회환경 요인이다.

① 대통령을 포함한 지도층의 부정 부패가 폭발성 분노 성향을 키웠을 것이다.

역대 많은 대통령들 자신 및 가족들의 부정부패, 오적(五賊)으로 지탄받았던 재벌・국회의원・고급공무원・장성・장차관(김지하, 1970), 치욕의 IMF 대참사를 불러와 삼적(三敵)으로 취급한 정치권과 관료, 금융기관, 재벌(송호근, 2003) 등의 추악한 행태에서 울분・화・분노가 파종되고 급성장했을 것이다. 예컨대, 최근 미국 헤리티지재단 보고서(2015. 2. 24)를 접하고 우리는 실망과 놀라움으로 충격을 받았다. 한국전쟁의 뼈아픈 충격을 교훈삼아 수십년간 국방비를 북한의 33배를 투자했는데, 남한의 군사력이 북한에 비해 '엄청난 열세'이며 13개 부문 군사력 비교에서 2부문만 약간 우세하고 11개 부문이 엄청난 열세라는 통계적 비교 발표였다. 이 모두가 군대 납품비리 등 부정사건 때문이라니 분노와 배신감을 느끼게 된다.

② 저급의 정치문화가 국민들의 심성을 산성화, 폭력화시킨 주요 원인이다.

우리 사회의 병리현상인 극한 대결의 정치갈등, 극단적인 이익추구의 노사갈등, 집단적 히스테리 증상의 노선갈등, 양식과 상식을 벗어난 지역갈등, 도덕성 부재의 학원갈등, 분별력과 정체성을 잃은 흑백사고의 이념갈등 등은 저급의 정치문화의 소산이다. 그리고 이 같은 갈등 문제를 표출하는 행태가 '힘으로 밀어 부치면 안 되는 일이 없다'는 탈법적 의식과 결과적 한탕주의, 그리고 '작든 크든 모든 불만 및 이권 문제를 시위・집단행동에 의해 해결'하려는 일탈적・반사회적 행태 역시 저급의 정치문화가 양산한 결과이다. 이들 모두가 화와 분노의 감정들을 증폭시킨다.

③ 과도한 개인주의 성향은 지나친 자기애로 귀착되어 자신의 손익과 아픔에 민감하다. 따라서 타인에 의한 작은 자극과 스트레스가 자존감에 상처를 받거나 무시당한다는 느낌을 받아 감정조절장애가 생길 수 있다.

④ 각종 선거가 파벌과 갈등, 증오심과 화병을 조장한다.

대선과 총선, 지방자치단체장 선거와 교육감 선거 등 모든 선거는 '죽기 아니면 살기(all or nothing)' 게임이다. 선거과정에서 상대는 적이며 타도의 대상이다. 이긴 쪽은 모든 것을 갖지만 패배한 쪽은 억울한 패배감과 분노뿐 아무 것도 남는 게 없다. 2002년부터 2013년 4월까지 재・보궐선거에서 국민의 세금으로 충당된 비용이 560억 1,743만 원인데, 여기에 후보 개인의 비용과 시・구・군의원 재・보궐선거비용까지 합산하면 그 비용은 크게 증가할 것이다(이수동, 울산광역메일, 2014. 2. 16). 선거 패배자들에게 남겨진 상처와 패배감, 박탈감과 울분은 증오감과 화로 남았을 것이다.

⑤ 다양한 사회갈등 문제나 이해관계 대립에 정치세력이나 장외세력이 개입해서 분노와 화를 키운다.

사회갈등의 대부분은 이익집단 간의 갈등, 이해관계 대립에 따른 갈등, 누적된 적대감과 억울감정에 의한 갈등인데, 제3자인 이념이 개입하고 불순세력 및 정파가 끼어들어 전혀 다른 이슈로 악화되게 만들면서 '결사 반대'를 외치게 하고, 결국은 분쟁화 · 대결화 · 투쟁화로 확대시키는 것이 우리 사회의 특징이다. 작고 큰 문제가 발생하여 이념이 끼어들면 필연적으로 좌파와 우파, 갈등파와 건전 보수, 경제성장주의와 분배 강조의 입장으로 갈리게 된다. 그리고 정파가 개입하면 여당과 야당, 정부와 반정부 투쟁으로 악화된다. 모든 사회적 문제를 문제의 성격에 대한 성찰과 규명이 없이, 그리고 법 정신하에 제도적으로 해결하려는 자세를 버리고 단식과 농성 등 장외 강경투쟁으로만 풀려고 하면서 '민주화'를 고창(高唱)하고 갈등의 지나친 이념화를 획책하는 분위기에서는 문제해결도 어렵고 국민들에게 스트레스와 분노의 감정을 누적시킬 뿐이다.

⑥ 지속되는 각종 파업과 집회의 보도, 농성과 시위가 국민들에게 악성 스트레스로 작용하여 화병을 키운다. 민주주의는 시끄러운 것이 정상이라고들 하지만, 왜 장외로 진출하고 텐트를 치는 것인가. 서울에서만 집회 · 시위가 2013년에만 1만 219건, 하루 평균 30여 건의 집회 · 시위 · 데모가 일어났다는 계산(김대중, 2014, 조선일보)인데, 그로 인한 시민들의 불쾌지수, 분노지수는 얼마나 심각한지 생각해야 한다.

다섯째, 익명의 그늘에 숨어 비열한 모함을 통해 반사회적 욕구를 발산하는 소시오패스들이 국민들의 분노와 화를 키우고 사회를 병들게 한다.

'표현의 자유'를 구실로 근거 없는 소문과 글을 슬그머니 인터넷에 올리는 '마조히스트'들, 그것을 열심히 퍼나르는 마녀 사냥꾼 개미떼들, 악소문과 괴소문을 퍼뜨리고, 욕설과 저주로 인터넷을 흉기로 이용하는 '악플러'들(박효종, 2009. 5. 4, 주간조선, 18~20), 이들 반사회적 욕구를 푸는 소시오패스들(조선일보, 2011. 10. 21)이 분노와 화를 키우는 대표적 병리 요인이다. 인터넷의 익명 패악질 · 사내 게시판 · 대자보 · 블로그 게시판 · 문자메시지 · 출처 불분명한 괴문서 · 헛소문 보도(저급한 언론) 등은 헛소문을 부추기고 나라를 '들끓는 익명 횡포사회'로 만드는 흉악범죄이다. 인권사회에서 있을 수 없는 일로서 개인이 '억울하다'는 호소가 있으면 사이버수사대는 즉각 수사에 돌입하여 책임을 묻는 게 옳다. 하여간 이런 요인들이 분노사회를 조장한다.

4. 폭발적 분노의 대처 및 치유

화는 "화를 내는 상대와 강도(强度), 때와 목적, 방식만 적절하다면"(아리스토텔레스, 2007, 2008) 수명 연장(메릴랜드 대학 어네스트 하버그, 1989), 창의성 증진(암스테르담 대학 게르벤 반 클리프), 비즈니스 협상 전략(스탠퍼드 대학 라리사 티에든스), 개인 및 국가의 위기 대응과 국가 통합(하버드 대학 연구진, 2001)에 도움을 주는 긍정적인 측면이 있다(조선경제, 2013. 2. 26). 그러나 분노는 좌절과 공격행동을 이어주는 매개변인(Feindler & Ecton, 1996; Siegel, 1985)이고 공격행동의 주요 유발 요인(Deffenbacher, Demm, & Brandon, 1996)으로서 반사회적 성격장애, 폭발성 장애, 품행장애의 주요 증상(American Psychiatric Association, 1994)이 있다. 특히, 분노감(anger), 적대감(hostility), 공격행동(aggression)을 주 증상으로 한다는 의미에서 'AHA! 증후군'(Spielberger 외, 1985)으로 일컫는 폭발적 분노는 백해무익이다.

1) 폭발적 분노의 예방적 대처

첫째, 폭발적 분노에 대한 정확한 인식이 중요하다.

① '욱'하는 폭발적 분노는 '화'의 병든 표출로서 중대한 심리 정신적 질환이다.

② 언어적 · 신체적 가학행위인 동시에 공격적 · 적대적 행위이다.

③ 신체적 · 정신적 자기 파괴행동이다.

높은 수준의 분노가 지속적 · 누적적 · 만성화되면 악성 스트레스로 작용하여 내분비계, 자율신경계, 면역계 등이 교란돼 신체적 · 심리적 · 정신적 질환에 노출시킴으로써 고혈압을 비롯한 심혈관계 질환(서수균, 2005; 김교헌, 2000; 김교헌 · 전겸구, 1997; Rosenman, 1985; Gentry et al., 1982)을 비롯하여 감염성 질환, 순환기 질환, 소화기 질환, 내분비 질환, 피부 질환, 비뇨기과 질환, 산부인과 질환에 관련(근원적 원인)이 있다(Adler, Newsweek, 1999. 6, 28: 40)는 점에 주목해야 한다.

④ '자주 심하게 분노하는 사람은 진화가 덜 된 존재'이다(Charles Darwin).

즉, 심리적 · 사회적 미성숙, 정신적 불건강한 자라는 인식을 갖고 고쳐야겠다는 의식을 가져야 한다.

⑤ 폭발적 분노는 자녀 및 배우자 폭행, 대인관계 손상, 사회적 문제 발생, 가정 · 사회 · 직

장에서의 관계 단절(Pan, Neidig, & O'Leary, 1994; Hazaleus & Deffenbacher, 1986; Reid & Kavanagh, 1985)로 악화되므로 미리 손을 써야 된다.

둘째, 화를 어떻게 경험하고 가공하여 표출하는지, 그 방식은 개인의 심리 사회적 성숙 수준에 따라 다르다. 따라서 평소의 예방적 조치는 필수이다.

① 개인의 가정환경과 성장과정의 상처에 대해 주목해야 한다.
② 성격과 의식구조에 대해 주목하고, 정확한 진단과 지도가 선행되어야 한다.
③ 정서지능, 도덕지능, 사회지능의 발달 수준과 정신건강 상태도 주목해야 한다.
④ 화를 느낄 때 폭언 · 욕설 · 공격 등 분노의 외적 표출(anger out)의 수준을 체크해야 한다.

이 같은 과정을 통해 개인의 비합리적 신념(역기능적 신념), 미숙한 자동적 사고, 인지적 오류, 언어적 공격성, 폭력성 등에 대해 상담을 받고 사회성 훈련을 받아야 한다.

셋째, 어떤 사건이 불쾌한 사건(분노 경험)으로 인지되고 분노 폭발로 나타나기까지는 그 유발사건에 대한 의미 부여(1차 평가)와 사건에 대한 해석(2차 평가)이 매개역할을 한다(Lazarus, 1991; Deffenbacher & Mckay, 2000; Beck, 2000; Berkowitz, 1990). 즉, 사건 발발 순간 떠오르는 자동적 사고와 인지적 오류가 문제된다. 그러므로

① 과거 어떤 상황(사건)들 때문에 화가 났는지?
② 화가 났던 그 순간에 마음속에 어떤 생각이 떠올랐는지?
③ 그 상황을 어떻게 이해하고 해석했는지?
④ 구체적인 대처행동, 즉 어떤 언행을 취했는지?
⑤ 그때 자신이 취한 행동이 최선이었는지?
⑥ 자신의 성격을 탓하며 후회되고 반성한 경우는 있었는지?

이 같은 사항에 대해 가족 및 친구들과 대화를 통해 다른 사람들은 어떤 생각과 행동을 취할 것인지 비교 반성하고 성찰의 기회를 갖는 것이 좋다. 이것이 스트레스의 대처기법과 위기 상황에서의 대화 기법의 훈련 및 감정조절능력을 키우는 것이 되기 때문이다.

2) 폭발적 분노의 치유

분노는 위협상황에서 개인의 생존과 직결된 자기방어체계적인 적응 감정(Bilodeau, 1992; Lazarus, Kranner, & Folkman, 1980)이며, 대립적인 사회적 상황에서 자존감이나 신념을 유지하기 위한 욕구의 표현이고, 스트레스와 좌절에 대한 자연스런 반응(Carter & Frank, 1995; Crockenberg, 1981)이다. 그런데 분노의 강도와 표출방법이 부적절하고 지나쳐 공격적·폭발적·돌발성·병적 분노 발작으로 표출되는 것이 문제이다. 따라서 그 치유법으로는 다음과 같은 점을 생각할 수 있다.

첫째, 스트레스에 대한 대처 기법의 터득과 함께 사고방식(생각)을 바꾸는 훈련이 필요하다.

폭발적 분노가 일어난 과거의 사건과 상황들이 어떤 것들이냐에 대한 검토가 필요하며, 그 당시 순간적으로 떠오른 생각(방아쇠 생각)을 정리해 봐야 한다. 즉, 스트레스를 받을 당시 비합리적 사고와 신념의 여부, 편견과 선입관, 오해와 왜곡, 착각과 속단 여부를 확인하고 개선해야 한다.

보통 '욱'하는 성질이 있는 사람의 특징(공통점)은 어떤 사실을 객관화하지 못하고 자기의 생각, 편견에 사로잡혀 판단하고 남의 탓으로 돌리려는 경향이 있다.

① '욱'하고 화가 치민 것은 "○○○○ 때문에"라는 형태를 나타낸다.
 즉, "끼어들었기 때문에", "층간 소음 때문에", "옆 좌석에서 시끄럽게 떠들어서" 등이다.
② 자신과 직접 관련된 불행한 사건이 발생하여 '나는 부당한 피해자'라는 것이다. 즉 "억울하게 당했다", "불쾌하고 분한 사건으로 화나서 미칠 것 같다"는 표현이다.
③ "나를 무시한다"는 생각, "나를 우습게 본다"는 편견에 사로잡혀 있다.

그래서 윗층에서의 소음이 아닌데도 그 '윗층 때문에 소음이 난다'며 술 먹고 찾아가 언쟁·시비 끝에 칼부림한다든지, '말다툼 끝에 살인', '홧김에 칼 부림' 사건이 발생한다. 따라서 성숙하지 못한 비합리적인 사고, 객관화되지 못한 편견을 고쳐 주어야 한다. 이를 위한 구체적 전략은 과거의 문제 사건과 문제 상황별로 당시의 방아쇠 생각을 정리하고 그에 대한 반박문 쓰기, 방아쇠 생각을 멈추기 위해 분노 발작의 진짜 이유를 찾기, 문제의 크기를 확대·과장하지 말고 현실적으로 평가하기, 편견과 격앙된 접근의 자제, 왜곡하지 말고 부정적 속단을 중립적인 설명으로 대치하기 훈련을 통해 치유할 수 있다.

둘째, 화내는 의사소통 방법(언어습관)을 바꾸는 전략과 훈련이 필요하다.

'욱'하는 사람들은 성격장애자, 정서장애자, 감정조절장애자이다. '무시했기 때문에', '피해를 주었기 때문에', '반말했기 때문에', '현관문을 쾅쾅 두드리고 시비했기 때문에', '내 차의 타이어를 발로 차고 차문을 쾅쾅 두드렸기 때문에', "울화통이 치밀었고, 격한 흥분상태에 빠져 격앙된 분노감정에서 그만 일을 저질렀다"고 진술한다.

비고츠키(Vygotsky) 등(1978)은 '언어가 심리를 생성시킨다'고 했고, 최상진 등(1995)은 '과거에 언어는 심리·사고의 표현 정도'로 이해했다고 말했다. 그러나 언어는 화자(話者)의 입장에서는 자신의 생각과 감정을 표현하지만, 상대에게는 기분과 감정상태를 생성시키기 때문에 '상호 대화의 에티켓'은 필수이다. "품격과 교양을 지녀야 하고, 신중한 어휘 선택과 예절을 갖춘 매너가 전제될 때 대화의 진실성은 인정을 받게 되며 설득력이 있게 된다"(전영우, 1988: 17).

따라서 이들은 대화의 기본 훈련부터 다시 배워야 한다. 분명한 메시지 전하기, 스트레스 상황에서 느낀 화의 감정을 글로 쓰고 정리해서 말로 전달하기, 비난과 비판을 하지 말고 서로의 생각과 감정에 대해 진지하게 대화하는 훈련이 필요하다. 오래된 영화지만 꽃 파는 소녀로 등장하는 오드리 헵번과 스피치 선생이 등장하는 '상류사회 부인'이란 영화를 보면서 영상카운슬링 기법을 활용하는 것도 좋을 것 같다.

셋째, 폭발적 분노가 일어난 사건에는 그 사람의 삶의 궤적(성장의 상처)이 있고, 그 분노를 가공하고 표현하는 방식을 통해 인간적 성숙을 알 수 있다. 그리고 나아가 미래를 예측하는 중요 단서가 된다.

전술했듯이 '화'란 다른 감정과 마찬가지로 우리 삶을 보증하는 생물학적·심리적 방어수단인 동시에 무언가 잘못된 것이 있다고 알려주는 경보장치이다. 때문에

① 분노를 경험하는 것은 그 개인에게 잠재되어 있던 성장과정에서의 상처가 자극을 받은 것이다. 왜냐하면 어떤 단어를 많이 들으며 자랐느냐에 따라 생각, 행동, 습관, 성격, 선택이 달라지기 때문이다.

② '화'가 난다고 해서 분노 발작적인 반응을 한다는 것은, 자아 존중감 수준이 낮다는 것과 사회적 성숙이 미흡하다는 점, 그 결과 분노의 조절과 관리에 문제가 있음을 나타내는 것이다(이상란, 2015; 채유경, 2001). 따라서 병적인 분노성향 뒤에 숨은 감정인 두려움, 슬픔, 죄책감, 수치심, 좌절감, 실망감, 열등감, 소외감, 이질감, 자기 혐오감(Beverly Engel, 2009: 147~153)에 주목해야 한다.

이는 데이비드 호킨스의 의식수준 분류에 의하면 의식수준 175로 '부풀어 오른 자존심' 때문에 사소한 자극에도 쉽게 경멸의 감정을 느껴 행동이 과장반응으로 나타나거나, 의식수준 150으로 항상 분노의 의식상태에 있다가 약간의 자극에도 미움의 감정이 솟구쳐 공격적 행동을 취한다는 것이다(Hawkins, 2011).

③ 분노 유발이나 증폭과정에서 상황에 대한 잘못된 판단이나 과장된 해석은 대인관계나 직장생활에서 파국을 자초하게 될 것이다. 따라서 정서 경험에 초점을 둔 치유적 접근(Pavio, 1999)과 분노에 대한 인지행동치료적 접근(Deffenbacher, 1999)을 통해 상황을 극단적・부정적으로 보는 '파국화적 사고(Catastrophizing thinking)', 균형 있게 고려할 줄 모르는 '과잉 일반화적 행태(Overgeneralization pattern)', 상대방의 언행이나 의도를 고의적인 것으로 보는 오귀인적(誤歸因的)인 인지적 편향 등 '판단과 해석상의 오류'를 수정・치료해야 한다.

특히, 분노폭발 상황에 대한 인지에서부터 사고, 판단, 행동에 이르기까지의 과정은 성격・의식구조・가치관 등 개인의 문화적 문제이기 때문에 버네트(Bennett, 1993)의 인지적・정의적・행동적 측면에서의 '6단계 문화적 감수성 발달단계'나 가르몬(Garmon, 2000)의 타 문화를 받아들이는 여섯 가지 요인에 대한 깨달음과 성찰이 도움이 될 것이다.

우선, 분노를 일으키는 호르몬이 15초 내에 분해되기 때문에 재빨리 스트레스 상황에서 벗어나는 훈련과 그 다음 부정 → 방어 → 최소화 → 수용 → 적응 → 통합의 6단계를 거치거나, Garmon의 의견에 따라 개방성 훈련 → 자기 인식 훈련 → 사회적 성숙(사회정의) 훈련 → 문화적 경험 → 학습(교육) → 집단 경험 훈련을 거치는 것이다.

넷째, 분노 발작을 일으키는 행동방식을 바꿔주는 훈련이 필요하다.

스트레스는 '화'의 연료이다. 그러나 스트레스는 그 자체로 사람을 분노하게 만들지 않으며 방아쇠 생각, 즉 자연적 사고가 화의 반응을 이끌어 낸다(Mckay, 2007: 59)는 것을 전제한 바 있다. 문제는 스트레스를 그때 그때 잘 관리 대처하여 쌓아 두지 말자는 것이다. 문제를 일으킬 만한 장소와 대상을 피하고 스트레스 상황에 직면하면 심호흡을 통한 이완 훈련, 의자에 앉거나 편안한 자세에서 들숨・날숨・멈춤 등을 반복하면서 명상 및 긍정적인 혼잣말 하기, 화가 '울컥'하고 치밀고 올라오는 것을 느끼면, "숨…이완", "stop! 멈추고 호흡하기"를 외치거나, "타임 아웃"하며 화난 상황에서 잠깐 자리를 피하기, "그만 정지!, 멈춰, 침착하게, 이성적으로"라고 혼잣말 하기 등의 훈련이 필요하다. 그리고 공정한 싸움을 위해서 욕설, 위협하기,

비꼬기, 괴롭히기 등의 행동을 배제하고 합리적 태도로 임하는 훈련이 필요하다.

다섯째, 분노관리교육을 통해 생각과 정신을 바꾸고, 스트레스 대처 양식과 행동습관을 수정하여 결과적으로 분노관리기술의 습득과 공격적 분노성향이 바꾸어야 한다(Potter-Efron, 2011: 82~85).

① '난 원래 다혈질인데' 하며 자신의 문제 성격을 부인하는 태도를 버려야 한다.

② '욱하는 성질은 큰 문제가 아니다'라는 식의 축소화 성향을 버려야 한다.

③ '유전인데…'하며 자기 합리화를 하거나 과거(부모)를 탓하지 말아야 한다.

④ 자학하지 말고 자기의 문제를 남(상대방) 탓으로 돌리지 말아야 한다.

⑤ 과거 화의 진정한 원인과 화를 내는 목적, 화를 표출하는 의사소통 패턴에 대해 정리한다. 그를 통해 자기를 객관적으로 성찰하고, 부정적 패턴에서 벗어나는 '자기 역할 바꾸기 훈련'이 필요하다.

⑥ 자신의 분노 유형을 연구하고 자기에 적합한 분노관리기술을 체득해야 한다(Beverly Engel, 2009: 167~279).

제4절 중독증 유형별 상담 및 지도방향

일 중독, 쇼핑 중독, 알코올 중독, 스마트폰 중독, 마약 중독, 도박 중독, 성형 중독, 인터넷 중독 등 우리들 모두는 정도 차이만 있을 뿐 중독되어 있거나 우리를 둘러싸고 있는 중독 조장의 여러 가지 환경들에 의해 점점 감염되어 가고 있다.

중독이란 말의 어감이 불쾌하더라도 이것들에 의존하면서(의존증) 생활한다는 표현이 더 적절할 수 있겠다.

중독은 생물유기체가 음식이나 약물의 독성에 치여서 기능장애를 일으키거나 각종 중독과 같이 그 정도와 빈도의 문제로도 발생한다.

예를 들어, 쇼핑중독은 쇼핑과 관련된 활동과 대상이 주된 생활(일)보다 많은 시간의 빈도를 차지하고, 그로 인해 일상생활이나 대인관계 등에 문제가 초래된 경우를 중독(의존)되었다고 한다.

또한 오래전 정신건강 및 임상심리학의 대가로서 '인간의 마음', '애증(愛憎)', '자기에게 배반하는 자' 등 3대 명저(名著)를 남긴 칼 메닝거는 "사람은 누구든지 자기가 택한 방법을 써서 자기를 죽인다. 그것에는 완급(緩急)의 차이가 있으며 시간적으로 빠르고 늦은 차이가 있을 뿐이다. 막연하지만 우리는 이것을 느끼고 있고, 목격하는 경우도 허다하며 취해지는 방법은 다양하다. 이것들이 외과의사, 법률가, 목사들의 흥미를 끌고, 심장병 전문가와 사회학자들의 관심거리가 되며, 교육자와 의학자들의 흥미와 주의를 끌게 된다"(Menninger, 1968: 7)면서 '알코올 중독을 자기 파괴의 만성적 자살'로 정의하였다. 즉, 알코올을 과하게 마시고 그것을 반복해야만 한다는 탐닉(耽溺)에 의한 자기파괴의 현상이라고 했다(상게서: 201).

도박 중독의 경우도 미국정신의학회(American Psychiatric Association)의 관점이 세월의 경과에 따라 달라지고 있음을 감지하게 된다. 즉, DSM-IV(1994)에서는 "끊임없이 되풀이되는 골치 아픈 도박행동을 '병리적 도박(Pathological Gambling)'으로 정의"하면서, 그 진단 기준으로 10개 항목을 제시하고 그중 다섯 가지 또는 그 이상 해당되면 병리적 도박으로 진단했었다(APA. DSM-Ⅳ, 1994: 618). 그러나 DSM-V(2012)에서는 "끊임없이 되풀이되는 문제의 도박행동으로 인해 임상병리적으로 심각한 장애(significant impairment) 또는 재난(distress)으로 이끄는 행위"를 도박장애(Gambling Disorder)로 정의하고, 9개 항목 중 4개 또는 그 이상 해당되면 도박장애로 진단한다(APA, DSM-V, 2012: 585)고 되어 있다. 용어도, 진단 기준도 바뀌었음을 알 수 있다.

그리고 약물 오・남용 문제의 심각성 문제도 이미 오래되었다. 사람들이 대마초를 피우자 정부는 대마관리법(1976. 4. 7)을 만들어 1977년 1월부터 강력히 통제하자 본드 사용으로 옮겨갔다. 다시 화학물질관리법 제22조(환각물질의 흡입 등 금지)와 제59조(벌칙), 화학물질관리법 시행령 제11조로 본드 사용을 강력 규제하자 이번에는 부탄가스의 흡입으로 바뀌었다(김홍규, 1999a). 그리고 그간 많은 선행 연구들이 우리나라 청소년들의 약물 사용률이 몇몇 종류에 있어서는 이미 구미(歐美)의 수준에 이르고 있으며, 약물 사용과 청소년 비행 간에는 높은 상관이 있음을 보고하였기 때문이다(민병근, 1980; 주왕기 외, 1983; 이근철 외, 1987; 김성이, 1988).

실제로 1980~1990년대 중반까지 부탄가스와 함께 환각물질들은 비행청소년(일진)들이 자주 악용하였던 사실이 알려졌고, 급기야 본드 흡입에 의한 청소년 사망 사고가 발생하여 사회에 충격을 주었다. 1987년 11월 18일 MBC 뉴스데스크에서는 본드 환각을 보이는 현장 고발

보도가 있었고, 1990년대 중반에 방영된 청소년 드라마를 보면 본드의 해악을 얘기하는 대사가 꼭 한두 번씩 등장하였으며, 영화 '짱'(1998년 개봉)에서도 본드 흡입으로 몽롱한 상태를 연출하는 장면(홍경인)이 등장한다.

돌이켜 보면 제5공화국 전두환 정부는 유흥업소, 접객업소의 주 1회 휴무제 폐지(1981. 2), 야간통행금지제도의 전면적 해제 조치(1981. 12. 10), 전 유흥접객업소의 정기 휴일제 폐지(1982. 1)를 하기에 이른다. 물론 통금 해제는 국민의 생활권 제한(침해)을 풀었다는 점에서 의미를 부여할 수 있으나 전체 유흥접객업소의 영업을 진작시키기 위해 '휴일제 폐지'까지 같은 시기에 조치했다는 점은 많은 논란거리가 되었다.

왜냐하면 이들 업소에 대한 관대한 조치는 단기적으로는 '자율 자정, 자유 생활권의 신장'이지만 장기적으로는 유흥・퇴폐문화의 창궐(猖獗)과 후일 과잉 접대부 양산이라는 부작용을 유발했기 때문이다(김흥규, 2009: 527). 유흥접객업소에 대한 관대한 조치와 함께 유입된 쾌락지향적 외래 풍조, 대중문화의 유희성과 저속성, 산업화 과정에서 야기된 서비스업 및 관광유흥산업의 이상(異常)・과잉 비대(肥大) 등은 성 규범의 해이 등과 연계되어 퇴폐 윤락의 번창, 호황을 누리는 향락산업으로 귀결되었고, 그것은 나아가 산업계의 인력을 향락산업으로 유인시켜 산업구조를 동요・악화시키는 결과를 가져왔다. 음주와 향락문화가 있는 곳에 퇴폐와 윤락이 번창하고, 그 같은 곳에 검은 돈(지하경제, 부정과 비리)과 마약, 그리고 각종 범죄가 확대・재생산된다는 것은 하나의 상식이다(김흥규, 1999a: 248).

그래서 향정신성의약품 등 마약류와 환각제, 그리고 진통・진정제, 항생제 등을 '술 깨는 약', '살 빠지는 약', '잠 쫓는 약', '성적 쾌감을 높이는 약', '스테미나 약', '피로 회복제', '스트레스 해소제' 등으로 선전・권유함으로써 일부 탈선 계층의 전유물에서 벗어나 주부, 미혼 여성은 물론 10대, 20대, 심지어 학생에게까지 확산되었다고 할 수 있다.

그 결과 두 가지 부작용을 초래하였다. 하나는, '청소년(18세 이하)들을 담배, 술, 본드, 부탄가스 등 유해 약물과 음란물, 유흥업소 등 유해 환경으로부터 보호하겠다'는 취지로 제정되어 시행된 청소년보호법(1997. 7. 1)이 별로 실효를 거두지 못한 결과가 되었다는 것이고, 다른 하나는, 선진국의 병리현상으로만 알았던 약물 남용이 남의 일이 아니며, '세계의 공적(公敵) 1호'인 약물 남용이 이제 한국의 공적 1호가 되었다(김흥규, 1999a)는 점이다.

실제로 약물 사용 청소년의 심리 사회적 특성을 밝히기 위해 서울지역 고교생 1~2학년 898명(남학생 465명, 여학생 433명)을 조사한 결과 다음과 같다.

① 우리나라 청소년들이 가장 많이 사용하는 약물은 담배와 술이다.

② 남학생의 경우 환각물질을, 여학생의 경우는 진통진정제를 사용하였다.

③ 여러 종류를 사용하는 집단이 그렇지 않은 집단에 비해 학업 성적이 낮고, 비행 경험 및 약물 사용 동료가 많았다.

④ 약물을 하는 집단은 상대적으로 비교적 낮은 정신건강 수준과 자아개념 수준을 나타냈다.

⑤ 많은 약물을 사용하는 집단을 변별하는 두드러진 변인은 일반적인 적대감과 비행 경험으로 밝혀졌다.

⑥ 많은 약물을 사용하는 학생일수록 일상생활의 여러 측면에서 부적응적인 양상을 나타냈다(박중규 · 최정훈, 1990). 또한 '강력 범죄와 마약, 필로폰 사범의 30%가 범죄조직과 연계되었다'(조선일보, 1990. 2. 22)는 보도, '인명(人命) 경시(輕視)의 잔혹 범죄와 약물 남용과의 상관이 높다'(국민일보, 1990. 9. 10)는 보도와 '비행 청소년의 64.4%가 본드나 가스를 비롯한 유기용제, 약, 대마, 메스암페타민과 같은 약물을 남용한 경험이 있다'(김상희 외, 1991: 182)는 연구 결과 등은 우리 사회가 얼마나 심각한 상황에 처해 있는지 시사하는 바가 크다.

그 후 한국청소년학회는 전국 청소년 1만 706명(만 9~24세)을 대상으로 조사(1996년 7~9월)한 결과 다음과 같았다.

① 조사 대상자 중 3.8%(208 명)의 청소년들이 대마초나 필로폰, 코카인, 마약 등을 사용한 적이 있다고 답변하여 충격을 주었다.

② 술은 조사 대상의 71.8%인 7,685명, 담배는 29.6%인 3,169명, 본드는 4.3%인 458명, 가스는 4.1%인 442명이나 경험한 것으로 밝혀 졌다.

③ 특히, 초등학교 6학년생 2,803명 가운데 46.65%인 1,305명이 술을 마셨고, 9.6%인 268명이 담배를 피운 적이 있는 것으로 밝혀졌다(뉴스플러스, 1997. 6. 12).

하여간 80년대 이후 청소년들의 약물 남용 문제가 점점 질적 · 양적으로 악화되고 있는 것은 심각한 문제이다.

1. 중독증의 정의

식사 때마다 술 1잔이라도 마셔야 하며 단 하루라도 술을 마시지 않으면 불안하고 퇴근시간이 가까워지면 누군가에게 “한 잔 하자”라는 전화가 오기를 기다리는 알코올 중독자, 건강에 치명적이라는 보도가 계속되었으나 습관적으로 담배를 피워 물지 않으면 안 되는 니코틴 중독자, 한동안 경마에 빠져 전 재산을 날리고 가정이 풍비박산되었는데도 이제는 빚을 얻어 사이버 주식거래에 흠뻑 빠져 있는 한탕주의 주식 중독자, 쇼핑할 거리가 없으면 안절부절 불안해 하다가 닥치는 대로 아무 물건이나 마구 사들여야 직성이 풀리는 쇼핑 중독자, 인터넷 가상공간에 빠져서 온라인 게임, 채팅, 웹서핑, 웹상의 음란물에 매달리는 사이버 섹스 추구 등에 몰입하는 인터넷 중독자 등 다양하다.

특히, 우리가 잘 못 알고 사용하는 용어가 ‘성 중독(섹스 중독)’이란 말이다. 성 중독은 단순히 섹스를 너무 좋아하는 증상 정도를 의미하지 않는다. 심리학에서의 성 중독(sexual addict)은 성적 모험을 통해 자신의 존재를 확인하려는 병리적 상태를 의미한다. 우리가 통상적으로 ‘성 건강’에 대해서 논의할 때는

① 발달단계에 따른 올바른 성교육을 받았는가의 여부
② 신체발달수준에 적합한 올바른 성지식과 정보 습득
③ 성 역할 정체감과 양성평등의식
④ 건강한 성의식과 가치관
⑤ 건전한 이성관과 성숙한 이성관계
⑥ 건강한 성행동과 성숙한 성태도에 대한 확고한 의지 및 태도 등이다(김흥규, 2012: 71).

그런데 이들 성중독자들은 성행위 그 자체의 즐거움보다는 ‘불안’을 해소하려는 목적이 강하기 때문에 자신의 의도보다 광범위하고 다양하게, 그리고 빈번하게 성적인 장면에 빠져든다. 절제가 어려워 사회적으로 문제를 초래하기도 하고, 성행위 후에는 즐거움보다는 수치심, 우울감, 절망감을 느낀다는 것이다. 따라서 이들에게 있어 성행위의 빈도수보다는 성행위의 목적, 절제수준, 행위 후의 태도에 따라 중독 여부가 결정된다.

이 같은 중독증 환자의 증가는 당사자 개인의 사생활 파탄은 물론이고 가정의 해체라는 비극적 현상으로 이어지게 된다.

우리 사회 상당수가 각종 '중독증'을 앓고 있다고 할 만큼 무엇인가에 중독된 사람을 주변에서 만나기란 어렵지 않다.

문제는 이들 중 정신과적 치료를 받아야 할 정도로 심각한 중독 증세를 앓고 있는 사람이 적지 않은데도 스스로 '병'이라고 인식하지 않는 것이 우리 사회의 분위기이다.

그렇다면 중독증이란 어떤 것이며 그의 진행과정은 무엇인가? 세 가지 측면에서 이해할 수 있다.

첫째, 정신의학계에서는 주로 '약물의 독성에 의해 기능장애를 일으키는 증상'이라고 정의된다.

둘째, 약물을 반복해서 사용하다 보면 효과가 떨어지는 내성현상과 중단할 경우 불안·초조를 느끼는 금단증상 같은 '생리적 의존성을 동반하는 충동조절장애'를 중독증으로 이해한다.

셋째, 알코올이나 마약 중독처럼 내성이 생겨 점점 약물의 강도를 높여야 효과(자극)를 얻을 수 있는 것처럼 도박이나 쇼핑, 섹스도 '습관화된 특정 행동이 내성과 금단증상'을 보일 경우 중독증으로 간주한다.

넷째, '모든 중독은 악행(惡行)이나 나쁜 습관이라기보다는 뇌의 병에 가깝다'는 것이 의학계의 견해이다.

우리 뇌의 유전자 정보가 독성물질이나 특정 자극에 오랫동안 노출되면서 중독증상이 나타나는 것이므로 모든 중독은 일정한 메커니즘을 가지고 있다는 것이다.

2. 중독증의 원인 및 위험신호들

1) 일반적 원인

우리나라는 국민 10명 중 1명이 중독자인 '중독사회'다. 일반적으로 알코올 중독, 도박 중독, 마약 중독, 인터넷 중독 등 4대 중독으로 대별하고 있지만 휴대폰의 보급에 따른 '전화 중독'도 매우 우려스럽고, 성형 중독은 이미 사회병리수준에 도달할 정도로 심각한 사회 문제로 대두된지 오래다.

이 같은 중독증들은 증상별로 세부 원인은 다르지만, 총체적으로 보면 그 동안 세 가지 원인들을 지적하였다.

첫째, 생물학적 요인이다.

부모에게 물려받은 소인이나 후천적인 뇌신경질환으로 충동의 조절이 안 되는 것을 말한다.

둘째, 심리적 요인이다.

지속적인 스트레스로 인하여 도피할 탈출구로 생각한 것이 중독현상으로 나타나게 되고, 심리적 갈등, 불안 · 우울 · 초조 등의 정서적 불안정, 사회적 상황이나 대인관계에서의 감정과 갈등의 누적, 우울증이 원인이 수 있으며, 성형중독의 경우는 신체이형장애(身體異形障碍), 경계선적 인격장애, 남을 탓하고 충동적인 행동경향, 정신적 · 심리적 열등감이 있는 것으로 밝혀졌다.

셋째, 환경적 요인이다.

도시화 · 산업화 · 정보화 등으로 충동적이며 계산적인 생활이 반복되어 발생하는 중독, '텔레비전에 나오는 사람들은 모두 예뻐야 한다'는 생각 아래 드라마의 여주인공, 오락 프로그램의 출연자들, 진지하게 뉴스를 전하는 앵커우먼도 젊고 예뻐야 시청률이 올라간다는 계산을 한 매스컴이 문제이다. 그래서 '얼짱', '화장빨'로 상징되는 외모지상주의와 순간적 이미지를 중요시하는 사회 환경 분위기가 원인이다.

어찌되었건 우리 사회는 4대 사회악이라 할 수 있는 '알코올 중독, 도박 중독, 마약 중독, 인터넷 중독' 외에 성형 중독, 사교육 중독, 스마트폰 중독 등 일곱 가지 종류의 중독증에 오염되고 있는 사회라고 할 수 있다.

다양한 중독문제와 그 후유증을 생각할 때 전술한 세 가지 측면에서의 중독증에 대한 원인 논의는 미진한 감이 있다. 따라서 중독증에 대해서는 논자의 시각과 강조점에 따라 다양하게 지적되지만 다음과 같이 정리해 볼 수 있겠다.

첫째, 중독은 나쁜 습관이라기보다는 뇌질환이라는 점이다.

실험을 통해 밝혀지기로는 '도파민 신경계가 중독에 깊이 관여한다'는 이론이 제시되어 있다.

예컨대, 각성 · 환각제인 필로폰(philopon), 진정 · 마취제로서의 아편류인 몰핀(morphine), 헤로인(heroin), 흥분제인 코카인(cocaine) 같은 약물은 마약성 수용체를 통해 뇌에 전달되는데, 이들 약물은 결과적으로 도파민 신경계에 영향을 미쳐 생리적으로 약물을 계속 찾게 만드는 시스템을 구성한다는 것이다.

이러한 논리는 알코올 중독과 니코틴 중독의 경우에도 마찬가지이다. 술을 계속해서 마시게 되면 신경세포막과 신경전달물질의 균형에 변화가 생겨 특수한 보상회로인 신경회로가 강화되고 그 결과 술을 갈망하고 조절·억제능력을 상실해서 알코올 중독으로 이행하게 되는 것이다. 문제는 우리나라 여성의 알코올 중독자가 60만 명이라고 한다.

니코틴 중독 역시 담배를 피우게 되면, 폐의 작은 폐포(肺胞)를 통해 니코틴이 흡수된 지 8~15초 만에 뇌에 도달해 자극을 가한다.

그 후에는 뇌 내(腦內)에 보상회로를 만들어 지속적으로 니코틴을 찾게 만든다. 니코틴 금단현상은 보통 12~90분 만에 나타나고, 24시간 내에 최고조에 달해 48시간까지 지속된다.

이들 니코틴 중독자들은 니코틴이 지속적으로 공급되지 않으면 불안·초조해지고 심장박동도 느려지며 혈압이 떨어지고 운동기능도 감퇴되며 근육 긴장이 증가하고 뇌파가 느려지는 등의 금단현상을 견디지 못해 다시 담배를 찾게 됨으로써 중독현상에서 헤어나지 못하게 된다.

둘째, 중독은 유전적 소인(predisposition)에 의해 결정된다.

앞에서 뇌의 '보상회로' 시스템에 영향을 주는 관련 신경전달물질은 도파민(dopamine)·세로토닌(serotonin)임을 시사한 바 있다.

세라토닌은 쾌락 시스템에 작용하며 도파민은 뇌의 인지나 운동 등 여러 가지 활동에 깊이 관여하는 신경전달물질이다.

약물이 이들의 활동에 영향을 미쳐 한 번 즐거움을 맛보면 그것을 잊지 못하고 다시 찾게끔 하는 보상회로를 만드는 것인데, 약물만 도파민과 세로토닌에 영향을 미치는 것은 아니라는 점이다.

쇼핑이나 도박, 포르노 역시 자극을 통해 신경전달물질에 영향을 미쳐 중독으로 빠져들게 한다. 처음 한두 번은 호기심으로 쇼핑이나 도박에 참여한다. 그리고 포르노를 보면서 쾌락을 맛본다. 그러나 이들 쾌락이 뇌에 자극을 가해 '보상회로 체계'를 구성하면 지속적으로 그 자극과 쾌감을 추구하게 된다는 점이다.

문제는 똑같은 약물을 투여하고 같은 수준의 자극을 지속적으로 준다 해도 중독되지 않은 사람이 있는가 하면, 남보다 빨리 중독되는 사람이 있다. 여기에 유전적 요인이 결정적이라는 데 주목하게 된다.

특히, 음주 관련 문제가 있었던 생물학적 배경을 지닌 아동의 경우, 약물 남용률이 높았다(Cadoret, et al. 1986; Tarter, 1988)는 것은 유전행동 성향 또는 기질이 사회적 환경과 상호작용하면서 성격과 태도 형성에 영향을 미친다는 것을 시사한다. 따라서 알코올 중독자의 경우

"부모가 알코올 중독자라면 그 아이는 부모가 알코올 중독이 아닌 아이에 비해 알코올에 중독될 확률이 4배나 높다"고 함으로써 알코올 중독의 가장 강력한 원인 중 하나가 유전 요임을 강조하였다.

셋째, 중독증은 성격 요인과 관련이 깊다.

책임감이 없고 도덕의식이 희박하며 좌절감을 극복할 줄 모르고 충동적으로 행동을 하는 반사회적 성격자(antisocial personality), 책임전가를 잘하고 충동적으로 자해적(自害的)인 행동을 잘하며 자제력이 부족한 경계선적 성격자(borderline personality), 기분의 변화와 동요가 심해서 한 가지 일에 몰두하지 못하고 이일 저일에 손을 대었다가 아무런 이득도 얻지 못하면 우울과 자학에 빠져 쉽게 도박과 알코올을 접하는 순환적 성격자(cyclothymic personality), 원만한 대인관계를 맺고자 여러 가지 가능한 적응방법을 시도해 보지만 사회적 · 심리적 미성숙으로 인해 실패하게 된다. 이런 경우 쉽게 불안과 불만을 없애려고 약물이나 알코올에 접근하는 폭풍적 성격자(stormy personality), 극히 사소한 계기와 작은 일로 인해 격양되고 분노한 나머지 폭력, 상해, 파괴, 살인, 방화 등의 문제행동을 많이 저지르는 충동조절장애자(disorder of impulse control)에게서 중독증과 성격과의 관련성을 인지하게 된다.

넷째, 가정 및 사회환경적 요인이 중독증을 유발 · 강화한다.

술에 취해 주정과 폭력, 파괴를 일삼는 가정 분위기에서 성장했다든지, 가정에 문제가 있을 때, 직장이나 직업상 심각한 갈등상황에 직면하여 술을 가까이 한다든지 알코올 중독이 되는 동기는 다양하다(이부영, 1999: 213).

그리고 《술 권하는 사회》(현진건 작)라는 소설이 시사하듯 술과 담배를 권하는 사회풍조, 술과 담배를 못하는 사람은 꽁생원이요 옹졸한 사람으로 취급하는 술좌석에서의 허튼소리, 미팅에는 반드시 2, 3차를 가서 주거니 받거니 술을 권하고 담배에 라이터를 켜주며 흡연을 부추기는 행태, 특히, 폭탄주를 마시며 이 사람 저 사람에게 자기 술잔을 돌리는 비위생적인 음주 행위가 얼마나 무서운 일인가. 술잔을 통해 간염 등이 옮겨지기 때문에 전 세계에서 간염에 의한 여러 가지 질병(지방간, 간경화, 간암 등) 환자가 가장 많은 나라로 간주되는 불명예, 과소비를 눈감아 주는 너그러움, 사행심을 조장하는 복권, 경마, 경품제도 등이 온갖 형태의 중독증을 부채질한다. 뿐만 아니라 심각한 중독 증세에 빠진 사람이 적지 않은데도 본인이나 주변에서 이를 병이라고 인식하지 않는 분위기가 중독증을 조장하고 있다.

특히, 선진 외국에서처럼 술취한 아버지가 가정에서 기물을 부수고 폭력을 자행하면 가족들이 경찰을 불러 병원으로 보내거나, 아버지의 심각한 알코올중독증을 고치기 위해 눈물어린 호소(고발)가 당연시되고 제도화된 것과는 달리 우리의 농어촌에서는 '사람은 좋은데 주사가 있는 사람'으로 방임한 채 수많은 사람들이 그들의 주정을 참고 견디는 고된 일상을 반복하고 있다.

다섯째, 용이한 접근성이 문제이다.

알코올, 도박, 마약, 인터넷 등 4대 중독은 물론 휴대폰과 성형 신드롬에 용이하게 접근할 수 있어 많은 사람들을 중독의 함정으로 쉽게 합류하도록 유인한다고 본다.

여섯째, 접근성을 제한하는 정책과 예방치료 시스템의 취약성이 문제이다.

마약의 경우는 형사 처벌을 통해 강력히 억제하고 있지만 여타의 다른 중독에 대해서는 접근을 제한할 만한 정책도 없고, 예방치료 시스템도 미약하다.

일곱째, 예방 · 치료 서비스기관도 미비 · 열악하고, 정부 내 범부처 간의 협력체제의 부재 등이 문제이다.

그 결과 치료보호전담기관 간의 협력체제 미흡, 관련 재활 프로그램과 재활 콘텐츠의 개발 등 모든 것이 취약한 것이 문제이다.

여덟째, 알코올 중독의 경우, 빨리 취하는 등 체질적 원인도 있다.

간(肝)의 소화 효소 중 하나인 알코올 데하이드로제네이스(alcohol dehydrogenase)의 일부가 부족한 체질의 사람들은 조금만 술을 마셔도 얼굴이 빨개지며 가슴이 뛰고 심지어 제정신이 아닐 때가 있다. 특히, 우리나라 사람들에게 이 체질이 많아 쉽게 알코올 중독에 빠진다는 선행연구들이 있다(이나미, 1994: 228).

실제로 필 조아누 감독의 영화 '최종 분석(final analysis)'에서 주인공 킴 베이싱어(Heather Evans)는 가정에서 비롯된 우울증과 함께 소량의 알코올에도 상스러운 욕을 하며, 일시적으로 정신이상이 나타나 여러 사람이 보는 앞에서 끔찍스런 주정을 하는 등 병적 중독증후를 보인다. 심지어 알코올이 함유된 기침약을 마시고 '병적으로 자신을 얽어매며' 괴롭혀서 불행한 결혼생활을 하게 만드는 남편을 사랑한다. 정신과 의사인 리차드 기어(Isaac Barr)와 불안증 환자의 언니인 헤더는 첫눈에 서로에게 끌리고 사랑에 빠지게 된다. 당대 최고의 배우들이 등장한다는 그 자체가 관객에게 어필했고, 등장인물들 간의 관계와 심리, 극적인 반전 등으로 인해 기억에 남는 영화이다.

2) 중독증의 위험 신호들

중독증의 유형별로 위험 요소들을 정리해 보면 다음과 같다.

첫째, 인터넷 중독 및 스마트폰 중독의 증후는 다양하다.

이미 전 세계 인터넷 사용인구가 32억을 돌파했다고 페이스북이 연례 보고서(State of Connectivity, 2015: A Report on Global Internet Access)에서 밝혔다. 우리나라는 세계가 부러워하는 정보기술(IT) 강국답게 만 6세 이상 인터넷 이용자 수도 10년 전(2006년 6월 말)에 이미 3,358만 명(이용률 73.5%)에 이르렀다. 1년 전 이용률 71.9%에서 1.6% 포인트가 증가함으로써 초, 중, 고교생 100명 중 98명 이상이 인터넷을 이용하고 있는 셈이다. 이 같은 이용자 수의 증가는 사교육비 절감을 위한 인터넷 수능방송(EBS)에까지 이용될 정도로 인터넷은 이미 생활 도구가 되었다.

오래전 미국의 인터넷 기업 콤스코어월드 메트릭스(comScore World Metrix)도 한국의 온라인 인구는 세계 6위(2006. 5. 5)라고 발표하였다. 금년에 콘텐츠 전송 네트워크(CDN) 업체 아카미아코리아는 '2016년 1분기 인터넷 현황 보고서' 발표에서 "한국은 올해 1분기 전 세계 인터넷 평균 속도가 29Mbps로 9분기 연속 전 세계 1위를 기록했다. 이는 전 세계 전 분기 대비 8.6% 빨라진 수치이며, 세계 평균보다 약 5배 빠른 것이다. 광대역 인터넷 보급률 또한 각각 97%, 84%, 69%, 42%로 전 분기에 이어 세계 1위를 유지했다"(스포츠 경향, 2016. 7. 1)는 것이다. 문제는 이 같은 정기능 못지않게 부정적인 문제도 증가하고 있다는 점이다.

미래창조과학부와 한국정보화진흥원의 '2014년 인터넷 중독 실태조사' 결과(2015. 6)에 의하면 연도별 청소년 인터넷 이용자 중 중독 위험군 비율이 2011년(10.4%), 2012년(10.7%), 2013년(11.7%), 2014년(12.5%)으로 최근 4년 연속 증가 추세이다. 또한 최근 여성가족부의 '인터넷 · 스마트폰 이용습관 진단조사'(2016. 5. 9 발표) 에 따르면, "청소년의 인터넷 · 스마트폰 중독 위험의 연령대가 낮아지고 있고, 인터넷 · 스마트폰 중독 위험군이 20만 명이다. 그리고 인터넷 위험군은 초등학교 4학년과 중학교 1학년, 고등학교 1학년의 경우 모두 상승하였다. 남자 초등학생들은 인터넷보다는 스마트폰으로 게임을 즐기는 경향이 많고, 여학생들은 고학년이 될수록 스마트폰을 통해 채팅, SNS 등을 많이 사용하는 것으로 밝혀졌다.

스마트폰이 움직이는 컴퓨터요 개인이 휴대하고 있는 게임기라는 점을 감안할 때, 인터넷 및 스마트폰 중독의 위험 신호들은 다음과 같다.

① 점점 더 많은 시간을 인터넷/스마트폰에 빠져 있다.

② 인터넷/스마트폰 사용시간 문제로 부모에게 꾸중 듣는 일이 잦아진다.

③ "학교 갔다 왔으면 숙제부터 하고 공부 먼저 해야지 스마트폰 화면만 보냐?"고 엄마가 주의를 주면, 금방 토라져서 화난 얼굴로 자기 방으로 가 버린다.

④ 심지어 식사하면서도, 이불 속에서까지 스마트폰을 만지작거리거나 본다.

⑤ 인터넷/스마트폰을 사용하지 않으면 불안하고 초조함을 느낀다.

⑥ 생활이 불규칙해졌고, 건강상태도 나빠지는 것 같다.

⑦ 학교 성적이 떨어졌고, 학교생활에 부적응현상이 나타난다.

⑧ 인터넷 및 스마트폰 과다 사용으로 부모와 마찰을 빚는 일이 많고, '스마트폰을 뺏어야 되겠다'는 말을 자주 듣는다.

⑨ 인터넷 및 스마트폰을 할 때 누군가 방해가 된다면, 짜증과 신경질적으로 화를 낸다.

⑩ 인터넷 · 스마트폰 사용시간을 줄이려 해도 조절이 잘 안 되고 점점 증가한다.

⑪ 가족 · 친구와 함께 있는 것보다 스마트폰을 사용하는 게 더 즐겁다.

⑫ 많은 시간을 주로 게임, 채팅, 무제한 주고받는 메신저 활동으로 자신의 생활과 본분에서 벗어나는 일에 시간을 많이 빼앗긴다.

둘째, 알코올 중독과 관련된 위험 증후들은 쉽게 발견된다.

전술한 바 있는 칼 메닝거는 알코올 중독을 '자기 파괴의 충동에 의한 자살의 요소'로 규정하면서 알코올 중독자가 되어가는 과정을 다음과 같이 언급하였다.

① 처음에는 술 마실 친구를 발견한다.

② 그와 함께 저녁시간과 주말에 술을 마시며 지낸다.

③ 술 마실 기회가 많아지면서 주량도 증가한다.

④ 술이 번민과 고민을 일시적이나마 잊게해 준다는 것을 인지하게 된다.

⑤ 부모와 가족이 꾸짖거나 위협을 하여도 이제는 금주되지 않는다.

⑥ 급기야 술로 인해 주정(酒酊)으로 물의를 일으키고, 추태로 해고된다.

⑦ 부모의 꾸짖음과 가족의 비난으로 굴욕감을 맛본 후 금주를 서약하지만 2, 3개월 후 다시 술을 마시면서 막다른 골목인 알코올 중독자가 된다(메닝거, 203~206)는 것이다.

아무리 오래된 자료라 해도 알코올 중독을 자기 파괴적 자살행위로 본 것은 매우 설득력 있는 주장이다.

미국정신의학회(A.P.A)에서는 '알코올 사용에 따른 장애' 현상으로 11가지 기준을 제시하였다(DSM-Ⅴ, 2013: 490~491). 즉, 지난 12개월 사이에 문제의 알코올로 인해 다음의 11가지 항목 중에서 임상적으로 2가지 현상 때문에 현저한 손상이나 고통을 체험했는가의 여부이다.

① 알코올을 생각했던 것보다 많은 양을, 오랜 기간 동안 자주 섭취한다.

② 알코올 사용을 줄이거나 조절하려고 노력했지만 실패했다.

③ 필요한 알코올을 얻기 위해, 알코올의 사용 또는 알코올의 영향에서 벗어나기 위한 활동에 많은 시간을 보낸다.

④ 알코올 이용에 대한 요구, 갈망, 강한 욕구

⑤ 되풀이되는 알코올 섭취로 인해 직장, 학교, 가정에서 주요한 역할(책임 의무) 수행에 실패한다.

⑥ 알코올 사용 때문에 지속적 또는 반복적으로 사회적 문제가 발생하고, 대인관계 문제가 악화됨에도 불구하고 알코올 사용을 계속한다.

⑦ 알코올 사용으로 인해 중요한 사회적, 직업적 또는 여가활동을 포기하거나 줄인다.

⑧ 신체적으로 위태로운 상황임에도 반복적으로 알코올을 섭취한다.

⑨ 알코올 사용으로 인해 지속적・반복적으로 신체적・심리적으로 문제가 유발되거나 악화될 가능성이 높다는 것을 알면서도 알코올 사용을 계속한다.

⑩ 다음 중 어느 항에 해당되면 내성으로 정의된다.

- 중독이나 원하는 효과를 얻기 위해 알코올 사용량의 뚜렷한 증가가 필요하다.
- 동일한 용량의 알코올을 사용할 경우 효과가 현저하게 감소한다.

⑪ 다음 중 어느 항에 해당되면 금단현상이 나타난 것으로 한다.

- 알코올을 사용하다 중단할 경우, 나타나는 열 가지 증후(자율신경계 항진으로 발한(發汗)이나 분당 100회 이상의 빈맥, 손 떨림 증가, 불면, 오심(惡心) 또는 구토, 일시적인 환각이나 착각, 정신적 초조, 불안, 대발작) 등. 이 중에 두 가지 또는 그 이상 해당되면 금단현상이다.
- 금단 증상을 완화하거나 피하기 위해 알코올 또는 벤조디아제핀 같은 비슷한 물질을 사용한다.

이상의 견해들을 참고할 때, 결국 알코올 중독 이전의 위험한 신호들은 다음과 같은 것들로 요약할 수 있겠다.

① 하루 세 끼 식사 때마다 술 1잔이라도 마셔야 된다.

② 어떤 명분을 붙여서라도 술을 마시려 하기 때문에 음주 횟수가 증가한다.

③ 자주 마시다보니 내성이 생겨 음주량이 점점 증가한다.

④ 직장인이면 퇴근 후 '누구와 한 잔 할까'하며 궁리를 한다.

⑤ 모여서 식사하는 자리에서도 술을 마시느라 식사를 하지 않는다.

⑥ 술 취하고자 하는 욕구가 점점 증대한다.

⑦ 술은 반드시 2, 3차로 이어져야 하고, 술은 '취하는 맛'에 먹는 것이란다.

⑧ 술 때문에 가족 및 이웃들과 시비하고 문제(주정)를 일으킨다.

⑨ 술로 인해 직장인들과 문제가 발생하고 인사 문제에 부정적 영향을 끼친 바 있다.

⑩ 항상 술 냄새를 풍기기 때문에 모두들 피하려는 느낌을 받는다.

⑪ 과음으로 다음 날 출근 및 직장 업무에 차질을 빚는다는 것 등이다.

셋째, 도박 중독은 그 위험 신호가 인지될 때는 중독상태가 상당히 진행되었을 경우이다.

정신적 또는 정서적 질병으로 분류될 정도로 여타 중독보다 파괴적인 도박 중독은 그 성격이 '병리적 도박'(DSM-IV, 1994: 615~618)에서 '심각한 장애 또는 재난'으로 이끄는 임상병리적 도박장애(DSM-V, 2012: 585~589)로 정의되고 있는 빗물질 관련 장애의 대표적 케이스다.

그 위험신호들은 다음과 같다.

① 도박 게임장에 우연히 갔다가 돈을 딴 경험이 문제의 시작으로, 그 후 게임장 출입이 빈번해진다.

② 등산 다녀오는 길에 '심심풀이'로 친구 따라 카지노에 들렀다가 약간의 돈을 따게 되어 흥분감에 젖어 귀가했다. 그 후 친구에게 '카지노에 가자'고 전화한다.

③ 남편 찾아 카지노에 갔다가 우연히 게임을 하여 돈을 딴 후 그 즐거움을 못잊어 혼자서 가게 된다.

④ 자제해야겠다고 맹세하지만 돈을 따든 잃든 도박을 그만두지 못한다.

⑤ 이번에는 많은 돈을 딸 수 있다는 허황된 공상에 빠진다.

⑥ 도박에 미쳐 가장과 남편(아내)으로서, 직장인으로서의 본분과 책임감을 상실한다.

⑦ 해야 할 일을 뒤로 미루거나 소홀히 한다.

⑧ 도박으로 인해 귀가시간이 늦어지고 밤샘이 잦아진다.

⑨ 도박할 시간과 자금을 마련하기 위해 거짓말을 자주 한다.

⑩ 토요일이 되면 로또 판매점으로 달려가 복권을 산 후 당첨을 생각하곤 한다.

이상의 행동들이 나타나면 도박장애의 위험 신호로 생각할 수 있다.

넷째, 마약 중독의 위험 신호는 약물 오·남용의 진행과정에서 흔히 나타난다.

사람은 어느 날 갑자기 마약을 복용하지 않는다. '청소년의 선도(善導)·보호·육성'에 관심을 갖고 청소년 일탈행동의 열등감과 정신건강, 윤리의식과 행동 성향, 윤락과 약물 오·남용, 사회병리와 가정폭력, 좌절증후군과 애퍼시 신드롬(Apathy syndrome), 심리사회적 성숙과 성적·정신적 건강, 가치관과 사고 및 의식성향 등에 대해 지속적으로 연구한 결과, 두 가지 점이 주목되었다.

하나는, "어떤 특정의 약물(물질) 사용은 그것에 대한 호기심, 쾌감과 같은 긍정적 경험(positive experience)이 문제라는 점이고, 다른 하나는 그 특정의 물질(약물) 접촉(사용)이 다음 단계의 약물 사용(중독 행동)을 항상 유도한다는 '디딤돌 이론(stepping-stone theory)'에 크게 영향을 받는다"(김흥규, 1999a: 251; 김흥규·원애경, 2007: 530)는 점이다.

그 밖에 마약 문제와 관련하여 기존의 청소년 문제행동이나 비행의 공통적 요인으로는 가출 문제, 너무 일찍 시작한 흡연과 음주 등의 물질 남용, 문제의 가정, 불량교우 관계, 비행청소년 출신이라는 점들이 주목되었다.

캔들(Kandel)은 "독한 술을 마신 고교생들의 약 27%가 마리화나로 진행됐고, 마리화나 사용자의 약 26%가 엘에스디(L.S.D), 암페타민, 또는 마약으로 진행되었다"(Kandel, 1975: 912~914)고 하였고, 앳킨슨(Atkinson) 등은 '어떤 과정을 거쳐 약물을 사용하는가'를 밝히기 위해 뉴욕주의 고등학생을 대상으로 종단 연구를 한 결과, "맥주나 포도주를 마시다가 독한 술로 옮겨가고, 그 다음은 마리화나를 거쳐 불법적인 여러 가지 약물을 복용하게 된다(beer/wine → hard liquor → marijuana → other illegal drugs)(Atkinson, et al.: 483)는 것을 확인했으며, 강한 약물을 사용하는 사람은 과음(drink heavily)을 하고 담배도 피운다"고 하였다.

니자마(Nizama, 1978)는 코카인 의존의 자연 병력을 기술하면서 '1단계의 호기심에서 시작하여 11단계인 심한 사회병질적 증후(인격 장애)'까지 분류했으며, 윌포드(Wilford, 1981)는 "약물을 이용(복용)하고 싶은 호기심 발동의 1단계를 시작으로, 지속적으로 복용함으로써 '좋은 기분을 느끼는' 5단계의 진행과정을 갖게 된다"(김흥규, 1999a: 252)고 했다. 또한 김성이는 "약물 남용자의 진행과정을 '비행 행위 습득과정'으로 간주하고, 학교생활의 부적응(1단계)부터 시작하여 약물 남용의 습관화로 '체포 경력과 함께 법적 제재'를 받는 단계"까지 9단계의 진행과정을 주장하였다.

끝으로, 김흥규는 "생활의 부적응(1단계)에서 시작하여 법적 제재(체포, 소년원 수용, 감별심사 등)까지의 8단계로 정리"(김흥규, 1999a: 253)하고 있다.

이상의 견해들을 종합해 볼 때, 마약 중독의 위험 신호들은 다음과 같이 정리할 수 있겠다.

① 학교생활 및 조직생활에의 부적응으로 인한 성적(成績)이 저하되고, 소외감과 좌절감이 누적된다.

② 불량 교우관계를 맺고 자주 어울리며 거짓말이 증가한다.

③ 생활리듬의 변화가 뚜렷하며 무단 결석과 조퇴, 건전하지 못한 곳에 출입한다.

④ 술과 담배를 접하게 되며 그 횟수와 양이 증가한다.

⑤ 본드를 경험하게 되고, 감기약으로 러미나(루비킹)를 복용한다.

⑥ 술, 담배 구입 및 유흥업소 출입을 위한 용돈 마련으로 돈 빼앗기, 외박, 성 관계, 본드와 대마초 경험 등 비행 증후가 악화된다.

⑦ 조직생활에서 이탈(퇴학, 자퇴, 권고 사직 등)하여 기존 조직과 단절된다.

⑧ 가출・동거생활・불량집단 접촉, 불량집단 가입・조직원 신분으로 변신하거나 유흥업소에 종사(취업)하게 된다.

⑨ 절도와 소매치기, 매춘과 윤락행위에 관여, 필로폰 및 본드 사용의 습관화 등 본격적인 약물 남용과 악화된 문제행동이 표출된다.

3. 중독증 유형별 진단 기준

1) 인터넷 및 스마트폰 중독의 진단

한국정보화진흥원이 개발한 '인터넷 중독: K-척도'와 '스마트폰 중독: S-척도'가 가장 대표적인 진단 척도이다. 여성가족부 등 정부에서는 2009년부터 이 진단 척도로 청소년의 인터넷 및 스마트폰 실태를 조사 발표하고 있다. 그 밖에 '인터넷 중독 자가진단 목록', '사이버 중독 자가진단법', '청소년 인터넷중독 자가진단 척도', '스마트폰 중독 자가 테스트', '전화중독 자가진단 기준' 등이 소개 사용되고 있지만 몇 가지만 제시한다.

(1) 사이버 중독 자가진단법

(다음 중 3개 이상 해당될 경우, 인터넷 중독증을 의심해야 한다)

① 전자우편(메일)을 확인해 보아야겠다는 강박적인 생각이 수시로 떠오른다.

② 책상 또는 식탁에 앉거나, 컴퓨터 자판 앞에 앉을 경우 자신도 모르게 손가락으로 자판을 두드리는 행동을 해 본 적이 있다.

③ 예상한 것보다 두 배 혹은 세 배나 되는 통신료 청구서를 받아본 적이 있다.

④ 인터넷 때문에 잠을 못 자거나 식사를 거른 일이 한 번 이상 있다.

⑤ 컴퓨터에 너무 몰입해서 숙제를 빠뜨리거나 약속시간에 늦은 일이 있다.

⑥ 인터넷으로 보내는 시간 때문에 가족이나 친구와 언쟁을 한 일이 있다.

⑦ 인터넷 이용시간이 많다 보니 학업이나 직업활동에 지장을 준 일이 있다.

⑧ 통신망에서의 대인관계가 일상생활에서 실제 사람들과의 대인관계보다 더 원만하다는 느낌과 함께 사회성이 떨어진다.

⑨ 통신망에서 머무르는 시간이 점점 더 길어지고 가족 및 친구 간 대화가 단절되는 것 같은 경험을 한다.

⑩ 며칠 동안 통신을 하지 않으면 막연한 불안, 통신을 해야 할 것 같은 강박적 사고, 혹은 인터넷에 대한 환상이나 백일몽을 겪은 적이 있다(김흥규 · 원애경, 2012: 472).

(2) 청소년 인터넷 중독 자가진단척도

('매우 그렇다' 4점, '그렇다' 3점, '그렇지 않다' 2점, '전혀 그렇지 않다' 1점)

① 인터넷의 지나친 사용으로 건강이 나빠진 것 같다.

② 오프라인에서보다 온라인에서 나를 인정해 주는 사람이 더 많다.

③ 인터넷을 하지 못하면 생활이 지루하고 재미가 없다.

④ 인터넷을 하다가 그만 두면 또 하고 싶다.

⑤ 인터넷을 너무 사용해서 머리가 아프다.

⑥ 실제에서보다 인터넷에서 만난 사람들을 더 이해하게 된다.

⑦ 인터넷을 하지 못하면 안절부절 못하고 초조해진다.

⑧ 인터넷 사용시간을 줄이려고 해보았지만 실패한다.

⑨ 인터넷을 하다가 계획한 일들을 제대로 못한 적이 있다.

⑩ 인터넷을 하지 못해도 불안하지 않다.

⑪ 인터넷 사용을 줄여야 한다는 생각이 끊임없이 들곤 한다.

⑫ 인터넷 사용시간을 속이려고 한 적이 있다.

⑬ 인터넷을 하고 있지 않을 때는 인터넷이 생각나지 않는다.

⑭ 주위 사람들은 내가 인터넷을 너무 많이 한다고 지적한다.

⑮ 인터넷 때문에 돈을 더 많이 쓰게 된다.

※ 채점방법(세계일보, 2015. 4. 15)

- 고위험사용군
  - * 중고교생(총점 44점 이상): 1요인(1, 5, 9, 12, 15항) 15점 이상, 3요인(3, 7, 10, 13항) 13점 이상, 4요인(4, 8, 11, 14항) 14점 이상자
    - ①에 해당하거나, ②~④모두 해당되는 경우는 고위험사용자
  - * 초등학생(총점 42점 이상): 1요인 14점 이상, 3요인 13점 이상, 4요인 13점 이상자
    - ①에 해당하거나, ②~④ 모두 해당되는 경우
- 잠재적 위험 사용자군
  - * 중고교생(총점 41점 이상~43점 이하): 1요인 14점 이상, 3요인 12점 이상, 4요인 12점 이상자
  - * 초등학생(총점 39점 이상~41점 이하)
    - 1요인 13점 이상, 3요인 12점 이상, 4요인 12점 이상자
    - 일반 사용자군(중고교생, 총점 40점 이하): 1요인 13점 이하, 3요인 11점 이하, 4요인 11점 이하
  - * 초등학생(총점 38점 이하): 1요인 12점 이하, 3요인 11점 이하, 4요인 11점 이하.

그 밖에 한국정보화진흥원이 개발한 두 가지 진단 척도는 다음과 같다.

① '인터넷 중독: K-척도'는 일상생활 장애(9개 항), 현실 구분 장애(3개 항), 긍정적 기대(6개 항), 금단 현상(6개 항), 가상적 대인관계 지향성(5개 항), 일탈행동(6개 항), 내성(5개 항) 등 7개 측정 요인(40개 문항)으로 구성되었다.

② 그리고 스마트폰 중독을 위한 'S-척도'는 일상생활장애, 가상세계 지향, 금단, 내성 등 네 가지의 하위 요인을 측정하기 위해 15개 문항으로 구성되었다.

2) 알코올 중독의 진단

알코올 중독에 대해 세계보건기구(WHO)는 "전통적 음주 습관의 영역을 넘거나 혹은 지역사회 전체의 사회적 음주 습관의 범위를 넘어 음주하는 행위"로 규정하였고, 미국의학협회(AMA)는 "음주에 편향된 특징을 가진 질환으로서 음주가 시작되면 대개 중독상태가 되어야 끝나며 만성적이고 진행적으로 재발되는 경향을 가지고 있다. 또한 지속적이고 과도한 음주 때문에 전형적인 신체장애, 정신장애, 직업장애, 사회 부적응 등이 수반되는 특징"을 가진 증후로 규정하였다.

알코올 중독의 주된 증상은 술을 마시는 동안 또는 술을 마신 직후에 심각한 부적응적 행동 변화나 심리적 변화가 발생한다. 즉, ① 부적절한 성적 언행이나 공격적 행동을 나타낸다. ② 정서적 불안 증후를 나타낸다. ③ 집중력과 기억력이 떨어져 판단력이 흐려지고 혼미한 상태가 된다. ④ 사회생활이나 직업적 일을 제대로 수행하지 못한다. ⑤ 말이 꼬이고 몸이나 손을 제대로 움직이지 못한다. ⑥ 걸음걸이가 불안정하며 비틀거린다. ⑦ 눈이 본인 의사와는 관계없이 상하, 좌우로 떨리거나 빙글빙글 도는 안구진탕증(眼球震盪症) 현상이 나타난다. ⑧ 술 마시는 패턴이 통제불능의 상태이다. ⑨ 매일 술을 마실 필요를 느낀다. ⑩ 때대로 폭음 때문에 이삼일 또는 그 이상의 기간 동안 계속 취한 상태에 있을 수 있다. ⑪ 술에 대한 이들의 집착은 엄청나며, 술 때문에 가족이나 친구와의 다툼, 술취한 상태에서의 폭언과 폭력, 무단 결근과 해고, 교통사고 같은 문제가 야기된다(정남운 · 박현주, 2000: 19~23).

또한 알코올 중독을 암시하는 여러 신호들이 있다면서 정남윤, 박현주는 단계별로 초기에 일반적인 신호로는 3가지, 그리고 전반적(초기 · 중기 · 후기)으로 26개 증상(정남윤 · 박현주, 2000: 33~34)들이 나타난다고 지적하였다.

첫째, 초기의 일반적인 신호들

① 술 마시는 횟수가 증가한다.

② 술 마시는 양이 증가한다.

③ 취하고자 하는 욕구가 증가한다.

둘째, 전반적(초 · 중 · 후기 단계)인 신호들

① 술 마시는 것에 대한 명분(변명거리)을 찾는다.

② 술을 마시지 않는 자리는 지루하게 느낀다.

③ 대인관계에서 자신감을 얻기 위해 술을 마신다.
④ 취하려고 하지 않았는데 취하게 된다.
⑤ 불안과 긴장을 줄이거나 문제를 피하기 위해 술을 마신다.
⑥ 첫 잔을 마신 다음에 술 마시는 것을 멈추기 어렵다.
⑦ 술을 마시는 속도가 매우 빠르다.
⑧ 비슷한 효과를 내기 위해 점점 더 술을 많이 마신다.
⑨ 술 마시는 것에 대해 죄책감을 느낀다.
⑩ 술을 너무 많이 마신 다음에 후회한다.
⑪ 술 마시는 것에 대해 방어적이다.
⑫ 술의 종류를 바꾸면서 술 마시는 것을 통제하려고 애쓴다.
⑬ '술을 끊겠다'고 약속하고 또 술을 마신다.
⑭ 술을 숨긴다.
⑮ 술 마시는 것에 대해 거짓말을 한다.
⑯ 숙취를 없애기 위해 아침에 술을 또 마신다.
⑰ 술을 마실 때는 식사를 하지 않는다.
⑱ 그 전날 술 마시며 한 말과 행동을 다음 날 기억하지 못한다.
⑲ 술을 한꺼번에 너무 많이 마신다.
⑳ 자해(自害)하거나 물건을 부수는 등 사고를 저지른다.
㉑ 가족에 대한 책임감이 없어진다.
㉒ 술 때문에 직장에 지각하거나 결근한다.
㉓ 술을 마시기 위해 조퇴하거나 일찍 퇴근한다.
㉔ 술 때문에 직장생활에 문제(근무 태도 경고, 문제 사원 낙인, 퇴직 위기 직면)를 야기한다.
㉕ 술을 마시면 사람이 변하기 때문에 가족, 이웃 등 모두가 걱정한다.
㉖ 임신 중에도 술을 마신다.

사라 브루어는 다음과 같은 여덟 가지 증세가 있으면 알코올 중독자로 생각한다고 했다. ① 대낮부터 술을 마신다. ② 항상 술을 곁에 두고 있다. ③ 근무 중에도 술 냄새가 난다. ④ 음주 운전을 한다. ⑤ 술을 마셨다 하면 난폭해진다. ⑥ 어떤 효과를 얻으려면 점점 더 많은 양의 술을 마셔야 한다. ⑦ 아침까지 속이 메스껍고, 비틀거리며, 담이 나고, 취기가 가시지 않는다. ⑧ 아프다며 직장을 자주 쉰다(사라 브루어, 1994: 273~274) 등이다.

알코올 중독 진단척도는 '알코올·약물 중독 체크리스트'(Internet Alcohol Recoverly Center), '알코올 중독 자가진단법'(김홍규·원애경, 2012: 471) 등 많다. 가장 공신력을 인정받고 있는 미국정신의학회의 알코올 관련 장애 진단 기준에서는 '알코올 사용장애' 진단 기준(DSM-V: 491)과 '알코올 중독' 진단 기준(DSM-V:497), 그리고 '알코올 금단' 진단 기준(DSM-V: 499~500) 등으로 구분해서 제시하고 있다. 그중 알코올 사용장애 진단 기준과 알코올 중독 진단 기준을 고찰하면 다음과 같다.

(1) 알코올 사용장애 진단 기준

다음의 11개 항목 중 지난 12개월 사이에 최소한 2개 이상 해당되면 알코올 사용장애로 진단하게 된다.

① 생각했던 것보다 많은 양의 알코올을 오랫동안 사용한다.

② 알코올에 대한 욕구나 알코올 사용을 축소 또는 조절하려고 노력했지만 실패한 경험이 있다.

③ 알코올을 구하거나 사용, 또는 그 효과에서 벗어나기 위한 활동에 많은 시간을 보낸다.

④ 알코올에 대한 갈망과 욕구가 강하다.

⑤ 되풀이되는 알코올 사용 때문에 직장, 학교, 가정에서의 역할 수행에 실패한다.

⑥ 알코올 영향으로 반복적인 사회적 관계에 문제가 발생하고, 대인관계의 악화에도 불구하고 알코올 사용을 계속한다.

⑦ 알코올 사용으로 중요한 사회적, 직업적 혹은 여가활동을 줄이거나 포기한다.

⑧ 신체적으로 해가 되는 상황에서도 계속적으로 알코올을 사용한다.

⑨ 지속적 알코올 사용으로 인해 신체적·심리적 문제가 유발되거나 악화될 가능성이 높다는 것을 알면서도 계속 알코올을 사용한다.

⑩ 원하는 효과를 얻기 위해 알코올 사용량을 증가할 필요성을 느끼는 한편, 동일한 용량의 알코올을 사용할 경우 효과가 현저히 감소됨을 느낀다(내성 현상).

⑪ 알코올을 과도하게 장기적으로 사용하다가 끊게 되면, 발한(發汗)증상, 불안과 초조, 분당 100회 이상의 빈맥(頻脈), 오심(惡心)과 구토 증상 같은 금단현상을 보인다.

(2) 알코올 중독 진단 기준

① 알코올의 최근 섭취

② 알코올을 섭취하는 동안이나 섭취 후에 부적절한 성적 또는 공격적 행동, 기분의 불안정성(mood lability), 판단력 손상(impaired judgment) 등 임상적 문제를 보인다.

③ 알코올을 사용하는 동안이나 사용 직후에 다음의 6가지 징후 중 한 가지(그 이상)가 나타나면 알코올 중독이다.

- 불분명한 언어(발음)
- 운동 실조
- 불안정한 보행
- 안구진탕(안진증: nystagmus)
- 주의 집중력 또는 기억력 손상
- 인사불성 또는 혼수상태

④ 다만, 알코올 섭취로 부적절한 성적 · 공격적 행동, 기분의 불안정성, 판단력 손상, 기능 손상과 판단력 손상 등의 증상과 문제를 일으키는 것은 다음의 두 가지와 연관된 것이 아니어야 한다.

그 하나는 당뇨병성 케톤산증(diabetic ketoacidosis) 때문이어서는 안 되고, 진정성 약물인 벤조디아제핀(benzodiazepines)의 중독과 연관된 것이 아니어야 한다(DSM-Ⅴ: 497)는 것이다.

3) 도박 중독의 진단

흔히 도박 중독은 아주 서서히 진행된다고 한다. 우연하게 도박 경험을 하거나 도박에 노출되어 기대 이상의 돈을 따면서 엄청난 '성취감과 짜릿한 쾌감'을 맛보게 된다. 이 돈을 딴 첫 번의 기억에 대해 자꾸 회상하면서 도박에 대한 강한 흥미를 갖기 시작하게 된다. 그런가 하면 퇴직 후 심심하고 지루한 일상에서 벗어나기 위해, 또는 가정 불화, 심각한 갈등과 스트레스 해소 차원에서 극단적인 자극을 취한다고 도박 경험을 한 것이 계기가 되는 경우도 있다고 한다.

지루함이 없이 시간도 잘 가고, 모든 것을 잊고 "와~ 딴 세상이네!"라는 독백 속에 그 누구의 눈치도 의식할 필요없는 나 만의 공간 분위기에 빠져들게 된다는 것이다.

예전부터 '아편 중독자는 부인도 팔아 넘기고, 도박에 미치면 부모 자식도 몰라 본다'는 말이 있다. 또는 역사를 통해 배워온 것은 '전쟁을 치루지 않고도 나라가 망할 수 있는 위험 요소는 윤리 도덕의 실추요 사회 기강의 해이, 각종 중독증의 창궐과 국가사회의 최소 단위인

가정의 붕괴, 사회 내부의 심각한 갈등과 부정부패의 만연, 국민 상호 간의 불신과 이기주의의 만연, 그로 인한 심각한 분열상태이다.

이같이 마약만큼 위험한 도박, 개인의 인생을 파멸시키고 가정의 붕괴와 국가적 재해를 불러오는 '달콤한 순간적 탐닉', '위험한 유혹'인 도박 중독, 그 진단 기준은 다음과 같다.

먼저 중독포럼에서 제시한 '도박 중독의 기준'은 9개 항목이다.

(1) 도박 중독의 기준

① 도박에 집착한다.

② 바라는 흥분을 얻기 위해 액수를 늘린다.

③ 도박을 조절하거나 줄이거나 중지하려는 노력이 반복적으로 실패하고 안절부절 못하거나 과민해진다.

④ 문제로부터 탈출하기 위해서나 불쾌한 기분을 덜기 위한 수단으로 도박한다.

⑤ 돈을 잃은 후 만회하기 위해 다음날 도박판으로 되돌아간다.

⑥ 도박에 관여한 정도를 숨기기 위해 가족들, 치료자 또는 타인에게 거짓말을 한다.

⑦ 도박자금을 조달하기 위해 위조 지폐, 사기, 도둑질, 착복 같은 불법행위를 저지른다.

⑧ 도박으로 인해 중요한 관계가 위태로워지거나 직업적 · 교육적 기회와 출세 기회를 상실한다.

⑨ 도박으로 인한 절망적인 경제상태에서 벗어나기 위해 돈 조달을 남에게 의존한다(헬스경향, 2013. 1. 18에서 재인용).

(2) DSM-Ⅴ, 도박장애 진단 기준

지속적 · 반복적으로 문제적 도박행동이 임상적으로 다음과 같은 현저한 손상이나 고통을 일으켰을 때 도박장애로 간주하며, 지난 12개월 동안 다음의 항목 중 4개 또는 그 이상이 나타날 경우 도박장애로 진단한다.

① 원하는 흥분과 즐거움을 얻기 위해 액수를 늘리면서 도박하려는 욕구가 있다.

② 도박을 줄이거나 중지시키려고 시도할 때 안절부절 못하거나 과민해진다.

③ 도박을 조절하거나 줄이거나 중지시키려는 노력이 반복적으로 실패한다.

④ 가끔 과거의 도박 경험을 다시 체험하고, 도박에서의 승산을 생각해 보거나 계획하고,

도박으로 돈을 따는 방법을 생각한다.

⑤ 무기력감, 죄책감, 불안감, 우울감 등 괴로움을 느낄 때 도박을 한다.

⑥ 도박으로 잃은 돈을 만회하기 위해 흔히 다음 날 다시 도박을 한다.

⑦ 도박에 관여한 정도를 숨기기 위해 거짓말을 한다.

⑧ 도박으로 인해 직장, 교육적 · 직업적 기회의 상실 등 중요한 관계가 위험에 처하게 된다.

⑨ 도박으로 야기된 결제적인 절망상태에서 벗어나기 위해 돈 조달을 남에게 의존하게 된다(DSM-Ⅴ: 585).

하여간 돈을 잃을수록 더 도박장을 찾아가게 되고, 손실액이 클수록 배팅액도 커지게 된다. 배팅이 커질수록 자극도 비례하게 되므로 도박을 안 할 수가 없게 되어 결국 손실액이 증가하면서 폐인 · 폐가 · 망신의 중독자가 되는 것이다.

4) 마약 중독의 진단

전쟁을 치르지 않고도 나라가 망할 수 있는 위험 요소 중 하나가 마약 중독이며, 아편 중독자는 '부인도 팔아 넘긴다'는 말은 이미 전술한 바 있다.

청나라가 전력상 열세에도 불구하고 2년간 2만 명의 사상자(死傷者)(영국군의 사상자 520명)를 내면서까지 아편전쟁을 벌인 것이나, 미국이 월남전에서 불명예 철군(?)을 하지 않으면 안 된 이유 중의 하나를 약물관계 학자들은 '약물 남용에 있다'는 지적을 한 것에 주목할 필요가 있다. 왜냐하면 미국은 그 고도 · 정밀 · 첨단 무기에 의한 막강한 군사력 때문에 어떠한 전쟁에서도 패전할 확률은 없다. 다만, 약물 남용과의 전쟁에서 패망할 가능성이 있다는 것이다. 이 같은 약물 남용 관계학자들의 주장을 입증한 것이 월남전인데, 월남전 당시 파월 미군의 80% 이상이 마약과 기타 향정신성 약물을 사용한 경험(주왕기, 1988: 120)이 있다는 것이다.

"미국의 공적(公敵) 1호는 약물 남용이다"라고 선언한 닉슨 대통령, "중남미 여러 나라에서 마약이 밀매되어 온다"면서 마약 전쟁을 선포한 레이건 대통령, 마약 밀조 및 밀매혐의로 파나마의 실권자인 '노리에가'를 체포하려고 외교적 부담을 감수하면서까지 2만 명의 군대를 파견한 부시 대통령(김형태, 1990: 27) 등은 약물(마약) 중독이 어마나 심각하고 치명적인가를 역설해 주는 단서가 된다고 생각한다.

그간 규제 약물 분류는 진정 최면제, 환각제, 흥분제, 마취제 등으로 분류해 왔고(Trojanowicz,

1983; 김흥규, 1999; 258에서 재인용), 남용약물을 분류와 해독에 대해 정리할 때는 마약 아편제제, 환각제, 중추신경계 흥분각성제, 진정 최면제, 신경 안정제, 흡입제, 알코올성 음료, 니코틴, 비마약성 감기・진통 진해제 등으로 구분한다(김흥규・원애경, 2012; 536).

DSM-Ⅴ에서도 물질 관련 및 중독장애에 알코올・카페인・담배 관련, 대마 관련, 환각제(펜시클리딘) 관련, 흡입제 관련, 아편계 관련, 진정제・수면제・항불안제 관련, 자그제 관련 등으로 구분하고 있다(DSM-Ⅴ: 481~583).

그간 우리나라에서 많이 논란이 되었던 약물은 흥분각성제인 필로폰, 환각 및 중추신경흥분제인 대마초(마리화나), 진통제로 개발되었지만 마약 아편제로서 악명이 높은 헤로인 등이다. 그 밖에 흡입제들도 문제지만 진단 기준에서는 지면 관계상 환각제(펜시클리딘) 관련의 진단 기준과 아편계 관련의 진단 기준만 제시하고자 한다.

(1) 환각제 펜시클리딘 중독 진단 기준

① 최근 펜시클리딘 또는 약리학적으로 유사한 물질을 사용하였다.

② 펜시클리딘을 사용 중이거나 사용 직후에 임상적으로 호전성, 공격성, 충동성, 예측 불가능성, 초조, 판단력 상실 등 심각한 문제행동이 발생했다.

③ 사용 후 1시간 이내에 다음의 8개 징후 중 2개 또는 그 이상의 증상이 나타나면 중독으로 진단한다.

- 수직적・수평적으로 안구진탕(震盪)
- 고혈압 또는 빈맥(頻脈)
- 감각 이상이나 통증에 대한 반응 감소
- 운동실조(ataxia)
- 발음장애(dysarthria)
- 근육 경직
- 발작 또는 혼수상태
- 소리 크기의 인식의 장애인 청각 과민 증상 등이다(DSM-Ⅴ: 527~528).

(2) 아편계 중독 진단 기준

① 최근에도 아편계 약물을 사용한다.

② 아편계 약물을 사용하는 동안 또는 사용 직후에 초기 도취감(euphoria)에 이은 무감동, 무기력감, 불쾌감, 초조와 지연, 판단력 손상 등 심각한 문제행동 및 심리적 변화를 나타낸다.

③ 아편계를 사용하는 동안 또는 사용 직후에 나타나는 동공 축소 또는 동공 확대와 다음의 세 가지 징후 중 한 가지 이상이 나타날 때 중독으로 진단한다.
- 졸음 또는 혼수
- 불분명한 언어 구사
- 집중력 또는 기억력 손상 등이다(DSM-Ⅴ: 546).

4. 중독증의 실태와 문제

1) 인터넷 · 스마트폰 중독 문제

첫째, 한국정보화진흥원이 2011년 인터넷 사용자를 대상(만 5~49세)으로 조사한 바에 의하면, 중독률은 7.7%, 중독자 수는 233만 9,000명이었다고 발표하면서 세 가지가 주목된다고 했다.

① 유아와 청소년들에게 인터넷 중독이 확대되고 있다는 점

② 이번에 처음 조사된 유아용(만 5~9세) 인터넷 중독률은 7.9%로 성인의 6.8%보다 높았고, 청소년 중독률은 10.4%로 조사됐다는 점

③ 고등학생의 인터넷 중독률이 12.4%로 가장 높았고, 고등학생 중 4.1%는 고위험군(초, 중학생의 고위험군 비율은 2.1%)으로 초, 중학생들보다 2배가 넘었다는 점 등이다.

특히, 인터넷 중독으로 인한 사회 · 경제적 손실 비용은 연간 최대 10조 1,000억 원이 소요되는 것으로 추정하고 있다(경향신문, 2013. 1. 18 재인용).

둘째, 한국청소년연구원이 2010년 중학교에 입학한 학생들을 3년간 추적 조사한 결과, '점점 더 많은 시간을 휴대전화를 하며 보낸다'는 응답이 2010년(46.6%)에서 2011년(61.1%), 2012년(70.5%)까지 증가하였다.

셋째, 여성가족부의 '인터넷 · 스마트폰 이용습관 조사 결과(2013)'를 보면

① 인터넷 위험사용군은 1만 1,240명, 주의 사용군도 9만 3,912명으로 집계되었다.

② 스마트폰은 더 심각해 주의 사용군이 20만 1,200명, 위험사용군도 3만 9,049에 이르렀다.

넷째, 최근 미래창조과학부와 한국정보화진흥원이 전국 만 5~54세 이하 1만 7,500명을 대상으로 조사한 '2014년 인터넷중독 실태조사'(2015. 6) 결과를 보면,

① 유아부터 성인까지 전체 이용자의 6.9%가 인터넷 중독위험군(고위험군+잠재적 위험군)으로 조사되었다.

② 연도별 청소년 인터넷 이용자 중 중독 위험군 비율은 2010년(12.4%), 2011년(10.4%), 2012년(10.7%), 2013년(11.7%), 2014년(12.5%)으로 증가 추세다.

다섯째, 여성가족부가 전국 1만 1,561개 학교, 초등학교 4학년, 중학교 1학년, 고등학교 1학년 등 총 145만 6,753명을 대상으로 '인터넷 · 스마트폰 이용습관 진단조사' 결과의 발표(2016. 5. 9)에 의하면

① 인터넷 중독 위험군 11만 5,243명(위험 사용자군 1만 229명; 주의 사용자군 10만 5,014명)으로 밝혀졌다. 초등학교 4학년(2만 8,738명), 중학교 1학년(4만 5,000명), 고교 1학년(4만 1,505명)으로 집계되었다.

② 스마트폰 중독 위험군은 13만 8,385명(위험 사용자군은 1만 5,731명; 주의 사용자군은 12만 2,654명)이다. 초등학교 4학년(2만 822명), 중학교 1학년(4만 6,541명), 고교 1학년(7만 1,022명)으로 집계되었다.

③ 인터넷과 스마트폰 중 하나 이상에서 위험군으로 진단된 청소년은 19만 8,642명이며, 그중 두 가지 문제를 모두 가진 공존위험군 청소년은 5만 5,000여 명으로 조사되었다.

④ 스마트폰 중독은 여학생(7만 7,337명)이 남학생(6만 1,048명)보다 많다.

⑤ 남자 초등학생이 중 · 고교생에 비해 인터넷보다는 스마트폰으로 게임을 즐기는 경향이 많고, 여학생은 고학년(중고교생)이 될수록 스마트폰을 통해서 채팅, SNS 등을 많이 사용하는 것으로 밝혀졌다.

결국 인터넷 · 스마트폰 중독 위험 청소년들이 점점 증가하고 있다는 것을 확인하게 된다. 그렇다면, 왜 청소년들이 인터넷 · 스마트폰에 빠져들어 중독의 경지에 이르게 되느냐이다. 그에 대한 견해도 각자의 시각과 주안점에 따라 다양하다.

즉, 청소년들이 학업과 학원 과외 등에서 겪는 스트레스를 풀기 위해 일종의 '놀이 기구'로서 사용하던 것이 점점 몰입하게 된다는 것이다.

마우스 클릭 한 번으로 다양한 지식 정보와 콘텐츠에 접촉하여 궁금증과 호기심을 즉시 해

소할 수 있기 때문이라는 견해.

전화기에 터치 한 번으로 모든 것이 이루어지는 가상세계가 하기 싫은 공부보다 더 즐겁고 매력적이라는 생각과 느낌을 갖게 되기 때문이라는 견해 등이 그것이다. 이들 요인들이 복합적으로 작용해 하루 5시간 이상 가상세계에 빠져 살게 되는 중독자가 되어 학교를 멀리하고 온라인 게임만 하는 위험 사용군(은둔형)이 되는 것이다. 그리고 더욱 악화되어 하루에 10시간씩 빠져사는 중독자가 되면서 정신장애와 함께 현실과 가상을 구분하지 못하는 심각한 중독자 신세가 되는 것이다.

오늘날 일반인의 상식으로는 좀처럼 납득되지 않는 가정불화와 이웃 간의 문제, 게임을 흉내 낸 '묻지마 살인', 포르노를 탐닉한 끝에 성범죄를 저지르는 지속적인 사건 보도들은 인터넷·스마트폰을 통한 폭력적·선정적인 장면에 장시간 노출돼 현실 판단이 흐려지고 그로 인한 정신건강 문제로 인해 판단이 흐려짐으로써 일어나는 부작용들이다.

2) 알코올 중독 문제

알코올은 전술한 바와 같이 뇌와 인체 각종 장기에 악영향을 주는 중독성이 있는 위험물질이다. 때문에 항상 섭취하는 양과 취하는 패턴(음주행동 및 음주문화)이 문제이다. 통상적으로 일정 수준을 넘는 음주(남자는 소주 3잔 이상, 여자는 소주 1잔 반 이상)는 각종 질병 발생 위험을 높이고 사고 발생 가능성을 야기한다. 대학 신입생 오리엔테이션에서의 음주 사고를 비롯해서 폭력, 절도, 강도, 교통사고 등의 다양한 사회 문제들이 그 단적인 예이다. 특히, 술로 인한 성폭행과 흉폭한 성폭행 살인 사건 등 많은 범죄 역시 술이 문제였다. 그리고 알코올 중독자들은 중독되기 쉬운 두 종류 이상의 약물에 중독되어 있는 경우가 흔하며, 대부분 니코틴(담배)에 중독되어 건강상태가 좋지 않고, 그들은 술에만 중독되는 것이 아니라 다른 향정신성 약물에 중독되기 쉽다는 데 문제의 심각성이 있다.

첫째, 오래 전 세계보건기구(WHO, 2010)의 발표에서 한국의 알코올 중독률(18세 이상 성인 중 알코올 의존·남용자 비율)을 6.76%라고 했다.

이것은 세계 평균 3.6%의 1.8배에 달하는 수치이다. 이는 음주에 대해 관대하고, 술 주정에 대해 용인하는 분위기도 문제지만 과음과 폭음을 당연시하는 사회 분위기 때문으로 이해된다.

둘째, 중독전문가단체인 중독포럼 자료에서는 국내 알코올 중독자를 약 155만 명으로 추정한다(경향신문, 2013. 1. 18). 그런데 이 수치는 적게 잡은 것으로 생각한다. 대도시는 물론이지만, 시골 작으마한 촌락에도 반드시 술만 먹으면 '인사불성'상태에서 이웃에게 피해를 주는 주정뱅이들이 반드시 한 명 이상 있는 현실인데, 전국적인 통계가 절실하다.

셋째, 국민보험공단이 5년간(2007~2011) '알코올 정신성장애질환' 건강보험 진료비 지급 자료를 분석한 결과는 다음과 같다.

① 2007년 6만 6,196명이던 해당 질환자가 2011년 7만 8,357명으로 연평균 4.3%씩 증가했다.

② 2011년의 경우, 남성환자(6만 3,859명)가 여성환자(1만 4,498명)보다 4.4배 많았다.

③ 인구 10만 명당 진료환자는 2007년 남성 233명에서 2011년 257명으로, 여성은 같은 기간 52명에서 59명으로 1.2배 늘었다.

넷째, 교육과학기술부가 발표(2011)한 '학생 음주 · 흡연 등 약물사용 실태'에도 10대 청소년들의 음주율이 높게 나타났다.

① '지난 한 달 동안 1잔 이상 술을 마신 적이 있다'고 답한 학생이 20.6%였다. 이는 전국 800개교 중고생 7만 5,643명을 대상으로 한 조사 결과다.

② 이들 중 1회 평균 음주량이 소주 5잔 이상인 남학생과 소주 3잔 이상인 여학생, 이른바 '위험음주학생'은 무려 48.8%였다. 이 수치는 2008년(44.6%), 2009년(47.4%), 2010년(47.2%)에 비해 증가한 것으로 주목된다.

하여간 음주 폐해로 인한 사회 · 경제적 비용도 2000년(14조 9,352억 원)에서 2004년(20조 990억 원), 2009년에는 23조 4,430억 원으로 크게 증가했다. 대검찰청의 주취범죄율 조사 결과(2002~2009)에서도 평균 18%가 음주상태에서 범죄를 저지른 것으로 나타났다.

술은 무서운 중독성 물질이다. 특히, 청소년의 음주는 학생으로서의 본분 상실과 학교생활 부적응, 성적 저하와 학교 제재, 불량교우 관계, 일탈행동 등 문제행동으로 이어지며 개인의 심리 · 사회적 장애, 성적 · 정신적 건강 문제로 직결된다.

3) 도박 중독 문제

모 정당이 개최한 '800만 중독자 시대, 해결책은?'(2012. 11)이란 주제의 정책 간담회가 언론에 크게 보도되면서 전 국민에게 도박 문제는 마약만큼 위험한 문제라는 인식이 확산되었다. 뿐만 아니라 전술한 바와 같이 한국정보화진흥원, 미래창조과학부, 여성가족부 등의 조사를 통해 인터넷과 스마트폰 중독 문제, 특히, 청소년들의 게임 중독 문제도 크게 보도됐지만 그 때만 잠시 관심을 가질뿐 곧 망각해 버린다. 더구나 도박 중독 문제와는 별개의 것인 양 받아 들인다.

첫째, "아이들이 정신 없이 스마트폰에서 게임을 하는 것을 생각 없이 방치하면 어릴 때부터 도박에 중독될 수 있다"(이해국, 가톨릭대 정신건강의학과 교수).

둘째, "도박이 무서운 것은 가정폭력, 학교폭력, 성폭력 등 사회 공동체를 파괴하는 범죄에 영향을 미치기 때문이다"(이해국, 경향신문, 2013. 1. 18).

셋째, 중독과 물질남용은 서로 상호작용하며 부추김으로써 마치 시소게임(seesaw game)을 연출한다는 데 문제가 있다.

도박 중독자의 70%가 알코올 중독자이고, 알코올 중독자의 50%가 도박 중독자이며, 도박 중독자의 25%가 마약 중독자이다. 즉, 서로 얽히고 연결되어 있다는 얘기가 된다.

넷째, 도박 중독은 아주 개인과 가정을 파괴하는 고질적 정신질환이다.

처음 뜻하지 않은 횡재(돈을 땀)를 해서 '짜릿한 쾌감'을 맛본 후에 사고(思考) 및 인지의 왜곡으로 이행되었든, 또는 성격적(인격장애), 정서적 취약점(충동성), 생물학적 요인(도파민 회로 이상, 뇌파의 비정상), 물질남용에 의해서 도박중독이 되었든 간에 습관의 문제로 귀결된 문제이다. 때문에 어떻게 습관이 형성되었는가? 올바른 습관은 무엇인가? 올바른 습관을 어떻게 키울까? 습관을 개조하는 방법은 무엇인가? 등에 대한 습관의 매너리즘을 이해하려 하거나 관심조차 없었다는 게 문제이다.

곽금주 교수는 '마시멜로와 사탕' 실험을 인용하면서 '만족지연능력'이 인생의 90%를 좌우하고, 습관을 다스리지 못하면 습관이 당신을 지배한다면서

① 사소한 습관도 최대한 경계하면서 이기는 습관으로 진화해라.

② 실용지능을 개발해야 하며, 성공습관보다 행복습관을 먼저 연습하라(곽금주, 2007: 36~37; 50~79; 186~222)고 했다. 중독자들이 재음미해야 할 말이다.

다섯째, 도박 중독은 삶의 목적의 실종과 맹목적 행동이 고약한 '자기파괴적 습관'으로 나타난 질환이다.

공병호는 "인간의 삶은 크고 작은 게임으로 이뤄진다. 따라서 우리 모두는 가능성의 게임에 임하고 있는 플레이어들이다"(공병호, 2011: 17)라면서. 습관은 배신하지 않기 때문에 "가치

있는 일, 삶의 목표를 분명히 하고, 반듯한 생각의 틀을 세워 독서하는 습관, 철저한 시간관리, 자기관리, 삶의 관리로 허튼 일(잡기)과 거리를 두고, 성숙한 인격으로 다듬어야 한다"(상게서: 29~113)고 했다.

결국 도박 중독자들은 인생의 가치 있는 목적이 없으니까 순간적인 충동에 휩쓸려 행운과 우연을 기대하며 패자의 생활태도를 익혀서 습관화된 것이 문제라고 본다.

여섯째, 각종 사행사업의 번창, 장외 발매소 급증, 도박 중독자 220만 명 시대이다.

국세청과 사행산업통합감독위원회 등의 자료에 따르면 경마 · 카지노 · 경륜 · 경정 등 4대 사행산업의 2011년 매출액은 13조 3,362억 원에 달했다. 여기에 각각 3조 원대 규모인 복권과 스포츠토토까지 포함하면 연간 사행산업규모는 20조 원에 이른다. 사행산업 매출증가의 가장 큰 원인으로 전문가들은 '장외발매소'의 급증을 꼽고 있다. 거기에 더해 사행산업 허가와 운영을 규제할 수 있는 권한이 정부 부처에 분산되어 있다는 것도 지적되고 있다. 경마(농림수산식품부), 카지노 · 경륜 · 경정 등(문화체육관광부), 복권(기획재정부) 등이 따로 관할되고 있다. 결국 도박으로 인한 사회적 비용이 78조 원에 달한다. 복지예산 100조 원 시대의 우리 사회 현실이다(경향신문, 2013. 1. 18).

4) 마약 중독 문제

약물 남용의 심각성, 마약 중독의 위험성에 대해서는 전술한 바 있다. 마약 문제와 관련하여 다음과 같이 정리해 보고자 한다.

첫째, 약물 오 · 남용 문제에 대한 무지와 경각심의 결여가 문제이다.

약은 편의상 용량(사용량)과 기준에 따라 보통 약, 극약, 독약으로 분류한다. 백색에 검은 글씨를 쓰게 되어 있는 보통약은 300mm의 약을 먹었을 때 L,D 50, 즉 50%가 죽는 약을 일컬으며, 극약은 약 100mm를 먹었을 때 L,D 50으로서 그 약의 표시는 빨간 둘레에 빨간 글씨로 쓰게 되어 있다. 독약은 까만 표지에 흰 글씨를 쓰도록 되어 있는 약으로서 경구용약 약 30mm 먹었을 때 50%가 죽는 약을 일컫는다.

이들 약들을 어떤 목적으로, 얼마만큼, 누구의 지시 · 권유에 의해, 어떻게 이용하느냐에 따라 약이 될 수도 있으며, 그 반대로 약물남용(drug abuse), 약물 의존(drug dependence), 약물 오용(drug misuse), 중독(intoxication)의 현상이 되어 약이 독(毒)이 되는 결과를 초래하게 된다.

그래서 약물의 오용(誤用)과 남용(濫用)에 대해 표현은 다르지만 그 내용은 다음과 같다.

① 의료행위의 규정에 맞지 않게 약물을 지속적 혹은 산발적으로 과용(過用)하는 것(WHO)

② 의약품의 정당한 사용목적을 떠나서 기분 전환, 쾌락 추구 등의 바람직하지 못한 목적으로 약물을 사용하는 행위(김성이, 1989: 174)

③ 감정, 행동, 의식에 인위적 변화를 주기 위하여 불법적, 비의학적으로 향정신성 약물(psychotropic drugs)을 복용하는 것(주왕기, 1988: 116)

④ 비의학적 목적으로 약물을 사용하는 것으로 대개 의식상태의 변화를 수반하는 경우(노형근, 1999: 63) 등으로 각각 정의하고 있다.

둘째, 마약 사범과 마약 전과자의 수가 증가하고 있다.

국민들이 약물과 마약에 무심한 사이에 약물 오・남용과 마약 사범들이 증가하여 주목된다. 마약을 사용하거나 공급하는 마약 사범은 최근 5년간(2008~2012) 평균 1만 명을 유지하고 있고, 1회 이상 마약 전과가 있는 사람의 경우도 매년 30%의 재범률을 보이고 있다(경향신문, 2013. 1. 18).

셋째, 마약 중독2차 강력범죄를 초래한다.

마약중독으로 인한 2차 강력범죄는 살인, 자살, 절도, 인질극, 그리고 마약류 사범 검거 수사관에 대한 보복살해까지 이어지고 있다.

넷째, 정확한 통계 숫자에 기초한 국가적 종합대책이 미흡하다.

마약퇴치운동본부 조사 결과 공식적으로 잡혀 있지 않은 숫자까지 더하면, 현재 국내 마약중독자는 대략 60~100만 명으로 추정된다는 것이다. 마약사범의 평균 재범률이 30%인 점을 고려할 때, 이들에 대한 치유 및 직업 재활 대책은 시급하다.

5. 중독증의 예방 및 대책

1) 중독증의 예방

이미 중독증으로 진전되는 물질 관련 사용장애에 인터넷과 스마트폰, 알코올, 도박 등을 취급했고, 약물로는 마약에 대해 살펴보았다. 그리고 약물의 사용 목적이 감정・행동・의식에 인위적 변화를 주기 위한 기분 전환과 쾌락 추구를 위해 약물을 오용하고 습관적으로 남용한 것이 중독문제로 악화되었음을 살펴보았다.

또한 통상적으로 마약의 종류를 진정제(알코올과 정신 안정제 등), 마취제(모르핀, 헤로인 등), 환각제(마리화나, LSD, PCP, STP 등), 흥분제(암페타민, 코카인 등) 등 대략 네 가지라고 정리도 했다. 그러면서 핵심적인 문제가 '어떤 목적'으로 얼마만큼 사용했느냐? '누구의 지시・권유'에 의해 어떻게 이용했는냐가 약물의 오용과 남용을 변별하는 핵심적 관건(關鍵)이라는 것도 고찰했다. 특히, 현대인들 모두가 물질 관련 장애 환경에 너무 쉽게 노출되거나 이용하고 있는 것이 문제라는 점도 고찰했다.

이 같은 점에 유의하면서 그 예방책으로 '일반적인 사항'과 '구체적 지침'으로 구분, 다음과 같이 정리하고자 한다.

(1) 예방의 일반적 사항

첫째, 물질 사용에 있어서 각별한 주의와 신중한 태도가 요구된다.

우리 주변에 향정신성의약품 등 마약류와 환각제, 그리고 진통・진정・항생제 등을 '술 깨는 약', '살 빠지는 약', '잠 쫓는 약', '성적 쾌감을 높이는 약', '스테미나 약품', '피로 회복제', '스트레스 해소제', '정력제' 등으로 호기심을 조장・자극하면서, 선전・권유하고 있기 때문에(김흥규, 1999a: 248) 어느 누구도 약물 사용 문제에서 자유롭지 못하다. 이런 물질을 절대 이용해서는 안 된다는 확고한 정신과 태도를 취해야 한다.

둘째, 디지털 사회, 유비쿼터스(Ubiquitous) 혁명 시대를 맞아 인터넷 및 스마트폰의 사용 시간과 콘텐츠에 관심을 가져야 한다.

인류 역사는 농업혁명, 도시혁명, 산업혁명, 정보혁명을 거쳐 공간혁명인 유비쿼터스 혁명 시대를 맞이했다. 전 세계 컴퓨터를 하나로 연결하는 인터넷과 웹(web)이 등장하면서 탈(脫)공간혁명이 본격화된 전자혁명은 원자(atom)에서 비트(bit)로, 유형자산에서 무형자산으로, 소유에서 접속으로의 전환을 가져 왔다(황대준, 2004). 그 결과 서로 이질적인 문화공간에 전자공간을 연결해서 물리공간과 전자공간이 하나로 통합・진화하는 공간혁명인 유비쿼터스 혁명 시대이다. 이제 언제, 어디서나 각자 자기 나름대로의 편리한 방식으로 지식과 정보에 접근할 수 있으며, 오프라인과 온라인이 통합된 교수-학습환경을 통해 각자가 원하는 학습을 하고 다양한 교육기회에 접근할 수 있는 시대이다(김흥규 · 이호정, 2009: 41). 이러한 시대에 어린이와 청소년, 성인에 이르기까지 사용시간과 이용하는 콘텐츠에 대해 생산성과 건전성 차원에서 접근해야 할 것이다.

셋째, 나도 스마트폰의 위험사용자 또는 중독자가 아닌지, 냉정하게 성찰(省察)할 때이다.

어버이날에 할아버지 · 할머니가 '가장 받고 싶은 효도선물'로 휴대전화기가 '1순위'라는 조사 결과가 방송과 신문으로 보도(2001. 5. 7)되더니, 급기야 어린이날에 아이들이 가장 받고 싶은 선물 역시 휴대전화기가 '인기 1위'라는 조사 결과가 보도(2002. 5. 4)되었다. 그로부터 6~7년이 지나 이동전화 상용(常用)시대가 되었다. 국내 스마트폰 가입자 3,000만 명 시대(2013. 2. 4. 주간동아), 전 국민 스마트폰 과다 사용시대가 되었다.

책이나 가방보다는 휴대폰을 들고 다니는 학생들, 횡단보도를 지나면서도 전화를 하고, '운전 중 위험하다'는 거듭된 경고도 무시하고 전화하는 사람들, 심지어 공중화장실 변기에 앉아 볼일을 보면서도 큰 소리로 전화를 하는 사람들을 자주 접하게 된다.

특히, 중 · 고교생들의 수업 중 문자 메시지를 주고받는 실태에 대해 문제 제기는 이미 2000년대 초에 제기되었다. 한국언론학회가 서울시 중 · 고교생 가운데 휴대전화 사용자 700명을 대상으로 조사한 결과(대한교원신문, 2002. 8. 24 보도)에 따르면, 수업 중 하루 평균 1~5건의 문자 메시지를 사용하는 학생(46.0%)이 가장 많았으며, 20회 이상도 11.9%이다. 이들 학생들이 문자 메시지를 주고받는 이유로는 '친구가 무엇을 하는지 알아보기 위해'(53%), '심심해서'(17%)라고 응답하였다. 한국인 모두는 '국민애플리케이션'(앱) 카카오톡을 비롯한 모바일 메신저를 통해 무제한으로 주고받는 문자, 트위터와 페이스북 같은 소셜네트워크서비스(SNS)의 거미줄처럼 촘촘히 엮인 인간관계, 스마트폰 사용시간을 둘러싼 부모-자식 간의 갈등, 수업시간 중 스마트폰 반납을 둘러싼 학생과 교사의 실랑이, 버스와 지하철, 엘리베이터와 회식 자리에서조차 각자 손바닥을 향하는 시선, 남녀 노소가 모조리 '고개 수그리 모드'(주간동아, 874호: 38~41) 일색이다. 정보기술(IT) 강국 대한민국은 모두들 스마트폰에 대한 '의존증상(금단증상)'과 스마트폰에 집착하는 '강박증상'으로서 잠재적 중독 위험군에 들어섰다고 본다.

넷째, 삶의 목적을 분명히 하고 그를 성취하기 위한 생각의 틀을 세우는 것이 중요하다.

지금이 금수저 은수저를 거론하며, '헬 조선'이니 어쩌니 하며 기성세대와 부모세대, 그리고 한국사회에 대해 삿대질할 때인가. 그보다 먼저 가장 중요한 것이 어린이는 그들 나름대로, 청소년들은 자기들대로, 성인은 성인 나름으로 내 삶의 목표는 무엇인가? 왜 공부를 해야 하는가부터 생각해야 한다.

자기 나름의 삶의 목적과 생각의 틀이 정립되어 있지 않다보니 남이 과외한다면 우르르 몰려가고, 스펙을 쌓는다면 똑같이 따라하면서 이리 쏠리고 저리 몰리면서 우왕좌왕한다. 그래서 좋은 습관이든 아니든 파도 타기를 하면서 낭비를 한다.

"반듯한 생각으로 삶의 목표를 분명히 정하고 철저한 계획하에 시간관리를 엄격히 하며 승자의 규칙을 습관화하여 잡기와 거리를 두는 것"(공병호, 2011: 18~106)이 중요하다는 주장에 공감한다. 더구나 공병호 소장은 부친으로부터 "잡기를 가까이 하지 않도록 교육받아 낚싯줄을 잡아본 기억도 별로 없고, 장기와 바둑도 손을 대지 말아야 할 취미였다"(공병호, 상게서: 88)고 하면서 "자신의 직업과 직·간접적으로 연결된 분야를 취미 겸 특기로 삼을 것을 권하고 있다. 이점 역시 중독증 예방 차원에서 음미해 볼 가치가 크다. 저자 역시 '술·담배는 물론, 낚시를 하지 말고, 짐승 사냥꾼(시골 동네 2집)과 가까이 지내지 말며, 새집이나 새 알을 가지고 장난하지 말 것을 교육받은 것'을 생각할 때 같은 컬러의 가정교육을 받은 것 같다.

다섯째, 좋은 습관이 왜 중요한지, 한 번 습관화되면 왜 바꾸기 힘든지 어려서부터 인식시켜야 한다.

습관은 '신호-반복 행동-보상'의 세 단계를 거쳐 정착된다. 습관이 중요한 것은 '인간은 상대방의 습관으로 그를 기억하고 판단하게 되며, 특정 국가사람들의 습관(시간관념, 수다, 운전매너, 표정, 줄서기, 침묵 등)을 알면, 그들의 문화가 보이고, 그네들의 사회적 성격과 국민성을 알게 되기 때문이다'(피터 콜릿, 1998: 33~354).

① 7%의 미국인만 사용하던 치약이 어떻게 전 세계인의 필수품이 되었을까?
② 마이클 펠프스는 최악의 상황에서 어떻게 세계 신기록을 세울 수 이었을까?
③ 스타벅스는 어떻게 말썽꾸러기 직원을 1년 만에 최우수 사원으로 만들었을까?
④ P & G 역사상 최악의 실패작이었던 페브리즈는 어떻게 초대박 상품이 되었을까?

"이 모든 것을 가능하게 한 것이 습관의 힘이다"(피터 콜릿, 1998)라고 했다. 사소한 습관이 개인과 조직의 운명을 결정하기 때문에 자신의 습관이 좋은 습관인지 아닌지 수시로 확인하는 자세가 중요하다. 설사 잘못된 습관을 가지고 있다면 그 습관과 싸워 혁신하는 것이 가장 위대하다. 왜냐하면 습관을 다스리지 못하면, 습관의 지배를 받아(곽금주, 2007) 위험한 유혹(중독)에서 헤어나오지 못하기 때문이다.

여섯째, '공적 1호'가 물질오남용 문제요 중독문제라는 위기의식이 절실하다.

미국은 1971년 당시 닉슨 대통령이 국가비상사태를 선포하고 '미국의 공적(公敵) 1호는 약물 남용'이라고 선언했고, 레이건 대통령 역시 '마약과의 전쟁을 선포'했으며, 부시 대통령도 마약 밀조 및 밀매혐의로 파나마의 실권자 '노리에가'를 체포하기 위해 2만 명의 군대를 파견했다. 그러나 중요한 것은 월남전의 패퇴가 파병 미군들의 약물 남용 때문(파병 미군의 70~90%가 향정신성 약물 남용)이라는 약물학자들의 주장에 주목할 필요가 있다. 2015년 현재 미국에서 암거래된 코카인의 금액은 우리나라 1년간 총 수출상품 가격과 맞먹는다고 한다. 마약으로 인한 미국의 연간 경제적 손실이 1,000억 달러(7조 원)에 달한다(남서호, 2015. 4. 2)고 하니, 우리나라 역시 1990년대 초 '범죄와의 전쟁'을 선포(1990. 10. 13)하고 모든 공권력을 총동원했던 것은 그때부터 이미 심각성이 지각되었기 때문이다. 중독 문제로 마약퇴치운동본부 전화 상담소는 하루 평균 20통의 상담전화가 걸려온다(연 6,000여 통화)고 한다. 대부분 중독자 가족들 전화라고 한다(스포츠서울, 1997. 6. 14). 중독 문제가 이렇게 위험한 것임을 재인식하고 행동에 신중을 기하는 것이 중요하다.

일곱째, 인터넷과 스마트폰을 과도하게 사용한다고 생각될 때 취할 대책은 다양하다.

스마트폰은 가지고 다니는 컴퓨터요, 게임기이기 때문에 과몰입의 우려가 많다.

① 컴퓨터 및 스마트폰을 사용하는 데 있어 신분에 맞게 효율적으로 사용한다.

② 일정한 시간에, 정해진 콘텐츠만을 이용한다는 원칙을 정하고 반드시 지킨다.

③ 오락과 도박, 휴식의 도구로 인터넷 및 스마트폰을 사용하지 않기로 한다.

④ 컴퓨터와 스마트폰 외에 규칙적인 운동시간을 늘리고, 즐거움을 느낄 수 있는 활동을 한다.

⑤ 일정한 생활 규칙(중요한 일 끝내고 한다, 숙제 먼저 한다, 식사 중이거나 잠자리에서는 안하기 등)을 정하고 실천한다.

⑥ 대인관계에서 소외감을 느끼거나, 심리적으로 위축되고, 정서적 불안과 결핍감이 반복될수록 가치 없는 도락(道樂), 열광 등 잡기에 접근하는 것을 경계해야 한다.

⑦ 인터넷 및 스마트 중독 문제를 어려서부터 일찍 가족 간에 대화를 해야 한다.

왜냐하면, 특정 물질장애는 다른 종류의 물질 남용으로 쉽게 전이되고, 궁극적으로 약물 중독까지 악화될 수 있기 때문이다.

여덟째, '호기심에 손댄 마약, 죽음되어 돌아온다'는 생활신조로 살도록 해야 한다.

"1990년 이후만 보더라도 국내에 유통되는 마약의 총량은 필로폰(히로뽕) 약 163kg, 헤로인 약 5.9kg, 코카인 약 7.6kg, 대마 약 20kg이 압수되었다. 이는 우리나라 국민 약 1,000만 명 정도가 투약할 수 있을 만큼의 엄청난 양이다. 이에 비추어 압수되지 않고 실제로 유통되는 양도 상당한 것으로 추정할 수 있다"(서영제 서울지검 강력부부장검사, 스포츠서울, '마약특집', 1997. 6. 14).

즉, 우리 주위에 '살 빠지는 약', '잠 쫓는 약', '스테미나 약품', '정력제', '스트레스 해소제'라고 선전하거나, 술집에서 '술 깨는 약', '성적 쾌감을 높이는 약', '피로 회복제' 등으로 호기심을 자극하며 선전 권유하는 물질은 절대로 이용해서는 안 된다는 강한 의지와 정신을 길러야 한다.

아홉째, 14세 이하 어린이들이 스마트폰에서 게임을 즐기는 것을 방치해서는 안 된다.

"아이들이 스마트폰에서 게임하는 것을 아무 생각없이 방치하면 어릴 때부터 도박에 중독될 수 있다. 인간의 뇌 안에는 보상회로라는 곳이 있는데, 여기가 자극되면 도파민이라는 물질이 분비돼 쾌감을 느낀다. 도박이나 사행성 오락은 보상회로를 자극해 도파민을 분비하는 작용이 매우 빠르고 강력하다. 강력한 보상 경험에 노출되고 나면 보상 정도가 강력하지 않은 다른 생산적 행위에 대한 매력이 급격히 감소하기 때문에 도박중독에 빠질 위험이 큰 14세 이하 아동들에 대한 관리가 필요하다"(이해국, 2013. 1. 18. 헬스경향)고 했다.

즉, 신호(자극) → 반복 행동 → 보상(쾌감) → 습관화로 중독이 되는 것(Duhigg, 2013: 50)을 조기에 예방해야 한다는 것이다.

열째, 술과 담배에 대한 관용하는 사회적 정서와 잘못된 음주문화를 개선해야 한다.

"우리 사회가 술과 담배에 대해 지나치게 관대하다. 아무런 제재를 받지 않고 담배를 피운 청소년들은 단계적으로 마약에도 쉽게 물든다. 또한 본드 등 환각물을 흡입해 본 경험은 마약류 불법 사용으로 발전하는 경향을 보인다. 따라서 가정에서 부모-자녀 간에 담배와 술, 마약 등에 대한 대화를 함으로써 오·남용을 조기 예방해야 한다"(민관식, 1997. 6. 14. 스포츠서울)는 마약퇴치운동본부 이사장의 말이 설득력 있다.

이와 함께 잘못된 음주문화, 술 권하는 사회, 폭탄주와 폭음문화를 개선하여 '절주', '금주'에 대한 문화가 확산돼야 '술병 드는 국민, 골병 드는 한국'이란 오명에서 벗어나게 될 것이다.

(2) 중독증의 구체적 예방지침

첫째, 인터넷 및 스마트폰 중독이 신체 건강에 해악(害惡), 특히, 뇌종양이라는 치명적 결과를 초래한다는 것을 일깨워 주어야 한다.

“휴대전화의 전자파가 뇌 조직 온도를 상승시켜 호르몬 분비에 이상을 가져와 뇌종양을 유발하기 때문에 하루에 30분 이상 휴대전화 통화를 하지 않는 것이 바람직하다”(김덕원, 2001)는 것을 주지시켜야 한다. 실제로 스웨덴 룬드 대학의 ‘리프 셀퍼드 교수팀’의 연구 결과에 의하면, ‘성장기에 장시간 휴대전화의 사용이 중년 이후에 치매(알츠하이머)를 유발할 수 있다는 것을 발표해서 주목을 받았다. 이 연구팀은 미국 국립보건원(NIH) 산하 환경보건연구소가 발간하는 환경보건전망(EHP) 최신호에 논문을 발표했는데, 그 내용은 다음과 같다.

① 10대 사람의 뇌에 해당하는 12~26주 된 쥐를 대상으로 실험했다.

② 그 쥐를 휴대전화에서 방출되는 것과 같은 강도(세기)의 전파에 2시간 정도 노출시켰다.

③ 50일 후 나타난 결과는, 쥐 뇌세포의 상당 부분이 죽어 있는 사실을 현미경을 통해 확인했다고 밝혔다.

셀퍼드 교수는 BBC와의 인터뷰(2003. 2. 5)에서 “쥐의 뇌와 인간의 뇌는 유사하다. 쥐의 뇌에서 일어나는 일이 인간의 뇌에서도 일어날 수 있다. 수십년 동안 휴대전화를 사용한 어린 세대들은 중년이 되었을 때 집단적으로 뇌 질환을 일으킬 가능성이 있다”(문화일보, 2003. 2. 6)는 그의 경고를 경청해야 한다.

둘째, 휴대전화 중독은 혈관계 질환을 유발하게 된다는 것을 인식시키는 것이 중요하다.

휴대전화의 전자파는 얼굴의 표면 온도를 떨어뜨린다고 한다. 즉, 적외선 촬영 결과에 따르면 휴대전화 통화를 할 경우, 전자파가 혈관을 수축시켜 피부 온도가 급감하게 된다. 이 같은 현상은 성인들보다는 청소년들에게서 강하게 나타나기 때문에 영국 정부는 ‘청소년들이 휴대전화를 사용하지 않도록 권고’해 달라는 것을 오래전(2001년 5월 초)에 공식 발표하였다. 또한 개미가 많이 다니는 길목에서 노트북 컴퓨터를 ‘켰다 껐다’를 반복하는 실험을 했더니 개미들이 전자파 때문에 순식간에 ‘사라졌다가 다시 나타났다’는 실험이나, 시골 과수원에 휴대폰 전자파 때문에 벌・나비 등 방화곤충 감소와 토종벌 및 꿀벌의 폐사(낭충봉아부패병, 한국농어촌경제, 2016. 4. 4) 등으로 벌들이 사라져 복숭아꽃 과수원(2016. 4. 10), 나주 배 과수원(2016. 4. 11. 아시아경제), 사과 과수원(2016. 4. 25), 그리고 완전화(암꽃)보다 불완화(숫꽃)가 많아 과일이 달리는 비율이 낮은(1~17,6%) 석류꽃 과수원(2016. 5. 31. 뉴스1)에서도 인공수분기와 붓(면봉)을 이용한 수분(受粉) 작업이 한창 진행 중이라는 보도는 쉽게 간과할 일이 아니다. 특히, 천안시 공무원의 배 과수원 수분작업 대민지원(신세계뉴스통신,2016. 4. 15), 육군탄약지원사령부 예하 3탄약창 장병들 200여 명이 충북 성완읍 일대 과수원에 봄철 수분기(2016. 4. 18~19)를 맞아 개화시기가 4~5일밖에 안 되는 배 과수원에 대민지원을 했다는 보도(충청신문, 2016. 4. 20)는 그 의미와 시사점을 읽어야 한다.

셋째, 전화예절과 전화문화가 무엇인지 가르치고 깨우쳐 주어야 한다.

지나친 전화 사용(전화중독)은 전화에 대한 의존증상과 금단증상, 그리고 전화에 집착하는 강박증상으로 악화될 경우, 대인관계 문제 야기, 우울증과 조울증 증후의 발현, 가족 간의 대화 단절과 경제적 부담 등의 문제를 나타낸다.

이렇듯 문명의 이기(利器)로서 장점과 순기능(順機能)이 많지만 동시에 단점과 역기능도 있다. 특히, 전화를 하거나 받을 때의 장소, 자세, 시간, 대상 등에 따른 에티켓이 요구된다.

"한국인들이 휴대폰을 쓰는 방식은 미국, 유럽과 사뭇 다르다. 미국인 중에는 휴대폰을 끄고 다니다가 필요할 때만 켜는 사람이 많다. 수시로 울려대는 벨 소리가 방해하는 것도 싫고, 프라이버시도 노출되기 때문이다. 유럽 특히, 독일은 켜고 다니긴 하지만 긴 통화는 드물다. 독일 지하철에선 서울처럼 모든 승객이 다 들을 수 있게 큰 소리로 통화하는 걸 본 적이 없다. 반면, 한국은 '때와 장소를 가리지 않고, 휴대폰이 울리는 나라가 되었다. 무선 호출기(삐삐)만 해도 그렇다. 휴대폰 보급률이 한국과 비슷한 싱가포르에선 삐삐와 휴대폰을 함께 들고(휴대) 다니는 것이 흔하다. 실시간 교통정보 등 삐삐만의 부가 서비스 제공이 고객에게 먹혀들기 때문이다. 그런데 한국에서는 휴대폰의 위세에 눌려 삐삐가 순식간에 사라져 버렸다(George & Turner, 1999).

확실히 이 같은 시각에서 볼 때, 우리나라 청소년, 대학생, 성인들의 전화 사용태도는 전화중독증 수준이며, 전화예절 부재, 전화문화 부재라고 할 수 있다. 돌이켜 보면 전화가 귀하던 1970년대까지만 해도 전화기의 다이얼 한 가운데 '용건만 간단히'라는 글씨가 쓰여 있었고, 공중전화기 앞에 '통화는 3분'이라는 글이 부착되어 전화예절, 전화문화의 지침 역할을 했다. 최소한 다음 사항을 지키는 것이 전화예절이요 전화문화라는 것을 각인(刻印)시켜야 한다.

① 전철과 버스 안, 식당 등 공공장소에서 휴대폰을 끄는 것이 원칙이다.

② 긴급한 전화를 기다리는 경우에만 공공장소에서도 진동모드로 전환한다.

③ 통화는 용건만 간단히 한다.

④ 큰 소리로 통화함으로써 타인들에게 피해를 주어서는 안 된다.

전화하는 태도를 통해 타인들에게 실례, 결례, 무례를 범하는 것이 교양인의 치명적 실수이지만, 상대방들은 '나쁜 매너를 통해 나의 문화수준을 읽고, 나의 마음과 정신상태에 대해 순간적으로 정의를 내리며, 내 삶의 전반을 유추·해석한다'는 것을 일깨워 주어야 한다.

넷째, 약물 이용장애의 출발 시점이 되는 담배를 배우지 않는 것이 최선의 예방책이다.

중국의 남자 축구가 세계인들로부터 "왜 덩치(인구 수)는 큰데 싸움은 못하는 '동아시아의 병든 환자(東亞病夫)'로 놀림"을 당하는가에 대해 최근 사회문화적 접근 분석(이동훈, 주간조선, 제2415호, 2016. 7. 11~17)을 시도해 주목되었다. 대략 약 열다섯 가지를 거론하고 있다. 그중 약물 사용장애와 관련하여 두 가지 내용이 눈길을 끈다. 하나는 흡연의 문제이고 다른 하나는 '축구 도박'과 '축구 복권'이다.

담뱃값이 세계적으로 저렴한 국가, 흡연률이 높은 사회인 중국, 게다가 전통적으로 흡연에 대해 관대한 문화로 인해 비흡연자 중 흡연 피해에 노출된 사람도 72.4%여서 '폐활량이 떨어져 축구를 못한다는 것이다. 항저우뤼청 홍명보 감독이 "선수들이 로커룸에서 담배를 피우는데 아무도 문제 삼지 않았다"(2016년 5월)는 발언이 보도되면서 구단 측은 급기야 "로커룸에서 선수들의 공공연한 흡연을 절대 허락하지 않는다. 만약 이런 일이 있으면 선수들은 구단에서 계속 운동을 하지 못할 것"이란 강경 방침을 선언하였다. 운동선수이든 교육자이든 흡연자들은 불이익을 받게 해야 근절된다. 또한 축구광으로 알려진 시진핑 중국 국가 주석이 중국공산당 총서기에 오른 직후(2012) 가장 먼저 착수한 사정 작업이 축구 도박의 본산인 중국축구협회 최고위 간부들을 교도소에 보낸 것은 시사성이 크다.

2) 중독증의 대책

첫째, 국가의 사회정책의 목표는 '건강하고 성숙한 사회'이며, 그 구체적 전략은 약물 오·남용의 예방과 억제 대책이다.

미국을 비롯한 선진국이 왜 '공적(公敵) 1호 약물 남용'을 선언하고, 마약과의 전쟁을 하는지는 전술한 바 있다. 다음과 같은 구체적 대책이 시행되어야 한다.

① 매년 약물조사를 전 국민을 대상으로 실시해야 한다.

미국은 월남전 패퇴(1975)의 원인 중 하나인 미군의 약물 남용 문제를 심각하게 인지하였다. 그래서 1980년대 레이건 대통령, 조지 부시 대통령으로 이어지면서 1990년대부터 정부 차원에서 매년 100만 달러(당시 7억 원)를 투자해서 전 국민을 대상으로 1회, 그리고 고교 3년생을 대상으로 또 한 번 약물조사를 실시하였다. 그리고 조지 부시 행정부는 80억 달러의 비용이 소요될 '마약퇴치 프로그램'을 공표(1990. 10)하면서, 마약 복용자 수를 50% 감소시킬 10개년 계획을 '마약과의 전쟁(war on drugs)'(Bell, 1991: 195)을 선포하고 강력하게 추진하였다.

약물피해의 심각성을 모르고, 복용인구의 정확한 실태 파악 없이 청소년 백서나 출간하고, 특별한 내용이나 전문적 대책도 없이 범죄와의 전쟁 선포나 하고…. 더욱 가관인 것은 지방자치단체장이나 교육감들이 '무슨 민주화…'니, '학생 인권 운운하며 인권 조례 제정'을 하면서 선거 전략성 쇼를 하고 있으니, 이런 상황에서 무슨 건강사회가 구현되겠는가.

② 정부가 약물 오 · 남용의 예방 및 사후 대책과 관련하여 유관 부처 간에 긴밀한 협조를 통해 종합적이고도 전문적 방안을 수립하고 강력하게 추진해야 한다.

과거 인구 문제해결을 위해 경제기획원 차관, 무임소장관, 보사부장관, 서울시장과 문교부, 홍보부, 언론기관들이 자기 분야에서 역할 분담을 했던 것처럼, 이 문제도 법무부, 보건복지부, 여성가족부, 교육부, 문화체육관광부, 안전행정처, 식품의약품안전처가 협의 · 대처해야 한다.

1998년 이후 당국에 적발된 신종(新種) 마약인 메틸디옥시메스암페타민(MDMA), 태국산 야바(Yaba), 살 빼는 약으로 알려진 중국산 펜푸루라민(fenfluramine), 진통제 프로폭시펜(propoxyphene), 태국산 카트 등 6, 7종이 은밀하게 시판 · 확산되고 있는 현실의 심각성(뉴스 플러스, 1999. 9. 23)과 각종 향정신성 약물(마약류, 환각제, 진통제, 진정제 등)들이 '술 깨는 약', '살 빠지는 약', '잠 쫓는 약', '성적 쾌감을 높이는 약', '스테미나 약', '피로 회복제', '스트레소 해소제' 등으로 오 · 남용되고 있는 실정이다. 더 이상 적당히 대응해서는 안 된다.

요즘 논란이 되고 있는 가습기 20년, 지난 2007년부터 판매된 폭스바겐 차종 등 30여 종 70여 개 수입차 모델 15만 대에 대한 '배기가스 조작, 판매금지' 조치(2016. 7. 11)를 한다니 그간 정부는 뭐했나? 검찰의 조사로 드러났으니 다른 차종은 괜찮은가?

둘째, 교육부는 교원양성과정이나 현직 연수과정을 전면 개편하여 건전한 청소년, 정신위생상 건강한 청소년의 육성 · 보호 · 안전에 만전을 기해야 한다.

교사가 전공지식이 부족하여 문제가 되는가? 교육자로서의 올바른 교육관, 합리적인 교육철학, 학생지도 자질 등이 부족해서 문제인 것이다. 교육부가 1998년 7~8월의 2개월간 전국의 각급 학교에 대한 감찰조사 결과 112명의 부적격 교직원을 적발한 바 있다(한국교육신문,

1998. 10. 12). 그 후 무풍지대이다.

교원들이 정치투쟁이나 벌이고 자기들만의 이익추구를 위해 집단 시위나 할 때인가. 그럴 시간이 있으면, '인생 파멸의 신호요, 완만한 속도의 자살행위'로 지칭되는 흡연과 알코올 문제, 그리고 인터넷 및 스마트폰 중독으로부터 청소년을 선도하기 위해 공부를 해야 한다.

① 교육부는 생활지도, 상담학, 정신위생, 특수교육, 약물오남용론, 중독증 문제 등의 교과 중심으로 교직과목을 혁신 개편하여야 한다.

② '약물 오・남용 예방 및 퇴치 프로그램'을 개발, 각 교원양성기관에서 이수하도록 제도화해야 한다.

③ 또한 지역 교육청에 보급해서, 현직교원 연수기관에서 교육청 교육감 이하 장학직 전원, 현직 초・중・고교 전교육자(교장 이하)가 필수로 이 연수교육을 이수하게 해야 한다.

셋째, 중독증은 습관화된 행동으로 인해 자기조절능력이 상실된 상태이다.

물질이든 비물질이든 간에 다차원적인 원인이 관련되어 있기 때문에 대책(치유) 역시 다차원적인 접근을 해야 한다. 즉, 모든 중독은 습관(행동반복)의 질병에서 출발하여 뇌의 질병에 이른 것이다. 도박・알코올・니코틴・약물・마약・쇼핑・사이버・스마트폰 중독 등 모두 공통된 보상회로(뇌 회로)가 관련되어 있고 일련의 유사한 단계를 거친다는 공통점이 있다.

즉, 방아쇠 생각(신호: 충동성과 강박성) → 행동화(반복행동: 사용 및 접촉) → 뇌 회로 감지 및 반응(보상: 토파민 분비) → 각성(쾌감, 엄청난 짜릿함 느낌) → 죄책감/인지 왜곡, 망상 → 자기조절 능력상실 → 조건화, 습관화 → 내성과 금단 증상 보임 → 중독증이 된다.

따라서 중독은 행동을 조절하지 못해서 습관이 사람을 지배한 경우이며, 나쁜 '습관을 이기는 습관'으로 대응해야 한다. 사소한 습관도 최대한 경계하면서 더 이상 습관처럼 처신하지 말아야 한다(곽금주, 2007: 195~222). 이 점에 있어서 찰스 두히그가 소개하는 '습관을 바꾸기 위한 방안' 네 가지(찰스 두히그, 2013: 368~372)가 설득력 있다.

두히그는 실제 사례를 소개해 준다. 실제로 알코올 중독과 담배 사용장애자인 30대의 리자 앨런(여)이 중독에서 빠져 나오기 위해 삶의 목표(금연)를 정하고 그것에 정신을 집중했다. 6개월째 조깅을 했더니 식습관이 바뀌었다. 일을 대하는 자세와 수면 태도도 바뀌었다. 일과도 달라졌고, 미래 계획도 바뀌었다. 하프 마라톤을 시작하여 풀마라톤까지 하게 되었으며, 공부를 시작했고 통장에 돈이 쌓여 집까지 마련했으며 다른 남자를 만나 약혼했다.

이런 일련의 변화를 거친 후 연구 대상이 된 그녀의 뇌영상을 과학자(연구팀)들이 검사한

결과,

① 습관을 담당하던 신경계 패턴이 새로운 패턴으로 덮여 있었다. 즉, 새로운 습관으로 바꾸겠다고 작심하고 그것에 집중하니까 그 동안 기계적으로 행하던 다른 모든 습관들까지 다시 프로그래밍되었다는 것이다.

② 충동적 욕망과 관련된 뇌의 중앙 근처 부분도 변화를 보였고, 행동 억제와 자제력이 시작되는 부분인 '이마 바로 옆' 부분의 활동이 활발해졌다는 것이다(찰스 두히그, 2013: 8~9). 그러면서 두히그는 '습관을 바꿀 수 있다'며 좋은 습관을 갖기 위한 4단계 법칙을 제시하고 있다.

● 좋은 습관 갖기 4단계

제1단계....반복 행동을 찾아라.

제2단계....다양한 보상으로 실험해 보라.

제3단계....신호를 찾아라.

제4단계....계획을 세워라(두히그, 2013: 378~396).

넷째, 20대의 폭음은 알코올 중독의 전입 신고이다. 철저한 음주문화의 지도가 관건이다. 젊은 세대들의 음주태도 방관하지 말고 적극적으로 가르쳐야 한다는 얘기이다.

매년 3월 초 대학가에서는 술이 화두(話頭)다. 사발식, 폭탄주, 쓰러질 때까지 마시는 '서든데스(sudden death) 주(酒)' 등 과음과 폭음의 양태도 다양하다. 이런 추태의 신입생 오리엔테이션을 통해 대학생이 된다는 것, 이런 광란(狂亂)의 의례(儀禮)를 거쳐 성인이 된다는 것에 대해 혹자는 '뭐 한 번인데, 그럴 수 있지' 하며 아량(雅量)을 보이려 하겠지만, 단 한 번이라도 '아닌 것'은 아니며 바람직하지 못한 것에 대해 관용적 자세를 취한다는 것은 안 된다.

왜냐하면 한두 번의 행동이 습관이 되고, 그 습관은 음주 습벽(習癖)을 거쳐 악습(惡習)과 폐습(弊習)으로 이어질 것이기 때문이다. 습관이 얼마나 무서운 것이며 고치기가 얼마나 어려운가.

특히, "간단하고 사소하게 보이는 일상의 선택(체험)들에 의해 인생의 강줄기가 만들어진다. 자연의 강줄기도 그렇지만 한 번 만들어지면 바꾸기 힘든다"(공병호, 2011). 그래서 '인생은 반복적으로 행하는 것에 따라 판명되는 존재'라는 아리스토텔레스의 말이 설득력 있고, 좋은 습관을 만드는 일에 한 치의 시행착오도 용납해선 안 된다.

삶은 매 순간 성장이고 발달이며 성숙의 연습이다. 자신이 추구하는 삶의 목표, 소중한 시간과 에너지의 배분과 철저한 관리, 반듯한 생각, 좋은 습관에 따른 나만의 성장 지표, 발달 지표, 인간적 성숙 지표를 중시해야 한다. 따라서 오리엔테이션이든 성인식이든 내 인생을 만들어 가기 위해 주춧돌을 놓는 것인데, 남의 생각에 장단을 치며 졸렬한 연기를 하며 놀아날 수는 없는 일이다. 반듯한 생각으로 주체적인 판단과 운신이 그래서 중요한 것이다.

한 대학에서의 '대학생들의 음주 실태에 대한 조사 결과도 시사하는 바가 크다. 대학생 1,084명을 대상으로 한 조사 결과는 다음과 같다.

- 음주 후 기억이 끊기는 '블랙 아웃(Blackout)' 현상을 경험했다(46%).
- '주 1회 이상 폭음한다'(남학생의 48.4%, 여학생의 19.1%).

비율도 문제지만 술문화에 무절제하게 빠져들다 보면, 30, 40대에 도달해선 알코올 중독 같은 심각한 폐해가 뒤따르게 된다는 것이 전문가들의 공통된 견해다. 그 동안 알코올 중독 환자들의 진행과정을 살펴보면 거의 예외 없이 20세 초반에 폭음을 경험하며, 30세쯤에 알코올 중독의 첫 증상이 나타나기 시작하고, 40대부터는 본격적인 알코올 중독 환자의 길에 접어들게 된다는 것이다(문화일보, 2002. 3. 20).

특히, 전문가가 조언하는 다음의 세 가지 사항을 주목할 필요가 있다.

하나는, "국내 성인의 알코올 중독 발생률이 10~20%로, 사회 초년생 20대에게 음주를 강요하는 관행은 마치 '러시안 룰렛(Russian roulette)'을 강요하는 잔혹함과 다를 바 없다"(남궁기, 2002)는 것이다.

이렇듯 20대에 대한 음주 강요를 러시안 룰렛에 비교했다는 것은 그만큼 위험하다는 의미이다. 가끔 영화에서 음주 중독자 군인들이 술에 취한 상태에서, 회전식 연발 권총에 총알 1발만 넣고 총알의 위치를 알 수 없도록 탄창(彈倉: 총알 집)을 마구 돌린 후 두 사람 이상이 차례로 자기 머리에 총구를 대고 방아쇠를 당기는 목숨 건 내기 게임이 '러시안 룰렛'인데, 아주 적절한 비유이다.

또 하나는, 알코올 유전자가 있는 사람에게 폭음을 절대 강요해서는 안 된다는 점이다.

이는 그들을 알코올 중독자의 길로 모는 것과 같기 때문이다. 따라서 신입생 오리엔테이션이든, 성인식이든, 동호회 회식이든 음주를 권하기 전에 '알코올 가족력'을 사전에 체크하는 에티켓이 요구된다.

끝으로, 사교문화가 발달하고 파티에서의 음주에 쉽게 접하게 되는 서구에서도 '건강한 음주 문화'의 기준으로 술의 종류에 관계없이 남자는 '1주일에 14잔 미만, 한 번 음주 시 4잔 이하로, 여자는 1주일에 7잔 미만, 한 번에 3잔 이내이다.

다섯째, 개인 스스로 주체적으로 술을 절제·조절할 줄 아는 능력을 길러야 한다.

내 몸과 건강, 시간과 돈의 관리, 삶의 질과 인격발달을 위해서 양보할 수 없다.

그러자면 다음의 10가지 유의사항을 지켜야 한다.

① 충분한 식사와 안주를 섭취한 후 술을 시작한다.
② 갈증이 날 때는 물 또는 음료를 마신 후 음주한다.
③ 소주를 마실 때는 양주잔으로, 맥주를 마실 때도 작은 음료수 잔을 사용한다.
④ 술을 잔에 가득 채우지 말고, 반만 따르는 습관을 들인다.
⑤ 양주를 마실 경우 반드시 얼음과 물을 타서 알코올 농도를 낮춘다.
⑥ 받은 술잔은 곧바로 마시지 말고 일단 탁자 위에 놓았다가 서서히 마신다.
⑦ 술잔을 비우기 위해 여러 번에 나누어 마신다. 원래 술(酒)의 한자 의미는 닭이 물을 마시듯 하라는 메시지가 있다.
⑧ 술은 섞어 마시지 않고 한 가지 종류만 마신다.
⑨ 술을 마시게 될 때는 대화나 수다, 노래 부르기에 많은 시간을 보낸다.
⑩ 술자리는 칭찬과 유머가 풍부한 즐거운 분위기여야 한다. 욕하고 비난·불평하는 자리는 피하는 것이 좋다.

여섯째, 인터넷 게임 중독과 약물 오·남용이 의심되는 사람은 의무적으로 뇌 검사를 점검하는 제도적 시스템이 마련되어야 한다.

온라인 게임과 약물남용이 내재되어 있던 방아쇠 생각인 피해의식과 현실 불만, 욕구 불만과 공격성, 충동성과 사회적 분노를 자극하여 반사회적 범죄로 표출되는 사례가 급증하는 추세이기 때문이다.

이미 세 건의 '묻지마 살인' 사건으로 충격을 받았던 것이 2010년이었다.

'스트레스를 풀고 싶었다'며 밤 늦게 귀가하던 여성을 살해한 사건(2010. 2. 18. 서울 중구 신당동), 단란한 가족의 '행복한 웃음소리가 듣기 싫었고 화가 났다'며 다가구 주택 옥탑방에서 TV를 보던 가장을 살해한 사건(2010. 8. 7, 서울 양천구 신정동). 더욱이 고교 때 우수 학생이 미국 명문대에 유학 갔지만 적응을 못하고 자퇴·귀국한 젊은이(23세). 그는 밤새워 칼싸움

온라인 게임을 하다가 갑자기 게임 속에서처럼 '사람을 죽이고 싶은 충동'이 들었다며 밖에 나가 '무조건 처음 만나는 사람을 죽이겠다'고 다짐하고 사건을 저질렀다(2010. 12. 5, 서울 잠원동).

그 후 무엇이 달라졌는가? 정신보건시스템이? 경찰이? 가정과 학교가? 그냥 잠시 소란을 피우다 잊혀지면 그만이다.

① '묻지마 범죄'는 2007년 366건에서 2009년 572건으로 2년 새 56%나 급증했다(2010. 12. 경찰청 발표).

② 그간 발생한 '묻지마 범죄'에서의 여성 피해율은 1995년(72.2%), 2005년(83.2%), 2013년(90.2%)으로 매년 급증하고 있다(2014, 경찰청).

③ 대검찰청의 '묻지마 범죄' 관련 통계에서 보면, 2012~2015년까지 매년 50건 이상의 '묻지마 범죄'가 발생했고, 2012~2016년 4월까지 총 231건이 발생했다. 유형별 내용은 상해 125건(54.1%), 살인 56건(24.2%)이고, 발생원인은 음주를 포함한 약물남용 93건(40.2%), 정신질환 72건(31.2%), 현실불만 52건(22.5%)이었다. 결국 주된 원인이 마약 등 향정신성 약물 오・남용과 과도한 음주(국제뉴스, 2016. 7. 3)라는 데 주목해야 한다.

일곱째, 인격장애자 상담 치유의 방법 적용과 함께 인지치료적 접근을 해야 한다.

중독자들은 정신의학의 측면에서 볼 때 충동조절장애이며, 뇌과학적 측면에서는 뇌파 이상이며 뇌기능장애이다. 생물학적 측면에는 도파민 분비 회로가 망가졌다고 할 수 있다. 뿐만 아니라 성격심리학 측면에서는 충동성과 비합리적 사고와 행동이 문제된다. 그래서 정서적・성격적 취약함이 문제이다.

따라서 전술한 인격장애와 정신적・신경증적 적응장애자를 치유하는 모든 방법이 동원되어야 한다. 특히, 비합리적 신념과 의식을 치유하기 위해 '로또당첨확률 통계분석 프로그램'을 이용해 보는 것도 좋겠다.

① 로또당첨확률을 통한 상담: 45개 중에서 6개의 숫자를 선택하는 게임인 로또는 당첨확률을 계산하면 45!/6!39!, 즉 814만 5,060으로 814만 장을 사야 한 번 당첨될 수 있다는 계산이다. 즉, 800만 분의 1이다. 그래서 혹자는 로또 당첨확률에 대해 '아주 맑은 날 골프장에서 골프를 치다가, 갑자기 벼락을 맞아 구급차로 병원으로 가는 도중 차 안에서 코프라에 물려 죽게 되는 상황과 같다'고 한다. 왜 갑자기 벼락을 맞고, 무슨 구급차 안에 코프라가 있는가 말이다. 그 만큼 불가능한 일에 집착하는 비합리적 생각을

버리라는 것이다.

② 주사위 맞히기 놀이를 통해서 간단히 체험하도록 하는 방법도 있겠다.

주사위를 던지기 전에 주사위의 눈인 1~6까지의 숫자를 6개를 미리 선택해서 맞추어 보는 치유 게임이다.

③ 전자파 실험을 통한 지도도 체험시켜 보는 게 좋다.

개미들이 다니는 공원길에 휴대폰, 노트북 컴퓨터와 개미가 좋아하는 과자를 들고 실험을 하여 개미들이 전자파 때문에 흩어지는 현상을 체험하게 한다.

④ 4월 초 과수원에 가서, 휴대폰 전자파 때문에 사라진 벌들을 대신하여 사람들이 붓으로 꽃가루를 수분(受粉)시키는 작업을 체험시킨다.

이 같은 과정을 통해 상담하고 지도함으로써 왜곡된 사고를 수정한다.

■ 참고문헌

곽금주(2014). **마음에 박힌 못 하나**. 서울: 쌤앤파커스.

김광일 외(1983). 대학생의 정신건강에 관한 연구1. **정신건강연구, 제7집**, 한양대 정신건강연구소.

강신주(2013). **감정수업**. 서울: 민음사.

강철규(1994). 경제비리의 제 유형. 한국사회과학도서관 창립10주년기념 학술심포지엄. 한국사회과학연구협의회, 1-12.

강홍렬, 김문조, 손상영, 이주현, 이지순, 이호영, 임혁백, 최양수, 최항섭, 황주성(2006). **메가트렌드 코리아**. 서울: 한길사.

강희경(2005). 가족의 건강성과 학령기 아동의 자아 탄력성. **한국가정관리학회지, 23**(3). 93-101.

고교생의 애퍼시 경향에 관한 연구(2004). 학생생활연구, 인하대학교학생생활연구소 논문집, 20, 141-166.

공병호(2006). **10년 후 한국**. 서울: 해냄출판.

공선표(2001). 디지털 시대의 인재 양성 전략. Economic Review, 주간 서울경제, 2001. 6. 12.

공종원 외(1989). 80년대의 중병. **세계와 나**. 서울: 세계일보사.

교육정책자문회의(1991). 2020년의 한국의 사회상. **교육발전의 기본구상**.

김경훈(2014). **모모세대가 몰려 온다**. 서울: 흐름출판.

김교헌(2000). 분노 억제와 고혈압. **한국심리학회지, 건강(5)**, 181-192.

김교헌, 전겸구(1997). 분노, 적개심 및 스트레스가 신체 건강에 미치는 영향. **한국심리학회지, 건강(2)**, 79-95.

김난도, 전미영, 김서형(2013). **트렌드 차이나**. 서울: 오우사.

김대모(1995). 노사문화와 국가경쟁력. 문화와 국가 경쟁력, 학술심포지엄, 한국사회과학연구 협의회, 283-304.

김대환(2008). **한국 노사관계의 진단과 처방-합리화의 길**. 서울: 까치출판.

김동춘(2002). 학벌주의, 대책은 없는가? 대학서열화 극복을 위한 대학개혁. 한국교육개발원 정책보고서 RM 2002-11. 서울: 한국교육개발원

김동훈(2001). **한국의 학벌, 또 하나의 카스트인가**. 서울: 책세상.

김득성, 김정옥, 김영희, 박충선, 송정아, 권유아 역(2004). **행복한 결혼생활 만들기**. 서울: 시그마프레스.

김명언(2003). 기업조직에서의 세대차이와 갈등. 한국발달심리학회 추계심포지움 발표논문, 113-159.

김명언, 구자숙, 한준(2000). 기업조직에서의 세대격차: 세대 간 상호지각을 중심으로. **한국 심리학회지, 14**(3), 1-19

김명언, 김의철, 박영신(2000). 청소년과 성인 간의 세대차이와 유사성. **한국심리학회지, 사회문제, 6**(1), 181-204.

김미윤(2003). 사이버 공간 경험의 의미와 청소년 문화. **청소년학 연구, 10**(4), 211-232.

김선남(1999). 가족기능화 상담 훈련 프로그램. 이형득 교수 정년 기념집 간행위원회 편.

김은주(1990). 한국 영화의 대중문화의 기능연구. 유현목 교수 정년기념 영화학 논총. 서울: 원방각.

김신일(1994). 교육비리의 실태와 구조적 배경. 한국사회과학도서관 창립10주년 기념 학술심포지엄, **한국사회과학연구협의회**, 1-10.

김신일(2001). 한국교육 위기의 본질과 정책방향. 새천년 한국의 비전, 비전@한국, 71-72.

김영래(2001). 한국정치의 위기요인과 뉴 패러다임 모색. 새천년 한국의 비전, 비전@한국, 13-33.

김영순(2015). 다문화사회와 인간 발달. 2015 한국인간발달학회 춘계학술대회 발표논문, 1-19.

김영진(2000). **한국인을 위한 윤리와 논리**. 서울: 철학과 현실사.

김인회(1995). 국민들의 의식 · 가치관, 더 이상 방관할 수 없지 않는가?. 교육연구 창간호, 인하대학교 교육연구소, 247-257.

김준호(1998). 학벌사회가 학교폭력을 부른다. 세계일보. 1998. 6. 19.

김찬호(2014). **모멸감**. 서울: 문학과 지성사.

김태길(1993). 한국의 미래상과 인간교육의 문제. 한국교육학회, **교육학연구, 33**(4), 1-10.

김태길(1997). 한국사회의 집단이기주의 태도, 어떻게 볼 것인가. 한국정신문화연구원, 도덕성 회복을 위한 정신문화포럼Ⅰ, 87-97.

김태준(2003). 교육현장에서의 세대차, 그 해결방안의 모색. 한국발달심리학회 추계심포지움 발표논문, 59-92.

김현기, 정연승, 허원무, 유호현, 배영준(2008). **2018, 인구변화가 대한민국을 바꾼다**. 서울: 한스미디어.

김형수, 김흥규(2006). 초 · 중 · 고 및 대학생들의 열등감이 정신건강에 미치는 영향. 교육의 이론과 실천, **한독교육학회, 11**(1), 37-69.

김흥규 외(2000). 청소년좌절증후군의 발생원인 및 실태와 대책. 인하대학교, **교육연구, 6**, 173-221.

김흥규 외(2005). 한국 · 중국 · 독일 대학생의 직업관. 그 교육적 · 사회심리학적 함의와 시사. 인하교육연구논문집, 11, 377-414.

김흥규 외(2006). 사이버 공간 활동에서 나타나는 세대 격차, 그 교육적 함의. 열린교육 연구, **한국열린교육학회**, 14(1), 351-373.

김흥규 외(2012). 인천지역 초 · 중 · 고교학생들의 심리 · 사회적 성숙 및 성적 · 정신적 건강에 대한 연구. 인천학술진흥재단 연구보고서, 1-183.

김흥규(1980). 학원의 사회 문화적 풍토에 관한 조사 연구. 인하대학교, **인문과학연구, 6**, 153-181.

김흥규(1981). 한국 청소년의 정신건강에 관한 연구. 인하대학교, **학생생활연구, 3**, 45-67.

김흥규(1982). 모의상황에서 본 청소년의 윤리의식과 행동경향. 인하대학교, **인문과학연구, 8**, 1-62.

김홍규(1986). 근로청소년의 인지 및 행동성향. 인하대학교, **인문과학연구, 12**, 129-168.

김홍규(1987). 윤락의 발생요인과 문제점 및 그 대책에 관한 연구. 인하대학교, **인문과학연구, 13**, 329-349.

김홍규(1989). **장애자 교육의 이론과 실제**. 서울: 성원사.

김홍규(1994). **인간행동의 이해**. 경기: 양서원.

김홍규(1995). 사회계층에 따른 정치 · 경제 · 사회적 스트레스 변인간의 관계. 인하대학교, **인문과학연구, 22**, 503-534.

김홍규(1995). 청소년의 문화의식과 문화적 행동경향에 대한 연구, 인하대학교, **교육연구**(1), 63-106.

김홍규(1997). 정치현상 스트레스 변수가 사회현상 및 경제현상 관련 스트레스에 미치는 영 향. 인하대학교, **교육연구**(3), 35-66.

김홍규(1998). **최신 교육사회학**. 서울: 형설.

김홍규(1998a). 경제현상 관련 스트레스 변수들이 정치현상 및 사회현상 관련 스트레스에 미치는 영향. 인하대학교, **교육연구, 4**, 17-46.

김홍규(1998b). 사회현상 관련 스트레스 변수들이 경제현상 및 정치현상 관련 스트레스에 미치는 영향. 인하대학교, **인문연구, 28**, 263-294.

김홍규(1998c). IMF 위기 극복과 공직자의 자세. 행정자치부 주최 정부 각 부처 장 · 차관 및 국장급 대상 특강. 동양증권연수원. 1-12.

김홍규(1999). 21세기 사회와 경쟁력. 제18차 한국생명의 전화 전국대회 주제발표논문, 5-12.

김홍규(1999). 청소년 약물 오 · 남용의 해독과 대책. **인문연구 제30집**, 인하대학교 인문과학연구소.

김홍규(2001). 한국과 일본대학생의 직업관에 대한 비교연구. 서울대학교, **아시아교육연구, 2**(2), 115-137.

김홍규(2003). **상담심리학**. 서울: 형설.

김홍규(2004). 사회변화와 교육사회학의 학문적 성격. 한국교육사회학회 연차학술대회발표, 44-64.

김홍규(2004). 삶의 질과 국가 경쟁력. 연구원 창립 1주년 기념 학술세미나 주제발표논문, (사)한국삶의질연구원, 1-20.

김홍규(2005). 한국병과 경쟁력. 경영자 금요 조찬 연수회 제542회, 광주 · 전남경영자협회, 1-10.

김홍규(2005a). 한국 · 중국 · 독일 대학생의 직업관, 그 사회심리학적 함의(含意)와 교육적 시사(示唆). 인하대학교, **교육연구, 11**, 377- 414.

김홍규(2005b). 흔들리는 가정환경과 가족의 삶의 질. 창립 2주년 기념 학술포럼, (사)한국삶의질연구원, 1-10.

김홍규(2005c). 교육환경의 패러다임을 바꾸자. 인하대학교 교육대학원, 인하상담심리 뉴스레터, 18, 20-28.

김홍규(2006). 인천 초 · 중 · 고교 학생들의 삶의 질에 대한 비교 연구. 인천학술진흥재단, 2020~30년대의 사회변화와 인천교육의 방향 연구보고서, 87-135.

김홍규(2007). 사회변화에 따른 진로지도의 방향과 과제. 참마음교육학회, **미래교육연구, 14**(1),

59-92.

김흥규, 가영희(2005d). 성인의 직장 · 가정에서의 갈등과 만족도에 관한 연구. **한국가정관리학 회지, 23**(1), 85- 98.

김흥규, 김광애(2006). 한국대학생과 재한(在韓) 말레이시아 유학생간의 삶의 질 비교연구. 단국대학교 인간과학연구소, **인간과학연구, 2**(1), 101-118.

김흥규, 원애경(2007). **상담심리학**. 경기: 양서원.

김흥규, 이만표(2009). 청소년의 삶의 질에 관한 연구. 참마음교육학회, **미래교육연구, 16**(2), 3-54.

김흥규, 이상란(2014). 한국인의 가치관과 라이프 스타일에 관한 연구. 인하대학교, **교육문화연구, 20**(4), 281-314.

김흥규, 이상란(2016). 한국인의 직업에 대한 평가: 그 분석을 통해 본 사회의 건강성 문제. 동아일보, 2016. 5. 16.

김흥규, 이상란, 고길희(2016). 한·일 대학생의 사고 및 의식성향에 대한 비교 연구. 인하대학교, **교육문화연구, 22**(1), 67-100.

김흥규, 이호정(2007). 교육경쟁력과 한국교육의 과제. (사)한국삶의질연구원, **한국 삶의 질 연구, 2**(1), 57-84.

김흥규, 최재향(2006). 초등학생의 학부모-자녀간의 의사소통 유형과 문제행동과의 관계. 참마음교육학회, **미래교육연구, 13**(1), 59- 79.

김흥규, 한순미(2011). 가정환경의 건강성과 대학생의 정서지능 및 행복도와의 관계연구. 인하대학교, **교육문화연구, 17**(1), 121-161.

김흥규, 홍성근(2004). 기업의 이문화 교육에 관한 연구. 한국기업교육학회, **기업교육연구, 6**(2), 67-104.

김흥규, 유미림(2002). 각국 영재교육의 비교연구. 인하대학교, **교육연구, 8**, 97-124.

김흥규, 이만표(2009). 한국인의 직업관, 그 사회심리학적 함의와 직업 교육적 시사. **한국산 업교육연구, 19**, 65-89.

김흥규, 허은주(2003). 대학생의 심리적 성숙변인과 성태도와의 관계 연구. 한국청소년학회, **청소년학연구, 10**(4), 403-422.

김흥주, 최원기(2003). 세대 차이와 세대정치. 한국발달심리학회 추계심포지움 발표논문, 173-200.

남순현(2004). 가족 내 세대갈등과 통합. 한국심리학회지, **사회문제, 10**(2), 1-14.

노 혁(1992). 청소년 전화상담에 관한 경험적 고찰. 한국청소년연구원, **한국청소년연구, 8**, 67-77.

민병록(1990). 한국 영화의 대중문화적 기능 연구. 유현목 교수 정년기념 영화학 논총, 서울: 원방각.

민성길(1989). 홧병의 개념에 대한 연구. **신경정신의학, 28**(4).

민성길 외(1986). 홧병에 대한 진단적 연구. **대한의학협의회지, 29**, 653- 661.

민성길, 김진학(1986). 보길도에서의 홧병에 대한 연구. **신경정신의학, 25**(3).

민성길, 남궁기, 이호영(1990). 홧병에 대한 일 역학적 연구. **신경정신의학, 29**(4).

민성길, 박청산, 한정옥(1993). 홧병에 있어서의 방어기제와 대응 전략. **신경정신의학, 32**(4).

민성길, 이만홍, 강홍조(1987). 홧병에 대한 임상적 연구. **대한의학협회지, 30**, 187-197.

박경석, 김계현(1993). **전화상담의 실제**. 서울: 삼원.

박병석(1994). 정치비리: 당내 정치과정을 중심으로. 한국사회과학도서관 창립 10주년기념 학술심포지엄, 한국사회과학연구협의회, 1-21.

박상용(1994). 한국기업의 비리와 제도적 개혁. 한국사회과학도서관 창립 10주년기념 학술심포지엄, 한국사회과학연구협의회, 1-2.

박영숙, 박세훈(2006). **미래직업 대예측**. 서울: 매일경제신문사.

박영신, 김의철(2009). 심리적, 관계적, 경제적 자원: 한국인의 행복에 어떠한 영향을 미치는가?. 한국심리학회지, **사회문제, 15**(1), 95-132.

박종삼(1991). 위기개입의 이론과 임상. 단기상담과 위기개입. 제4회 학술세미나, 한양대학교 대학생생활연구소, 27-28.

백낙준(1982). **나의 종강록**. 서울: 정음문화사.

보건복지부(2004). 2005년 1월 1일「건강가정 기본법」시행. 2004. 12. 30. 보도자료

서문기, 민승규, 전영재, 김선빈, 강신겸, 김현진(2001). 한국사회 갈등구조에 대한 이해. **삼성경제연구소**, 1-225.

서미옥(2007). 대학생의 도덕행위에 영향을 미치는 4구성 요소의 경로분석. **교육학연구, 45**(3). 25-49.

서수균(2005). **분노와 관련된 인지적 요인과 그 치료적 함의**. 서울: 한국학술정보원.

서유헌(2000). 중독에 빠진 한국, 비상구는 없는가. 시사저널, 독립신문사, 2000. 1. 27.

설동훈, 이장혁(2009). 한국사회 갈등, 어떻게 풀 것인가?. 미래전략토론③, 신동아, 2009년 3월호, 594, 428-430.

송병순(1995). 가정교육, 학교교육의 건강성 회복, 영원한 숙제인가?. 인하교육연구 창간호, 인하대학교 교육연구소, 259-268.

송 복(2001). 지도층의 위기와 과제. 새천년 한국의 비전, 57-63.

송성자(1992). **가족관계와 가족치료**. 서울: 홍익제.

신민섭, 박광배, 오경자(1991). 우울증과 충동성이 청소년들의 자살행위에 미치는 영향. 임상, **한국심리학회, 10**(1), 286-297.

신혜섭(2005). 중학생의 학교폭력 유형에 영향을 미치는 변인: 가해경험, 피해경험, 가해ㆍ피해 중복경험에 대한 분석. **청소년학 연구, 12**(4). 123-149.

안병욱(1993). **인생론**. 서울: 철학과 현실사.

오윤자(1994). 가족생활교육 프로그램 개발을 위한 연구-부부관계향상 프로그램을 중심으로. 경희대학교 박사학위논문.

오천석(1976). 교사교육의 방향. 교사교육의 어제와 오늘. 한국교사교육연구협의회. 문화재단총서: 연구논문집, 17, 642-689.

와타나베 쇼스케, 오강섭 감수(2000). **우울증은 치료된다**. 서울: 동도원.

원애경(2005). 성장과정에서의 청소년 상처가 정신건강 및 무기력증후에 미치는 영향. 인하 대

학교 대학원 박사학위논문, 79-111.
유길주(2000). 디지털 계급사회 온다. 뉴스메이커, 제36호, 경향일보, 2000. 2. 24.
유영주(1999). 건전가정과 건강가족의 개념 설정에 대한 논의. **한국가정관리학회지**, 43, 93-102.
유은희, 김득성(2005). 결혼초기 부부관계 향상 프로그램의 효과 검증. **한국가정관리학회지**, 23(1), 1-17.
유은희, 정현숙(1995). 신혼부부를 위한 부부교육 프로그램. 한국가족상담교육연구소 개소 2주년 기념 학술세미나, 한국가족교육상담연구소, 45-58.
유재춘(1994). 언론의 직업윤리와 언론비리. 한국사회과학도서관 창립 10주년 기념, 학술심포지엄, 한국사회과학연구협의회, 1-6.
육현표 외(1993). **1초를 잡아라**. 삼성경제연구소. .
윤은기(1993). **시테크: 시간창조의 기술**. 서울: (주)유나이티드 컨설팅 그룹.
윤은기(1994). **시테크 성공학: 뉴코리언타임을 만들자**. 서울: 유나이티드 컨설팅 그룹.
윤이흠(1994). 종교의 성역화와 사회적 공론. 한국사회과학도서관 창립 10주년 기념 학술심포지엄. 한국사회과학연구협의회, 1-13.
이건만(2007). 한국사회의 학벌주의와 계급갈등: 학벌자본의 이론화를 향해. **교육사회학연구**, 17, 63-64.
이근후, 우행원, 박영숙, 연규월, 권정화(1988). **최신 임상정신의학**. 서울: 하나의학사.
이근후 외 공역(1995). **정신장애의 진단 및 통계 편람(제4판)**, 서울: 하나의학사.
이기춘(1991). 전화상담, 단기상담과 위기개입. 제4회 학술세미나, 한양대학교 학생생활연구소, 55-75.
이길홍(1990). **정신의학 분야에서의 청소년연구 동향과 과제**. 서울: 한국청소년연구원.
이남옥(2005). 한국의 가족, 위기인가?. 제9회 심포지엄 주제발표논문, 가톨릭대학교 인간학 연구소, 1-20.
이동환(2005). 급격한 변화의 시대, 바람직한 가정. **우리 길벗**, 8, 20-27.
이면우(2004). **생존의 W이론**. 서울: 랜덤하우스.
이병도 외(1981). **한국인의 국민성, 정화**. 서울: 사회정화위원회.
이상란(2001). 청년기 무기력 연구의 전망. 인하대학생생활연구소, **학생생활연구**, 21, 179-190.
이상란(2003). 韓國における青年期 無氣力 傾向に關する研究: 일본과의 비교를 통해서. 동경대학교 박사학위논문.
이상란(2015). 청소년 학교폭력 피해경험과 사회적 성숙, 분노 억압, 감정인식 곤란 사이의 다중집단 구조방정식 모험 연구. **미래청소년학회지**, 12(1), 149-168.
이상용(1982). 한국인의 보수성과 혁신성. 정화. **사회정화위원회**, 8월호.
이수용(1999). 가치관 명료화 기업훈련 프로그램. 이형득 교수 정년 기념집 간행위원회.
이수원 외(1986). **심리학**. 서울: 정민사.
이시형(1977). 홧병에 대한 연구. **고의**, 1(2), 63- 69.
이시형 외(1989). 홧병의 임상 연구(2): 분노반응으로서의 홧병. **고의**, 12.

이시형, 조소연, 이성희(1989). 울화병으로서의 홧병 형성 기전. **고의, 12**.

21세기위원회(1992). **2020년의 한국과 세계**. 서울: 동아일보사.

이영일(1980). **영화개론**. 서울: 한진출판사.

이영진(1990). 지역갈등: 부도덕한 정치가 강요한 비극. **세계와 나**, 세계일보사, 1990년 2월호, 84-89.

이영희(1995). 정치문화, 이대로는 안 되지 않는가. 인하대학교, 교육연구 창간호, 인하대학교 교육연구소, 273-281.

이장호(1982). **상담심리학 입문**. 서울: 박영사.

이정규(2003). 한국사회의 학력. **학벌주의: 근원과 발달**. 서울: 집문당.

이현수(1985). **이상행동의 심리학**. 서울: 대왕사.

이형득(1980). **집단상담의 실제**. 서울: 중앙적성연구소.

임종철 외(1990). 우리의 갈등을 어떻게 풀 것인가. **세계와 나**, 세계일보, 45-89.

임종철(1994). 비리의 근원과 대책에 대한 경제철학적 성찰. 한국사회과학도서관 창립 10주년 기념 학술심포지엄, 한국사회과학연구협의회, 1-4.

장휘숙(2009). 성인초기의 발달과업과 행복의 관계. 한국심리학회지, **발달, 22**(1), 19-36.

전영우(1988). **대화의 에티켓**. 서울: 집문당.

정범모 편(1991). **교육난국의 해부: 한국교육의 진단과 전망**. 서울: 나남출판사.

정세욱(1997). 지역 갈등 사례. 도덕성 회복을 위한 정신문화 포럼Ⅰ. 한국정신문화연구원, 98-107.

정태화(2003). **학벌주의 극복을 위한 종합대책 연구**. 교육인적자원부.

정현숙(1997). 부부관계 프로그램: 일 · 사랑 · 가족함께 가기. 한국가족관계학회 추계 학술대회, 34-36.

조두영(1986). 정신의학에서 본 자살. **정신건강연구, 4**, 한양대학교 정신건강연구소.

조흥윤(1994). 한국종교의 비리와 제도적 개혁. 한국사회과학도서관 창립 10주년 기념 학술심포지엄, 한국사회과학연구협의회, 5-12.

지만원(1998). 공직사회, 관료집단이 혁신되어야 한다. 1998 제1회 학술포럼, 전국교육대학원 장협의회, 35-47.

채유경(2001). 청소년 분노 표현방식의 모델 및 조절효과 검증. 전남대학교 대학원 박사학위논문.

최병선(1994). 정치행정비리와 앞으로의 과제. 한국사회과학도서관 창립 10주년 기념 학술심포지엄, 한국사회과학연구협의회, 1-19.

최상진, 이요행(1995). 한국인 홧병의 심리학적 개념화 시도. 연차학술대회 발표논문집, 한국심리학회.

최왕규(2007). 한국인의 가정갈등과 효도관에 관한 연구. 인하대학교 대학원 박사학위논문.

최의선 편저(1992). **가족 상담의 이론과 실제**. 서울: 성원사.

최일섭 외(1982). **한국인의 의식-무엇을 버리고 무엇을 북돋울 것인가**. 서울: 사회정화위원회.

최재향(2006). 아동 · 청소년의 부모-자녀 간의 의사소통과 정서지능이 문제행동에 미치는 영향. 인하대학교 대학원 박사학위논문.

표창원(2008). **한국의 연쇄살인**. 서울: 랜덤하우스.

하상훈(1996). 특수한 전화와 그 대응. **전화 카운슬링**, 생명의 전화.

하상훈(1998). 전화상담과 위기개입. 인교회 학술세미나 발표논문(유인물). 1-7.

하상훈(1999). 심리 · 사회적 변인이 청소년의 자살충동에 미치는 영향. 인하대학교 대학원 박사학위논문.

하상훈(2001). 청소년의 자살충동과 심리사회적 변인과의 관계. 인하대학교 학생생활연구소, **학생생활연구**, 21, 135-163.

한국경제신문 뉴 밀레니엄 기획취재팀(1999). **21세기 21가지 대 예측**. 서울: 은행나무.

한국대학교수새마을연구회(2010). **새마을운동 40년사**. 서울: 산아.

한국사회과학연구협의회(1995). 문화와 국가 경쟁력. 학술심포지엄, 고려대학교 인촌기념관.

한동세(1974). **정신과학**. 서울: 일조각.

함규정(2014). **서른 살 감정공부**. 서울: 위즈덤하우스.

현택수(2000). 무덤까지 간다, 당신의 학벌. 한겨레 21, 2000. 11. 9.

호영진(1993). **감투 공화국**. 서울: 동아출판사.

황상민(2004). 한국 사회의 세대별 라이프스타일 연구. **신동아, 2004년 6월호**, 330-343.

황정규(1995). 21세기에 대비한 교육적 인간상. 한국교육학회, **교육학연구, 33**(2).

황정규, 한명희, 김흥규, 강영삼, 손충기(1995). **한국교육의 병리현상과 대책**. 서울대학교 사범대학, 8-67.

AcKeraman, N.(1966). *Treating the troubled family*. New York: Basic Books.

AcKerman, N. W. Ed.(1970). *Family therapy in transition*. New York: Little Brown.

AcKerman, N.(1970). Family interviewing: The study process, In AcKerman No, Lieb, J., pearce. J.(eds). *Family Therapy in Transition*. Boston: Little Brown.

AcKerman, N.(1970). Family psycho therapy and psychoanalysis: The implications of difference, In AcKerman N.(ed.). *Family Process*. New York: Basic Books.

Adler, Jerry(1999). *Stress: How it Attacks Your Body*. Newsweek, June 28, 40-47.

Alubomulle Sumanasara, 강성욱 옮김(2008). **화를 다스리면 인생이 달라진다**. 서울: 경성라인.

American Psychiatric Association(1980). *Diagnostic and Statistical Manual of Mental Disorders*. (3rd ed.). Washington, D.C.: American Psychiatric Association,

American Psychiatric Association(1987). *Diagnostic and Statistical Manual of Mental Disorders* -(DSM-Ⅲ-R). 3rd edition-Revised, 5th printing. Washington: American psychiatric Association.

American Psychiatric Association(1994). *Diagnostic and Statistical Manual of Mental Disorders*. Fourth Edition: DSM-Ⅳ. Washington, D.C.: American Psychiatric Association.

American Psychiatric Association(2000a). *Diagnostic and statistical manual of Mental disorders*. Text revision: DSM-Ⅳ-TR(4th ed.). Washington, D.C.: Author.

American Psychiatric Association(2000b). *Practice guideline for the treatment of patients with schizophrenia*. Washington, D.C.: Author.

American Psychiatric Association(2000c). *Practice guideline for the treatment of patients with bipolar disorder*. Washington, D.C.: Author. http://www.psych.org/clin-res/pg-bipolar.cfm.

Atkinson, R L. Atkinson, R. C. & Hilgard, E. R.(1983). *Introduction to Psychology*.(8th ed.). New York: Harcourt Brace Javanovich. Inc.

A. J.(1984). *Foundations of Organizational Behavior*. Englewood-cliffs, N.J.: Prentice-Hall.

Babiak, P. & Hare, R. D., 이경식 옮김(2007). **직장으로 간 사이코패스**. 서울: 랜덤하우스.

Barry, K. et al.(1997). Conduct Disorder and Antisocial Personality in Adult Primary care Patients. *Journal of family practice*. *45*, 151- 158.

Bates, M. M., & Johnson, C. D.(1972). *Group Leadership: A manual for group counseling Leaders*. Denver, colorado: Love publishing co.

Beck, A. T.(2000). *Prisoner of hate: The cognitive basis of anger, hostility, and violence*. New York: Perennial.

Bell, D.(1987)., 서규환 옮김(1991). **2000년대의 신세계질서**. 서울: 디자인하우스.

Berkowitz, L.(1990). On the information and regulation of anger and aggression: A cognitive-neoassociationistic analysis. *American Psychologist*, *45*, 494-503.

Bilodeau, L.(1992). *The Anger Workbook*. Minnesota: Hazelden.

Bishop, V. E.(1986). Identifying the components of successful mainstreaming. *Journal of Visual Impairment and Blindness*, *80*, 939-946.

Bland, R., Newman, S. and Orn, H.(1988). Lifetime Prevalence of Psychiatric Disorders in Edmonton. *Acta Psychiatrica Scandinavia*, *77*, 24-32.

Bowen, M.(1971). Principles and techniques of multiple family therapy. In Bradt J., Moyniham c. (eds). *Systems Therapy*. Washington, D.C.

Bowen, M.(1971). The use of Family theory in clinical practice. In Haley J.(ed). *Changing families*. New York: Grune & Stratton.

Bowen, M.(1971). *The use of Family theory*. New York: Grune & Stratton,

Bowen, M.(1975). Family therapy after twenty years. In Arieti, S. et al..(eds). *American Hand Book of psychology*. *Ⅴ: Treatment*(2nd ed.). New York: L Basic Books.

Buss, D., 홍승효 옮김(2006). **이웃집 살인마**. 서울: 사이언스북스.

Cantor, N., & Kihlstrom, J.(1987). *Personality and social intelligence*. Englewood Cliffs. NJ: Prectice Hall.

Carter, L., & Frank, M.(1993)., 이승재 옮김(1995). *The anger workbook*. 서울: 은혜출판사.

Choi, S. G.(1994). Sim-Jung Psychology: The Indigenous Korean Perspective. Asian Psychological workship. *Asian Psychologies, Social and Cultural Perspectives*. 6-38.

Chon, B., et al., Group Counseling: an orientation, In Lee, J., & Pulvino, C. J.(eds: 1993). *Group Counseling: research, and practice*. Washington, D.C.: APGA Press.

Christian Spadon, 김성희 옮김(2006). **우울증을 어떻게 이길까?**. 서울: 황금가지.

Christopher Lane, 이문희 옮김(2009). **만들어진 우울증**. 서울: 한겨레출판.

Claus Peter Simon, 장혜경 옮김(2014). **감정을 읽는 시간**. 서울: 어크로스출판.

Colin Powell, Joseph E. Persico, 류진 옮김(1997). **콜린 파월 자서전**. 서울: 샘터.

Crockenberg, S.(1981). Infantile irritability, mother responsiveness, and social support influences on the security of infant mother attachment. *Child Development*, 52, 857-865.

Davison, G. C., Neale, J. M.(1978). *Abnormal Psychology*(2nd ed.). New York: John Wiley & Sons, Inc.

Davsion, G. C. & Neale, J. M.(1986). *Abnormal Psychology: An Experimental Clinical Approach*(4th ed.). New York: John Wiley & Sons.

Davison, G. C. & Neale, J. M., 이봉건 역(1988). **이상심리학**. 서울: 성원사.

Deffenbacher, J. L.(1999). Cognitive-behavioral conceptualization and treatment of anger. *Journal of Clinical Psychology*, 55, 295- 309.

Deffenbacher, J. L., & Mckay, M.(2000). *Overcoming situational and general anger*. Oakland: New Harbinger.

Deffenbacher, J. L., Demm, P. M., & Brandon, A. D.(1986). High general anger: Correlates and treatment. *Behavioral Research and therapy*, 24, 481- 489.

Doug Lennick & Fred Kiel, 정준희 옮김(2006). *Moral Intelligence*. **도덕지능**. 서울: 북스넛출판.

Drucker, P. F.(1994). *The New Realities*. New York: Harper & Row, Publishers Inc.

Drucker, P. F.(2002). *Managing in the Next Society*. New York: St. Martin's Press. DuBrin.

Eversteine, D. S., & Eversreine, L.(1983). *People in Crisis: Strategic Therapeutic Interventions*. New York: Brunner/Mazel.

Feindler, E. L., & Ecton, R. B.(1996). *Adolesescent anger control: Cognitive Behavioral Techniques*: Elmsford. New York: Pergamon Press.

Fofd, M., & Tisak, M.(1983). A further search for social intelligence. *Journal of Educational Psychology*, *75*, 197-206.

Foley, V. D.(1974). *An Introduction to Family Therapy*. New York: Grune & Stratton.

Friedman, T. L., 김상철, 이윤섭 옮김(2005). *The World is Flat*. **세계는 평평하다**. 서울: 창해.

Gazda, G. M.(1971). *Group Counseling: A developmental approach*. Boston: Allyn & Bacon. Inc.

Gentry, W. D., Chensney, A. P., Gary, H. E., Hall, R. P., & Harburg, E.(1982). Habitual anger-coping styles: Effect on mean blood pressure and risk for essential hypertension. *Psychosomatic Medicine*, 44, 195-202.

George K. Simon jr., 조은경 옮김(2007). **양의 탈을 쓰다**. 서울: 모멘토.

Gibbs, J., Basinger, K. Fuller,D.(1992). *Moral maturity; Measuring the development of socialmoral reflextion*. N.J.: Erlbaum.

Glaser, K.(1981). Psychopathologic patterns in depressed adolescents. *American Journal of psychotherapy*, 35, 365-382.

Glick, I. D., & Kessler, D. R.(1974). *Marital and family therapy*. New York: Grune & Stratton.

Glick, I. D., & Kessler, D. R.(eds.)(1980). *Marital and family therapy*. New York: Grune & Stratton, Inc.

Goldenberg & Goldenberg, 장혁표 외 옮김(1993). *Family Therapy an overview*. **가족치료**. 서울: 중앙적성출판사.

Gundula Englisch(2001), 이미옥 옮김(2002). **잡노마드 사회**. 서울: 문예출판사.

Hagemann, W., 이해창 역(1974). **영화로서의 형태와 공시적(共視的) 작용**. 영화, 12월호, 영화진흥공사.

Haley. J.(1963). *Strategies of Psychotherapy*. New York: Grune Stratton.

Haley, J.(ed.)(1971). *Changing families: A family therapy reader*. New York: Grune & Stratton,

Haley, J.(1983). *Problem-solving therapy: New strategies for effective Family Therapy*, San Francisco: Jossey-Bass publishers.

Häusel Hans-Georg, 배진아 옮김(2008). **뇌 욕망의 비밀을 풀다**. 서울: 흐름출판.

Hansen, J. C., Warner, R. W., & Smith, E. M.(1976). *Group Counseling: theory and Process*. Chicago: Rand, McNally College publishing co.

Hare, R. D. 조은경, 황정하 옮김(2005). **진단명: 사이코패스**. 서울: 바다출판사.

Hawkins, David, 백영미 옮김(2011). Power vs Force. **의식혁명**. 서울: 판미동출판.

Hazaleus, S. L., & Deffenbacher, J. L.(1986). Relaxation and cognitive treatments of anger. *Journal of Consulting and Clinical Psychology*, 54, 222-226.

Hernman B. Maynard, Jr. & Susan E. Mehrtens, 한영환 옮김(1993). **제4물결**. 서울: 한국경제신문사.

Hoffman, M.(1991). Empathy, Social cognition, and Moral action. In W. M. Kurtines & J. L. Gewirtz(Eds.). *Handbook of moral behavior and development*. Vol. 1. N.J.: Lawrence Erlbaum.

Humbly, G. C., 이광자 옮김(1992). **사랑과 공감의 전화 카운셀링**. 서울: 종로서적.

Inglehart, R.(1997). *Modernization and Postmodernization: Cultural, Economic, and*

Political change in 43 societies. Princeton, N.J.: Princeton University Press.

I. D. Turkat & B. S. Alpher(1983.7.). An Investigation of Personality Disorder Dscripthin. *American Psychologist*, 857-858.

Jackson, E. N.(1969). *Group Counseling: Dynamic possibilities of small groups*. Boston: Pigrim press.

Jahoda, M., M. E.(1963). Current Concept of Positive Mental Health in Benett. *Guidance and Counseling in Groups*. New York: McGraw Hill Book co.

Jamison, Kay Redfield, 박민철 옮김(2005). **조울병, 나는 이렇게 극복했다**. 서울: 하나의학사.

Jeremy Holmes, 김종승 옮김(2006). **우울증**. 서울: 이제이북스.

Kemp, C. G.(1970). *Foundation of Group Counseling*. New York: McGraw Hill Book co.

Laqueur, P., Laburt, H., & Morong, E.(1971). Multiple family therapy: Further developments. In Haley J.(ed). *changing families*.

Lazarus, R. S.(1991). *Emotion and adaptation*. Oxford University Press.

Lazarus, R. S., Kranner, A. D., & Folkamn, S.(1980). An ethological assessment of emotion. In R. Plutchik, & H. Kellerman(Eds.). *Emotion: Theory, Research, and Experience*. Vol. 1, New York: Academic Press. 198-201.

Lin, K.(1983). Hwa-Byung: A Korean Culture-Bound Syndrome?. *American Journal of Psychiatry*, 140, 105-107.

Ma, H. K.(2003). The relation of moral orientation and moral judgement to prosocial and antisocial behaviour of chinese adolescents. *International Journal of Psychology*, 38(2), 101-111.

McGreğor, R. et al.(1964). *Multiple impact theory with families*. New York: McGrow Hill.

Maher, B. A.(1966). *Principle of Psychotherapy: An Experimental Approach*. New York: McGraw-Hill.

Mahler, C. A.(1969). *Group Counseling in the Schools*. Boston: Hougton Mifflin co.

Marvin Karlins, Joe Navarro, 박정길 옮김(2010). **FBI 행동의 심리학**. 서울: 리더스북.

Martha Stout, 김윤창 옮김(2008). **당신 옆의 소시오패스**. 경기: 산눈출판사.

Millon, T., Simonsen, E. & Birket-Smith, M.(1998). Historical Conceptions of Psychopathy in the United States and Europe. *In Psychopathy: Antisocial, Criminal, and Violent Behavior*(eds.), Millon, T. et al., New York: Guilford Press.

Minuchin, S.(1969). Family therapy: Technique or theory. In Masserman J.(ed). *Science and Psychoanalysis*, Vol. 14. New York: Grune & Stratton.

Minuchin, S.(1974). Structural family therapy. In S. Arieti & G. caplan(eds.). *American Handbook of psychiatry Ⅱ: Child and Adolescent psychiatry*(2nd ed.). New York: Basic Books.

Minuchin, S.(1974). *Families and family therapy*, Cambridge Mass.: Harvard University Press.

Minuchin, S., Barcai, A.(1969). Therapeutically induced family crisis, In Masserman, J(ed.): *Science and Psychoanalysis, childhood and Adolescence*, Vol. 14. New York: Grune & Stratton.

Minuchin, S. et al.(1967). *Therapeutic interventions in Families of the slum*. New York: Basic Books.

Minuchin, S., Rosman, B. L., & Baker, L.(1978). *Psychosomatic families: Anorexia nervosa in context*. Cambridge, Mass: Harvard University Press.

Morris, C. G.(1979). *Psychology: An Introduction*(3rd ed.). N.J.: Prentice-Hall,

Naisbitt, J. & P. Aburdene(1990). *Megatrends 2000*. New york: William Morrow & co., Inc.

Navarro, J. & Poynter, T. S., 박세연 옮김(2014). **위험한 사람들**. 서울: 리더스북.

Neill, A. S.(1990). *The Problem Family*, 김인희 옮김(1990). **문제의 가정**. 서울: 양서원.

Neill, A. S.(1992). *The Problem Parent*, 김영숙 외 옮김(1992). **문제의 부모**. 서울: 양서원.

Noreena Hertz, 이은경 옮김(2014). **누가 내 생각을 움직이는가**. 서울: 비즈니스북스.

New York L. Grune & Stratton. Foley, V. D.(1974). An Introduction to family Therapy. 이형득 외 공역(1988), **가족 치료 입문**. 서울: 형설출판사.

Ohlsen, M. M.(1970). *Group Counseling*. New York: Holt, Rinehart & Winstom, Inc.

Okagagi, L. Sternberg, R. J.(1993). Parental beliefs and Children's school performance, *Child Development*, *64*, 34-56.

Olson, D.(1970). Marital and family therapy: Integrative review and critique. *Journal of Marriage and the Family*, 32, 501-538.

Othmer, E., & Othmer, S. C.(1989). *The Clinical Interview: Using DSM-Ⅲ-R*. Washington: American psychiatric press. inc.

Pan, H. S., Neidig, P. H., & O'Leary(1994). Predicting mild and severe husband-to-wife physical aggression. *Journal of Consulting and Clinical Psychology*, 62, 975- 981.

Paul Kennedy, 변도은, 이일수 옮김(1993). **21세기 준비**. 서울: 한국경제신문사.

Pavio, S. C.(1999). Experiential conceptualization and Treatment of anger. *Journal of Clinical Psychology*, *55*, 311- 324.

Peter Drucker(1999), 이재규 옮김(2005). *Management Challenges for the 21st Century*. **21세기 지식경영**. 서울: 한국경제신문사.

Peter Drucker, 이재규 옮김(2002). Next society. 서울: 한국경제신문사.

Reid, T. B., & Kavanagh, K.(1985). A social interactional approach to child abuse: risk, prevention, and treatment. In M. A. Chesney & R. A. Rosenman(Eds.). *Anger and Hostility in cardiovascular and behavioral disorders*. Washington, DC: Hemisphere. 241-257.

Rita. L. Atkinson, Richard C. Atkinson, & Ernest R. Hilgard(1983). *Introduction to Psychology*(8th ed.). New York: Harcourt Barce Jovanovich., Inc. 479.

Robert D. Hair. 조은경, 황정하 옮김(2005). **진단명: 사이코패스**. 서울: 바다출판사.

Robinson. L. R.(1975). Basic concepts in family therapy: A differential comparison with individual treatment. *American Journal of Psychiatry*. 132, 1045-1054.

Rosen, E., Fox, R. E., & Gregory, I.(1972). *Abnormal psychology*. 2nd ed., Philadelphia: W. B. Saunders co. 257.

Rosenman, R. A.(1985). *Health consequences of anger and implications for treatment*. In M. A. Cheney & R. A. Rosenman(Eds.). *Anger and hostility in cardiovascular behavioral disorders*. Washington, D.C.: Hemispher. 103-125.

Salovey, P. & Mayer, J. D.(1997). What is emotional intelligence? In P. Salovey and D. J. Sluiter(eds.). *Emotional development and Emotional intelligence: Educatonal implications*. New York: Basic Books. 3-34.

Samuels et al.(1994). DSM-Ⅲ Personality Disorders in the Commmmunity. *American Journal of psychiatry*, 151, 1055-1062.

Sandel, Michael J., 안진환, 이수정 옮김(2010). *Public Philosophy: Why Morality*. **왜 도덕인가?**. 서울: 한국경제신문사.

Satir, V.(1967). *Conjoint Family therapy*(2nd ed.). Palo alto, Science & Behavior Books.

Siegel, J. M.(1985). The measurement of anger: As a multidimentional construct. In M. A. Chesney & R. H. Rosenman(Eds.), *Anger and Hostllity in a cardiovascular and behavioral disorders*. Washington: Hemisphere.

Sigel, I. E.(1985). A conceptual analysis of beliefs. In I. E. Sigel(Ed), *Parental belief system*, 345-371. Hillsdale, N.J.: Eribaum.

Simon, Jr, G., 조은경 옮김(2007). **양의 탈을 쓰다**. 서울: 모멘토출판.

Solzhenitsyn, A.(1992). *Beware the Communisis*. **세계 최고의 지성 36인이 말하는 21세기의 세계(상)**. 22-31. 시사영어사.

Speck, R., Attneave, C.(1973). *Family networks*. New York: Pantheon.

Spielberger, C. D., et al.(1985). The experience and expression of a anger: Construction and Validation of an anger expression scale. In M. A. Chesney & R. H. Rosenman(Eds.). *Anger and Hostility in cardiovascular and behavioral disorder*. New York: Hemisphere. 5-30.

Spitzer, L., 이근후, 박경화 공역(1988). **정신진단 사례연구집: DSM-Ⅲ**. 서울: 하나의학사.

Spitzer, R. L. et al.(1981). **DSM-Ⅲ Case Book**. Washington: American Psychiatric Association.

Stevens, J. H.(1984). Child developmental Knowledge and parenting skills. *Family Relations, 33*, 237-244.

Stevenson, H. W., Chen, C. & Uttal, D. H.(1990). Beliefs and Achievement: A study of Black, White, and Hispanic children. *Child Development*, 61, 508- 523.

Stout, M., 김윤창 옮김(2008). **당신 옆의 소시오패스**. 서울: 산눈출판.

Stuart, R. B.(1976). An operant interpersonal program for couples. In D. H. L. olson(ed). *Treating relationships*, Iowa: Graphic.

Thomas, M. E., 김학영 옮김(2014). **나, 소시오패스**. 서울: 푸른숲.

Tim sledge, 이인출 외 편역(1995). *Making peace with your past.* **마음의 상처를 치유하는 길**. 경기: 글샘.

Toffler, A.(1970). *Future shock.* New York: Random House, Inc.

Toffler, A.(1980). *The third wave.* New York: Random House. Inc.

Toffler, A.(1990). *Power shift.* New York: Random House. Inc.

Toffler, A.(1992). *Society's ability to adapt to the future, 36 celebrities say.* 시사영어사.

Turkat I. D. & Alpher, B. S.(1983). An Investigation of Personality Disorder Dscripthin, *American Psychologist*, 7, 857-858.

Walters, P. A. Jr.(1961). Student Apathy. In G. B. Jr. Blaine & C. C. McArthur(Ed.), *Emotional Problems of the Student.* New York: Appleton Century Crafts.

Williams, R. B., Haney, T. L & Blumental, J.(1997). From Juvenile delinquency to official delinquency. *Social Problems, 20*, 209-229.

World Health Organization. The ICD-10 *Classification of Mental and Behavioral Disorders.*

Wright, H. N.(1990). 하상훈 역(1990). *Crisis Counseling.* **위기상담**. 서울: 간이제본.

Zimbardo, P. G.(1979). *Psychology and Life.* 568-569. Illinois: Foresman & Co.

Zuk, G. H.(1971). Family therapy. In J. Haley(ed.). *Changing families: Therapy reader.* New York: Grune & Stratton.

建一 · 淸水將之 齊藤學(1993). 現代社會と精神障碍 · 討論會. サイエンス. 98-113.

高橋三朗 外 譯(1996). 前揭書, 225.

高橋三郎 外譯(1996). DSM-Ⅳ:精神疾患の 分類と 診斷の 手引. 東京: 醫書院.

久世敏雄編(1994). 現代靑年の 心理ど病理. 福村出版. 39-56, 124-176, 190-204.

宮田 加久子(1991). 無氣力のメカニズムーその予防ど克服のために一誠信書房.

大渕憲一(1982). 不合理な 欲求不滿に 對する攻擊反應と 原因情報. 犯罪心理學研究. 19, 11-20.

大渕憲一(1993).人を傷つける心 攻擊性の 社會心理學. サイエソス社. 92-119, 164-168, 229-247, 268.

大原健士郎 · 大原浩一(Kenshiro Ohara`Koichi Ohara: 1986). 子どもの 自殺 精神科 Mook. No. 14. 靑少年の社會病理 金原出版(株). 252-261.

稲村 朴(1994). 思春期 挫折 症候群. 東京: 新曜社.

藤井護郎(1997). 文化ど してのじめ問題, 東京: 農山漁村文化協會. 14-27, 163-172.

林田洋司・清永賢二(1986). 教室の病(이지매). 東京: 全子書房. 9-17.

笠原 嘉(1977). 青年期 一精神病理學から一, 中公新書.

笠原 嘉(1983). 無氣力の 精神病理學(精神の危機一精神の科學3) 岩波書店.

麥島文夫(Fumio Mugishima: 1986). 家出ど 少年非行 精神科 Mook. No. 14. 青少年の 社會病理. 金原出版(株). 198-207.

福井康之(1985). 青年期の 不安ど 成長. 東京: 有斐閣. 125-130.

山崎晃賢(1993). 思春期精神障害の 診斷分類. 思春の期精神障害. うイフ・サイエソス. 57-73.

西園昌久(1993). 今日の思春期心性ど 精神病理 思春期の精神障害. 精神医學レビユー. No. 9. ライフ・サイエンス. 5-14.

石田辛平・武井槇次(1987). 失ゎわた子ども空間・(등교거부・이지매・여자비행). 東京:新曜社. 15-55: 75-112.

石川元(1993). 思春期障害ど 家族療法一最近傾向一思春期の精神障害. うイフ・サイエソス. 96-98.

小倉清・皆川邦直・村上青彦(1993). 今日 思春期精神障害. 討論會. 思春期 精神障害. 思春期 精 神障害.ライフ・サイエンス. 108-125.

矢花芙美子(Fumiko Yabana: 1986). 無氣力子ども, Mook. No. 14. 精神科の青少年 社會病理. 金原出版(株). 146-155.

安香宏(Hiroshi Akoh: 1986). 日本における 學校教育の 社會病理. Mook No. 14. 精神科 青少年の 社會病理. 115-123.

岩琦昶(1954). 영화 백과사전. 백양사.

融 道南 外 監譯(1966). ICD-10 精神および行動の障害(東京: 醫房書院), 41-42.

李相蘭(2000b). 青少年 無氣力傾向に關すゐ較研究ー韓・日の大學生を對象に, 東京大學大學院 教育學研究科紀要, 40, 139-150.

李相蘭(2001). 韓國の高校生における無氣力傾向ど進學動機の不明確性どの關係, 性格心理學研究, 9, 2, 105-126.

町澤靜夫(1993). 思春期の性問題最近ど 傾向. 思春期の 精神障害. 精神医存しビュー. No. 9. うイフ・サイエソス. 46-56.

齊藤 環(1997). 社會的 ひきこもり. PHS 新書.

齊藤友記雄・林義子(1981). 電話相談と危機介入. 東京: 集文舍.

竹内 知夫(1995). 心の病氣, 星和書店.

村田豊久(1993). 思春期うつ病の 精神病理ど 治療的アプローテ. 思春期の 精神障害. 精神医學レビコー No. 9 うイフ・サイエソス. 27-36.

下山 晴彦(19796. スチューデント・アパシー研究の展望, 教育心理學 研究, 44, 350-363.

河合 隼雄(1976). 母性社會日本の病理. 東京: 中央公論社.

■ 찾아보기

인명

저자소개

김흥규(金興圭)

중앙대학교 교육학과, 동 대학원 교육심리학과 졸업, 원광대대학원교육학(스트레스, 사회병리 전공). 현재 인하대학교 사범대학(명예교수, 교육학박사).

1980년대 초 사회혼란과 기업에서의 노사문제가 한창 시끄러웠을 때, '노사문제의 심리 · 사회적 접근'이란 주제의 특강으로 한국경영자협회와 인연을 맺고, 이것이 계기가 돼 대기업연수원 활동이 시작되었다. 몇 개월 후부터 30대그룹 연수에서 최초로 21세기를 주제로 다양한 제목의 특강을 시작했다. '21세기를 준비하자' '사회변화를 읽는 안목' '무엇이 경쟁력인가' '우리는 변해야 한다' '한국병, 그 실태 · 원인 · 대응책' '문화가 경쟁력이다' '악성 스트레스 범람사회에서의 건강관리' '사회갈등과 증오심, 그 해법은?' '한국인의 정신건강' '메가 트렌드' '사회변화와 기업의 블루오션전략' '인간행동의 진단과 대화기법' 등.

▌경력▐

고려대학교 전임카운슬러, 인하대학교 교수(1976~2005), 학생생활연구소장 · 학생처장 · 교육연구소장 · 교육대학원장, 전국교육대학원장협의회장, 문교부 고교 1종도서 편찬심의위원, 행정고등고시 위원(제27, 29회), 동서사회문화연구원장, 인천교원단체총연합회장, 인천지방경찰청 공적심사위원장, (사)한국삶의질연구원이사장 및 원장, 학교법인 동산육영회(인천동산중고등학교)재단 이사장, 인천그린리더스포럼 대표 역임

▌저서▐

인간의 이해, 인간행동의 이해, 교육사회학, 최신상담심리학, 현대특수교육학 등 15권.

▌초청특강 활동▐

- 상공회의소초청 특강 : 안산 · 인천 · 안양 · 창원 · 구미 상공회의소 등
- 대기업(그룹) 등 초청특강(5~8년간): LG 및 그룹연수원, 한국경영자총협회(서울 총협회 및 부산 · 대구 · 제주 · 광주 · 호남 · 인천 · 경남경영자협회), 한국표준협회(본사연수원, 포항 · 창원 · 대구 · 부산 · 경주 · 구미 · 강원 표준협회 등), 태평양화학그룹, 관세공무원교육원, 삼성그룹, 한진그룹, 대우그룹, 삼양그룹, 한국화약그룹, 현대그룹, 기아그룹, 한국타이어, 포항제철 및 광양제철, 코오롱그룹연수원, 두산그룹 및 해태그룹 등.
- 대학교수연수초청 특강 : 중앙대의료원교수세미나, 인하대교수세미나, 원광대전체교수세미나, 가천의대 · 병원임직원 연수, 경북구미 김천대교수세미나, 대림전문대 교직원연수, 인하대병원 임직원 연수, 인하공업전문대 교수세미나, 서울예술대교수연찬회 등
- 사범대 및 대학(원)초청 특강 : 경상대, 청주대, 천안외국어대, KAIST대, 강남대 교육대학원, 안양대 교육대학원, 효도대학원대학, 원광대 교육대학원, 경기대 행정대학원, 수원대 교육대학원, 인하대 산업대학원 · 행정대학원 · 경영대학원 등
- 방송국초청 특강 : KBS 2TV명사초청 특강(85년 6회), 원주MBC TV명사초청 특강(97년 2회), 기독교방송 명강의 스페셜
- 정부기관 · 지방자치단체 특강 : 행자부주최 각 부처 장 · 차관 및 국장 연수(98년 2회), 중앙공무원연수원, 경인노동청, 항만청, 조달청, 노동부연수원, 관세공무원교육원, 한국소방검정공사, 소방본부, 한국전력공사, 한국도로공사, 서울시공무원연수원, 지방자치단체(인천 · 부천 · 시흥 · 울산,경북충무 · 경주 · 의왕 · 군포시청), 강화군청, 농협(경기, 강원, 충남, 전북) 등.
- 기타 초청특강: 해양사령부, 해군제2사령부, 육군103보병 여단, 경찰청(종합학교, 인천 · 해양), 대구경북중 · 고교총동문회, 세종대 경영대학원 총동문회, 전국주부클럽중앙회 등.

임상 중심의 상담심리학

1판 1쇄 인쇄 — 2017년 1월 26일
1판 1쇄 발행 — 2017년 1월 31일
저 자 - 김 흥 규
발행인 - 강 철 원
발행처 - 양 성 원
주 소 - 경기도 파주시 월롱산로 71(야동동)
전 화 - 031-946-3861(代)
팩 스 - 031-946-3864
이메일 - tnwpub@naver.com
출판등록 - 2015년 8월 31일 제 2015-000211 호

ISBN 979-11-87118-91-6

정가 20,000원